墨子学派 审校

几何之美
黄家礼
戴中元 著

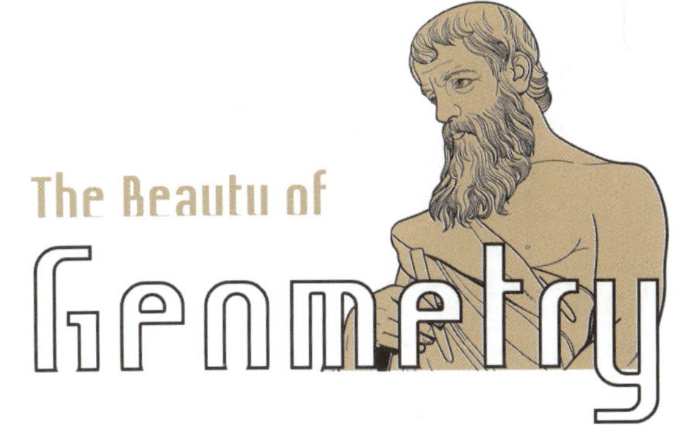
The Beauty of
Geometry

北京大学出版社
PEKING UNIVERSITY PRESS

内容简介

几何蕴含无穷魅力，本书汇其精华，充分展现其神奇、迷人、和谐、优雅之处，挖掘历代探寻者的成就、智慧和精神.

本书共28章，紧扣现行初高中数学教材中的几何内容，并遵循其逻辑顺序，以教材为起点，进行挖掘、引申、拓展，探寻知识的发生、发展过程及纵横联系，了解知识背后的故事及人文精神，开发新的知识生长点. 促进“新课标”倡导的“综合与实践”、探究性学习和跨学科学习. 认识数学的科学价值、应用价值、文化价值和审美价值.

本书适合中学生课外阅读，也适合中学数学教师、数学教育工作者和大学数学专业师生参考.

图书在版编目(CIP)数据

几何之美 / 黄家礼，戴中元著. — 北京：北京大学出版社，2024.5
ISBN 978-7-301-34770-6

Ⅰ. ①几… Ⅱ. ①黄… ②戴… Ⅲ. ①中学数学课 – 教学参考资料 Ⅳ. ①G634.603

中国国家版本馆CIP数据核字(2024)第017284号

书　　名　几何之美
JIHE ZHI MEI
著作责任者　黄家礼　戴中元　著
责任编辑　王继伟
标准书号　ISBN 978-7-301-34770-6
出版发行　北京大学出版社
地　　址　北京市海淀区成府路205号　100871
网　　址　http://www.pup.cn　　新浪微博：@ 北京大学出版社
电子邮箱　编辑部 pup7@pup.cn　总编室 zpup@pup.cn
电　　话　邮购部 010-62752015　发行部 010-62750672　编辑部 010-62570390
印 刷 者　北京宏伟双华印刷有限公司
经 销 者　新华书店
720毫米×1020毫米　16开本　23.5印张　409千字
2024年5月第1版　2024年6月第2次印刷
印　　数　5001—10000册
定　　价　139.00元

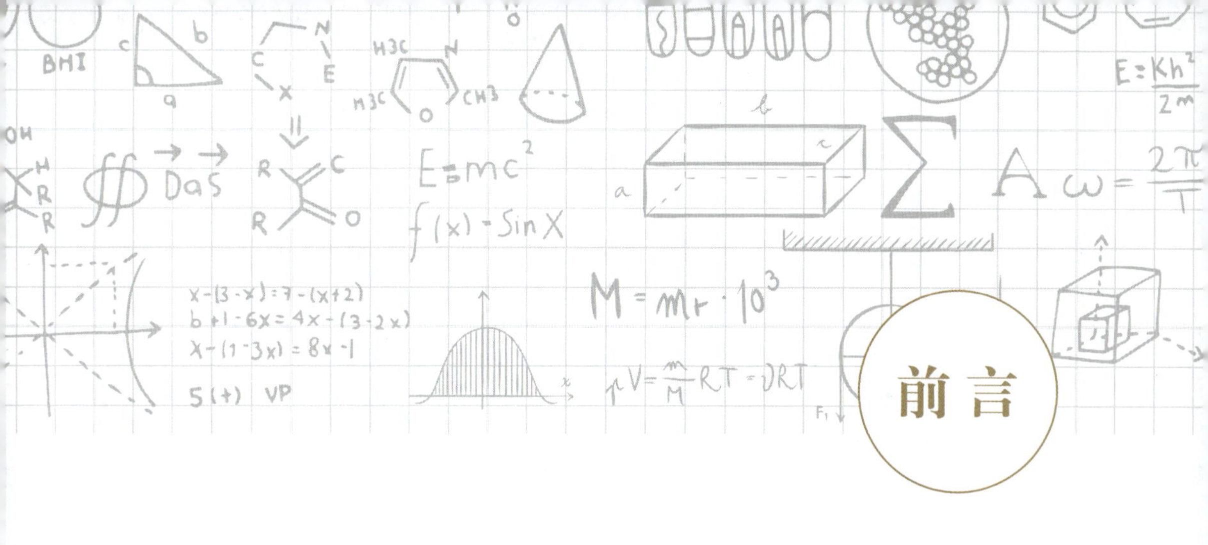

前言

美是真理的火炬

判天地之美，析万物之理．——《庄子·天下》

诺贝尔物理学奖得主汤川秀树把这句话印在他的书的扉页上，作为现代物理的指导思想及最高美学原则．笔者认为，它也应该是我们学习、研究数学的指导思想．

评判科学的价值有两个标准：实用与审美．如果只注重实用，忽视美学价值，如学几何只因为考试，而不是因为它有趣，会让学几何变得枯燥乏味．这与培养核心素养的要求背道而驰．

现代科学的源头在古希腊．“不懂几何者不得入内．”柏拉图学园门口牌子上的这句话反映了古希腊人的一种信念：一个人应该有严格的逻辑训练．古希腊人最了不起的成就，当属被称为“几何之父”的欧几里得撰写的《几何原本》，这部理性科学的经典，“没有专为国王铺设大路”，却为人类建立了第一个演绎公理体系，被认为是现代科学得以产生的一个主要因素．2000多年来，无数数学家、哲学家、科学家都从中获得深刻启示．

17世纪，牛顿的《自然哲学的数学原理》利用欧几里得的公理化方法建立了自己的科学体系；在西方有巨大影响的康德哲学体系，更是以《几何原本》为基础．爱因斯坦说：“世界第一次目睹了一个逻辑体系的奇迹，这个逻辑体系如此精密地一步一步推进，以至它的每一个命题都是绝对不容置疑的——我这里说的是欧几里得几何．”

数学大师丘成桐说，他的数学生涯是从中学二年级学习平面几何开始的．他说：“第一次接触到简洁优雅的几何定理，使我赞叹几何的美丽．”他还说：“平面几何所提供的不单是漂亮而重要的几何定理，更重要的是它提供了在中学期间唯一的逻辑训练,是每一个年轻人所必需的知识. 平面几何也提供了欣赏数学美的机会."

几何最初的含义是"丈量世界",但经过漫长的发展历程,它的含义包罗万象,可以解释世间万物的运行机制,无论是2000多年前尼罗河两岸的土地丈量,还是现在的高铁、物联网、星链计划、人工智能,它们背后都有几何的身影. 它的思想、原理、精神……无不显示着它的实用与美丽. 历史留下的都是大浪淘沙的结果,"淘尽污泥始见金". 我们生活在一个生机勃勃、色彩斑斓、充满魅力的"几何世界".

几何之美美在简洁. 一个公式:$a^2+b^2=c^2$,揭示了所有直角三角形三边之间的关系. 不论这个直角三角形长成什么样,以两直角边为边长的两个正方形面积之和总是等于以斜边为边长的正方形面积. 这种简洁表现为它的抽象、概括、统一、完备.

几何之美美在和谐. 一个长宽之比等于$\frac{\sqrt{5}-1}{2}$的长方形,如果以短边为边长,截去一个正方形,剩下的长方形的长宽之比也是$\frac{\sqrt{5}-1}{2}$;如果以长边为边长,在形外再作一个正方形,其与原长方形构成的新长方形的长宽之比也是$\frac{\sqrt{5}-1}{2}$. 这种"再生性"不仅仅体现在其形式上的对称与和谐,把这些正方形的边长排成一列数,它们竟与自然界中树枝的生长、菠萝的鳞片组成的螺旋线、向日葵花盘中花籽的排列等,也有着内在的联系!

几何之美美在奇异. 几何多面体千姿百态,种类繁多,但对于(单连通面组成的)简单多面体,其顶点数V、棱数E和面数F,始终有$V-E+F=2$的关系. 还有五心定理、费马点、西姆松线、九点圆……像一颗颗璀璨的明珠,美得奇特而令人惊异! 在几何这个大花园里,这样的珍宝俯拾即是.

《数学之美》的作者吴军说:"数学的妙处还在于好的方法,常常是最简单明了的方法.""整个信息论的基础就是数学.""我们天天用的产品和技术,背后都有支持它们的数学基础."

因此也可以说,几何之美还表现为:方法之美、思维之美和应用之美!

几何之美蕴含着无穷的魅力,它是那么神奇、迷人,令人神往,让人痴迷. 许多经典名题,历经数千年仍熠熠生辉,吸引无数痴迷者乐此不疲地解谜,为之献出毕生精力.

古希腊学者阿基米德死于进攻西西里岛的罗马乱兵之手,他留给世人的最后一句话竟是:“不要弄坏我的圆!”

英国数学家威廉·山克斯穷其一生,算出π的值到小数点后708位,尽管第528位以后有误,但他的成就、他的精神,仍然是巴黎发现宫中一道亮丽的风景!

数学王子高斯,希望在他的墓碑上刻上正十七边形,表明他对他18岁时的发现——尺规作正十七边形,是多么珍爱……

数学的发展,正是人们追求数学之美的结晶.

人类的探索没有止步,欣喜的是,我国新版“课程标准”(以下简称“课标”)对数学美提出了更明确的要求,如下表所示.

新版高中“课标”2020年版和义务教育“课标”2022年版关于数学美的要求

学段	“课标”要求
第一学段(1~2年级)	感受数学美
第二学段(3~4年级)	体验数学美
第三学段(5~6年级)	体验并欣赏数学美
第四学段(7~9年级)	欣赏并尝试创造数学美
高中学段	认识数学的审美价值

让我们一起努力,去感受、体验、欣赏数学之美,更要挖掘、探索、创造数学之美,认识数学的审美价值,推动数学的发展,以丰富人生并造福社会!

温馨提示:本书所涉及的相关资源已上传到百度网盘,供读者下载.请读者关注封底“博雅读书社”微信公众号,输入图书77页的资源下载码,根据提示获取.

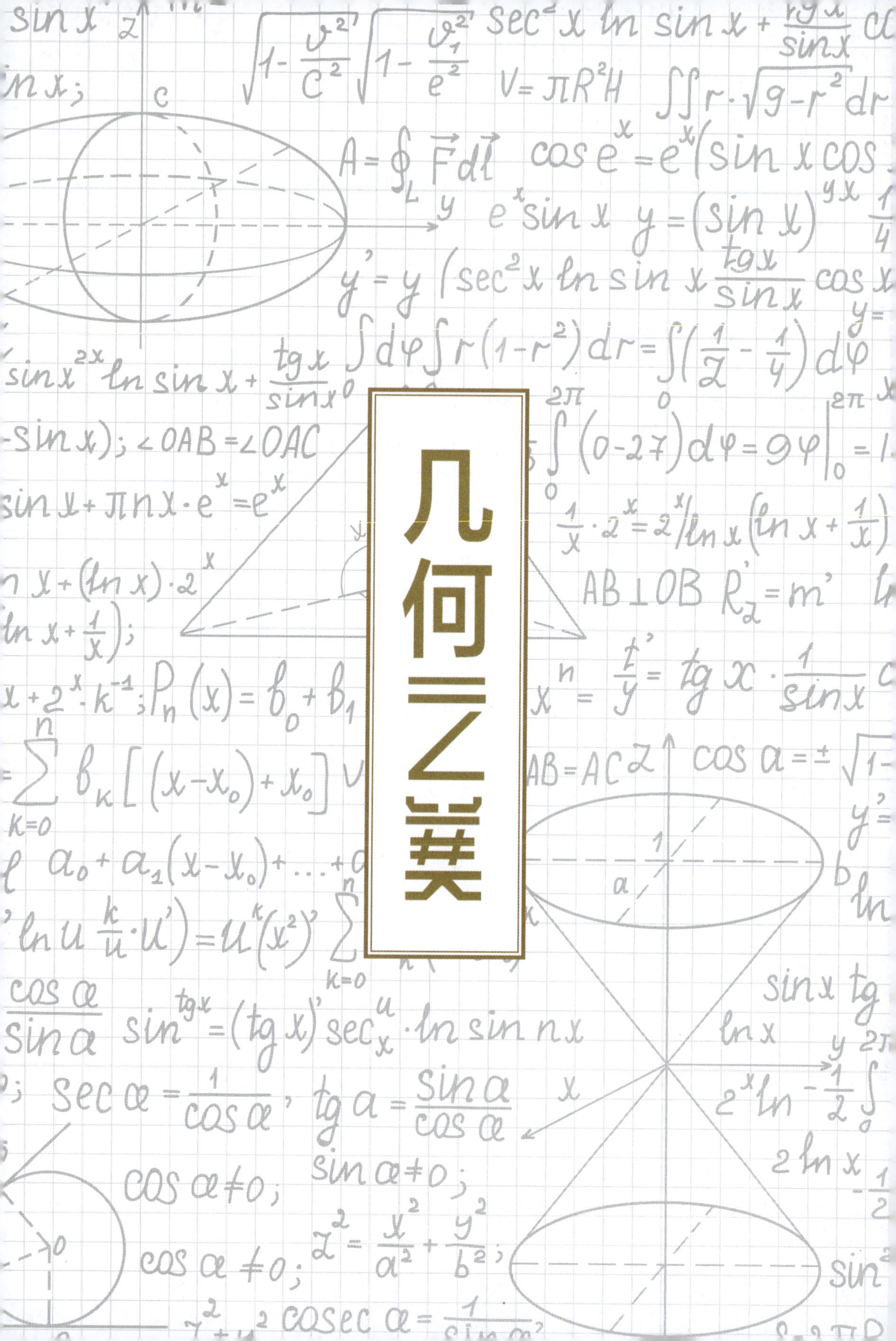
几何之美

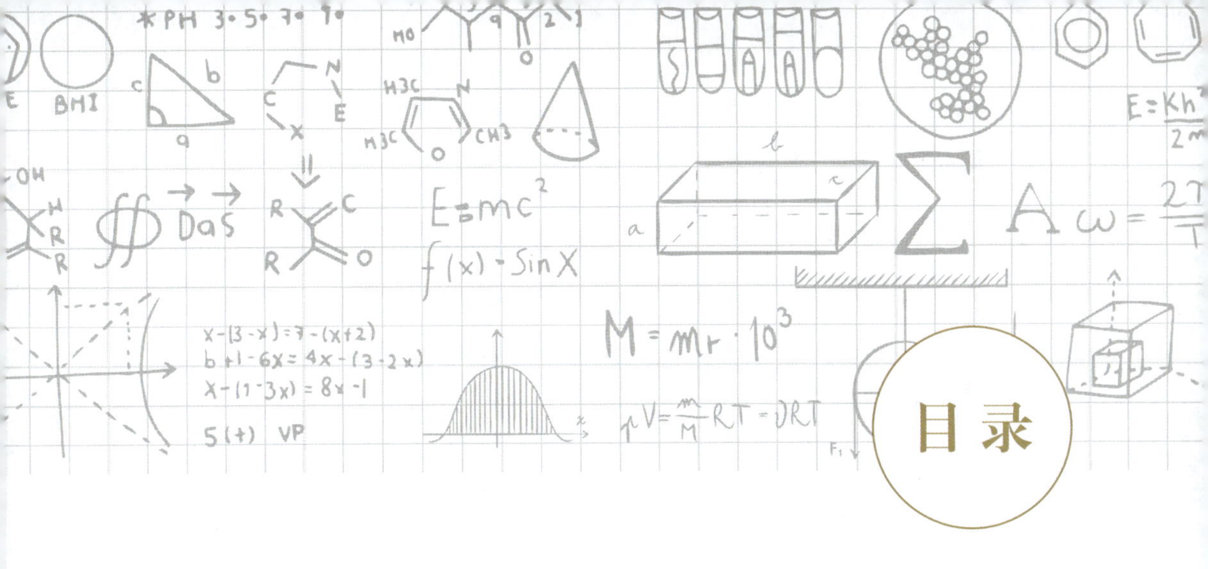

目录

第1章

1

π——一首无穷无尽的歌

如果一个圆的半径为r,则圆的周长C和面积S分别为

$$C = 2\pi r 和 S = \pi r^2$$

其中的常数π,叫作圆周率. 关于π的故事,涉及人类文明包括数学学科的整个发展历史.

一、π是什么?

美剧《疑犯追踪》(图1-1)第2季第11集里,“宅总”哈罗德·芬奇说了这样一段话:

π,圆周长与其直径之比.

这是开始,后面一直有,无穷无尽,永不重复,就是说在这串数字中,包含每种可能的组合,你的生日、储物柜密码、你的社保号码,都在其中某处.

图1-1

如果把这些数字转换为字母,就能得到所有的单词,无数种组合. 你婴儿时发出的第一个音节,你心上人的名字,你一辈子从始至终的故事,我们做过或说过的每件事,宇宙中所有无限的可能,都在这个简单的圆中……

这就是圆周率π,一个重要的数学常数. 它的知名度很高,在几何、代数、概率及高等数学等领域,都有它的身影. 数学家陈省身说:“π这个数渗透了整个数学.”

第一次用希腊字母“π”(希腊文“周长”的首字母)代表圆周率,是英国数学家威廉·琼斯,他在于1706年出版的《新数学导论》中用π表示这个常数. 后又得到欧拉的认同,故被确定并扩展开来.

在法国巴黎的发现宫中,专有一个设计为圆形的π厅(图1-2),上面刻有由英国数学家威廉·山克斯得出π的708位小数值(后发现第528位以后有误),该厅于1949年将其改正为正确的π值.

图1-2

2009年,美国众议院正式通过决议:从当年起,将每年的3月14日定为国家圆周率日.

2019年，联合国教科文组织第四十届大会批准并宣布：每年的3月14日为“国际数学日(IDM)”.

在北京大学，每年的3月14日圆周率日(图1-3)，都会举行相关的活动.

2022年3月13日，清华大学求真书院组织的首届“Pi节挑战赛”在近春园西楼丘成桐数学科学中心举行. 这次挑战赛突破传统思维，鼓励求真学子命题——“提出问题”，组织中学生答题——“解决问题”，通过有深度的问题，有效联结了爱好数学的求真学子和全国的中学生，营造了一个充满活力和创新精神的数学学习共同体. 图1-4所示是丘成桐给获奖者颁奖.

图1-3

图1-4

二、人类对π的探究

德国数学史家康托说：“历史上一个国家所算得的圆周率的准确程度，可以作为衡量这个国家当时数学发展水平的指标.”

人类对圆周率的探索走过了漫长而曲折的道路，它的历史饶有趣味. 大致可分为实验法、几何法、分析法和计算机几个阶段.

1. 实验法阶段

古巴比伦，公元前2000年，$\pi = 3\frac{1}{8} = 3.125$.

古埃及，公元前1200年，$\pi = \left(\frac{16}{9}\right)^2 \approx 3.1605$.

中国，公元前1200年，$\pi = 3$(径一周三)，也称为“古率”.

2. 几何法阶段

阿基米德“割圆术”，公元前3世纪. 阿基米德是科学地研究这一常数的第一个人,他通过圆的内接和外切正96边形,得到的圆周率是$3.1408 < \pi < 3.1429$.

刘徽"割圆术",公元264年．刘徽是我国数学证明第一人,他提出了可以计算π值任意精度的一般性方法(图1-5)．他用正192边形,求得$3.141024 < \pi < 3.142704$,并用3072边形,求得$\pi \approx 3.14159$．他主张实际应用用$\pi \approx \frac{157}{50} = 3.14$,后人称为"徽率".

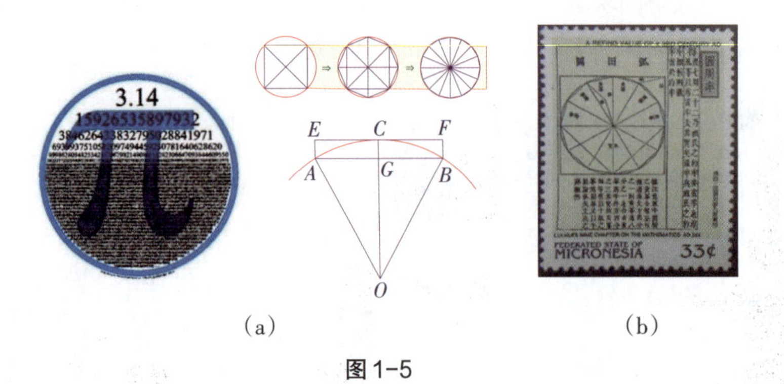

(a)　　　　　　　　(b)

图1-5

祖冲之,公元5世纪．祖冲之关于圆周率有以下两大贡献.

(1)求得圆周率:$3.1415926 < \pi < 3.1415927$.

(2)得到π的两个近似分数,即约率为$\frac{22}{7}$,密率为$\frac{355}{113}$.

约率和密率提出了"用有理数最佳逼近实数"的问题．数学家华罗庚说,密率$\frac{355}{113}$是分子、分母在1000以内最接近π值的分数．日本学者三上义夫称$\frac{355}{113}$为"π的祖冲之分数值"．祖冲之的这一成就,领先世界1200年．我国著名科学家茅以升称祖冲之的π值是"精丽罕俦,千古独绝",并在《科学》杂志上率先将密率$\frac{355}{113}$称为"祖率"．图1-6所示是为纪念祖冲之这位科学巨匠发行的邮票和银币及建立的雕塑.

纪念祖冲之的邮票

祖冲之银币

中华世纪坛"四十文化先贤"雕塑

图1-6

祖冲之的这一研究成果享有世界美誉:巴黎发现宫科学博物馆的墙壁上著文介绍了祖冲之求得的圆周率;莫斯科大学内排列的世界上最著名的科学家塑像中有祖冲之铜像,大学礼堂的走廊上镶嵌有祖冲之的大理石塑像(图1-7);国际天文学联合会将月球上的一座环形山命名为“祖冲之山”[图1-8(a)],紫金山天文台将他们发现的一颗小行星命名为“祖冲之小行星”[图1-8(b)].

图1-7

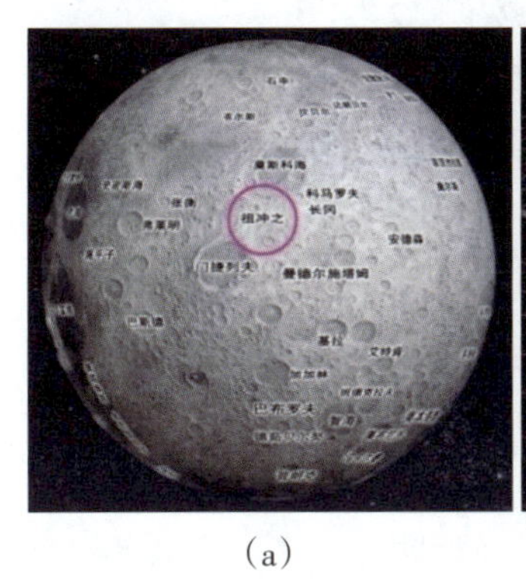

(a)

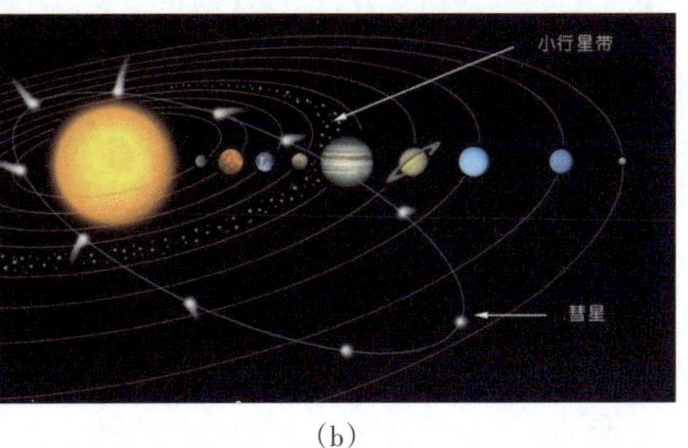

(b)

图1-8

英国李约瑟博士在《中国科学技术史》第三卷中指出:在圆周率方面,中国人不仅赶上了希腊人,而且公元5世纪又出现了跃进,祖冲之的密率$\frac{355}{113}$或3.1415929…,直到16世纪末,一直是举世无双的.

数学家鲁道夫用了几乎大半生的时间钻研这个问题,最终在1610年将π算到小数点后35位. 为了纪念他的这一非凡成果,德国、荷兰等欧洲国家将这个35位π值称为“鲁道夫数”. 2007年,人们在莱顿重新为他建造了一块新墓碑(图1-9),上面刻有“鲁道夫数”:

$$\pi = 3.141\,592\,653\,589\,793\,238\,462\,643\,383\,279\,502\,88$$

图 1-9

3. 分析法阶段

17 世纪出现了数学分析，这锐利的工具使许多初等数学束手无策的问题迎刃而解. π的计算历史也随之进入了一个新的阶段.

1593 年，韦达给出：

$$\frac{2}{\pi}=\frac{\sqrt{2}}{2}\times\frac{\sqrt{2+\sqrt{2}}}{2}\times\frac{\sqrt{2+\sqrt{2+\sqrt{2}}}}{2}\times\cdots$$

1650 年，沃利斯给出：

$$\frac{\pi}{2}=\frac{2}{1}\times\frac{2}{3}\times\frac{4}{3}\times\frac{4}{5}\times\frac{6}{5}\times\frac{6}{7}\times\frac{8}{7}\times\frac{8}{9}\times\cdots$$

1675 年，格雷果里和莱布尼茨都发现了：

$$\frac{\pi}{4}=1-\frac{1}{3}+\frac{1}{5}-\frac{1}{7}+\frac{1}{9}-\frac{1}{11}+\frac{1}{13}-\cdots$$

17 世纪，还有布隆克尔勋爵发现的漂亮的连分数展式：

$$\pi=\cfrac{4}{1+\cfrac{1^2}{2+\cfrac{3^2}{2+\cfrac{5^2}{2+\cfrac{7^2}{2+\cdots}}}}}$$

及欧拉发现的一堆公式：

$$\frac{\pi^2}{6}=1+\frac{1}{2^2}+\frac{1}{3^2}+\frac{1}{4^2}+\frac{1}{5^2}+\frac{1}{6^2}+\cdots$$

$$\frac{\pi^3}{32}=1-\frac{1}{3^3}+\frac{1}{5^3}-\frac{1}{7^3}+\frac{1}{9^3}-\frac{1}{11^3}+\cdots$$

$$\frac{\pi^4}{90}=1+\frac{1}{2^4}+\frac{1}{3^4}+\frac{1}{4^4}+\frac{1}{5^4}+\frac{1}{6^4}+\cdots$$

1706年,梅钦建立了一个重要的公式,现以他的名字命名:

$$\frac{\pi}{4}=4\arctan\frac{1}{5}-\arctan\frac{1}{239}$$

再利用分析中的级数展开,他算到了小数点后100位.

1844年,达塞利用公式:

$$\frac{\pi}{4}=\arctan\frac{1}{2}+\arctan\frac{1}{5}+\arctan\frac{1}{8}$$

算到了小数点后200位.

19世纪以后,类似的公式不断涌现,π的位数也迅速增长.

1949年6月,弗格森和伦奇两人共同发表了π的1121位小数值(一说是1118位小数值),这是人工计算π的最高记录. 至此,人工计算π随着计算机的诞生告一段落.

4. 计算机阶段

1946年,世界上第一台电子数字积分计算机(ENIAC)诞生,标志着人类历史迈入了计算机时代. 计算机的出现导致了计算方面的根本革命.

1949年,ENIAC根据梅钦公式计算到π的2035(一说是2037)位小数,包括准备和整理时间在内仅用了70小时.

1973年,有人把圆周率算到了小数点后100万位.

1985年,有人利用印度数学家拉马努金发现的公式:

$$\frac{1}{\pi}=\frac{\sqrt{8}}{9801}\sum_{k=0}^{\infty}\frac{(4k)!(1103+26390k)}{(k!)^4\cdot 396^{4k}}$$

获得了π的1700万位有效值.

拉马努金似乎是神一样的存在,这位只活到32岁,靠自学成才的数学家,被著名数学家哈代邀请到剑桥大学后,在短短7年时间里,取得了很多成果. 哈代曾说,自己一生有两件事最值得庆幸,其中之一,就是发现并培养了"印度的数学国宝"拉马努金. 1976年,有人在剑桥图书馆发现拉马努金丢失的笔记,其中含有4000多个公式和其他成果,数学家目前正在研究并试图证明这些公式. 拉马努金曾给出14个计算π的公式. 上述公式于1987年由加拿大数学家波尔文兄弟给出证明.

1989年,突破小数点后10亿位大关.

1999年9月30日,《文摘报》报道,日本东京大学教授金田康正已求到2061.5843亿位的小数值.

2010年,小数点后2.7万亿位.

2016年，小数点后22.4万亿位.

2019年，小数点后31.4万亿位.

2021年8月，瑞士科学家用计算机算到小数点后62.8万亿位.

2022年，小数点后100万亿位(谷歌公司).

2024年3月，小数点后约105万亿位(Solidigm公司).

图1-10粗略地描述了π的探究历程. 对π的位数的探究已远远超过了实际应用的需求. 如果用精确到小数点后50位的近似值计算以地球为圆心，经过北极星的圆的周长，误差会远小于质子的半径. 但人类对未知世界的探究不限于此，我们会不断地拓展已有的知识边界.

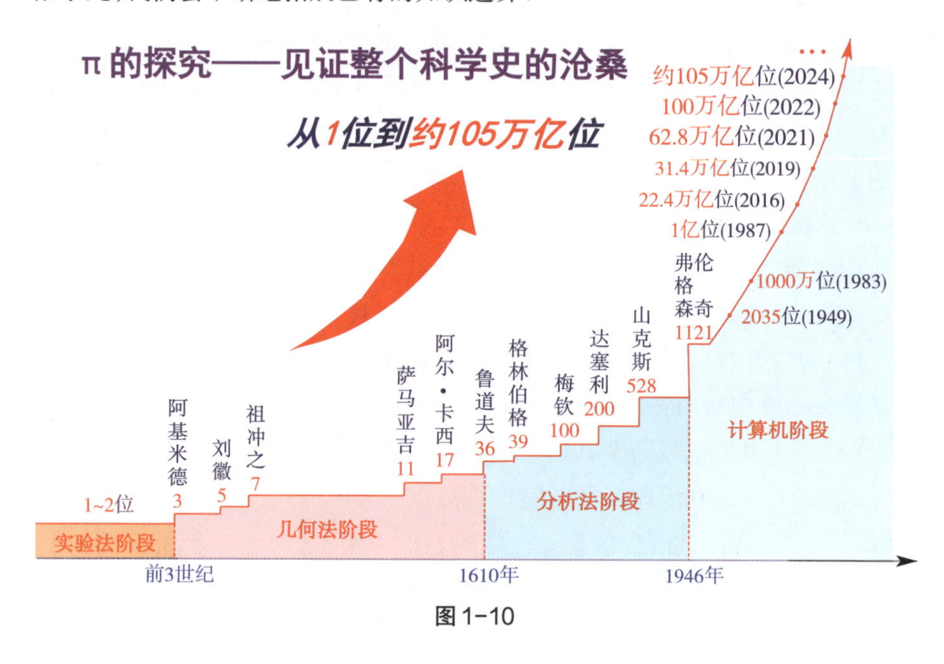

图1-10

三、布丰试验

法国博物学家布丰在研究偶然事件的规律时曾发现，可以通过投针的方式计算圆周率. 在纸上画一组相距为d的平行线，将一些粗细均匀、长度小于d的小针扔到画了线的纸面上(图1-11)，通过扔出的次数和小针与平行线相交的次数，便可以求出π的近似值. 历史上曾有不少数学家做过这一实验，结果如表1-1所示.

图1-11

表 1-1　投针实验结果

实验者	年份	投掷次数	π值
布丰	1777	2212	3.142
沃尔夫	1850	5000	3.1596
史密斯	1855	3204	3.1553
福克斯	1894	1120	3.1419
拉兹里尼	1901	3408	3.1415929

四、π的性质

人类对π的认识是一个不断深化的过程.

1. π是一个常数

古希腊数学家欧几里得在《几何原本》中提到π是常数. 中国公元前成书的《墨子》中有“小圆之圆与大圆之圆同”，成书于公元前的《周髀算经》中有“径一周三”，是说无论大圆还是小圆，周长都是直径的三倍，即π是一个常数. 古希腊、古巴比伦、古埃及、古印度、日本的史料中也有类似记载.

$\pi=3$的认识在我国大致持续到刘徽之前，即约公元3世纪. 而古希腊约在公元前200多年，阿基米德就已求得π值3.14了.

2. π是一个无理数

数学家兰伯特于1767年首先证明了π是一个无理数. 后勒让德又给出π和π^2都是无理数的证明，而且他还对兰伯特不严密的证明给予了补正. π是无理数的认识促进了无理数理论基础的形成.

3. π是一个超越数

1775年，欧拉提出了一个问题：π会不会是一个整系数代数方程的根，即是一个代数数呢?

这个问题在107年以后的1882年，被数学家林德曼解决. 他证明了π是一个超越数，即π不可能是一个整系数代数方程的根.

值得一提的是，林德曼不仅解决了107年前欧拉的问题，还解决了2300多年前(公元前434年)古希腊数学家提出的“化圆为方”问题，即仅用圆规和直尺化圆为方绝对不可能.

认识到π是无理数、超越数之后，人们对π的认识并没有穷尽，而是从不同角度去探讨它的性质.

譬如,法国数学家波莱尔曾提出一个简单正态数概念:一个实数在它的十进制小数展开式中,所有10个数字(0,1,2,3,…,9)以相等的频率出现时,则称为“简单正态的”. 那么,π是简单正态数吗? 这是一个尚未解决的问题. 有人借助计算机,对2000亿位π小数值中各数出现的次数进行了统计,数据如表1-2所示.

表1-2 2000亿位π小数值中各数出现的次数

数字	该数字出现的次数	数字	该数字出现的次数
0	20000030841	5	19999917053
1	19999914711	6	19999881515
2	20000136978	7	19999967594
3	20000069393	8	20000291044
4	19999921691	9	19999869180

五、含有π的数学公式

含有π的数学公式如表1-3所示,其中r为半径,d为直径,C为周长,S为面积,V为体积.

表1-3 含有π的数学公式

图形	公式
圆	$C = 2\pi r = \pi d$ $S = \pi r^2 = \frac{\pi}{4} d^2$
扇形	$l = \frac{n}{180} \pi r$ $S = \frac{n}{360} \pi r^2$
椭圆	$S = \pi ab$

续表

图形	公式
球	$S_{表面积}=4\pi r^2$ $V_{球}=\frac{4}{3}\pi r^3=\frac{\pi}{6}d^3$
圆柱	$S_{侧面积}=2\pi rh$ $S_{表面积}=2\pi r(r+h)$ $V=\pi r^2 h$
圆台	$S_{侧面积}=\pi l(R+r)$ $S_{表面积}=\pi l(R+r)+\pi(R^2+r^2)$ $V=\frac{1}{3}\pi h(R^2+r^2+Rr)$
椭球	$V_{椭球体}=\frac{4}{3}\pi abc$

六、π的趣闻

1. 巧记圆周率

从前，有个私塾先生，经常和山顶庙内的和尚喝酒下棋，一天，先生给学生们布置了一道题目．要求学生们在放学之前把圆周率背到小数点后22位，即

$$3.1415926535897932384626$$

背不出要打手板．谁知等先生喝酒下棋之后回来，学生们都能背出来．先生觉得非常奇怪．原来，有一个学生在林子里看到先生时，灵机一动，就把要背诵的数字编成了故事，故事情节是：

"山巅一寺一壶酒(3.14159)，尔乐苦煞吾(26535)，把酒吃(897)，酒杀尔(932)，杀不死(384)，乐尔乐(626)．"

记住情节，就记下了圆周率小数点后22位数字．

2. 用0~9十个数字凑π

要求用0~9十个数码组成一个分数，不重不漏，分子和分母各5个数码，

下面给出8个结果.

$\frac{76591}{24380} \approx 3.14155045119$; $\frac{37869}{12054} \approx 3.14161274266$;

$\frac{39480}{12567} \approx 3.14156123180$; $\frac{95147}{30286} \approx 3.14161658852$;

$\frac{97468}{31025} \approx 3.14159548751$; $\frac{49270}{15683} \approx 3.14161831282$;

$\frac{95761}{30482} \approx 3.14155895282$; $\frac{83159}{26470} \approx 3.14163203627$.

你能找到更精确的表达式吗?

3. π中隐藏的勾股定理

请看π的前56位数,前3个奇数位数字是3、4、5,即勾三股四弦五;从紧接着的9以后开始,第9个数字为9,连续第16个数字为9,连续第25个数字也为9,即

$$3^2 + 4^2 = 5^2$$

$$3.14159\underbrace{265358979}_{9}\underbrace{3238462643383279}_{16}\underbrace{5028841971693993751058209}_{25}$$

为勾股定理的最简形式.

4. 每种可能的数字组合(生日、密码、手机号……)都在其中某处

我国数学家袁亚湘院士通过程序,查到中国共产党的诞生日“19210701”出现在π的小数点后第44842733位;中华人民共和国成立日“19491001”出现在π的小数点后第82267377位;一生一世“1314”出现在π的小数点后第3902位;我爱你一生一世“5201314”出现在π的小数点后第2823254位. 袁院士风趣地说,一生一世并不难,我爱你一生一世要难得多!

还有,0123456789按序凑在一起,出现在π的小数点后第17387594880位.

诺贝尔物理学奖获得者理查德·费曼发现连续的999999出现在π的小数点后第762位,从此被称为“费曼点”,其概率约为0.08%.

人们发现,在π的前1000万位中,同一数字连续6个排在一起的事发生了87次;在小数点后的第24658601位,连续出现了9个7;与π的前8位数31415926有相同顺序的排列出现过1次;与π的前7位数3141592有相同顺序的排列出现过6次.

5. 奇妙的“对称”

《科学美国人》杂志的“数学游戏”专栏作家马丁·加德纳发现,π的前33位数字有惊人的“对称”,具体如下.

对称1　如图1-12所示，第2个26左右有79、32、38关于26对称．

对称2　第1个26前5个数之和与后5个数之和恰好是最后的50，即

$$(1+4+1+5+9)+(5+3+5+8+9)=50$$

对称3　第2个26前后的46＋43等于前面的89．

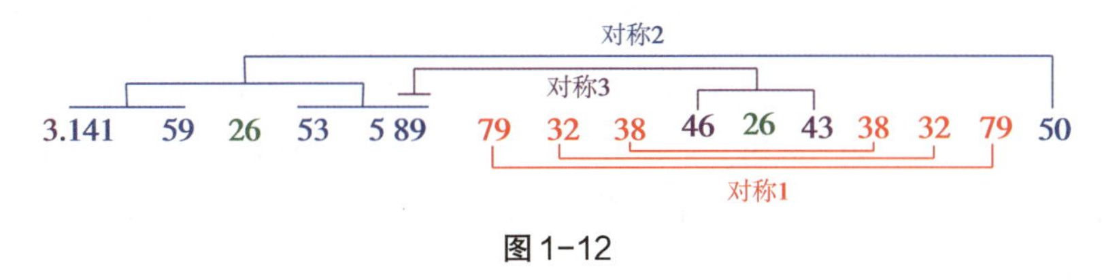

图1-12

6. 用π取整凑数

我们知道，$[x]$表示“取x的整数部分”，如$[3.27]=3$．用若干个π，仅仅通过若干次加、减、乘、除、乘方、开方之后取整，而不用其他任何数学符号，你能不能得到指定的任何整数？

例如，用3个π能不能得到17、18、19、20？

下面是一组答案：$17=[\pi\times\pi\sqrt{\pi}]$，$18=[\pi][\pi+\pi]$，$19=[\pi(\pi+\pi)]$，$20=\left[\dfrac{\pi^{\pi}}{\sqrt{\pi}}\right]$．

7. π与幻方

图1-13(a)所示是一个五阶幻方，由美国人罗贝克设计，它的幻和（纵、横、斜的数字和）为65．将这个幻方上的数字用圆周率从3开始的对应位上的数字替换，如从3开始的第17位上的数字是2，就将五阶幻方的第一行第1格的17换成2；第15位上的数字是9，就将15换成9，以此类推，这样就得到图1-13(b)，它们的行和列的数字和均为17、29、25、24、23这5个数．看起来像变戏法，为什么会出现这种现象？

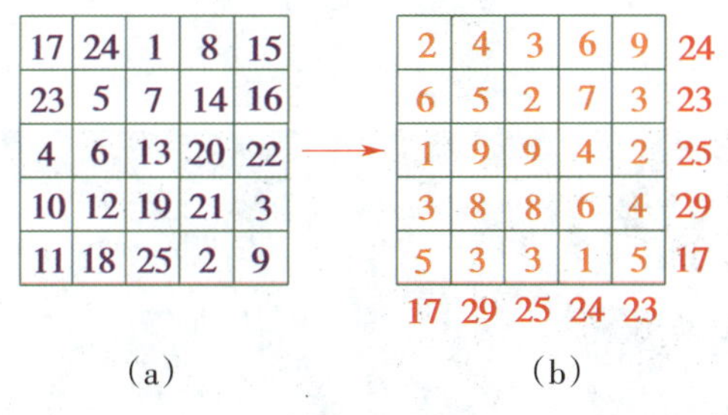

17	24	1	8	15
23	5	7	14	16
4	6	13	20	22
10	12	19	21	3
11	18	25	2	9

(a)

2	4	3	6	9	24
6	5	2	7	3	23
1	9	9	4	2	25
3	8	8	6	4	29
5	3	3	1	5	17
17	29	25	24	23	

(b)

图1-13

8. 最美公式

在巴黎发现宫的“数学的历史”陈列室（21厅），在古代数学和近代数学部

分的隔墙上方悬挂着一个公式：

$$e^{i\pi}=-1$$

数学公式千千万，为什么它就“高人一等”？

公式$e^{i\pi}=-1$即$e^{i\pi}+1=0$的变形．在$e^{i\pi}+1=0$中，我们看到：数学中最著名的“五朵金花”——0、1（来自算术）、i（来自代数）、π（来自几何）、e（来自分析），妙不可言地同时“美丽绽放”，两个最著名的超越数结伴而行，实数与虚数熔于一炉，数学中最重要的3种运算——加法、乘法、指数运算位列其中．总之，它优美神奇，内涵丰富，哲理深刻，魅力无穷！因此，有人说它是“上帝创造的最完美公式”！

数学家罗素说：“圆周率的表面蒙着一层面纱，没有人能在有生之年得见其真容，然而有些敏锐的目光却可以透过这层面纱窥见一斑，想做到这一点必须坚韧不拔、睿智冷峻，而且高深莫测．”

图1-14所示是一组关于π的图片，表现了人们对它的喜爱和痴迷，它让人遐想，让人陶醉，更让人奋进！探索不止，攀登不息！

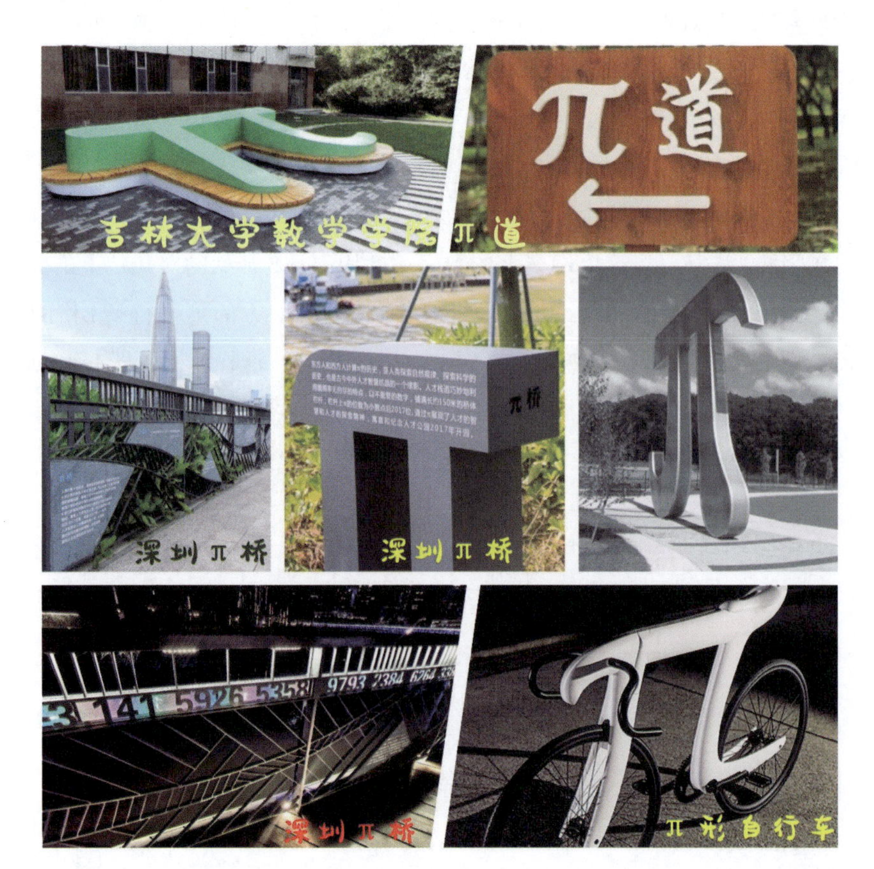

图1-14

综合与实践

（1）图1-15所示是4个相等的圆构成的图形，相邻两圆相切，它们的半径均为$\frac{1}{2}$，问：红色水壶形的周长和面积与π有关吗？

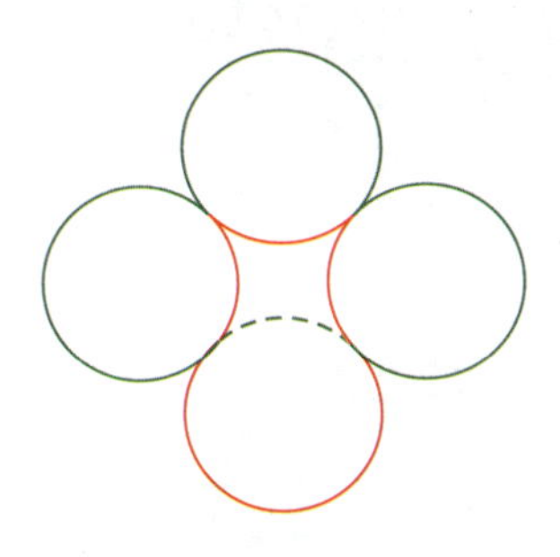

图 1-15

（2）数学家祖冲之曾给出圆周率π的两个近似值：约率$\frac{22}{7}$与密率$\frac{355}{113}$. 它们可通过“调日法”得到. 若把大于π的近似值叫作强率，小于π的近似值叫作弱率，由$\frac{3}{1}<\pi<\frac{4}{1}$，取3为初始弱率，4为初始强率，得$a_1=\frac{3+4}{1+1}=\frac{7}{2}$，为强率；与上一次的弱率3计算，得$a_2=\frac{3+7}{1+2}=\frac{10}{3}$，为强率. 继续计算，若某次得到的近似值为强率，与上一次得到的弱率计算得到新的近似值；若某次得到的近似值为弱率，与上一次得到的强率计算得到新的近似值，以此类推. 已知$a_m=\frac{22}{7}$，则$m=$______；$a_8=$______.（2024年华中师范大学第一附属中学丘成桐少年班选拔试题）

（3）圆周率π是常数、无理数、超越数，这些都已证明，π是不是正规数？没有人知道. 这是数学家正在探究的问题. 请通过查阅资料，搞清正规数的含义，写一篇短文来介绍.

第2章

2

尺规作图——跨越两千年的探索

尺规作图兴起于古希腊数学史上的雅典时期．希波战争的胜利，使雅典成为整个古希腊的商业政治中心，古希腊哲学家中的三巨头，即苏格拉底、柏拉图和亚里士多德，都属于雅典时期（图2-1）．

图2-1

著名的几何作图三大问题，就是这一时期第一学派巧辩派研究探讨过的问题．可能不会有人想到，对这几个问题的探讨，竟持续了2000年之久．

一、几何作图三大问题

古希腊人提出的几何作图三大问题如下．

（1）三等分任意角：任意给一个角，将它三等分．

（2）倍立方体：求作一个立方体，使其体积等于已知立方体体积的2倍．

（3）化圆为方：求作一个正方形，使其面积等于已知圆的面积．

解决这3个问题的要求是：尺规作图（也叫作欧氏作图）．即只许使用没有刻度的直尺和圆规，并在有限次内完成．

这些问题的起因各有说法，但数学史家一般认为，这些问题都应是一些基本问题的自然延伸．一条线段可以任意等分，人们自然就想到角的二等分、三等分．以正方形对角线为边的正方形两倍于前者的面积，人们理所当然地提出立方体问题．圆和正方形都是基本图形，作一个正方形使其面积等于已知圆，这样的问题就不足为奇了．据说在公元前5世纪，许多人研究过“化圆为方”问题，这一活动还有一个专门的词汇“τετραγωνίξειν”表示，意思是“献身于化圆为方问题”，可见其热度．

限于尺规也有各种解释，有资料记载，最先提出作图要有尺规限制的，是雅典时代的智者恩诺皮德斯．被马克思、恩格斯誉为“经验的自然科学家和希腊人中第一个百科全书式的学者”，德谟克利特也曾受他的影响．恩诺皮德斯把几何作图作为他解释宇宙现象的手段，他认为宇宙运动的基本形式是直线和圆，其他形式都可以由它们组合或派生而成．这种认识反映在几何作图上，则认为直线和圆是基本图形，直尺和圆规是其具体化，一切图形都应该由直尺和圆规作出.

尺规作图作为几何作图的最基本形式被确立是在欧几里得的《几何原本》中，它是数学理论演绎化的必然结果. 根据公理方法，一切推证必须建立在公理或公设的基础上，作图也一样.《几何原本》提出的5条公设，前3条都是关于基本作图的，从而真正确立起尺规作图在整个几何作图中的中心地位.

古希腊学者以其逻辑的纯真而自豪，他们从未放弃这些目标，一直十分努力地想解决这些问题. 但事实却是，历经2000多年，一代又一代数学家遵循欧氏几何"尺规作图"的清规戒律，绞尽脑汁，耗尽全力，也没能见到胜利的曙光.

1637年，笛卡儿等人建立解析几何，数学家把作图问题转化为代数问题. 到了200年后的1837年，法国数学家旺策尔证明了，三等分任意角和倍立方体是几何作图不能问题. 又过了45年，德国数学家林德曼证明了圆周率的超越性，同时证明尺规作图不能作出化圆为方问题. 至此，才彻底解决三大作图问题.

证明三大问题不可解的工具本质上不是几何而是代数. 可以证明，所有可尺规作图的都是代数数(有理系数方程的根)中的可作图数(图2-2). 否则，就不可作.

(1)倍立方体. 设给定立方体是单位立方体，它的边长是单位长度1. 若体积是它两倍的立方体边长为x，则

$$x^3 = 2$$

解得$x = \sqrt[3]{2}$. 如果问题可解，则需用直尺和圆规构造出长度为$\sqrt[3]{2}$的线段. 但$\sqrt[3]{2}$是一个不可作图数，故倍立方体不可解.

(2)三等分任意角. 如图2-3所示，OE、OF是$\angle AOB$的三等分线. 以O为圆心，单位长为半径画弧，交OE于点C. 过点C作$CD \perp OA$于点D. 这样，OE能否作出，等价于点D能否用尺规作出.

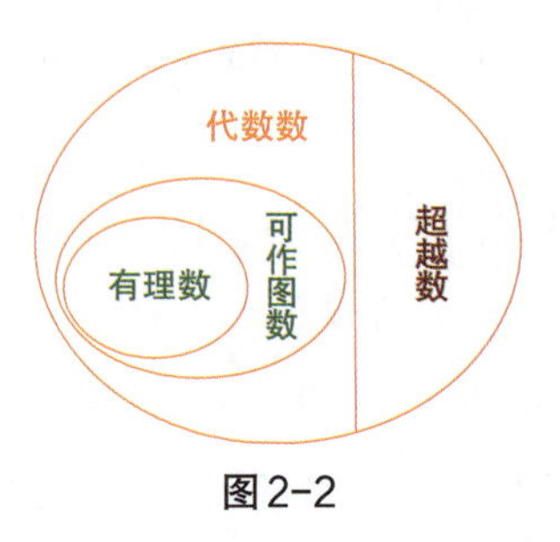

图2-2

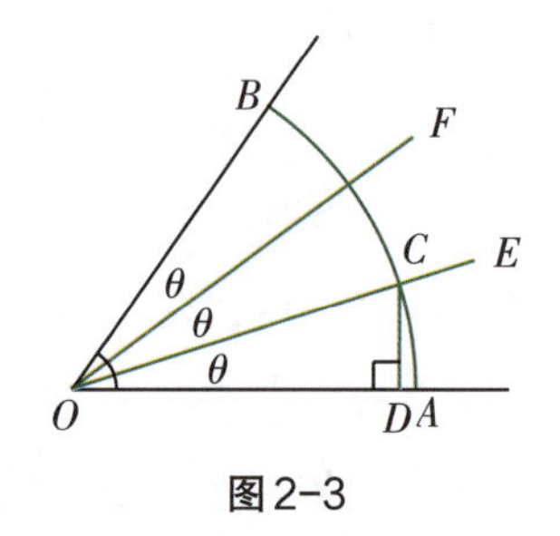

图2-3

令$OD = x$，则有$x = \cos\theta$. 根据三角恒等式$\cos 3\theta = 4\cos^3\theta - 3\cos\theta$，可得

$$4x^3 - 3x - \cos 3\theta = 0$$

取一特殊值$\theta = 20°$代入，得

$$8x^3 - 6x - 1 = 0$$

这个方程没有有理根，也没有可作图的根．特殊情形不可以，一般情形也不可以．这就表明，用尺规作图，三等分任意角不可能．

需要指明的是，这个结论是对一般情形而言的．若θ等于某些特殊值，如$\theta = 30°$，这时上述方程变为

$$4x^3 - 3x = 0$$

它的解为$x = 0, x = \pm\dfrac{\sqrt{3}}{2}$，其中$x = \dfrac{\sqrt{3}}{2}$是我们欲求的解，而它是可作图的．

(3)化圆为方．设圆的半径为1，它的面积为π，求作的正方形边长为x，则有

$$x^2 = \pi$$

得$x = \sqrt{\pi}$．由于$\sqrt{\pi}$是超越数，不是可作图的数，故“化圆为方”不可解．

二、跳出“尺规”框框

问题难在“尺规”限制，如果解除这一限制，问题容易解决．下面是几种典型的非尺规作法．

1. 阿基米德“三等分角”方法

如图2-4所示，设$\angle AOB$为任意角，以O为圆心，单位长为半径画半圆分别交OA、OB于点A、B．作线段BC交半圆于点D，交AO延长线于点C，使$CD = OB$，则$\angle C = \dfrac{1}{3}\angle AOB$．

证明 连接OD(图2-5)，则$CD = OD = OB$，故有$\angle C = \angle COD$，$\angle ODB = \angle DBO = 2\angle C$，$\angle AOB = \angle C + \angle CBO = 3\angle C$，即$\angle C = \dfrac{1}{3}\angle AOB$．

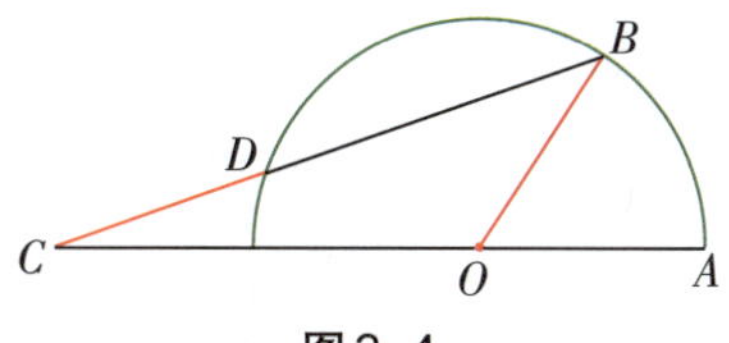

图2-4

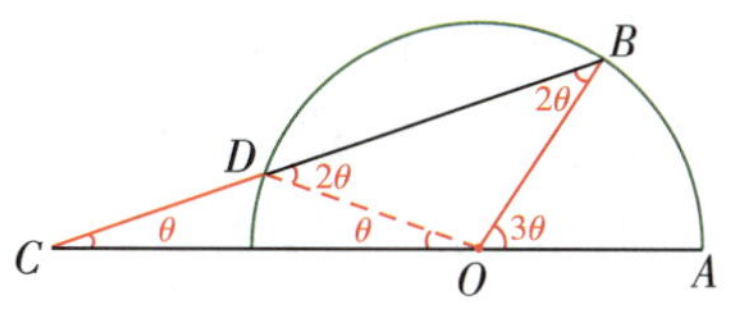

图2-5

上述作法来自阿基米德著作，但作法突破了尺规限制，采用的是“二刻尺”作图法.“二刻尺”允许直尺上有两个刻度(作图时标示，图2-5将长度为OB的两个刻度分别对准点C和点D)，因此它介于刻度尺和尺规作图的尺(无刻度)之间.

2. 柏拉图“倍立方体”方法

作两条相互垂直的直线ST和MN，垂足为O. 在OM上取$OA = a$(a为已知立方体的棱长)，在OS上取$OB = 2a$. 将一直角三角形的直角顶点放在OT上(可移动)，一直角边过点A，将另一直角三角板的直角顶点放ON上(可移动)，一直角边过点B，当这两个直角三角形的另一条直角边重合为CD时(图2-6)，则OC即为2倍立方体的棱长.

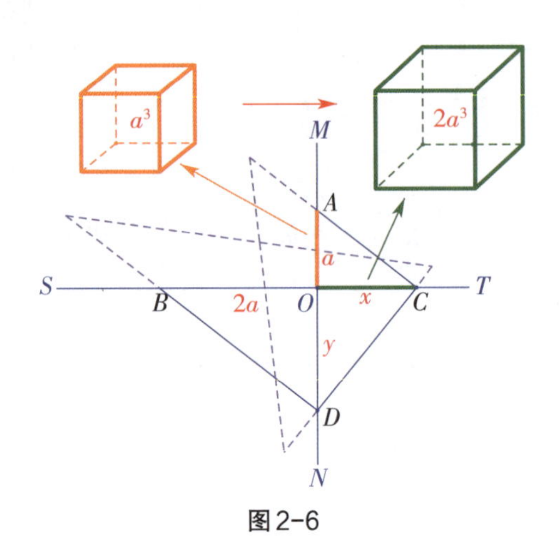

图2-6

证明 设$OC = x$, $OD = y$，根据直角三角形性质，易得

$$a:x = x:y = y:2a$$

相当于在a和$2a$之间插入两个比例中项.

$$x^2 = ay, y^2 = 2ax$$

由此可得

$$x^3 = 2a^3$$

3. 门纳马斯“倍立方体”方法

由上面的柏拉图方法，得

$$x^2 = ay, y^2 = 2ax$$

在直角坐标平面内画出上述两个二次方程所对应的两条抛物线(图2-7). 这两条抛物线交于O、A两点，过点A作$AA' \perp x$轴，垂足为A'，以OA'为棱长作正方体即为$2a^3$. 此法也称为圆锥曲线法.

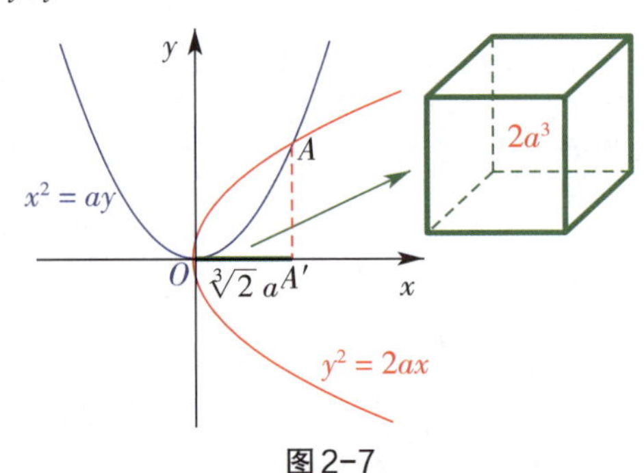

图2-7

4. 达·芬奇“化圆为方”方法

设已知圆半径为r，以已知圆为底，$\frac{r}{2}$为高，作一圆柱，将圆柱滚动一周产生一矩形，再作一正方形，使其面积等于矩形即可(图2-8).

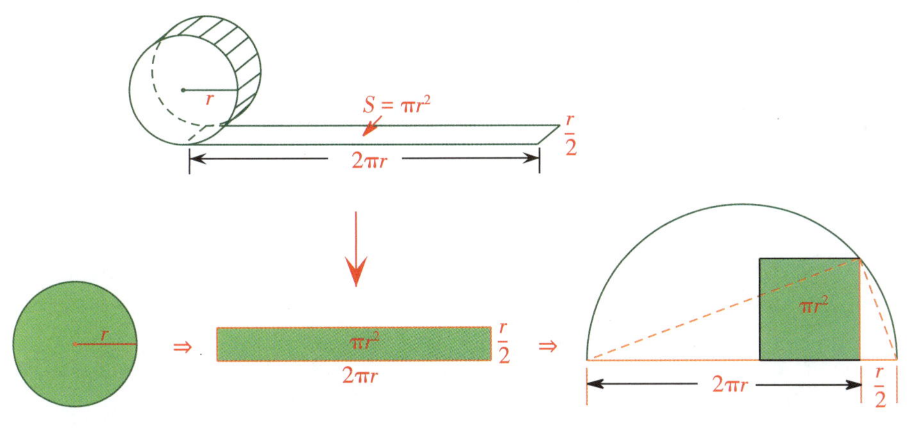

图2-8

顺便指出，曾有古希腊医生、数学家希波克拉底发现过一个“月牙定理”：如图2-9所示，以直角$\triangle ABC$各边为直径所作的3个半圆形，则图中两个带阴影的月牙形面积之和等于直角$\triangle ABC$的面积.

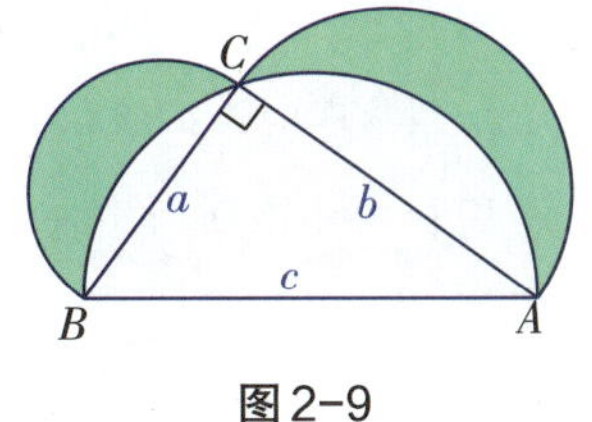

图2-9

证明不难，由勾股定理，有

$$a^2+b^2=c^2$$

故有

$$\frac{1}{2}\pi\left(\frac{a}{2}\right)^2+\frac{1}{2}\pi\left(\frac{b}{2}\right)^2=\frac{1}{2}\pi\left(\frac{c}{2}\right)^2$$

即直角边上两个半圆的面积之和等于斜边上半圆的面积. 减去公共部分(不带阴影的两弓形)即得结论.

这一结论的发现，曾给数学家们很大鼓舞，他们想以此来寻求化圆为方的方法，但最终还是一次又一次地失败了.

三、尺规作正多边形

对于平面上的一个简单多边形，如果它的各边相等，各内角也相等，这样的多边形就叫作正多边形.

尺规作正多边形，与“三大作图问题”一样，均源自古希腊，也有书将它们统称为“四大作图问题”. 只是“三大作图问题”已明确解决，而尺规作正多边形尚未彻底解决.

作一个正n边形等价于将一个圆周n等分. 那么，古希腊人会做哪些正多边形呢?

(1)用尺规可以等分任意角. 通过平分180°的角，可作出正四边形，进而作出正2^n边形($n = 2, 3, \cdots$)，即4，8，16，32，…边形可作.

(2)会作正三角形，从而会作3×2^n边形($n = 0, 1, 2, 3, \cdots$)，即3，6，12，24，…边形可作.

(3)会作正五角形，从而会作5×2^n边形($n = 0, 1, 2, 3, \cdots$)，即5，10，20，40，…边形可作.

古希腊人会作的奇数边正多边形有正三边形、正五边形、正十五边形. 因为会作正三角形就会作60°的角，会作正五边形就会作72°的角，它的一半是36°角，而

$$60° \times 2 - 36° \times 3 = 12° = \frac{360°}{30}$$

这是正三十边形的中心角，因而正三十边形可作，从而正十五边形可作. 这个纪录保持了约2000年，直到高斯的出现.

图2-10

1796年，高斯(图2-10)发现：对于奇数n，当且仅当n是一个费马素数，或者若干费马素数的乘积时，正n边形才能用直尺和圆规作出.

目前发现的费马素数只有5个：3，5，17，257，65537. 从中任选1个、2个、3个、4个、5个相乘，只有31($C_5^1 + C_5^2 + C_5^3 + C_5^4 + C_5^5 = 31$)个可能的取值.

他不仅证明了这个漂亮的结论，还亲自用圆规和直尺作出了一个正十七边形，以实践自己的理论. 他留下遗言，让他的后人在他的墓碑上刻上一个正十七边形. 可见这位历史上最伟大的数学家多么欣赏这个得意之作. 但未能如愿. 不过，在他的出生地的一个纪念碑上的确刻了正十七边形. 1989年，第30届国际奥林匹克数学竞赛在高斯曾执教的格丁根大学举行，用他的正十七边形作为会徽，以示纪念(图2-11).

图2-11

31个取值中，边数最多的是4294967295边形．而作257边形已经很不容易了．德国数学家赫尔梅斯为了作出正65537边形，整整花了十年时光．他的正65537边形的尺规作图法于1894年发表，200多页手稿装了一皮箱，目前保管在格丁根大学．

1915年，罗伯特·高登林格写了一本书，其中包含20种正十七边形作法．但一位评论家指出"还远称不上完整"，因为还有下面简洁的作法．

如图2-12所示，以点O为圆心，OA为半径作圆，OB为垂直于OA的半径，在OB上取点C，使$OC=\frac{1}{4}OB$，连接AC，作$\angle OCD=\frac{1}{4}\angle OCA$，交$OA$于点$D$，在$AO$延长线上作点$E$，使$\angle DCE=45°$，以$AE$为直径作半圆交$BO$延长线于点$F$，以$D$为圆心，$DF$为半径画半圆交直线$AO$于$H$和$G$，分别过点$H$和$G$作$OA$垂线交$\odot O$于点$M$、$N$和$S$、$T$，则$A$、$M$、$N$、$S$、$T$为正十七边形的5个顶点，以此再作出其他点．

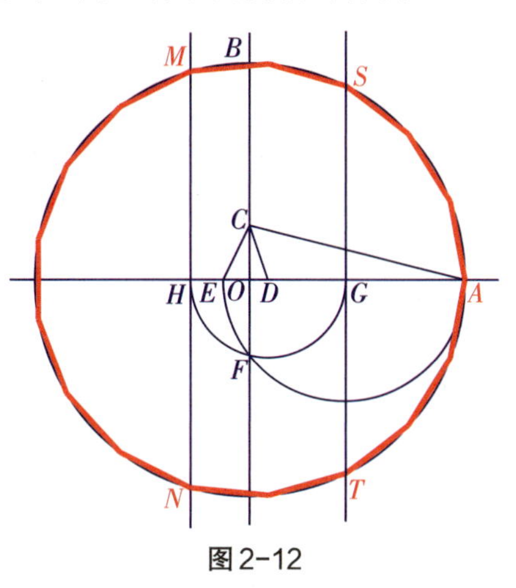

图2-12

边数不超过100的正多边形，可以通过尺规作图，如表2-1所示．

表2-1　100以内可用尺规作图的正多边形

n	用尺规能作的正多边形边数
2^m	4，8，16，32，64
$2^m p_1 p_2 \cdots p_k$ （m为自然数，$k=1,2,3$，p_i为3，5，17之一）	3，6，12，24，48，96 5，10，20，40，80 17，34，68 15，30，60 51 85

共24种能作，其余74种不能用尺规作出．

当确定不能尺规作图，人们就会寻求其他途径．下面是美国漫画家克罗克特·约翰逊关于正七边形的作法．约翰逊晚年沉迷数学，尤其是几何，曾创作至少117幅以数学为灵感的绘画作品．

约翰逊关于正七边形的作法据说是他在阿基米德的出生地西西里岛的锡

拉库扎旅游时想出来的．那天他去餐厅就餐，在等上菜间隙，用桌上的菜单、酒水单和7根牙签摆弄出一个内角比为3∶3∶1的等腰三角形[图2-13(a)]．“忽然，一个想法如盛开的玫瑰一般绽放！”这个三角形的3个顶点就是圆内接正七边形的3个顶点．有了这3个顶点，另4个顶点即可轻易作出[图2-13(b)]．图2-13(c)所示是约翰逊利用二刻尺给出的几何作法，图中有 $AD = AB = CE$．$\triangle ABC$ 三内角满足3∶3∶1．

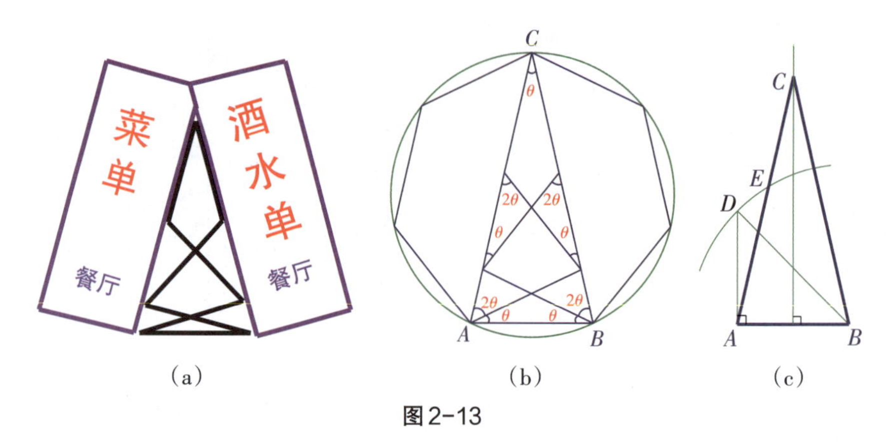

图2-13

不能用尺规作出的正多边形，有些是可以用圆锥曲线法和二刻尺法作出的．古希腊人对3种作图的等级排列如下．

(1)尺规作图(圆规和没有刻度的尺，圆和直线)．

(2)圆锥曲线(抛物线、椭圆、双曲线和直线)．

(3)二刻尺作图(圆和标明两个刻度的直线)．

古希腊人最推崇的是尺规作图，表明他们更注重思维和智力的训练，追求的是理论的卓越和心智的荣耀．最次等的选择是二刻尺作图．亚瑟·巴拉加证明，存在不能用二刻尺作图的正多边形，他还给出了一些也许可以用二刻尺作图的正多边形，如图2-14所示．

		3	4	5	6	7	8	9	10	11	12	13	14	15	16	17	18	19	20
21	22	23	24	25	26	27	28	29	30	31	32	33	34	35	36	37	38	39	40
41	42	43	44	45	46	47	48	49	50	51	52	53	54	55	56	57	58	59	60
61	62	63	64	65	66	67	68	69	70	71	72	73	74	75	76	77	78	79	80
81	82	83	84	85	86	87	88	89	90	91	92	93	94	95	96	97	98	99	100

■可尺规作图 ■可圆锥曲线作图 ■可二刻尺作图 ■也许可以用二刻尺作图 ■无法用二刻尺作图

图2-14

四、尺规作图的意义

这三大几何作图问题以其独特的魅力,2000多年来吸引了许多数学家的兴趣. 他们以极大的热情投入其中,在问题的解决过程中各显神通,从不同的角度进行探讨. 他们的解法或突破作图工具的限制,或与作图公设不完全相符,得到了许多意想不到的结果,并且数学家们在无意中闯进了未知的领域,发现了新的宝藏,可谓是"不破不立".

希尔伯特说,判断一个问题的价值,最终取决于科学从该问题获得的收益. 在解决"三等分角"问题时,古希腊数学家尼哥米德发现了"蚌线";希庇亚斯发现了"割圆曲线",阿基米德发现了"阿基米德螺线",极大地丰富了古希腊几何的研究内容;同时人们还设计出许多机械装置、联动装置和复合圆规等.

1837年,法国数学家旺策尔首次运用代数方法证明了"倍立方体"问题不能通过尺规作图法解决,开了用代数方法解决几何问题的先河. 对此问题的研究,还使人们发现了圆锥曲线、心脏线、蔓叶线等,促进了圆锥曲线理论的建立和发展.

古希腊安提丰为解决"化圆为方"问题,所采取的"穷竭法"后来成为阿基米德计算圆周率的先导,与中国刘徽的"割圆术"不谋而合,而穷竭法孕育了近代极限论的思想,催生了微积分的诞生,具有划时代的意义.

三大问题还直接或间接地影响了有理数域、代数数与超越数、群论等的发展.

此外,三大问题对于数学中的问题解决也有重要的启发. 它使我们看到解决问题不仅在于解决问题本身,更重要的是解决问题的思想、方法和由此而产生的发明与创造.

这是一个数学寻宝传奇. 它也告诉我们,不可能与可能一样,都能给人启发,也都能挖掘到宝藏.

五、尺规作图的继承与创新

三大作图问题已经解决,但"尺规作图"仍属于中学几何教学的核心内容,"是人类理性思维的瑰宝,科学和艺术的完美结晶,体现了'真善美'"(张奠宙等). 2022年版的“新课标”,作为我国自1949年以来的第15部“课程标准(或‘大纲’)”,对“尺规作图”内容的处理,充分吸收了正反两方面的经验教训,在“精中求简”的原则下,保留其精华,充分发挥其在促进几何基本概念、性质、关系、变化规律的理解和深化中的作用及育人价值.

在前人的基础上,与时俱进,实现内容、方法创新,是值得探究的主题.

1. 尺规作图保存基本内容,继承优良传统

在几何作图方面影响最大的当属傅种孙先生,他是民国时期中国数学教育的领袖人物、中国现代数学教育的先驱. 傅种孙曾担任北京大学、辅仁大学(现已合并至北京师范大学)、西北联合大学(现已不存在)的教授,有很多全国知名学者都曾受教于他,如钱学森院士、段学复院士、闵嗣鹤、熊全淹、魏庚人、赵慈庚、金保赤、张元达、袁兆鼎等. 傅种孙先生在几何作图方面做出了开创性的工作. 在他的著作中,几何作图占有很大比重. 其中《作图漫谈》是一本专门讨论几何作图的著作. 此外,还有《初级混合数学》,共六册,除第四册外,其他各册都涉及几何作图的内容.《高中平面几何》一书共七篇,其中第四篇专门讲解几何作图.《几何基础研究》一书由四部分组成,几何作图内容占了一半以上的篇幅.

傅种孙认为,几何作图是数学基础中必不可少的内容,他说:“几何之务,不在知其然,而在知其所以然;不在知其所以然,而在何由以知其所以然?”他所追求的“几何之务”,是要通过几何作图,知道作图的依据,领会作图的内涵,逐步理清图形与问题之间的关系,进而把握问题的本质.

傅种孙明确指出,初等几何只讲直线和圆,所以采用的作图工具只限于直尺和圆规两种. 作图依据有三点:公理、定理、作图成法. 作图题应按5步完成:第1步设定,第2步求作,第3步作法,第4步证明,第5步推究. 作图方法有拼合法、造因法、三角形奠基法、迁移法、放大法、轨迹交点法、分析法与辅助线、代数分析法等.

傅种孙认为,几何作图是探讨“图形和图形关系”时必不可少的过程,而这正是认识几何公理体系的过程. 几何作图要经历一系列复杂的逻辑思维过程,这是将几何事实具体化的同时学习几何事理,掌握几何知识,领悟几何精神,在潜移默化中培养和塑造学习者的数学逻辑性和严密性,进而探索更深的知识和人生哲理.

2. 内容方法创新

张景中院士说,关于作图问题,可以从两个方向改变:一是放宽限制,允许使用其他作图工具和仪器，使作图变得更加丰富和实用；二是加强限制，他列举的“生锈圆规问题”就是一例，见张景中著《数学家的眼光》(图2-15).

生锈圆规问题一　已知两点A、B，只用一把生锈的圆规(如只能以单位长为半径画圆)，求作点C，使$AC=AB=BC$.

生锈圆规问题二　已知两点A、B(只有两点，没有线段AB)，只用一把生锈的圆规，找出线段AB的中点C.

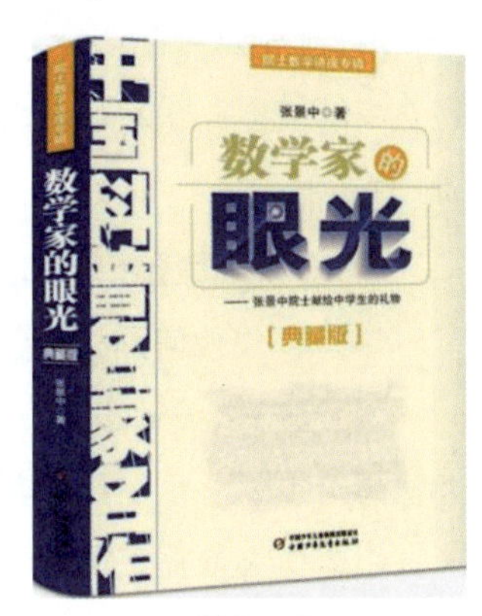

图2-15

“生锈圆规问题”是美国几何学家佩多于1982年公开提出的，两个问题都被我国数学爱好者成功解决. 其中问题二，竟被我国一位没能考上大学的高中生花了一年时间所征服.

3. 计算机作图

《义务教育数学课程标准(2022年版)》指出：“合理利用现代信息技术，提供丰富的学习资源，设计生动的教学活动，促进数学教学方式方法的变革. 在实际问题解决中，创设合理的信息化学习环境，提升学生的探究热情，开阔学生的视野，激发学生的想象力，提高学生的信息素养.”“教师可以利用信息技术对文本、图像、声音、动画等进行综合处理，丰富教学场景，激发学生学习数学的兴趣和探究新知的欲望.”

利用计算机及现有软件作图，操作简单，功能强大，品质优秀，已成为教与学强有力的工具. 如“几何画板”，把点、线、圆作为基本元素，通过对这些基本元素的变换、构造、度量、计算、动画、跟踪轨迹等，能构造出更复杂的图形，揭示变化之间的关系，把较为抽象的数学问题形象化，有助学生对数学本质的理解. 几何画板可以方便地绘制平面几何图形和立体几何图形，根据需要，还可以把绘制的图形无缝链接、复制、粘贴到文档和PPT幻灯片中，可以放大、缩小；可以通过平移、旋转、翻折和迭代来编制动态课件；还可以通过“插入”或“超链接”功能在其他工具和平台上展示. 几何画板还可以做“数学实验”，从而成为探究性学习的有力工具.

张景中院士开发的“网络画板”在“数学实验”方面也有出色表现，并取得了丰硕成果.

综合与实践

(1)已知线段AB,用生锈圆规(不能开合,其半径$>AB$),求作正$\triangle ABC$.

(1979年加拿大一数学杂志重新提出这个问题,并增加了一问:若半径$<AB$,是否有解?)

(2)已给线段AB和线段AB外一点M,求作过点M垂直于AB的直线.

(3)利用"几何画板"验证垂心定理,并指出垂心的位置.

(4)尺规作正五边形,《几何原本》中的作法需要35步. 1893年,赫伯特·里奇蒙德给出了一个更简单的作法:

作$\odot O$两条垂直的半径OA和OM,设OM的中点为N,连接AN,作$\angle ONA$的平分线,交OA于点K,过点K作OA垂线交$\odot O$于B、E,则A、B、E就是正五边形的3个顶点,然后用AB的长作出点C、D(图2-16).

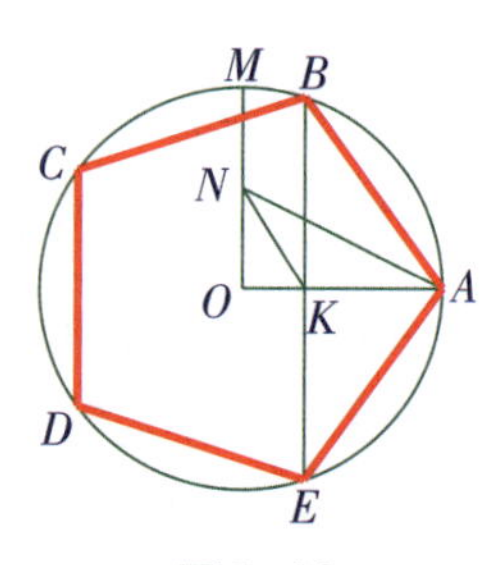

图2-16

请在正五边形的基础上,作出正十五边形.

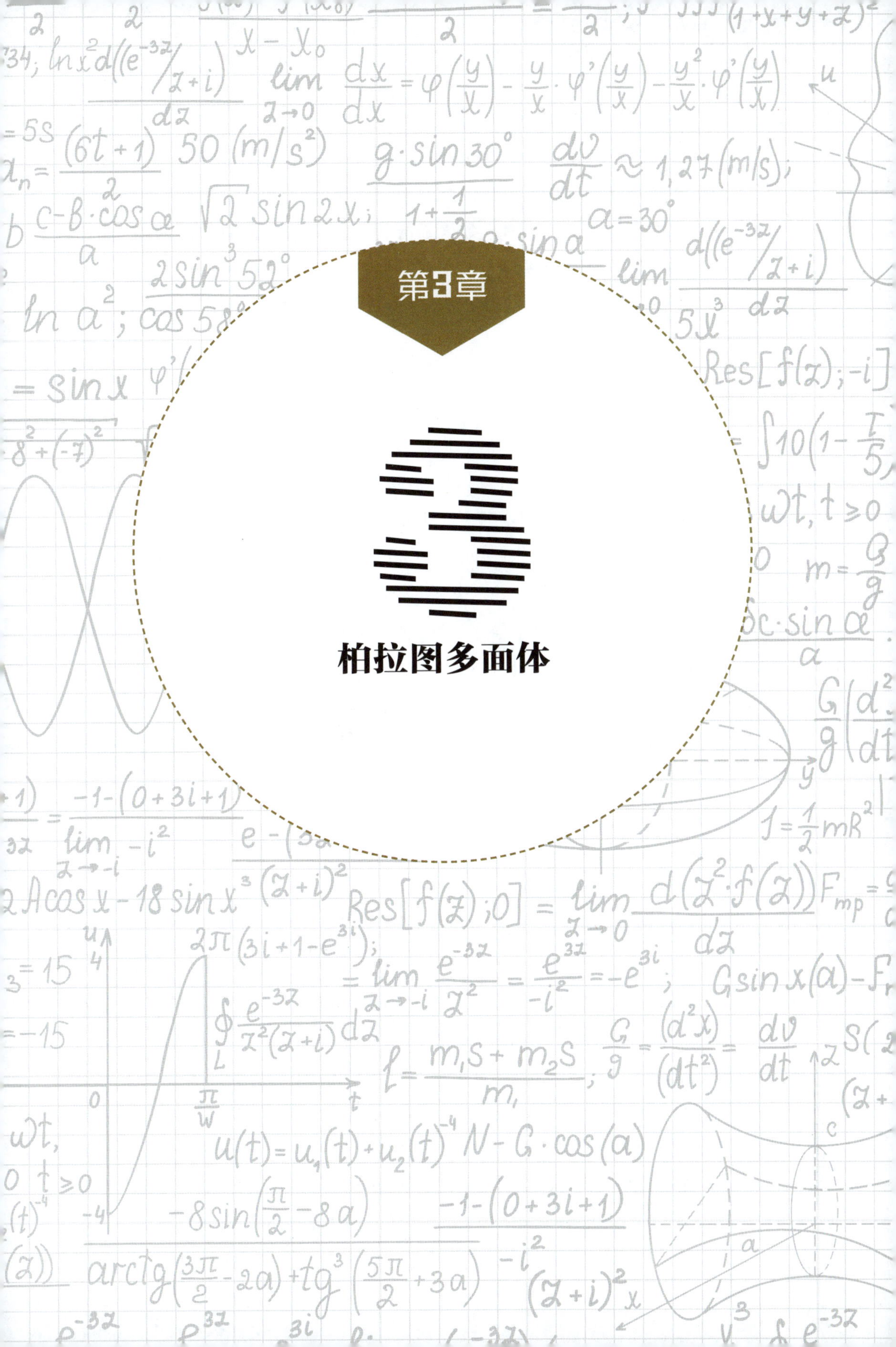

第3章

柏拉图多面体

柏拉图是古希腊哲学家，他在数学上的重要地位，更多是因为他在数学教育方面的贡献．受毕达哥拉斯的启发，柏拉图相信几何学中蕴藏着现实世界潜藏的神圣真理．他在创办的柏拉图学园门口竖起一块牌子，上面写道："不懂几何者不得入内．"数学是这所学校必修的核心课程，15年的学制里有10年时间学生需要学习几何．著名的数学家欧多克索斯、欧几里得就是毕业于这所学校．

一、柏拉图多面体

各个面是全等的正多边形并且各个多面角也是全等的多面角的多面体叫作正多面体，也叫作柏拉图多面体或柏拉图体．

柏拉图体只有5种，即正四面体、正六面体（正方体）、正八面体、正十二面体和正二十面体（图3-1）．这是古希腊人已经知晓的结论．柏拉图在《蒂迈欧篇》（*Timaeus*）一书中描述了这5种正多面体，他对它们的美感和对称性深感敬畏，故后人称之为柏拉图体．

为什么只有5种？

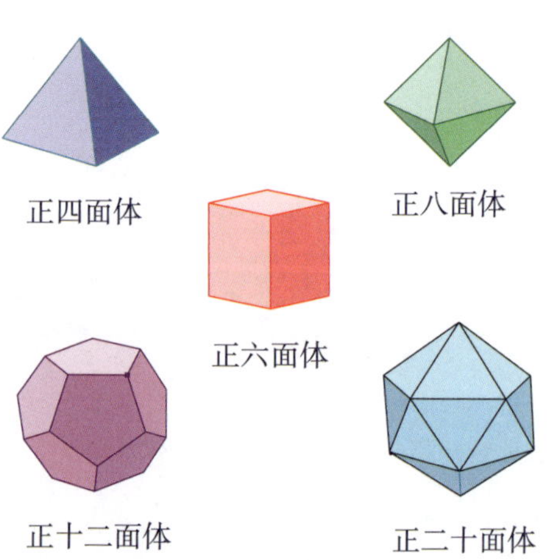

图3-1

要说明不会多于5种不难．考虑各正多面体顶点处的情况，每一个顶点处至少有3个面，由于每个面均为同一个正多边形[正三角形，正四边形（正方形），正五边形，…]，故每一顶点处各面正多边形的角的和为$3\alpha, 4\alpha, 5\alpha, 6\alpha, \cdots$（$\alpha$为正多边形的内角，只能是$60°, 90°, 108°, \cdots$）．由于这些角的和需要小于$360°$，当各面为正三角形时，只有$3\times60°$、$4\times60°$、$5\times60°$三种情况；当各面为正方形时，只有$3\times90°$一种情况；当各面为正五边形时，只有$3\times108°$一种情况．故正多面体不会超过5种．

在古希腊的所有数学成就中，柏拉图体被赋予相当高的地位，它不仅为之后数百年的数学分类设定了模式，也是几何中最有名、最美丽的话题之一．柏拉图等哲学家将这5种正多面体作为描述自然本源存在的基本图形，认为它的存在是神圣的．而证明正多面体只有5种的是柏拉图的好友泰阿泰德．泰阿泰德基于数学理论的分类理论是首创的，在数学上具有里程碑意义．毕达哥拉斯学派对柏拉图体异常重视，欧几里得把柏拉图体作为压轴，放在《几何原本》的最后．事实也证明，柏拉图体与19世纪的另一项重大发现——有限群论及伽罗瓦理论有重要联系．

柏拉图对5种正多面体有完整表述，对它们迷恋并赋予更神秘的意义．柏拉图写道：正四面体、立方体、正八面体、正二十面体分别代表火、土、空气、水4种经典元素．同时，正十二面体如同造物主为整个宇宙布局．

16世纪，开普勒发现绕太阳旋转的除了地球，还有水星、金星、火星、木星和土星．开普勒想到，这6个行星轨道之间有5层空间，由此他根据柏拉图体和圆形球体制作了一个能解释天体运行的模型（图3-2），并宣称“我极为相信神在世上的意志”．幸运的是，开普勒最终放弃了这个想法，1781年天王星被发现，接着他发现行星的轨道实际上是椭圆的．

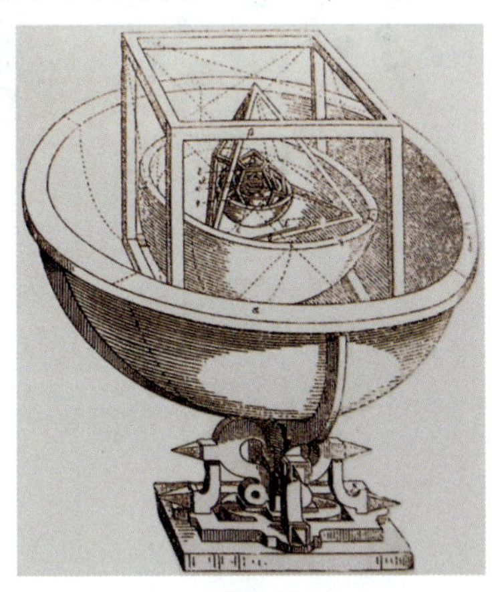

图3-2

二、和谐互容，天作之美

开普勒行星轨道模型没能经受住时间的考验，但柏拉图体在各种元素中有大量发现，具体如下．

（1）铅矿石和岩盐的晶体结构为正六面体．

（2）萤石形成正八面体晶体．

（3）石榴石形成正十二面体晶体．

（4）黄铁矿的晶体以上述3种形式出现．

（5）硅酸盐的基本晶体形式（约占地球地壳岩石的95%）是以三角形为面的最小正多面体，也就是正四面体．

（6）被称为“巴克球”的分子中的六十个碳原子排列在截顶的正二十面体的顶点上（图3-3）．

危害人类的艾滋病病毒，呈正二十面体结构（图3-4）．

柏拉图体的魅力吸引着一代又一代探索者，在长达2000多年的历史长河中，它所具有的对称和谐之美不断地被挖掘. 特别值得一提的是，我国清代著名天文数学家梅文鼎(图3-5)对柏拉图体的研究有杰出表现，梅文鼎在其专著《几何补编》中对《几何原本》没有探明、没有说清说透的问题，进行了深入探究，丰富了关于柏拉图体的知识体系.

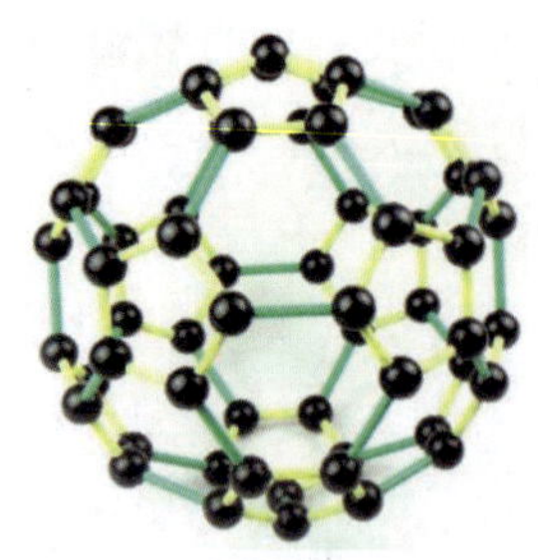

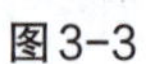
图3-3

图3-4

图3-5

如果甲、乙两个正多面体共心(有相同的外接球球心)，乙多面体的顶点在甲多面体的面(棱)上，则称正多面体乙容于正多面体甲，表示为甲(乙).

如图3-6所示，正四面体$AFCH$容于正六面体$ABCD-EFGH$，简记为6(4). 梅文鼎发现了下面两个命题.

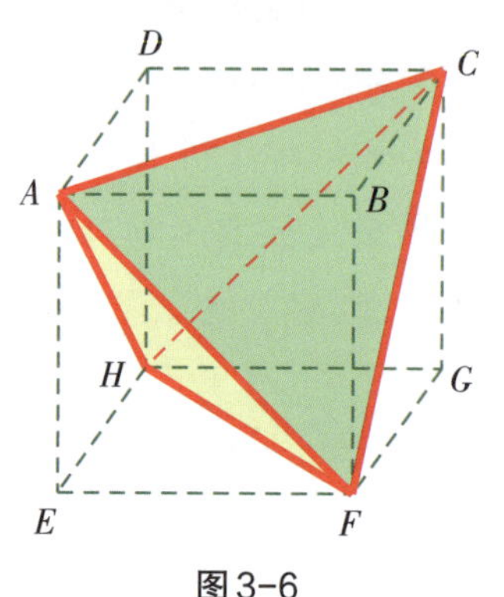

图3-6

命题1 任意两个正多面体互容.

即对于5个柏拉图体，它们的互容关系如表3-1所示.

表3-1 柏拉图体的互容关系

正四面体	4(6)	4(8)	4(12)	4(20)
正六面体	6(4)	6(8)	6(12)	6(20)
正八面体	8(4)	8(6)	8(12)	8(20)
正十二面体	12(4)	12(6)	12(8)	12(20)
正二十面体	20(4)	20(6)	20(8)	20(12)

梅文鼎的研究填补了《几何原本》的空白. 下面是部分互容图(图3-7).

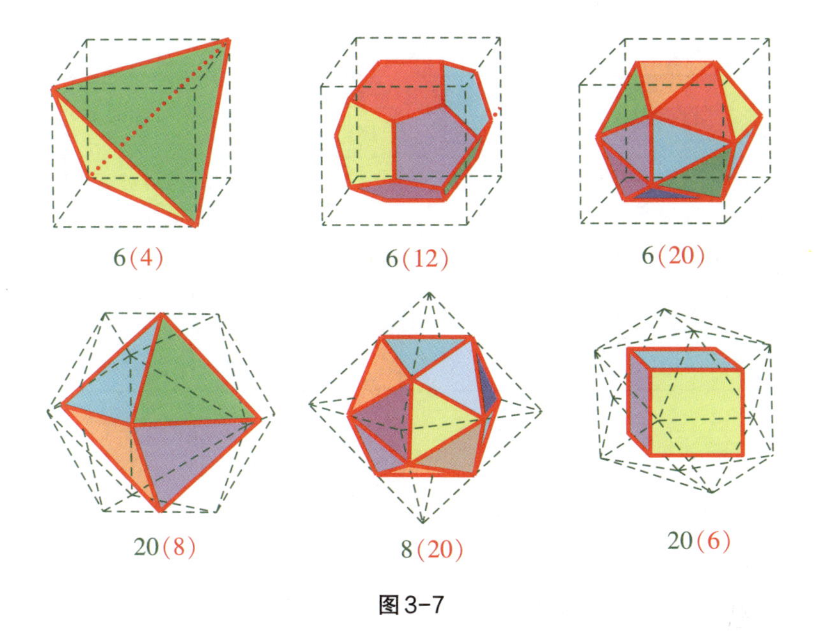

图 3-7

命题 2 如果某一正多面体各面的对称中心是另一正多面体的顶点,反之也是如此,则称这两种多面体为共轭多面体,简称共轭体(也称为对偶体). 则正六面体和正八面体是共轭体;正十二面体和正二十面体是共轭体;正四面体与其自身是共轭体(图 3-8).

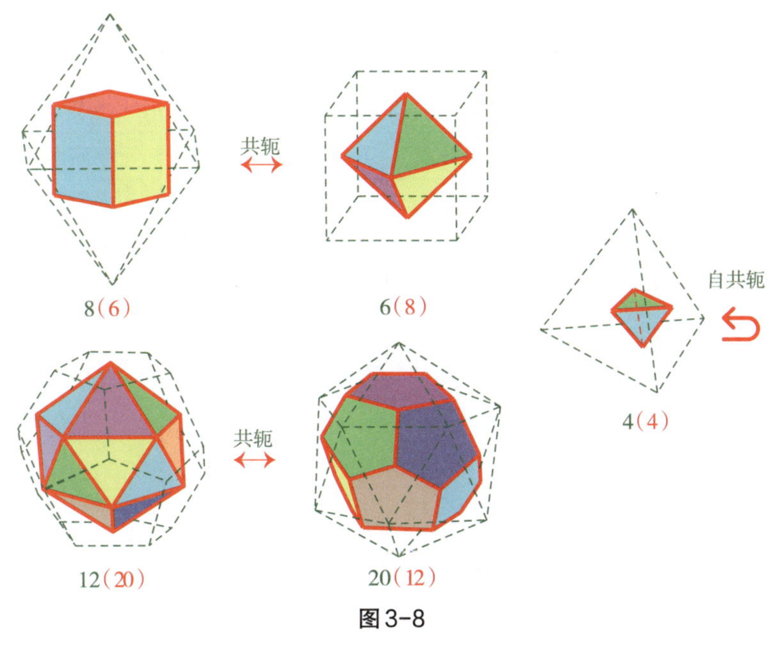

图 3-8

上述关系通过表 3-2 也可以看出.

表3-2　柏拉图体的相关数据

正多面体	顶点数 V	面数 F	每面边数 n	过顶点的棱数 m	棱数 E	体积	表面积
正四面体	4	4	3	3	6	$0.1179a^3$	$1.7321a^2$
正六面体	8	6	4	3	12	a^3	$6a^2$
正八面体	6	8	3	4	12	$0.4714a^3$	$3.4641a^2$
正十二面体	20	12	5	3	30	$7.6631a^3$	$20.6457a^2$
正二十面体	12	20	3	5	30	$2.1817a^3$	$8.6603a^2$

表3-2中的a为棱长.

从表3-2中还会发现如下关系.

$$F+V-E=2$$

这一公式称为多面体的欧拉公式. 而且它不限于正多面体,对[单联通体(没有洞)]多面体均有:

$$面数+顶点数-棱数=2$$

根据柏拉图体的平面展开图可以制作柏拉图体模型(表3-3). 注意,平面展开图不是唯一的. 如正六面体,其平面展开图有11种,有兴趣的读者可以尝试画出全部.

表3-3　柏拉图体的展开图

正多面体	三维图	平面展开图	正多面体	三维图	平面展开图
正四面体			正十二面体		
正六面体			正二十面体		
正八面体					

用一个平面截正方体,其截面可能是三角形、四边形、五边形、六边形,具体如表3-4所示.

表3-4　正方体截面

截面形状	图形	特性
三角形	三角形　等腰三角形　等边三角形	当截面与正方体共顶点的3个面相交时，截面为三角形和等腰三角形．当截面与某对角线垂直时，截面为等边三角形
四边形	正方形　矩形　平行四边形　菱形　梯形	当截面与正方体的4个面相交或过某条棱其他面相交时，截面为四边形．且至少有一组对边平行
五边形		有两组对边平行，有两组相邻的角互补
六边形	正六边形	三组对边平行，三组对角相等．当截面顶点都在棱的中点时，截面为正六边形

三、阿基米德体与卡塔朗体

正多面体的面必须是相同的正多边形，如果我们允许混合有不同类型的正多边形，每个顶点相邻的正多边形种类、个数和排列都相同，这样的凸多面体称为阿基米德体，也称为半正多面体．与正多面体不同的是，每一个面不再是一个全等的多边形，而是有两三种全等的多边形，阿基米德体共有13种．阿基米德体三维图、平面展开图及相关数据如表3-5所示．

表3-5　阿基米德体三维图、平面展开图及相关数据

种类	阿基米德体三维图及平面展示图	面数	顶点数	棱数	体积为1cm³的棱长/cm
A_1		8	12	18	0.717

续表

种类	阿基米德体三维图及平面展示图	面数	顶点数	棱数	体积为 1cm^3 的棱长/cm
A_2	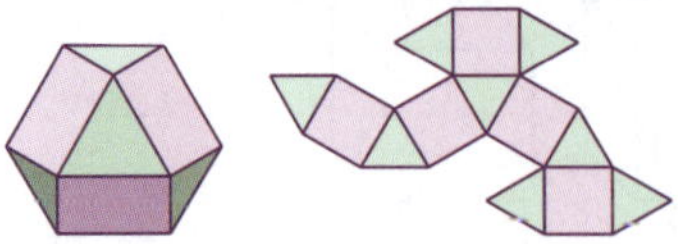	14	12	24	0.445
A_3	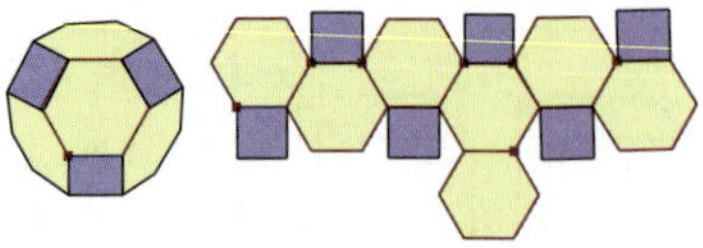	14	24	36	0.263
A_4	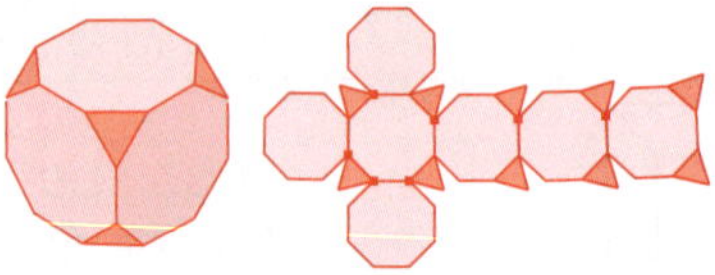	14	24	36	0.419
A_5	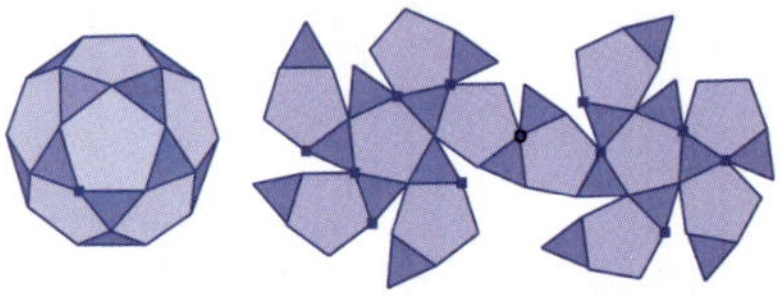	32	30	60	0.227
A_6	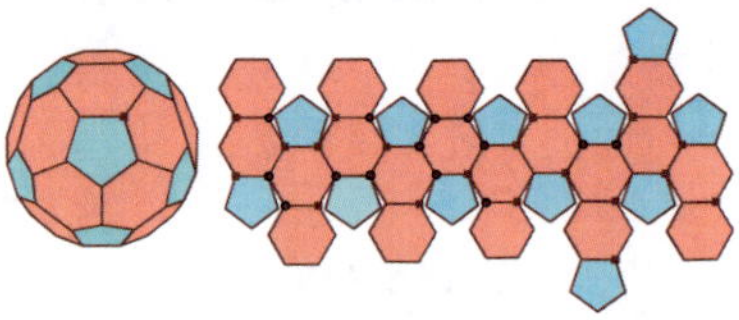	32	60	90	0.486
A_7		26	24	48	0.751
A_8	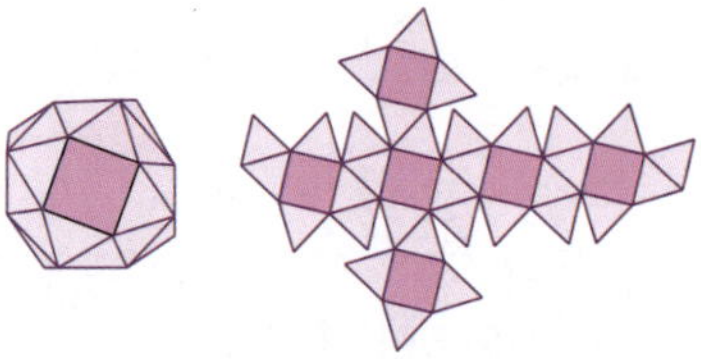	38	24	60	0.417
A_9	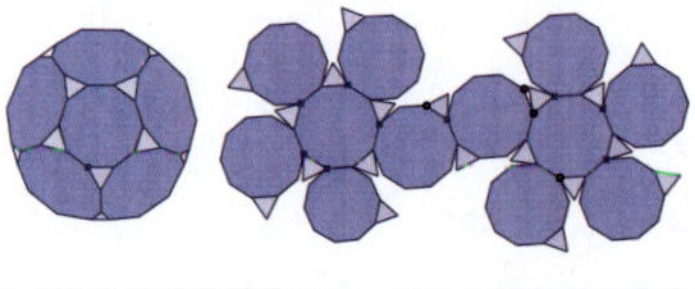	32	60	90	0.287

种类	阿基米德体三维图及平面展示图	面数	顶点数	棱数	体积为 1cm^3 的棱长/cm
A_{10}		62	60	120	0.502
A_{11}		26	48	72	0.296
A_{12}		92	60	150	0.288
A_{13}		62	120	180	0.169

注：棱长数据为浙江大学数学系58届毕业生郑鸿友的成果.

阿基米德体的构造主要是在柏拉图体的基础上作“减法”，即截去某些部分形成，具体可分如下几类.

(1)截去多面角的一部分. 如A_1、A_2、A_3、A_4、A_5、A_6、A_9.

如A_6，切掉正二十面体的12个顶角，从每条棱的$\frac{1}{3}$处截，原20个三角形变为20个正六边形，切掉的12个顶点会留下12个正五边形的“疤”(蓝色部分)，则得到一个“五六六式多面体”(图3-9). 它由20个六边形和12个五边形组成. 有的足球就是依此制作的.

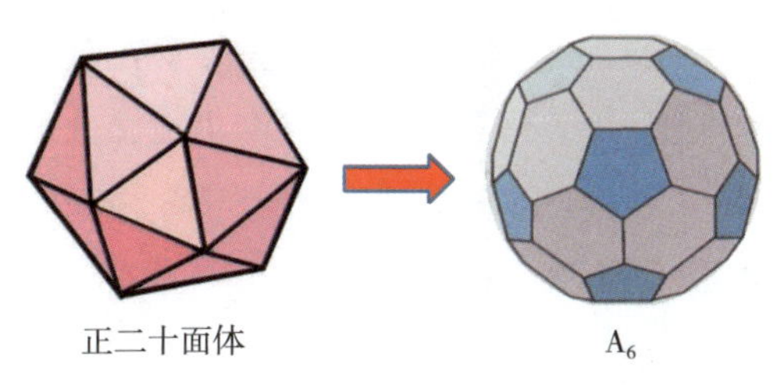

图3-9

(2)截去多面角和各棱的二面角的一部分. 如A_7、A_{10}、A_{11}、A_{13}.

(3)不规则截割. 如A_8、A_{12}.

阿基米德体的对偶体叫作卡塔朗体,也有13种. 卡塔朗为比利时科学院院士,1865年在《巴黎理工大学学报》第24卷上发表题为《多面体理论研究》的论文,开创性地讨论了阿基米德体的对偶体,后世称这种对偶体为卡塔朗体. 将表3-5中的面数与顶点数对调即得卡塔朗体的对应数据.

四、星形和星体

星形:等角等边的凹多边形称为星形. 有n个角的星形称为n角星形.

星形受人们喜爱,在各类设计中经常被选用. 如五星红旗,上面就印着大小5个五角星,代表着不同的含义. 世界上大约有60个国家的国旗选用了星形图案,其中大约有50个国家的国旗上用了五角星. 这些星形图案,代表着各个国家不同的民族文化.

星体:等边、等(平面)角、等二面角的凹多面体称为星体.

星体由德国天文数学家开普勒最先提出,在他的名著《世界的和谐》中有详细论述.

1. 开普勒-普安索星体

正五边形通过"加法"(将各边延长)或"减法"(图3-10)可以构造五角星形.

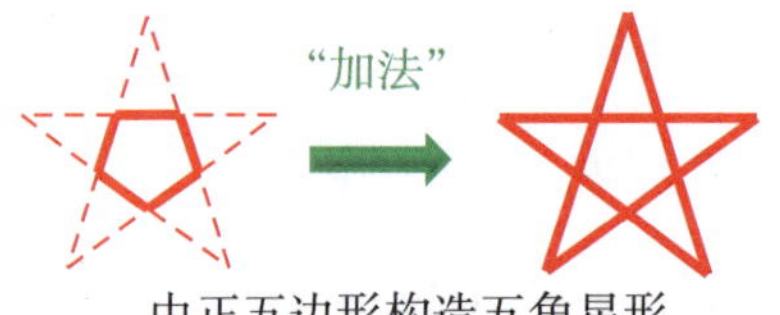

由正五边形构造五角星形

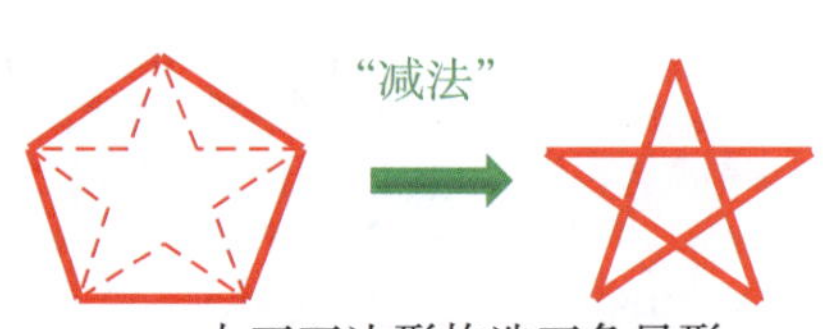

由正五边形构造五角星形

图3-10

开普勒提出,对正多面体作类似的"加法""减法",可以构造星体. 由于曲高和寡,一度被西方冷落. 两个世纪后,法国数学家普安索在《巴黎工学院院报》(第4卷,1810)上发表"星形与星体"论文,对此作了更深入的研究,当时他是一位中学教师. 图3-11右边的4种星体被称为开普勒-普安索星体,它们之间都可以通过作"加法"和"减法"相互转化.

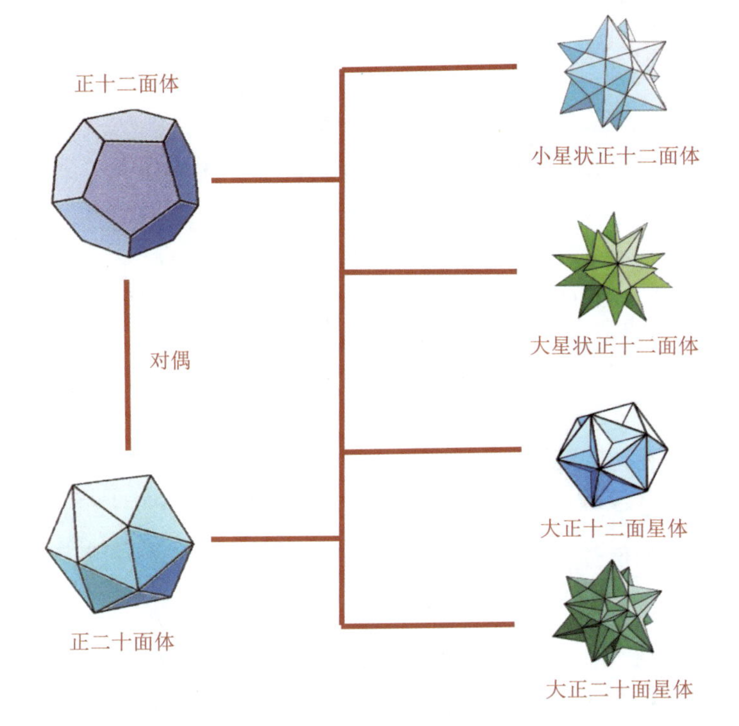

图3-11

如图3-12所示,正十二面体通过“加法”(延展各面)形成小星状正十二面体.

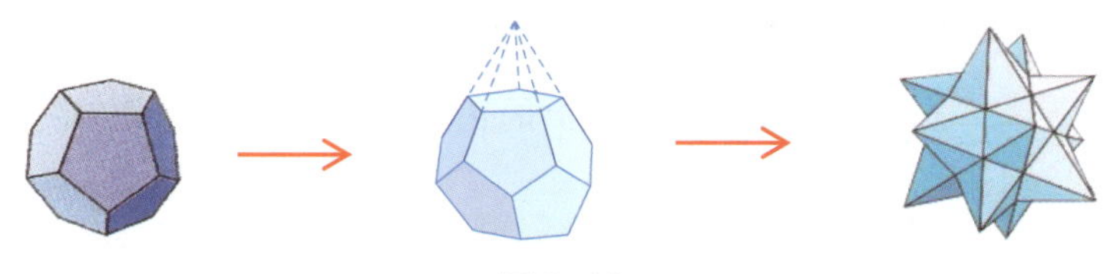
图3-12

正二十面体通过“加法”“减法”,可实现“大正十二面星体”和“大星状正十二面体”之间的转化(图3-13).

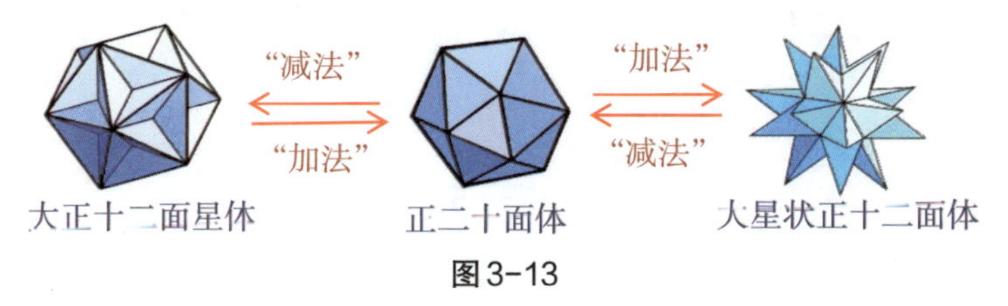

图3-13

小星状正十二面体的平面展开图如图3-14所示.

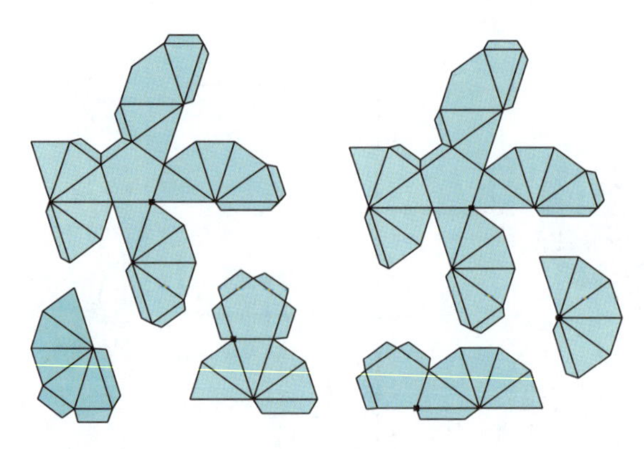

图3-14

2. 梅文鼎-孔林宗星体

梅文鼎1692年发表专著《几何补编》后,在孔林宗附记中提出一种星体:“四等面体(正四面体)又可变为二十四等面体,面皆三边(三角形). 凸边(凸二面角)二十四,凹边(凹二面角)十二,十字之交(互相垂直),凡八角(正三棱锥)如若蒺藜形(星体)”. 如图3-15(a)所示,它是以正八面体为核心,在每个面上加上一个小正四面体(棱长与正八面体棱长相等). 如果每个小正四面体分别计算,恰有24个凸二面角,12个凹二面角. 这个星体仅在开普勒发现星体70多年后,在国内外出版物中被多次引用. 沈康身教授将它称为梅文鼎-孔林宗星体.

梅文鼎-孔林宗星体也可以通过正方体“减去”12个全等的三棱锥得到[图3-15(b)]. 还可以看成是两个全等的正四面体相交的结果.

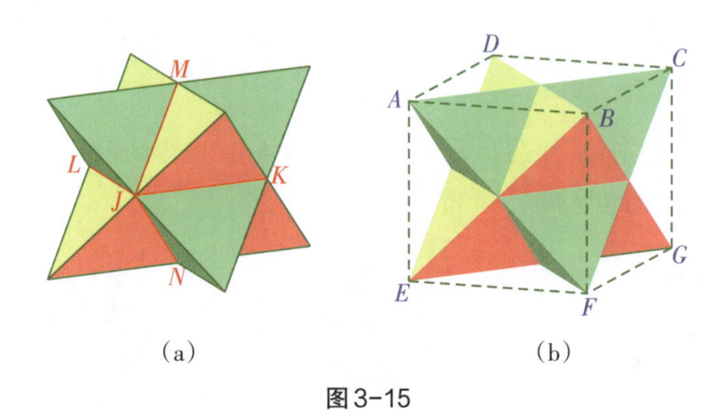

图3-15

3. 正多面体组合的星体

通过几个正多面体的组合,也可以构造出不同的星体.

图3-16(a)所示是由两个正六面体组合的星体.

图3-16(b)所示是由一个正六面体和正八面体组合的星体.

图3-16(c)所示是由一个正十二面体和正二十面体组合的星体.

图3-16(d)所示是由5个正四面体组合的星体.

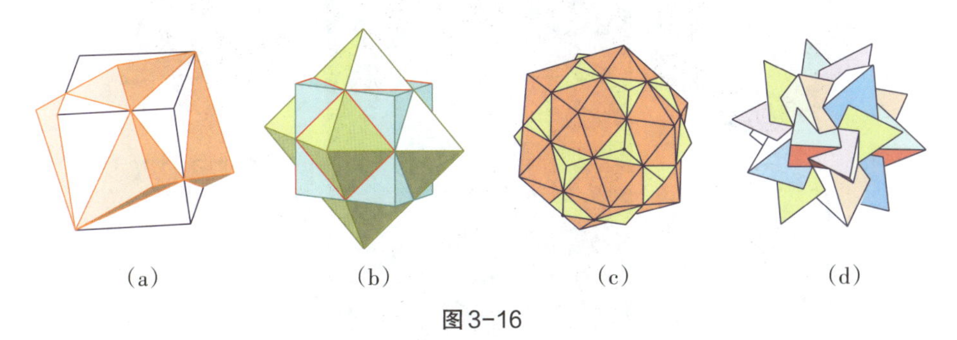

(a) (b) (c) (d)

图3-16

五、柏拉图体与艺术创作

柏拉图体也成为许多设计和艺术创作的素材. 美国数学会会徽就是根据正二十面体设计的(图3-17),图3-18所示是根据正十二面体设计的金鱼缸. 萨尔瓦多·达利是一位卓越的想象力画家,他的作品《最后晚餐的圣礼》(1955年),整个画面就是设计在一个柏拉图学派认为象征整个宇宙的正十二面体之中(图3-19).

美国数学会会徽

图3-17

创意作品:金鱼缸

图3-18

《最后晚餐的圣礼》(达利,1955年)

图3-19

埃舍尔是20世纪画坛中独树一帜的艺术家,多面体对埃舍尔具有特殊的吸引力,他把它们作为许多作品的主题(图3-20). 他有多幅作品借助多面体的形象表达,兼具艺术性与科学性. 埃舍尔说:"数学家打开了一扇通向无限可能性的大门,但是他们自身并没有进入其中看看. 他们对如何打开这扇门更感兴趣,而对隐藏在其后的花园不感兴趣."这个"花园"让埃舍尔迷恋终生. 他曾说:"当我开始做一个东西的时候,我就想,我正在创作全世界最美的东西."

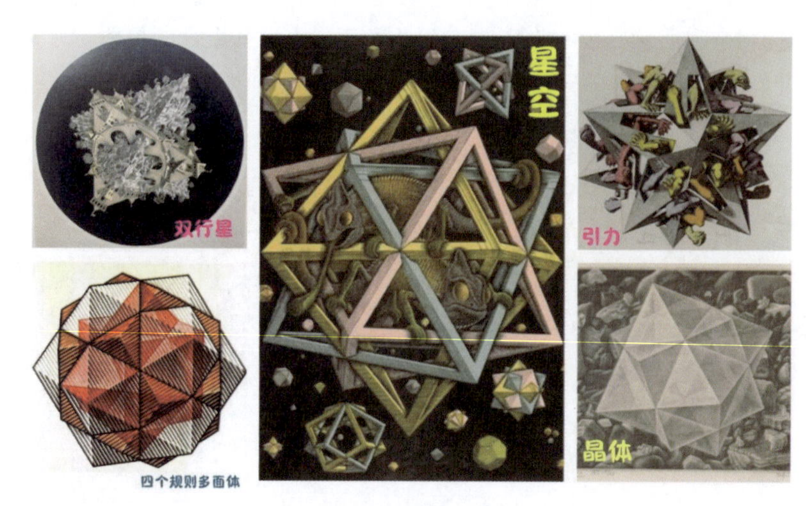

图3-20

《双行星》由两个正四面体相互交叉构成，一个已经拥有高度文明，规则整齐的建筑林立；另一个还处在没有人类的史前时代，上面怪石嶙峋，各种植物、恐龙、羚羊等野生物共存．两个星球代表两个极端，这似乎给人们一种警示：人类如何做到与自然的和谐共处．

《引力》的主体是小星状十二面体．《四个规则多面体》由5种柏拉图体中的4种构成．

埃舍尔在一篇谈作品《晶体》的文章中写道："在我们这个星球上出现人类之前的漫长岁月中，所有的晶体都生长在地壳里．然而有一天，开天辟地的第一次，人发现了这种闪闪发光的规则物体的碎片．也许是他的石斧撞到了它，它碎了，落在他的脚前．人捡起它，捧在掌心，久久凝视，心中涌起万般惊奇．"字里行间，我们感受到他对这一主题的深入思考．

从《星空》中，我们看到埃舍尔对多面体的喜爱，这幅作品除了5种柏拉图体，漂浮着的还有阿基米德体、卡塔朗体和星体等．居住在"笼子"中的两只变色龙，给这个死寂的宇宙增添了蓬勃生气．

综合与实践

（1）用适当的材料（如纸板或塑料板）制作5个柏拉图立体模型．

（2）利用本章介绍的图形设计一个图案（班徽、班旗、产品广告等）．

第4章

4

几何错视与数学艺术

文字的发明应当是人类文明的开始，而这个发明是从图形的抽象开始的．人们对图形的抽象的第一步是描绘物体的外部形象，其核心是把三维空间的物体用线条描绘在二维平面上．图4–1也说明了这一点．

史前岩画

古埃及的象形文字

图4–1

人们通过眼睛收集视觉信息，视觉细胞大约每秒感知10次光线变化（它不能连续捕捉图像），然后将光信号传递给大脑；大脑不仅会整合这些信息，还会主动地解释这些信息．大脑解释视觉信息的依据，有我们平时的生活经验，还有惯性思维．

上述的两个过程，都是基于经验和直觉，都会出现偏差甚至错误．虽有“耳听为虚，眼见为实”一说，但下面的例子表明，眼见不一定为实．

一、直觉不可靠

1. 长短错觉

缪勒–莱尔错觉：1889年由缪勒–莱尔设计，末端加上向外的两条斜线的线段比末端加上向内的两条斜线的线段看起来长一些，其实两条线段等长（图4–2）．

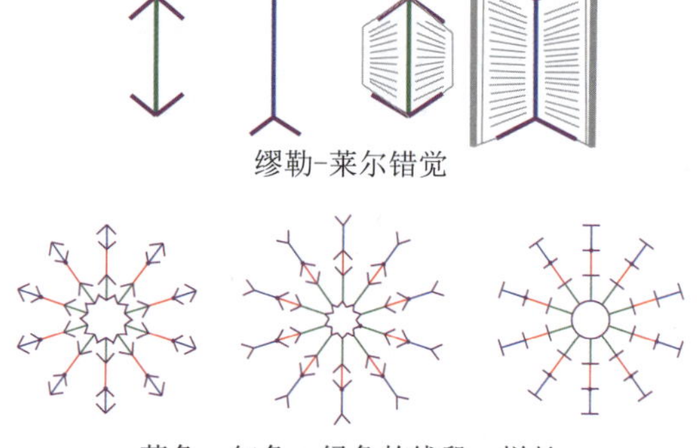

缪勒–莱尔错觉

蓝色、红色、绿色的线段一样长

图4–2

菲克错觉：垂直线段与水平线段等长，但看起来垂直线段比水平线段长．当将它们放在一个正方形中时，会发现它们一样长(图4-3)．

桑德错觉：左边较大平行四边形的对角线看起来明显比右边小平行四边形的对角线长，但实际上二者等长．这是由人的知觉的整体性引起的错觉(图4-4)．

庞佐错觉：又称为铁轨错觉，通过画出两条完全相同的直线穿过一对向某点汇集的类似铁轨的直线而产生的错觉，上面那条直线显得长一些(图4-5)．

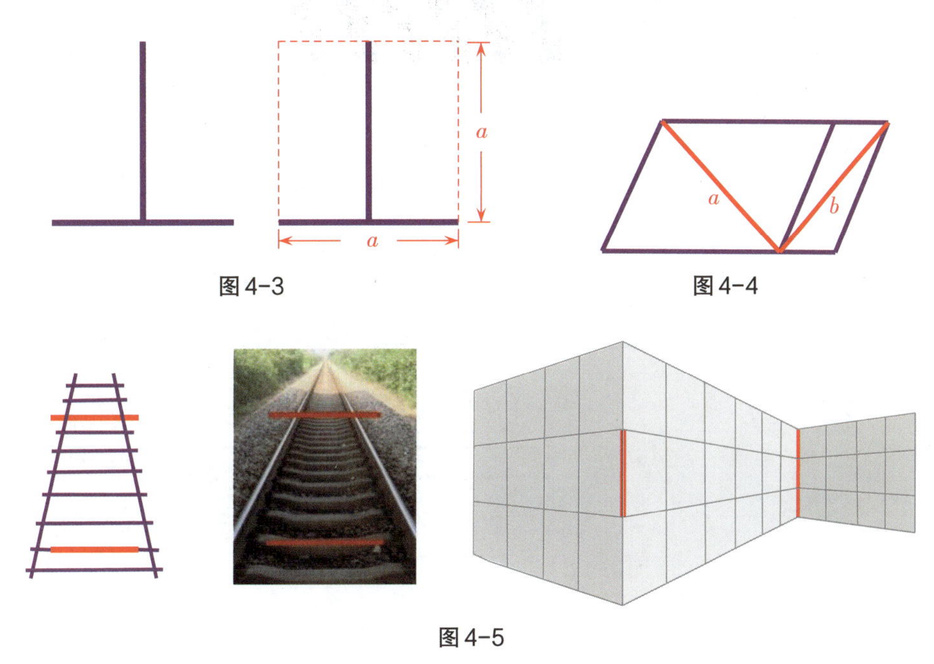

图4-3

图4-4

图4-5

2. 方向错觉

赫林错觉：中间两条线是平行的，但看起来是弯的(图4-6)．

冯特错觉：中间两条线是平行的，但看起来是弯的(图4-7)．

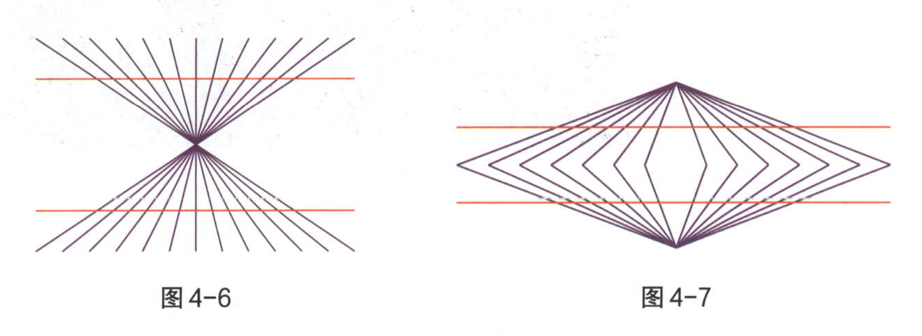

图4-6

图4-7

松奈错觉：是指一些平行线由于一些附加线段的影响而看起来不平行的现象(图4-8)．

咖啡墙错觉：将黑白四边形排列起来的时候，每一段灰色横线看起来是倾斜的，而实际上横线都是平行线(图4–9).

波根多夫错觉：看上去右边的线段与左边上面的线段是在同一条直线上，其实不是(图4–10).

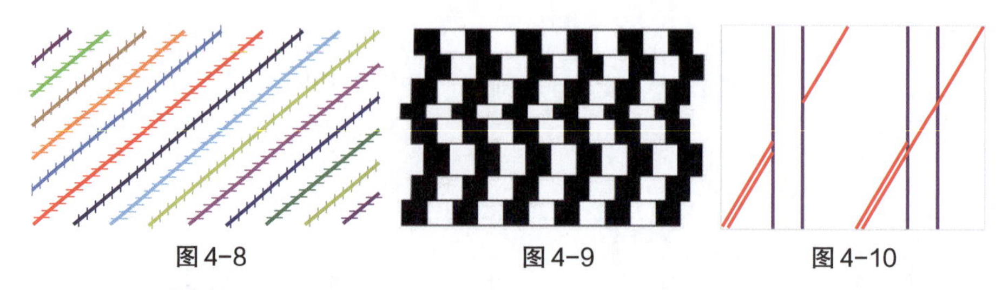

图4–8　　图4–9　　图4–10

3. 大小错觉

艾宾浩斯错觉：看起来左边中间的圆比右边中间的圆小一些，但实际上这两个圆的大小相同(图4–11).

加斯特罗错觉：两扇形虽然大小、形状完全相同，但是下方的扇形看似更大(图4–12).

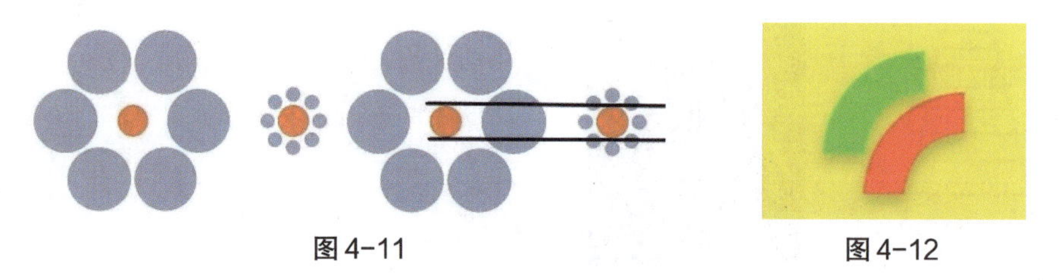

图4–11　　图4–12

4. 形状错觉

厄任斯坦错觉：正方形的四条边看起来是弯曲的，圆也被看成是扭曲的(图4–13).

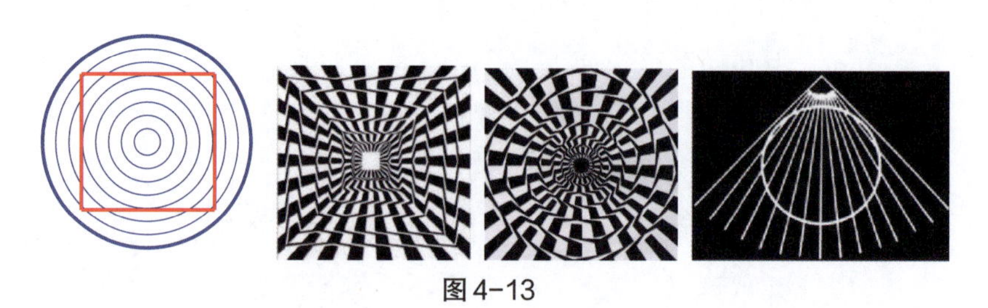

图4–13

5. 凹凸错觉

平面线条构成锥形立体，直线段构成立体曲面(图4–14).

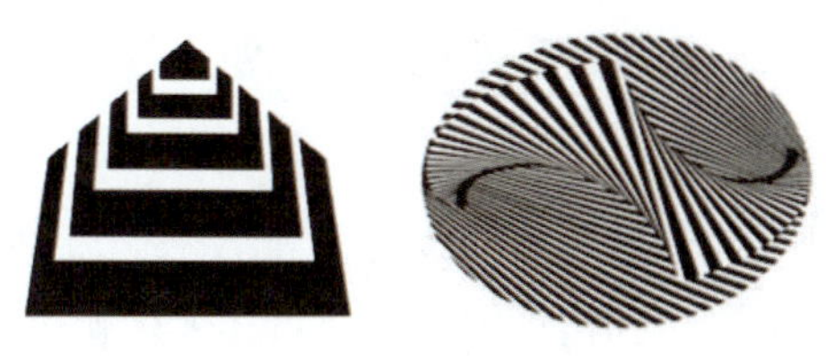

图 4-14

6. 色彩错觉

用不同的色彩(图 4-15 中,左为黑,右为白)做参照(或干扰),会产生色彩错觉.

图 4-15

7. 动静错觉

凝视图 4-16,会感觉左边的图片好像波浪起伏一样在滚动,右边的图片好像在左右移动,这是因蓝色的颗粒(类似于米的形状)摆放的方向、疏密发生变化产生的错觉.

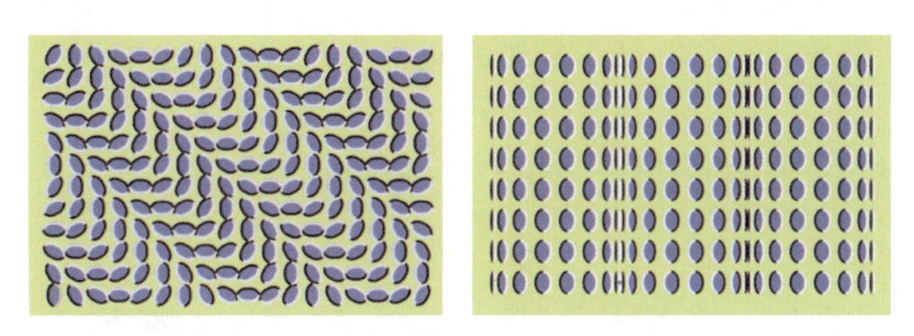

图 4-16

8. 螺旋错觉

弗雷泽螺旋错觉:这一图形是一个产生角度、方向错视的图形,被称作错视之王. 旋涡状图形实际上是同心圆(图 4-17).

图 4-17

上述错觉中，涉及大小、长度、面积、方向、角度等几何元素的，称为几何学错觉.

数学从经验走向理性，从特殊上升为一般，成为一门科学，建立了一套体系，每一个结论的得出，不仅需要经验的支撑，还要依赖逻辑的推理、严密的证明. 这就是公元前400年左右泰勒斯等学者完成的工作.

爱因斯坦说："世界第一次目睹了一个逻辑体系的奇迹，这个逻辑体系如此精密地一步一步推进，以至它的每一个命题都是绝对不容置疑的——我这里说的是欧几里得几何."

二、图形悖论

将图形剪剪拼拼，会出现不可思议的事.

(1)少了一条?(将图4-18下面的部分向右移动对齐)

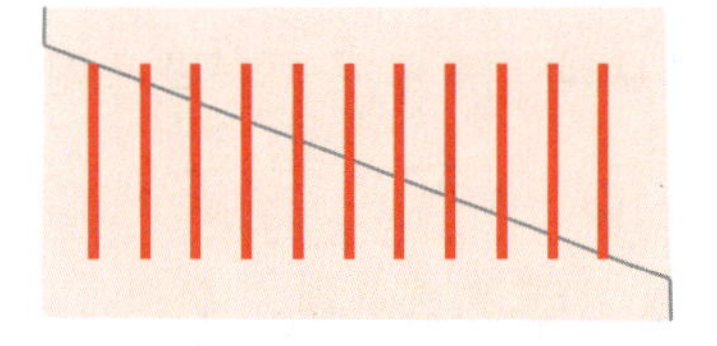

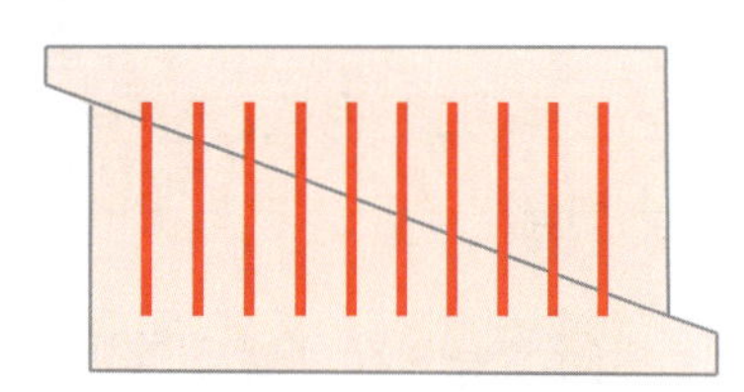

图4-18

(2)差了一方块?(按图4-19右图重新拼接)

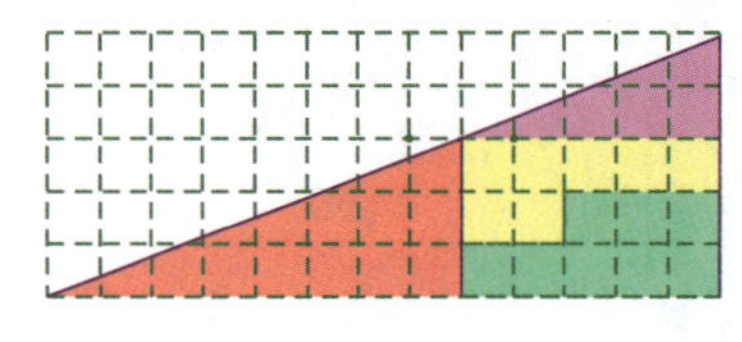

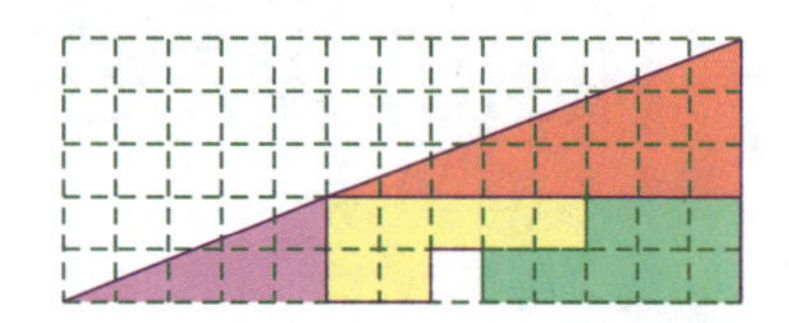

图4-19

(3)64 = 65?(按图4-20右图重新拼接)

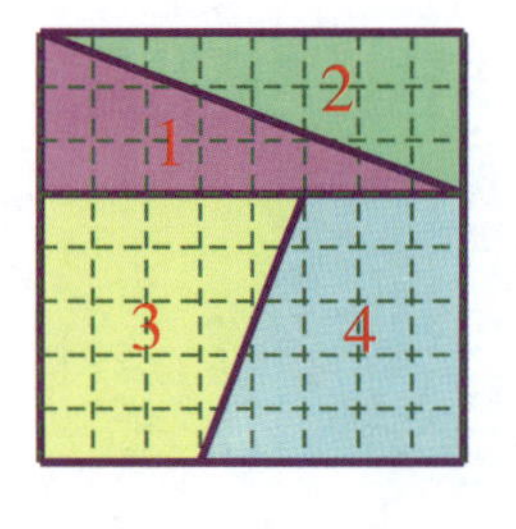

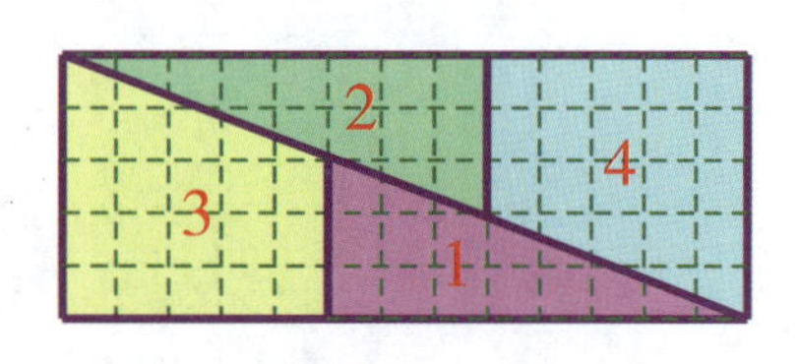

图4-20

(4)神奇的洞?(按图4-21中、右图重新组合拼接)

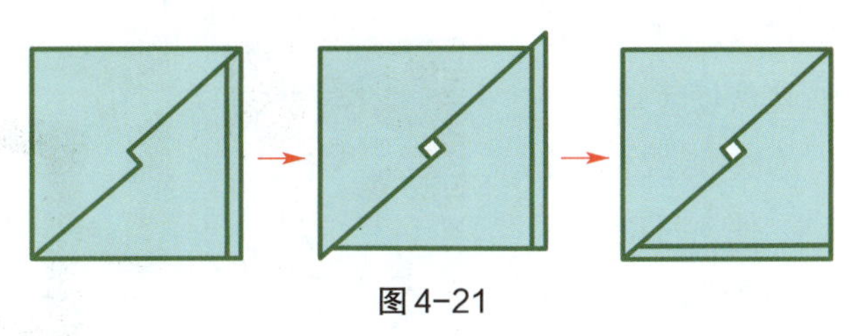

图4-21

(5)消失的洞?(按图4-22右图重新拼接)

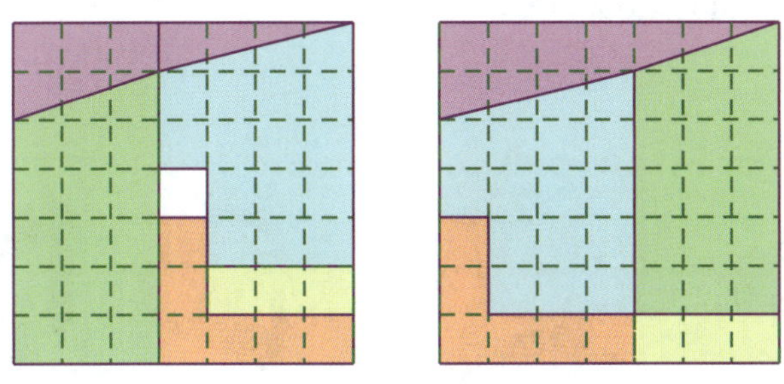

图4-22

请解释这些现象.

三、数学艺术——艺术创作新领地

充分地发挥想象,巧妙地利用错觉,将数学的“美丽”与“优雅”形象化、可视化,使无形变成可见,用有限的空间表达无限,变不可能为可能,在二维空间和三维空间中自由地穿行,成为艺术创作的一块奇特领地——数学艺术.《数学艺术》一书就是美国科普作家斯蒂芬·奥内斯在这方面的一个探索(图4-23).

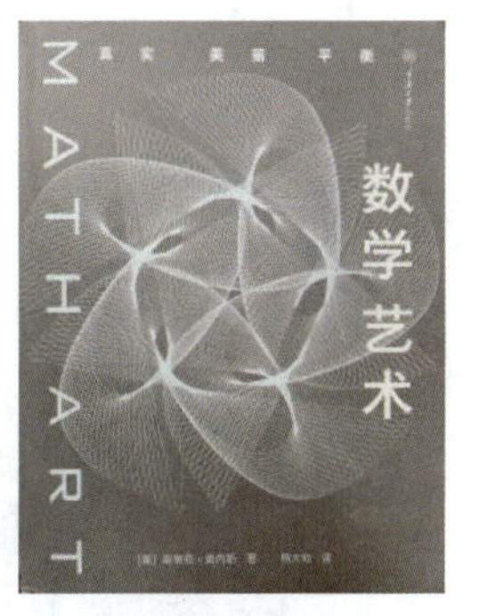

图4-23

埃舍尔也是数学艺术的杰出代表. 他的许多作品从数学思想中获得巨大灵感,因此在他的作品中,数学的原则和思想得到非同寻常的形象化. 作为艺术家的埃舍尔正是以自己的高超技艺展示了数学花园里的一朵朵奇葩,不仅填补了专业数学家的缺憾,而且开创了一个独具魅力的艺术世界.

1. 不可能图形

图4-24(a)所示是为纪念在因斯布鲁克召开的第10届国际数学家大会而

发行的邮票,所选图案就是埃舍尔的不可能立体[图 4-24(b)].

我们看到的是三维世界,而画纸是二维的,这就使矛盾空间创作成为可能. 如果能艺术地应用视觉上的错觉,使不可能成为可能,这就是我们看到的,存在空间逻辑“悖论”的作品.

图 4-25 所示是部分不可能图形邮票.

(a)

(b)

图 4-24

(a)

(b)

(c)

(d)

图 4-25

《升与降》是埃舍尔“不可能结构”的一幅名作. 乍看似乎没什么异常,两队人相向而行,一队人向上,一队人向下,永远没有尽头. 当你改变一个角度[图 4-26(a)右下的水平线],这个建筑物就分崩离析了,它根本不存在. 这个四边形的楼梯就是“彭罗斯台阶”[图 4-26(b)],它巧妙地用了 6:6:3:4 的比例(不一定必须是这个). 埃舍尔对“彭罗斯台阶”深感兴趣,于是就巧妙地用在自己的作品里[图 4-26(c)].

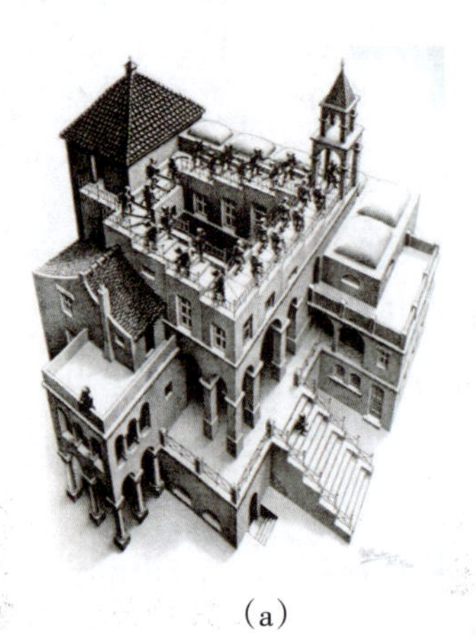
(a)

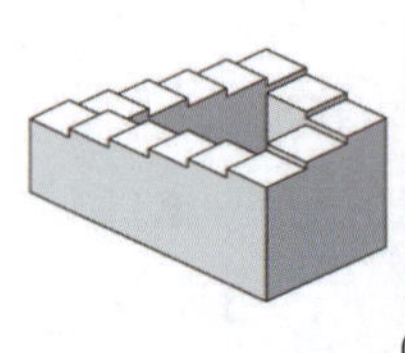
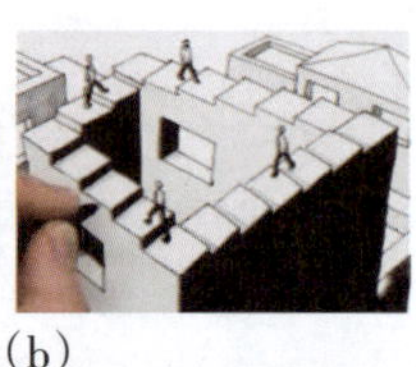
(b)

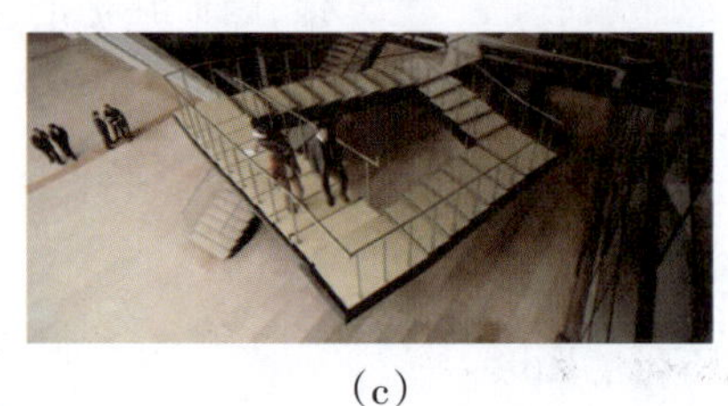
(c)

图 4-26

“彭罗斯台阶”是英国数学家罗杰尔·彭罗斯发明的，于1958年公布于众，是著名的数学悖论之一. 图4-27所示是一些不可能空间.

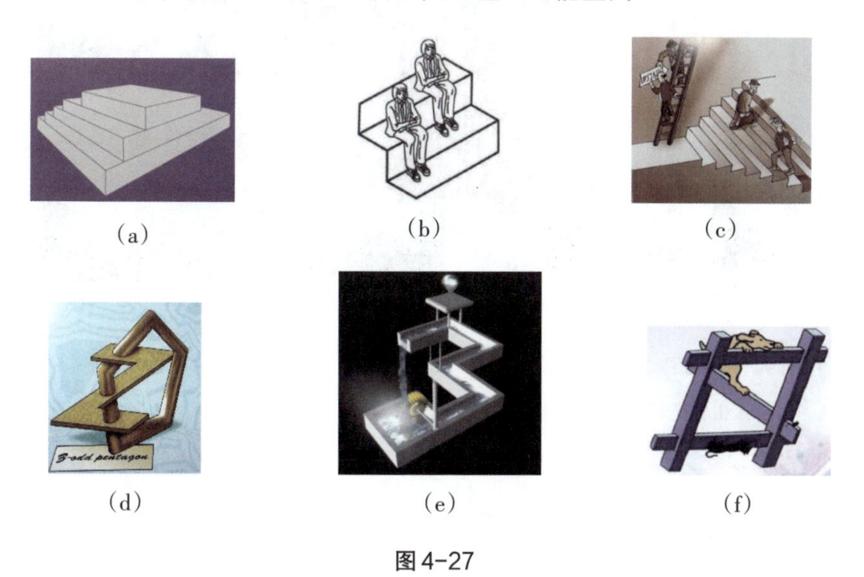

(a) (b) (c) (d) (e) (f)

图4-27

2. 多意图形

多意图形也叫作双歧图. 改变观察的角度，一幅图会变成另一幅图，表达的是不同含义.

纳克立方体：由瑞士结晶学家路易斯·艾伯特·纳克于1832年发表. 如图4-28所示，这个立方体既可以看作是从右上方观察的，也可以看作是从左下方观察的.

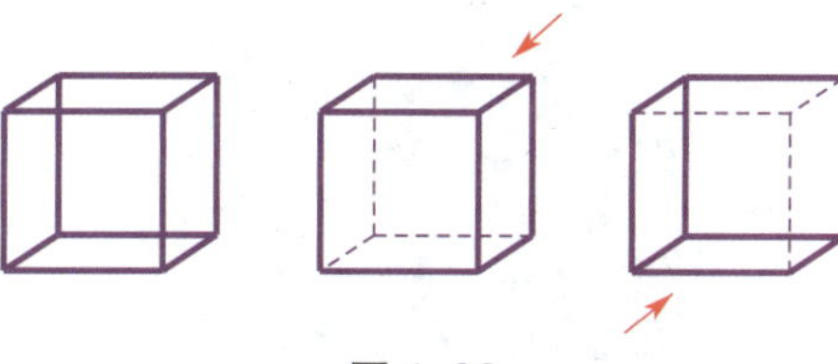

图4-28

鲁宾杯：由丹麦心理学家埃德加·鲁宾于1915年发表. 如图4-29所示，把灰色当背景，是一只左右对称的杯子，把黑色当背景，会发现面对面的两张脸.

妻子与岳母：(也叫作“少女与巫婆”)漫画家希尔绘制的一幅著名的作品(图4-30). 你看到的是一位年轻的女性，还是一位老太太?

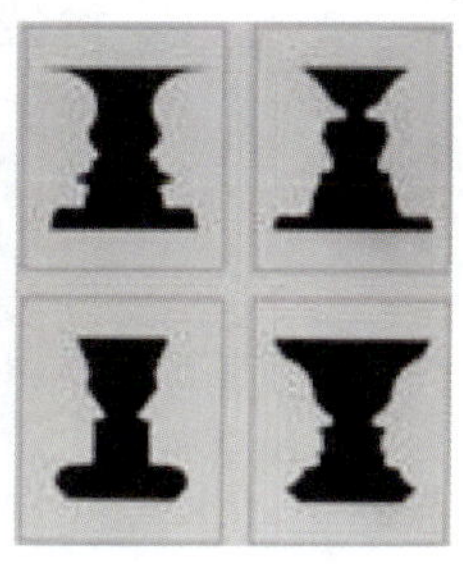

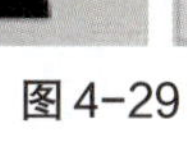

图4-29

图4-30

图 4-31 所示是几幅多意图形，除了树、风景，你还看到了什么？

图 4-31

3. 用有限表达无限

《圆极限Ⅲ》是埃舍尔最满意的作品之一．受数学家考克斯特作品中两幅插图的启发，埃舍尔创作了“圆极限系列”Ⅰ—Ⅳ和《方极限》等作品（图 4-32），用一种极为精准的方式将数学家难以用语言表达的数学模型绘制了出来．虽然他不是一位数学优等生，看不懂数学家考克斯特的解释，但考克斯特对他作品的评价却是“非常精确”，经证实是“正确”的！这正是这位艺术天才神奇的地方．

圆极限Ⅰ

圆极限Ⅲ

圆极限Ⅳ

方极限

图 4-32

《圆极限Ⅳ》(也称为《天使与魔鬼》或《天堂与地狱》)是埃舍尔心目中的罗巴切夫斯基平面. 图中的白色天使与黑色魔鬼嵌满整个圆面,看起来它们大小不同,但长度都是相同的. 每个天使都有相等的罗巴切夫斯基面积,并有无穷多个天使,延伸到无穷远! 这种将艺术与数学高度融合、灵动而富有哲理的图形,是对理性思维的高度凝结和艺术呈现. 在这一图形化的过程中,作者将自己不断地在数学家、艺术家、魔术师等诸多角色中切换,巧妙地用几何视觉幻影来揭示有界又无限的非欧几何理想模型,意味深长,发人深省,让我们感受到了宇宙万物的无穷之美!

4. “货郎担问题”与最优化

图4-33右图是《数学艺术》的作者斯蒂芬·奥内斯(左图)的肖像画. 乍一看会不以为意. 如果我告诉你,这是由一条不相交的封闭曲线绘成的,你会不会感到很神奇! 我还要告诉你,它是根据一个数学著名问题——“货郎担问题”(归入数学分支“最优化方法”)的最优解,使用计算机程序自动勾勒而出的,你会不会很惊讶!

图4-33

现在的数学艺术百花齐放,令人振奋,远远超出了埃舍尔在阿尔罕布拉宫和古老神庙中发现的几何学. 这些艺术品令人惊奇,它们已植根于我们的世界中.

综合与实践

(1)如图4-34所示,从里到外,5个圆的半径分别为1、2、3、4、5,试判断外面蓝色圆环与中间粉红色圆盘面积的大小.

(2)在“图形悖论”中任选两例,给予解释.

(3)埃舍尔的作品中,很多是基于数学,由数学支撑的,通过查阅资料,找出一例,并给予介绍.

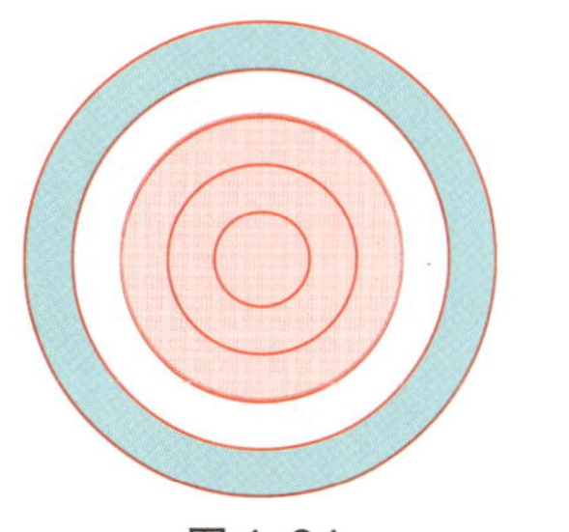
图4-34

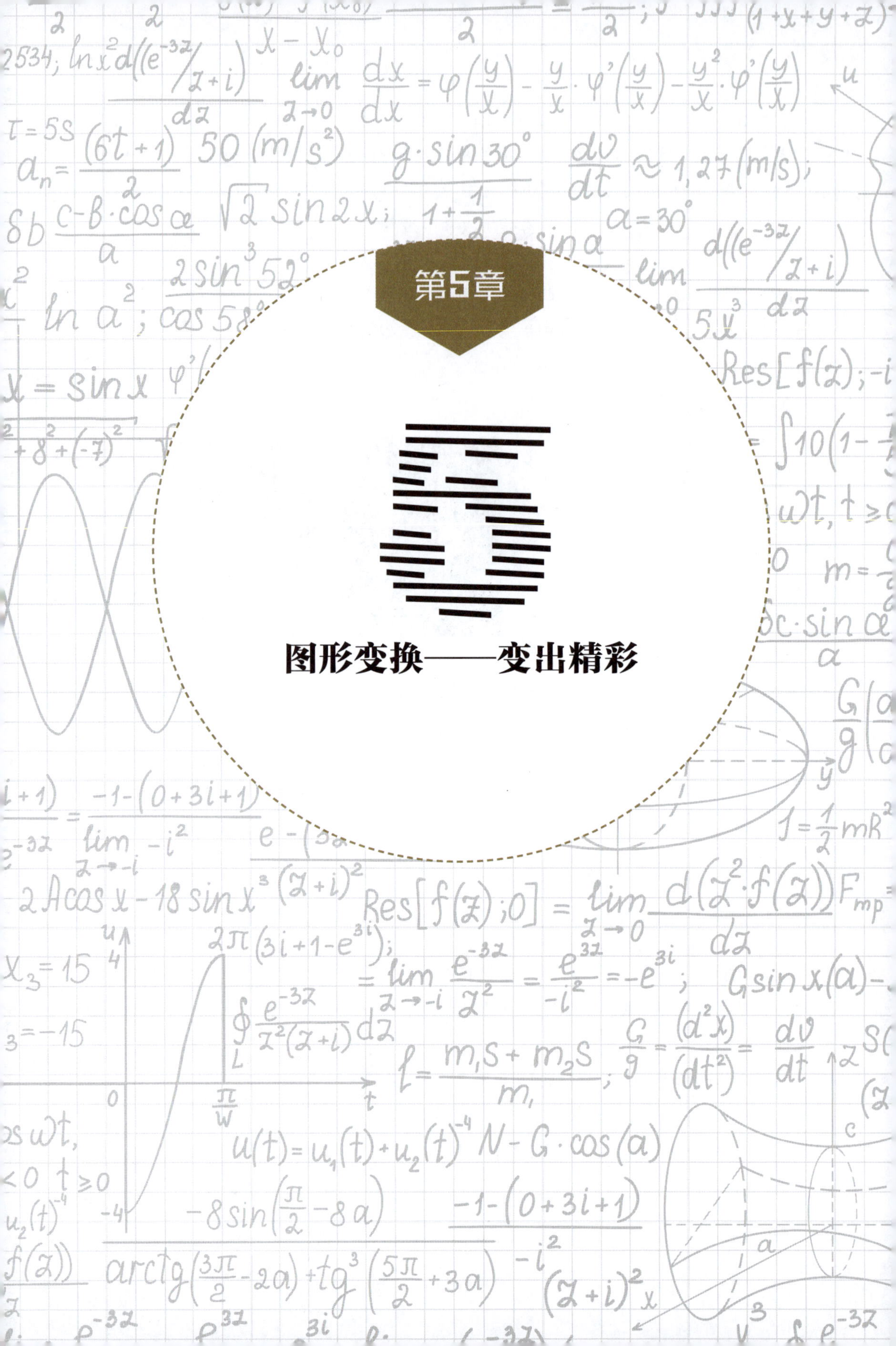

第5章

图形变换——变出精彩

基本的平面图形运动主要有平移、旋转、翻折(对称).

平面图形的平移、旋转、翻折也叫作图形变换,属于基本的合同变换(或全等变换),也称为等距变换. 它们在“变换谱系”中的位置如图5-1所示.

合同变换有如下性质.

(1)线段(射线、直线)变线段(射线、直线),圆变为等圆,且保持图形上点的顺序不变.

(2)两直线的夹角不变,平面图形的面积不变,直线上A、B、C三点的简比$\dfrac{AC}{BC}$不变.

(3)共线点变为共线点,且保持顺序关系不变.

(4)两直线的平行性、正交性不变.

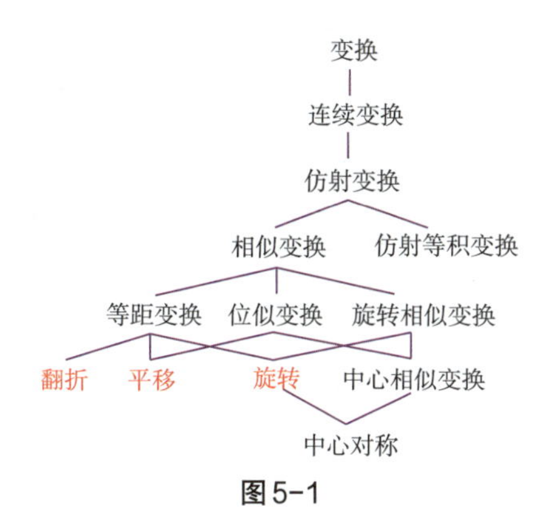

图5-1

利用这些性质,可以解决用其他方法难以解决的问题.

一、杜德尼分割

施坦豪斯的《数学万花镜》一书开篇提出了下列趣味问题.

如图5-2(a)所示,有4块小板,最左边的一块固定,其余3块可以绕连接点转动. 当向上转时,它们拼成一个正方形;当向下转时,它们拼成一个正三角形. 该书用一个插图[图5-2(b)]给出了对正三角形的一种分割. 遗憾的是,这个分割是错的,它不能拼成正方形. 正确的分割如图5-2(c)所示,它由问题的提出者亨利·杜德尼给出. 指出上述分割错误的有蒋声(见蒋声著《几何变换》,上海教育出版社)和邵勇(见邵勇著《数学之美》,北京大学出版社).

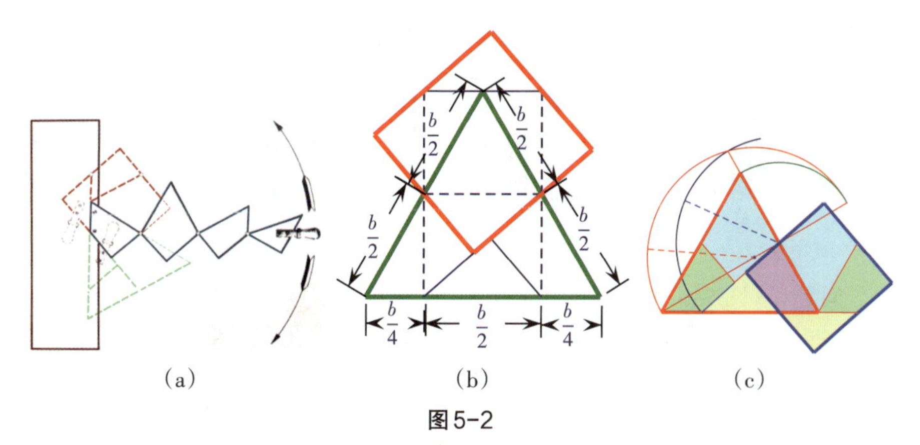

(a)　(b)　(c)

图5-2

这个问题曾以“缝纫用品商的趣题”出现在亨利·杜德尼的《坎特伯雷趣题》中．即如何将一个正三角形布料分割成4块，然后拼成一个正方形．

1905年5月17日，杜德尼就这一问题在伯灵顿大厦向英国皇家学会作了报告，之后他又在皇家科学研究所就同一主题作报告．在会上，他不仅证明了“一个等边三角形可被分割成4块，然后重新拼合成一个正方形”，还按照这个图形用红木和铜铰链制成模型[图5-2(a)]进行演示．

杜德尼的作法被人们称为“杜德尼分割”．但杜德尼的“铜铰链模型”却表明图形通过运动可以组成新的图形．

二、平移

通过平移，我们可以把一个平行四边形转化为面积相等的矩形(图5-3)，把三角形、梯形转化为平行四边形．若矩形的面积问题可以解决，则三角形、梯形的面积问题也可以解决．

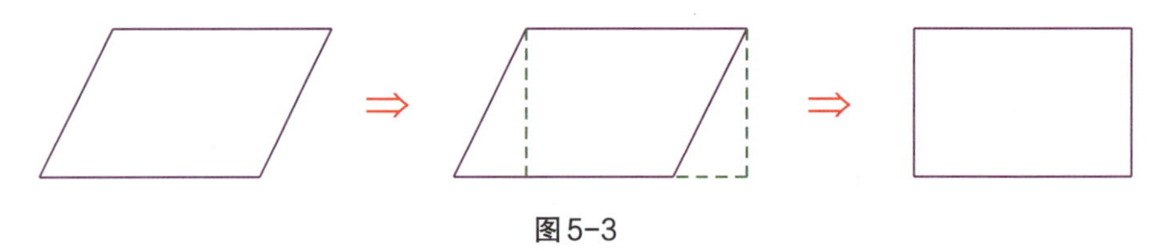

图5-3

当然，平移还可以解决更多的问题．

问题1　如图5-4所示，求阴影部分的面积．

分析　这是一个不规则的图形，没有现成公式可以直接套用．如果把左边和中间小矩形的阴影部分都平移到第3个小矩形上，则刚好将第3个小矩形填满(图5-5)，由此得阴影部分的面积为$2\times4=8$．

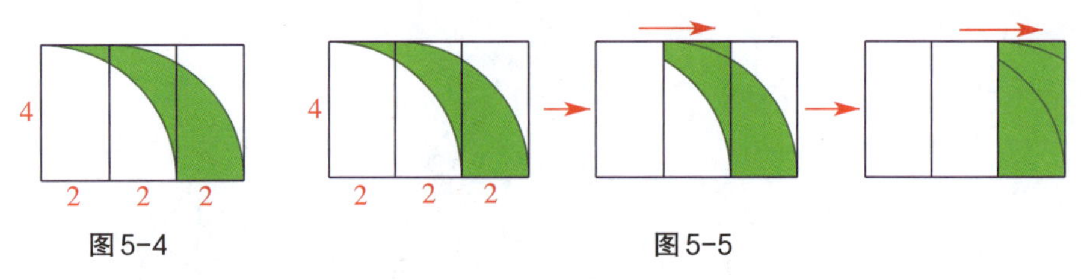

图5-4　　　　图5-5

问题2　图5-6所示是一个直角梯形，面积为60cm²，上下底之和为20cm，两腰之比为3∶5，现挖去4个半径一样的扇形后，问：阴影部分的面积和周长各是多少?

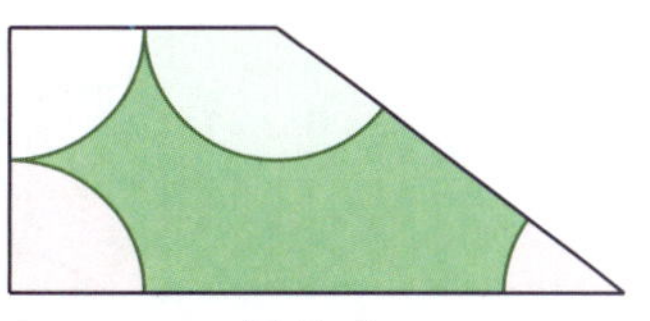
图5-6

分析 这个问题也可以借助平移解决. 首先根据条件易得梯形上底为6cm,下底为14cm,高为6cm,另一腰为10cm. 因此,扇形的半径为3cm.

将图中的4个扇形通过平移可以得到图5-7(c),即得到两个半圆,故其面积为$9\pi \mathrm{cm}^2$,圆弧的长为6πcm. 故阴影部分的面积为$60-9\pi \approx 31.74(\mathrm{cm}^2)$,周长为$6\pi+(14-6)+(10-6)\approx 30.84(\mathrm{cm})$.

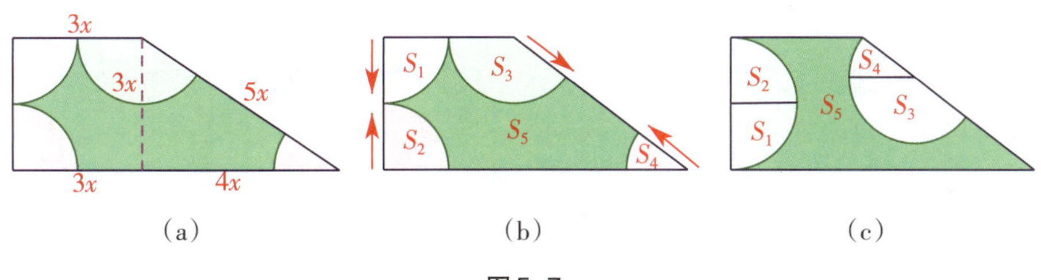

图5-7

问题3 如图5-8所示,将腰长为2的等腰直角$\triangle ABC$沿AB平移至$\triangle DEF$,若重叠部分$\triangle DBG$的面积为1,则AD等于多少?

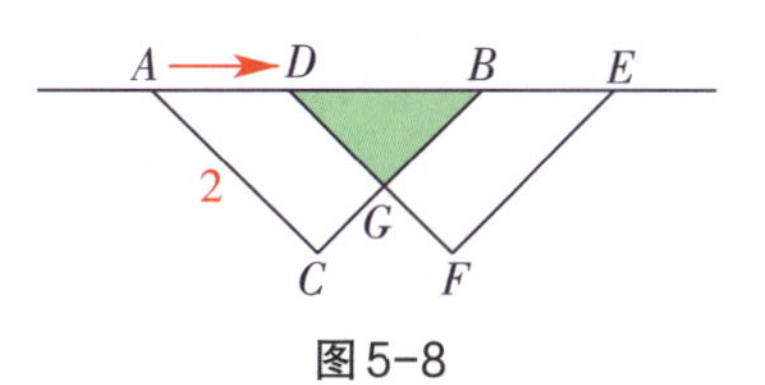

图5-8

解 由平移性质,易得$\triangle ABC \backsim \triangle DBG$.

因为$S_{\triangle ABC}=\frac{1}{2}\times 2^2=2$, $S_{\triangle DBG}=1$,所以$\left(\frac{DB}{AB}\right)^2=\frac{S_{\triangle DBG}}{S_{\triangle ABC}}=\frac{1}{2}$. 得$DB=2$.

所以,$AD=AB-DB=2\sqrt{2}-2$.

三、旋转

问题4 如图5-9所示,在半径为10cm、圆心角为90°的扇形中,分别以两条半径的中点为圆心,扇形半径的一半为半径画半圆,交于点P,求图中阴影部分的面积.

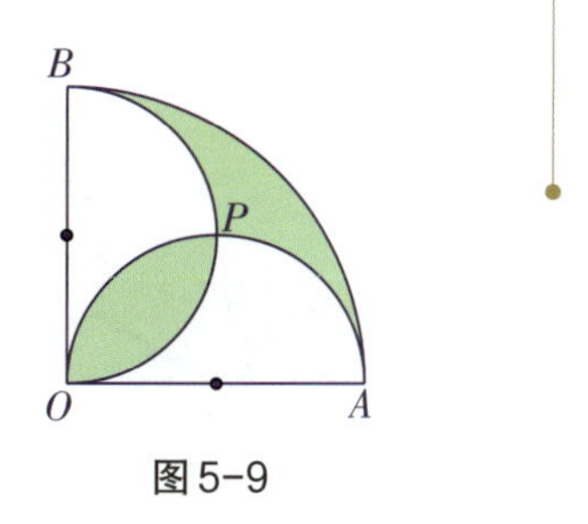

图5-9

解 连接OP,将两个小弓形分别绕着点P旋转(顺时针、逆时针)90°,得到图5-10(b),则

$$S_{\text{阴影部分}}=S_{\text{扇形}OAB}-S_{\triangle OAB}\approx \frac{1}{4}\times 3.14\times 10^2-\frac{1}{2}\times 10^2=28.5(\mathrm{cm}^2)$$

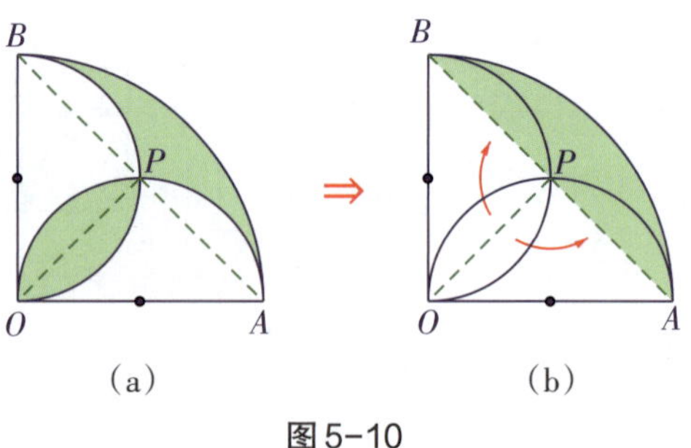

图5-10

问题5 如图5-11所示，将$\triangle ABC$绕点A逆时针旋转到$\triangle AB'C'$，使C'、A、B在同一直线上，若$\angle BCA=90°$，$\angle ABC=30°$，$AB=4\text{cm}$，$AC=2\text{cm}$，求图中阴影部分的面积.

解 如图5-12所示，将$\triangle AB'C'$内的阴影部分S_1顺时针旋转90°得到图5-12(b)，因此有

$$S_{阴影部分}=\frac{120}{360}\pi\left(4^2-2^2\right)=\frac{1}{3}\pi\times 12=4\pi(\text{cm}^2)$$

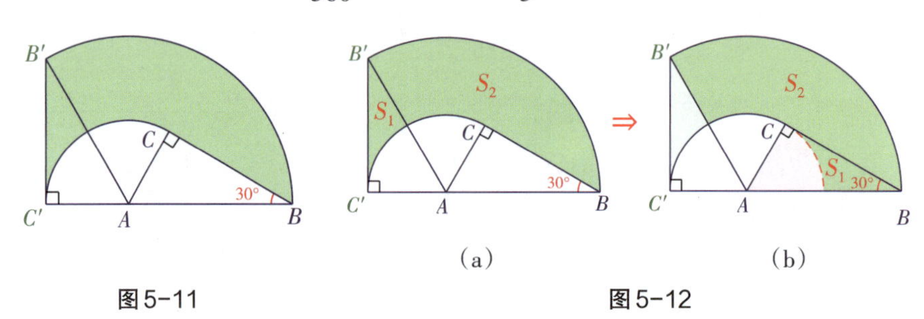

图5-11　　图5-12

问题6 如图5-13所示，已知六边形$AC_1BA_1CB_1$中，$AC_1=AB_1$，$BC_1=BA_1$，$CA_1=CB_1$，$\angle A+\angle B+\angle C=\angle A_1+\angle B_1+\angle C_1$，求证$\triangle ABC$的面积是六边形$AC_1BA_1CB_1$面积的一半.(北京大学自主招生题)

解 如图5-14所示，旋转$\triangle BCA_1$至$\triangle BC_1A_1'$，则$\triangle BCA_1\cong\triangle BA_1'C_1$，依题意，有$\angle AC_1B+\angle BA_1C+\angle CB_1A=360°$，$\angle AC_1B+\angle BC_1A_1'+\angle AC_1A_1'=360°$，所以$\angle AB_1C=\angle AC_1A_1'$. 又$C_1A_1'=A_1C=B_1C$，$AC_1=AB_1$，所以$\triangle AB_1C\cong\triangle AC_1A_1'$，进而有$\triangle ABC\cong\triangle ABA_1'$. 所以，$S_{\triangle ABC}=S_{\triangle ABA_1'}=S_{\triangle AC_1B}+S_{\triangle AB_1C}+S_{\triangle BCA_1}$，从而得$S_{\triangle ABC}=\frac{1}{2}S_{六边形AC_1BA_1CB_1}$.

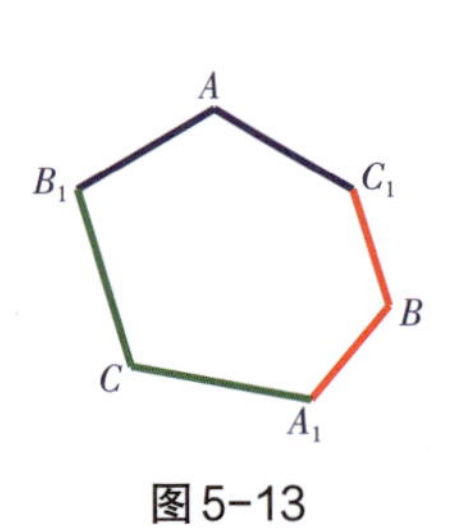

图5-13

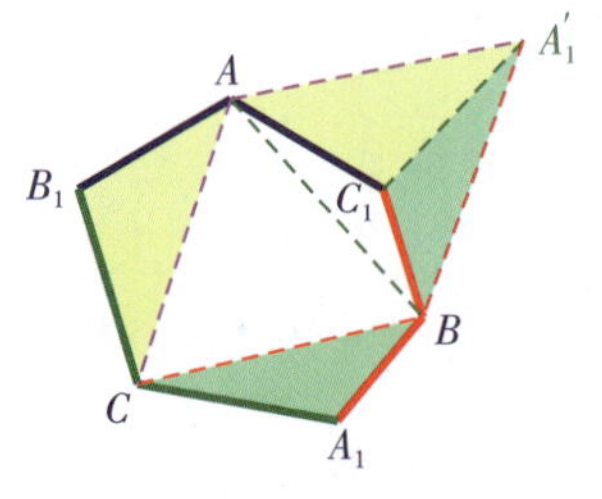

图5-14

四、对称与翻折

生活中充满了对称．广义的对称是一种思想和方法．著名数学家赫尔曼·外尔说："对称是一种思想，通过它，人们毕生追求，并创造次序、美丽和完善．"爱因斯坦的相对论就是建立在对称性的基础上的．这里我们主要讨论平面图形的对称．

一个图形沿一条直线折叠后，直线两旁的部分能够互相重合，那么这个图形就叫作轴对称图形，这条直线叫作它的对称轴．

对于两个图形，如果沿一条直线对折后它们能够完全重合，那么称这两个图形成轴对称，这条直线叫作对称轴．

下面的定理与对称有紧密联系．

光反射定理　若P、Q是直线ST同侧任意两点，则从P到直线ST再到点Q的一切路径中，以通过直线上的点R，使PR及QR与ST的夹角相等的那条路径最短（图5–15）．

有人称此定理为海伦定理．海伦是古希腊数学家、工程师．

光学的一个基本定律是说入射线与镜面所成的角α（图5–16），等于反射线与镜面所成的角β，现今的普遍说法是$\angle 1=\angle 2$，$\angle 1$为入射角，$\angle 2$为反射角．这一结论在物理学中被称为"光行最速"或"光程最短"原理：光在同一媒质内所走过的路程最短，在不同媒质中通过的总时间最少．海伦在他的《镜面反射》一书中从上述的光学基本定律出发，得出了前面的光反射定理．

如图5–17所示，P'为P关于ST的对称点，R'为ST上的任意点，则$PR=P'R$，$\angle\alpha=\angle\gamma$，又$\angle\alpha=\angle\beta$，故$P'$、$R$、$Q$共线，根据"三角形两边之和大于第三边"，有

$$PR+RQ=P'R+RQ=P'Q\leqslant P'R'+R'Q=PR'+R'Q$$

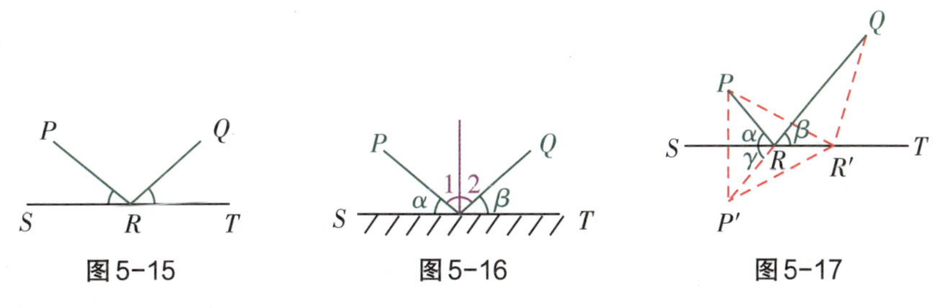

图5–15　　图5–16　　图5–17

根据对称，还可得出下面更一般的结论．

定理5.1　如图5–18所示，设P、Q为直线ST同侧两点，点A、B是ST上两动

点，且$AB=a$，则从点P到A到B再到Q的最短路径中，当$\angle PAS=\angle QBT$时路径最短.

定理5.2 如图5-19所示，若P为锐角$\angle XOY$内一定点，M、N分别为OY、OX上两动点，则$PM+MN+NP$当$\angle PMY=\angle NMO$、$\angle MNO=\angle PNX$时为最短.

定理5.3 如图5-20所示，若P、Q是锐角$\angle XOY$内两定点，M、N分别为OY、OX上两动点，则$PM+MN+NQ$当$\angle PMY=\angle NMO$、$\angle MNO=\angle QNX$时为最短.

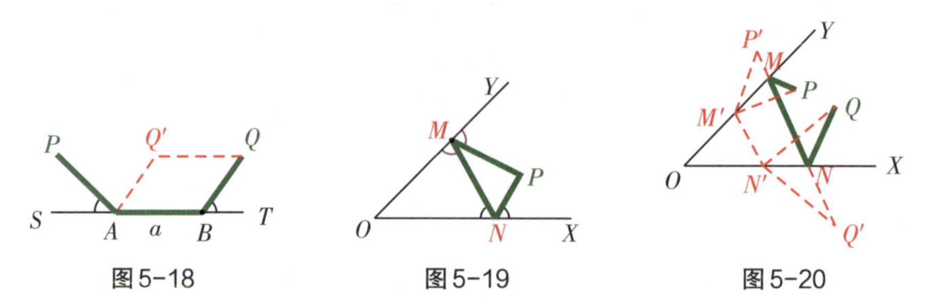

图5-18　　图5-19　　图5-20

特别地，当P、Q重合时，即为定理5.2.

由定理5.1、定理5.3，还可得到下面的定理.

定理5.4 如图5-21所示，若P、Q为锐角$\angle XOY$内两定点，A、B为OY上两动点，C、D为OX上两动点，且$AB=a$，$CD=b$，则$PA+AB+BC+CD+DQ$当$\angle PAY=\angle CBO$、$\angle BCO=\angle QDX$时为最短.

将$\angle XOY$推广到凸折线，还可得到下面的定理.

定理5.5 如图5-22所示，若P、Q为凸折线$A_1A_2\cdots A_n$内两定点，$B_1,B_2,\cdots,B_{n-1}$分别为$A_1A_2,A_2A_3,\cdots,A_{n-1}A_n$上的动点，则$PB_1+B_1B_2+B_2B_3+\cdots+B_{n-1}Q$当$\angle PB_1A_1=\angle B_2B_1A_2,\angle B_1B_2A_2=\angle B_3B_2A_3,\cdots,\angle B_{n-2}B_{n-1}A_{n-1}=\angle A_nB_{n-1}Q$时最短.

定理5.6 设M、N分别为两平行线AB、CD上两动点，$MN\perp AB$，P、Q为直线AB、CD外侧两定点(图5-23)，则$PM+MN+NQ$当$\angle PMA=\angle QND$时为最短.

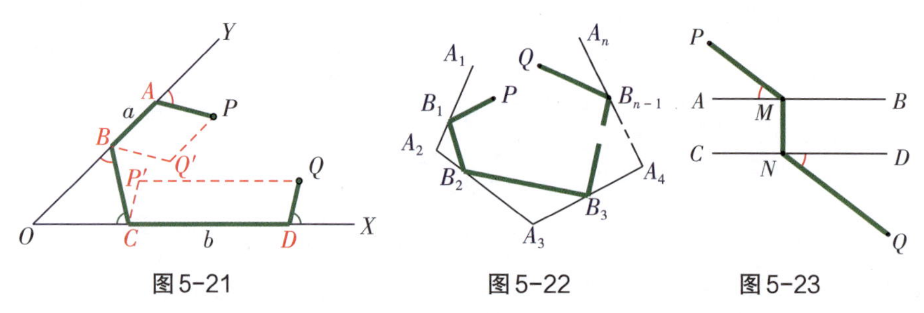

图5-21　　图5-22　　图5-23

上述结论的证明留给读者. 它们在最优化设计中有广泛应用.

下面我们看翻折的一个经典应用．它是施瓦兹在解决法尼亚诺问题时提出的．

法尼亚诺问题　在锐角三角形中，求周长最短的内接三角形．

1775年意大利数学家法尼亚诺提出并用微积分方法解决了这样一个有趣的问题．它的结论是：过三角形的垂心H向三边作垂线，则垂足三角形就是周长最短的内接三角形．但这一问题的初等解法以匈牙利数学家费耶尔和德国数学家施瓦兹给出的解法最令人称道，他们的解法以简明巧妙闻名于世，有趣的是他们的解法都用到了海伦定理．

施瓦兹解法　将$\triangle ABC$依次以AC、$B'C$、$A'B'$、$A'C'$、$B''C'$为轴连续施行五次对称变换，得到图5-24，因垂足$\triangle XYZ$与$\triangle ABC$每一边所构成的两角都相等，由对称性可知，$\triangle XYZ$通过依次对称翻转展成直线段ZZ'（红色虚线），且其周长的2倍等于ZZ'．

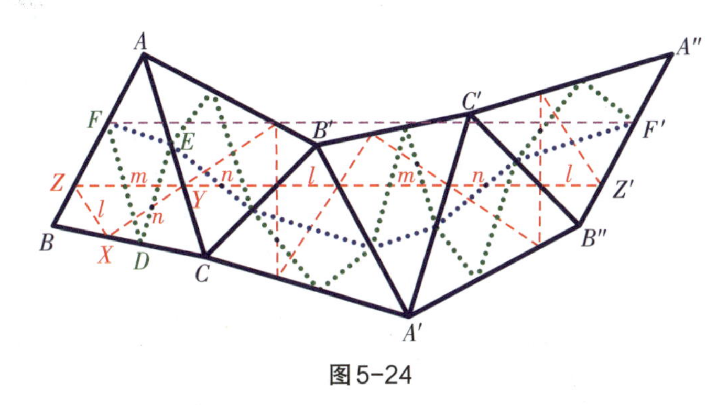

图5-24

设$\triangle DEF$为$\triangle ABC$的任一内接三角形，则通过对称翻转，$\triangle DEF$各边依次展成折线FF'（图5-24中以F、F'为端点的蓝色点线），且$\triangle DEF$周长的2倍等于折线FF'的长度．

又因$\angle AZZ' = \angle ZZ'B''$，故$AB /\!/ A''B''$，从而四边形$FZZ'F'$为平行四边形，有$ZZ' = FF' \leqslant$ 折线FF'，即

$$2\triangle XYZ\text{的周长} \leqslant 2\triangle DEF\text{的周长}$$

$$\triangle XYZ\text{的周长} \leqslant \triangle DEF\text{的周长}$$

所以，在锐角三角形的所有内接三角形中，以垂足三角形周长最短．

施瓦兹的解法是值得回味的，他的这种方法被莫利在1933年推广到$2n+1$边形的情形．

关于垂足三角形，德国数学家费尔巴哈等人曾得出一系列优美结论，这里不作赘述．

五、图形的分割与拼合

本章开头提出杜德尼问题涉及另一个数学主题:图形分割与拼合. 这类问题跳出非算即证的问题模式,集趣味性、探索性、实验性于一体,因此吸引着大批爱好者.

2300多年前,就有人提出:任意两个面积相等的平面几何图形,是否都能将其中一个剪成若干小多边形并拼成另一个图形?

这个问题的解决却是200多年前的事. 19世纪,匈牙利数学家鲍耶(图5-25)证明了下述定理.

图5-25

定理5.7 任意给定两个面积相等的多边形,它们互相之间都可以通过剪拼得到.

追溯历史,我们发现鲍耶运用的方法,就是推理与化归的基本思想方法.

任意多边形均可以分割为三角形→任意三角形均可以剪拼为矩形→任意矩形都可以剪拼为正方形→两个正方形可以剪拼为一个大正方形(图5-26).

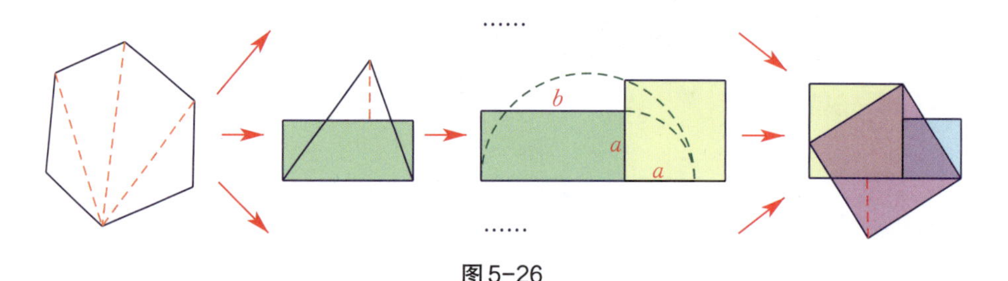

图5-26

由此可得:任意多边形可以和一个等面积的正方形通过互相之间的剪拼得到. 任意两个等面积的多边形,它们互相之间都可以通过剪拼得到.

关于两个图形间的全等分割与剪拼在第27章中有更深入讨论.

图形的分割与拼合,运用的是图形变换、全等、不变量等方法和策略. 以上解决了可能性问题. 但具体分割为多少块,则是另一个问题. 长久以来,人们总追求所分割的块数越少越好. 图5-27所示是有关图形分割的世界纪录,图中的数字为分割的块数.

想不想尝试一下打破纪录或填补空白?

图5-28所示是几个经典的图形剪拼.

图形分割世界纪录

	正三角形	正方形	正五边形	正六边形	正七边形	正八边形	正九边形	正十边形	正十二边形	希腊十字形	正五角星
正方形	4										
正五边形	6	6									
正六边形	5	5	7								
正七边形	9	9	11	11							
正八边形	8	5	9	9	13						
正九边形	9	12		14							
正十边形	8	8	10	9	13	12					
正十二边形	8	6		6							
希腊十字形	6	4	7	7	12	9		10	6		
正五角星	9	8		10				6			
正六角星	5	5	8	7	11	9		9	10	8	

（以上数据来自田翔仁编著的《趣味数学百科图典》，江苏少年儿童出版社）

图 5-27

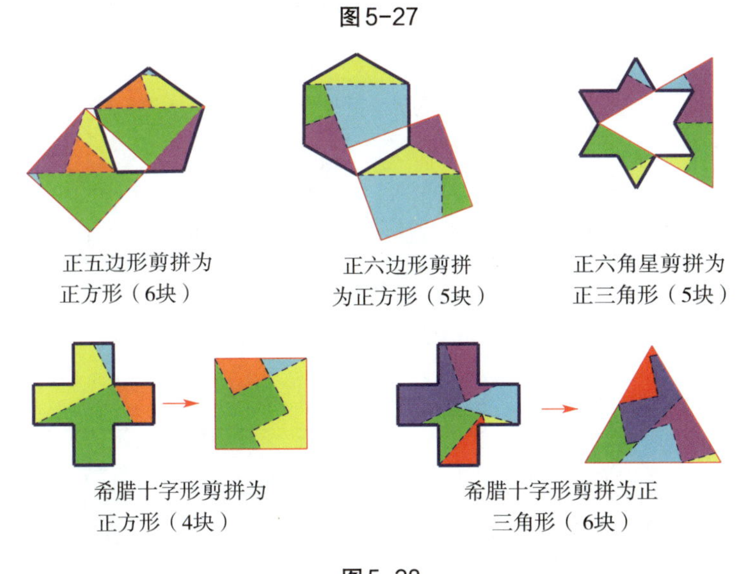

正五边形剪拼为正方形（6块）　正六边形剪拼为正方形（5块）　正六角星剪拼为正三角形（5块）

希腊十字形剪拼为正方形（4块）　希腊十字形剪拼为正三角形（6块）

图 5-28

六、级数求和的无字证明

如图 5-29 所示，将所有小三角形的面积相加，得 $\frac{1}{2}+\frac{1}{2^2}+\frac{1}{2^3}+\frac{1}{2^4}+\frac{1}{2^5}+\cdots=1$.

如图 5-30 所示，对应的黄色部分与绿色部分全等，因此有 $\frac{1}{3}+\frac{1}{3^2}+\frac{1}{3^3}+\frac{1}{3^4}+\frac{1}{3^5}+\cdots=\frac{1}{2}$.

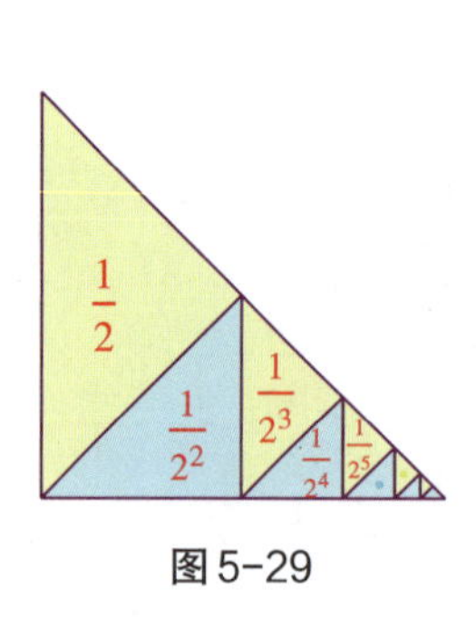

图 5-29

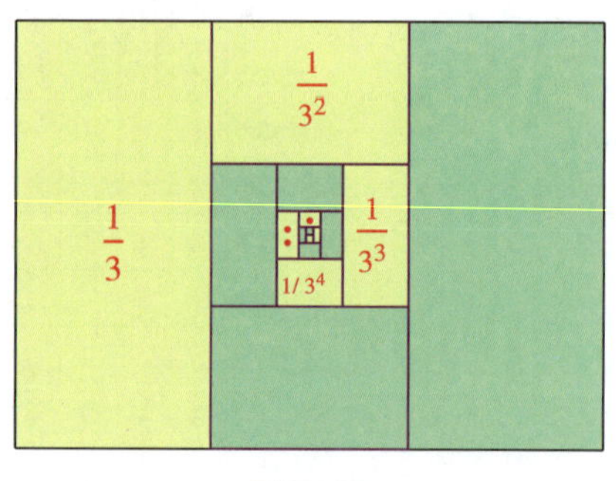

图 5-30

如图 5-31 所示，中点三角形（黄色三角形）均为它所处的梯形的面积的 $\frac{1}{3}$，因此有

$$\frac{1}{4}+\frac{1}{4^2}+\frac{1}{4^3}+\frac{1}{4^4}+\frac{1}{4^5}+\cdots=\frac{1}{3}$$

如图 5-32 所示，由对称性可知，黄色部分占正方形面积的 $\frac{1}{4}$，因此有

$$\frac{1}{5}+\frac{1}{5^2}+\frac{1}{5^3}+\frac{1}{5^4}+\frac{1}{5^5}+\cdots=\frac{1}{4}$$

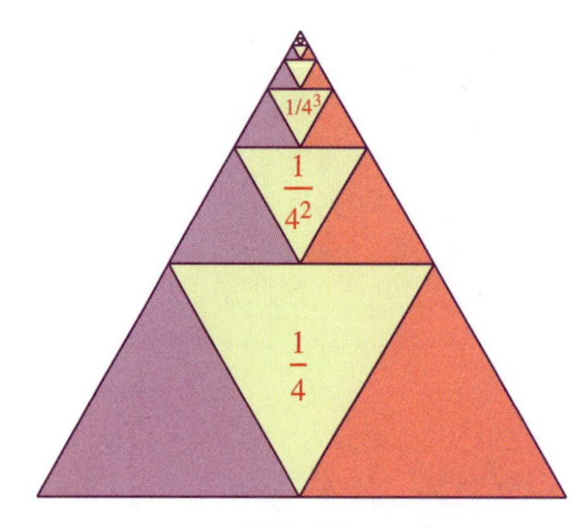

图 5-31

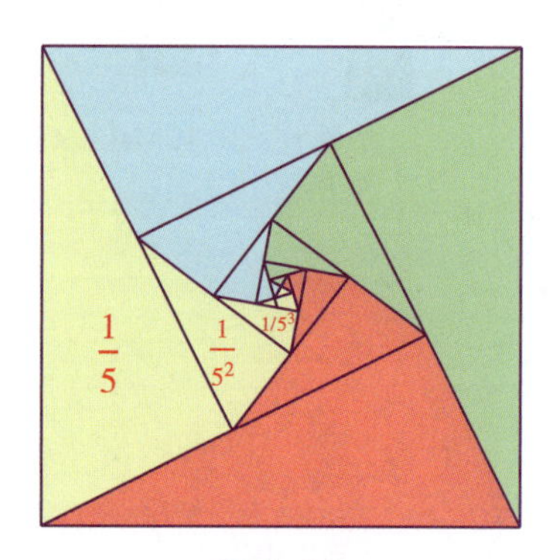

图 5-32

如图 5-33 所示，黄色部分的面积为 $\frac{1}{6}+\frac{1}{6^2}+\frac{1}{6^3}+\frac{1}{6^4}+\frac{1}{6^5}+\cdots=\frac{1}{5}$.

如图 5-34 所示，黄色部分的面积为 $\frac{1}{7}+\frac{1}{7^2}+\frac{1}{7^3}+\frac{1}{7^4}+\frac{1}{7^5}+\cdots=\frac{1}{6}$.

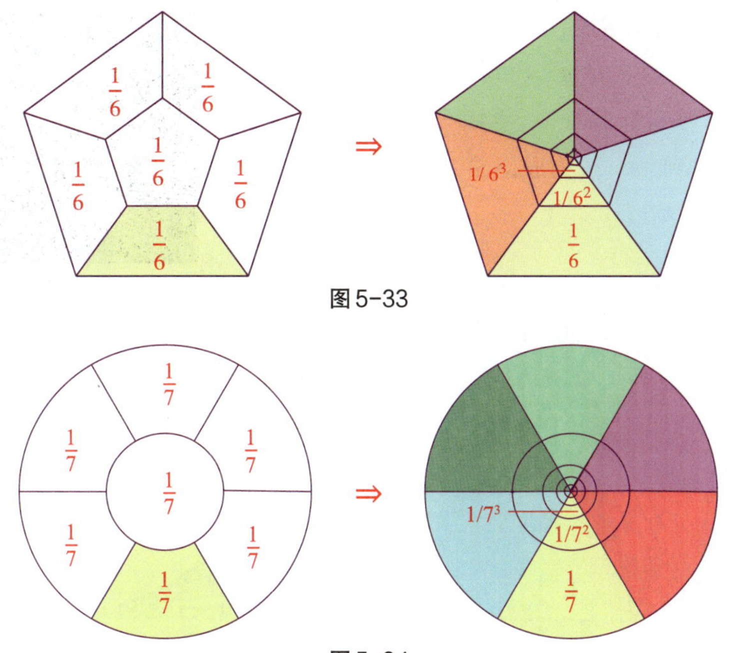

图 5-33

图 5-34

如图 5-35 所示，所有四边形的面积之和为

$$\frac{7}{8}+\frac{7}{8^2}+\frac{7}{8^3}+\frac{7}{8^4}+\frac{7}{8^5}+\cdots=1 \Rightarrow \frac{1}{8}+\frac{1}{8^2}+\frac{1}{8^3}+\frac{1}{8^4}+\frac{1}{8^5}+\cdots=\frac{1}{7}$$

如图 5-36 所示，将正方形 8 等分，其中左下直角三角形的面积为

$$\frac{1}{9}+\frac{1}{9^2}+\frac{1}{9^3}+\frac{1}{9^4}+\frac{1}{9^5}+\cdots=\frac{1}{8}$$

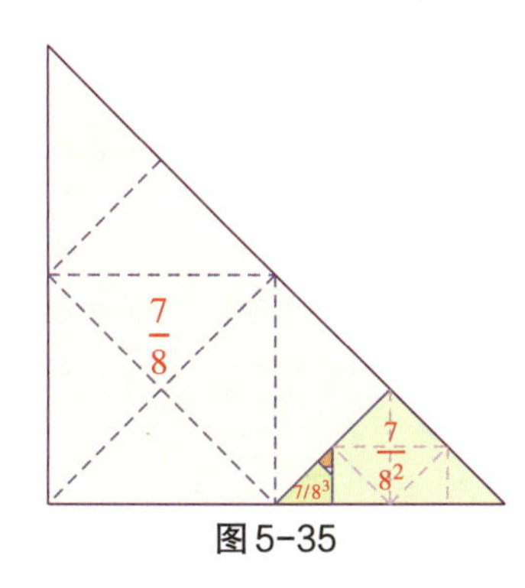

图 5-35

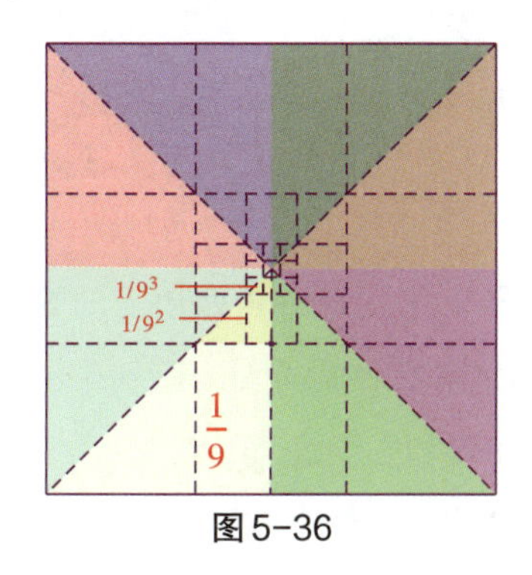

图 5-36

七、以直“绣”曲

图 5-37 所示是一幅钉画作品，是通过彩线绕在钉子上构成的画，这些花瓣都是由直线段构成的！

1. 抛物线包络线

图 5-37

如图 5-38(a)所示,将角的两边上的等分点,按顺序标为 1,2,3,4,…,再用线段将对应序号的点全部连接起来,就构成图 5-38(b)所示的图形,这是一条抛物线包络线. 这是古希腊数学家阿波罗尼奥斯的杰作.

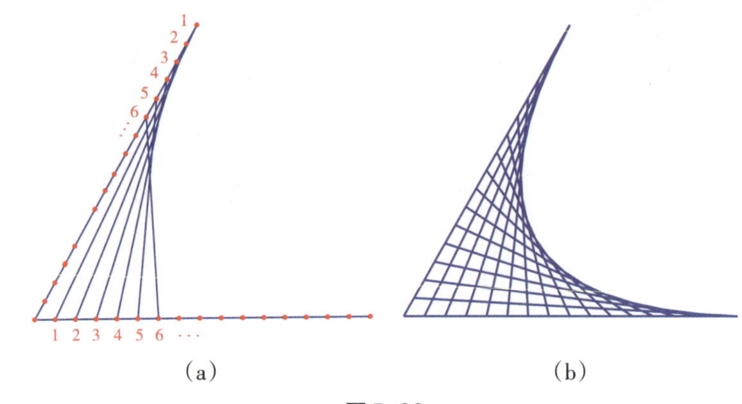

图 5-38

把图 5-38(b)当作基本组件,通过基本变换(平移、旋转、翻折)及其组合,可以构成各种美丽的图案(图 5-39).

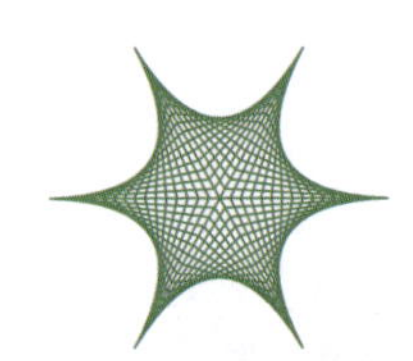
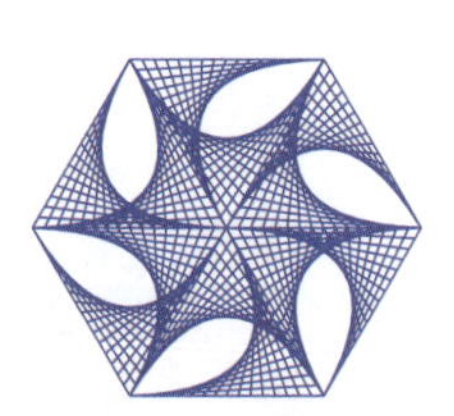
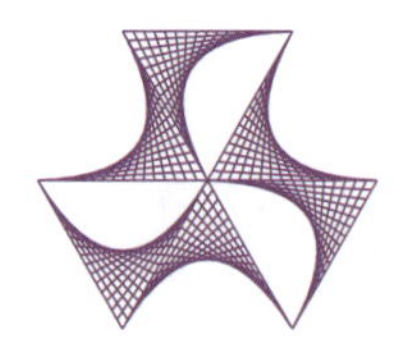
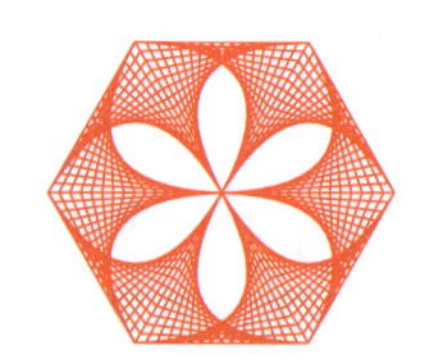

图 5-39

图 5-38 是通过角两边上的等分点绘制的,也可以通过将正方形、矩形的边等分,或者将圆周等分,来绘制不同的包络线. 图 5-37 所示的钉画作品就是据此设计的.

包络曲线是西方经济学的一个基本概念,是分析长期成本的一种方法. 雅各布·瓦伊纳在研究成本理论时,提出了包络曲线概念,即长期平均成本曲线是无数条短期平均成本曲线的包络曲线. 瓦伊纳认为,长期来看,企业总可以通过调整生产规模实现平均成本最低,因此长期平均成本曲线应该是无数条短期平均成本曲线最低点组成的轨迹.

2. 椭圆包络线

如图 5-40(a)所示,在⊙O 内取点 F,在⊙O 上取点 P_1,作线段 FP_1 的中垂线

交$\odot O$于点A_1、B_1，得弦A_1B_1．类似地，在$\odot O$上取点P_2，得弦A_2B_2．当点$P_n(n=1,2,3,\cdots)$绕着$\odot O$一周取得足够多时，可构成一椭圆包络线[图5-40(b)]．

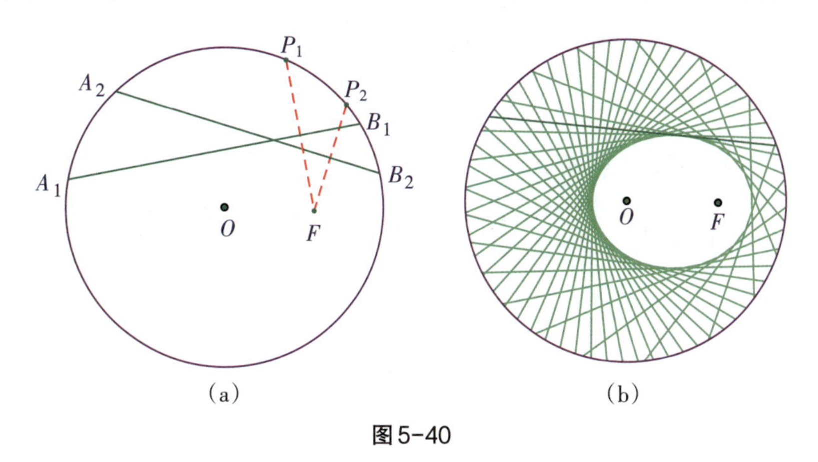

图5-40

3. 双曲线包络线

如图5-41(a)所示，在$\odot O$外取点F．在$\odot O$上取点P_1，作线段FP_1的中垂线A_1B_1．类似地，在$\odot O$上取点P_2，得中垂线A_2B_2．当点$P_n(n=1,2,3,\cdots)$绕着$\odot O$一周取得足够多时，可构成一双曲线包络线[图5-41(b)]．

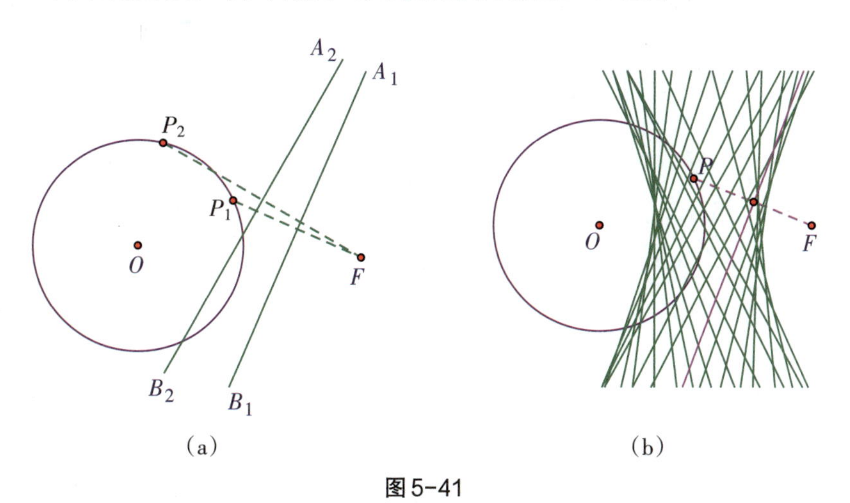

图5-41

4. 追逐曲线

远处有一只小狗，它要追逐另一只沿着水平直线奔跑的大狗，小狗始终朝着大狗的方向，这只小狗追逐的路线就是追逐曲线，也叫作等角螺线(图5-42)．它是由

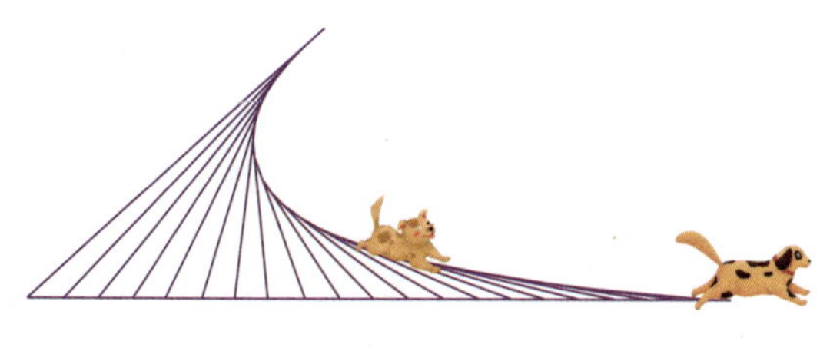
图5-42

不断改变角度和距离的直线段构成的.

在一个等边三角形的3个顶点处各有一只狗,它们以相同的速度互相追逐,其追逐路线构成3条等角螺线[图5-43(b)].

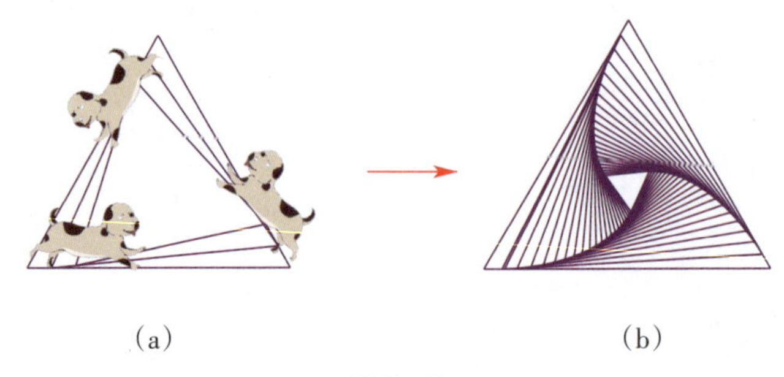

(a)　　　　　　　　(b)

图5-43

同样,对四边形、五边形、六边形,可得到对应的等角螺线(图5-44). 它们都由一些直线段绘制而成.

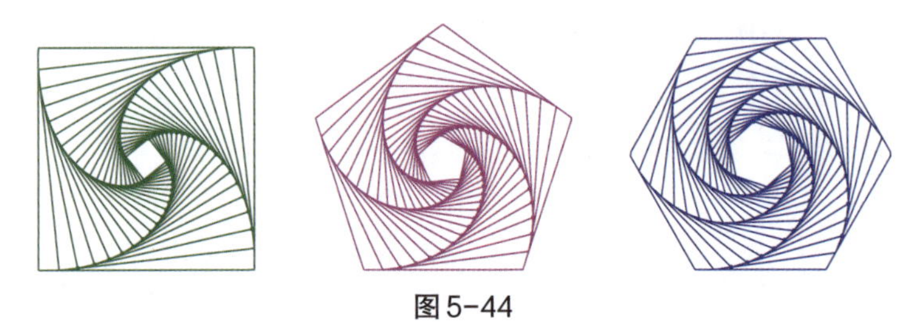

图5-44

这些图形在世界光效应艺术绘画作品展中,给人留下了极其深刻的印象. 后来有人利用计算机绘制了一幅12个追逐点的包络线组合图形.

现在,我们利用几何画板的“变换/深度迭代”功能,即可轻松实现!

最后提供几幅以直“绣”曲作品,它们是来自上海华曜宝山实验学校六年级学生的作品(图5-45).

图5-45

(1)如图5-46所示,A、B两村之间有两条平行的河,一条河宽为a,另一条河宽为b,现欲在两条河上各造一座桥(桥必须与河岸垂直),使从A村经过两座桥到B村的路程最短,试找出造桥位置.

(2)如图5-47所示,在正六边形的桌面上有一个小球在N处,如果这个小球在与桌边BC、CD、DE、EF、FA、AB相接触后依次弹到下一个桌边,问最后能否弹到AB边后又回到N处,如果能,请在图中画出;如果不能,请给出理由.

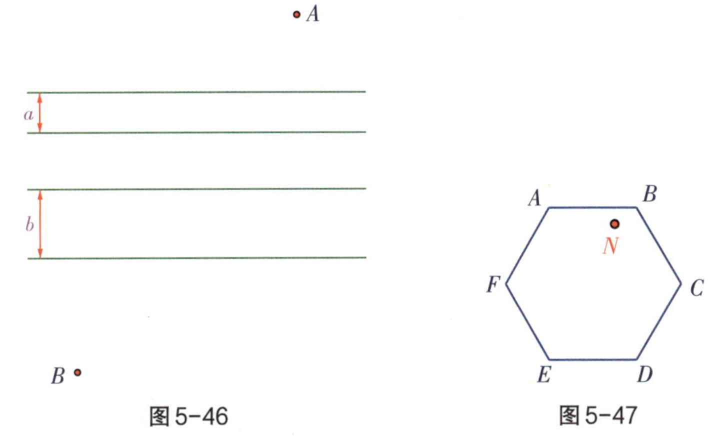

图5-46　　图5-47

(3)图5-48(a)所示是笔者利用几何画板根据直线段绘制的"心形图",图5-48(b)所示是在图5-48(a)的基础上通过基本图形运动得到的. 请研究其作法,并创作出一幅自己的"以直'绣'曲"作品.

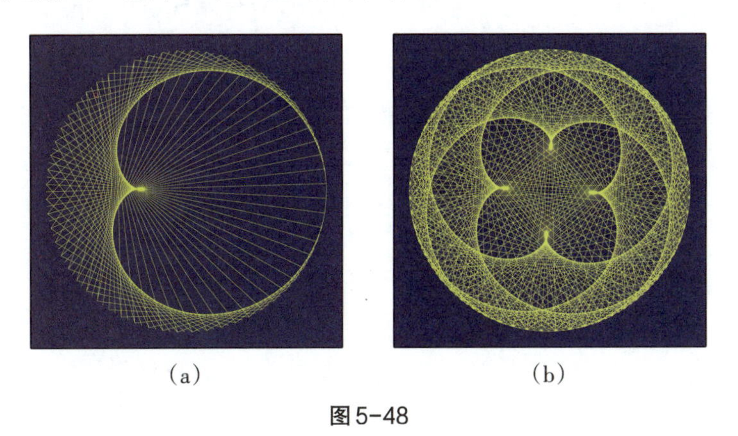

(a)　　(b)

图5-48

(4) 2017年,英国推出了新版一英镑硬币,硬币背面的图案[图5-49(b)]竟是由一名15岁的初中生皮尔斯[图5-49(c)]设计的. 据报道,英国财政部部长打电话通知皮尔斯,告诉他,他的设计是从6000多人里脱颖而出的. 硬币为正十二边形．为什么选择正十二边形呢？据说是源于数学家戴维·韦尔斯关于神奇正十二边形的介绍（该书中文名叫《奇妙而有趣的几何》，上海教育出版社出版）．

(a)

(b)

(c)

图5-49

请大家对神奇的正十二边形做进一步探讨．

①将一个正十二边形按下列要求作分割：正多边形分割；全等形分割（大于等于3个）．

②将一个正十二边形分割为6块，再拼接成1个正方形．

③将一个正十二边形分割为6块，再拼接成1个正六边形．

④将一个正十二边形作适当分割，再拼接成3个正方形．

⑤将一个正十二边形作适当分割，再拼接成6个正方形．

⑥将一个正十二边形作适当分割，再拼接成2个正三角形．

⑦将一个正十二边形作适当分割，再拼接成4个正十二边形．

⑧将一个正十二边形作适当分割，再拼接成6个正十二边形．

⑨将一个正十二边形作尽可能多的菱形分割，你发现了什么规律？

第6章

七巧板——风靡全球的东方魔板

中国科学院研究员、中国科技馆原馆长王渝生说："七巧板合矩成方，分整副为七叶，以'七'生'巧'，巧夺天工；拼图组字，勾心斗角；出入相补，数形结合；雅俗共赏，童叟皆宜，是我国先民科学与艺术的创造，是中华民族智慧与文明的结晶，它不仅在神州大地世代相传，而且远播海外，饮誉全球．"

一、七巧板风靡全球

英国皇家学会会员、英中了解协会前会长李约瑟博士在其巨著《中国科学技术史》第三卷数学卷里说："一块正方形、一块菱形和五块大小不同的三角形．中国人称之为七巧图，欧洲人称之为唐图．这与几何割分、静态对策、变位镶嵌等学科有关．""中国七巧板比西方魔方、魔棍、魔球更具有迷人的智慧魅力．"

现在英国剑桥大学图书馆里还珍藏着一本《七巧新谱》．美国作家埃德加·爱伦·坡竟用象牙精制了一副七巧板．苏联趣味数学专家一再介绍这款游戏．如科尔杰姆斯基的《奇妙的正方形》，别莱利曼的《趣味数学谜题》都设有专章介绍七巧板．别莱利曼很赞赏七巧板在培养青少年几何学感性认识方面的重要意义．他说："有人从中国给我带来了一个小小的方盒子(七巧板)，它不仅能拼成一个正方形，而且能拼成两个相同的正方形．这个有趣的特性是古希腊智慧大师毕达哥拉斯最先(用逻辑推理的方式)发现的．""你会发现，用七巧板拼成的各种有趣图样，能够给你带来有益的知识．"

18世纪，七巧板流传到日本和欧美国家，引起广泛兴趣．我们从19世纪法国的一幅漫画(图6-1)中，就可以看出七巧板受欢迎的程度．这对法国父母热衷于比赛排七巧板，竟然无视摇篮中哭闹的婴儿，最后爸爸先排出来，兴奋地推倒椅子，而墙上挂钟指着凌晨5点！其对七巧板的痴迷程度可见一斑．

图6-1

在欧洲，大约在1805年出版的《新编中国儿童谜解》中有24幅七巧图并附有一份木制的七巧板．1818年，德国和美国都纷纷出版了关于七巧板的书，在意大利出版的书中还介绍了中国历史．1817年，德国一位教师发表了一篇《用中国七巧板通俗解释欧几里得定律》的文章. 1960年,荷兰作家罗伯特·汉斯·范·古利克在他的小说《狄仁杰断案传奇》中,写了一个武师蓝大魁,他同时也是一个七巧板高手,在他被人毒死前,通过用七巧板拼图,提供了断案的重要线索,最后找到了真凶. 据说法国拿破仑被放逐后就常常玩七巧板来消磨岁月. 还有亚当、杜雷及卡洛儿等,他们都是七巧板的狂热爱好者. 1903年,美国著名谜语专家山姆·洛依德的新著《第八茶皮书》出版,他在介绍这本书的"历史"的时候提到,他在母亲过世后得到两本祖传的有关七巧板的书,他写道:"按百科全书的介绍,七巧板游戏渊源极为古老. 在中国,它作为一种消遣性的玩物,其历史可追溯到4000年前."

图6-2所示是部分海外出版的有关七巧板的书.

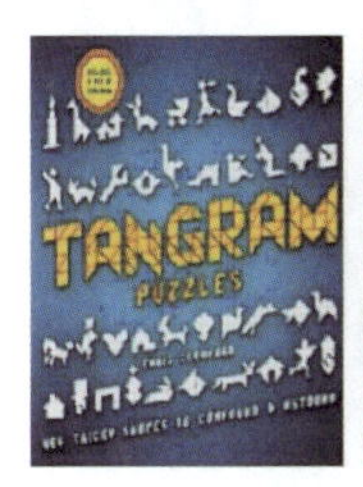

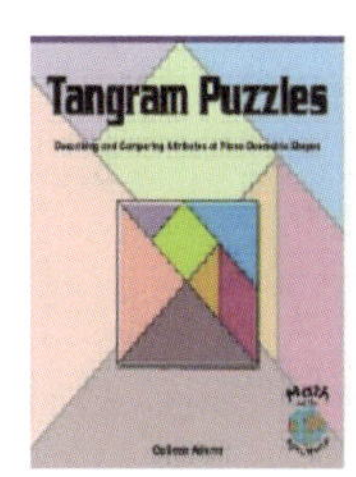

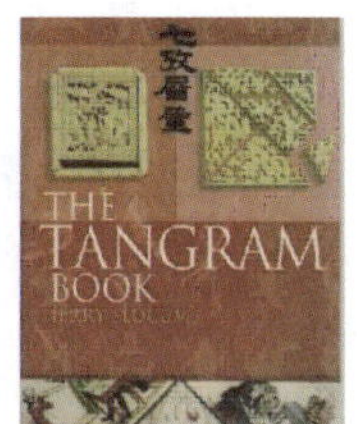

图6-2

二、七巧板的演变过程

七巧板、九连环和华容道被称为中国古典智力游戏三绝. 关于七巧板的演变,有几种说法,笔者倾向于"燕几、蝶几说". 历史上关于七巧板的记载最早见于1813年出版的《七巧图合璧》一书(图6-3). 民国初年由钱秋芬编著的《七巧八分图》对七巧板做了系统的介绍,这套书由商务印书馆出版,按15类分为6册,后来还有续集发行. 故宫博物院现存的清代宫廷玩具中,就有一副盛放在铜盒中的七巧板.

图6-3

清代陆以湉在《冷庐杂识》卷一中写道："宋黄伯思燕几图，以方几七，长短相参，衍为二十五体，变为六十八名．明严瀓蝶几图，则又变通其制，以勾股之形，作三角相错形，如蝶翅．其式三，其制六，其数十有三，其变化之式，凡一百有余．近又有七巧图，其式五，其数七，其变化之式多至千余．体物肖形，随手变幻，盖游戏之具，足以排闷破寂，故世俗皆喜为之．"

这段文字讲述了七巧板的演变过程．大致是：宋代"燕几图"——明代"蝶几图"——清初到现代的七巧板．

宋代黄伯思对几何图形很有研究，他热情好客，发明了一种用小桌子组成的"燕几"（燕通案，桌子）——请客吃饭的小桌子．最初由6件长方形"燕几"组成，可分可合，后根据朋友建议，改为7件．它可根据客人人数的不同及房屋的空间，拼成不同的形状，比如，3人拼成三角形，4人拼成四方形，6人拼成六方形……这样用餐时人人方便，气氛更好．明代严瀓（黄伯思同乡）受黄伯思"燕几"的启示，又设计了一种"蝶翅几"，它由13件不同的三角形案几组成，可以拼成一只蝴蝶展翅的形状，故称为"蝶翅几"，"蝶翅几"根据不同的拼法可拼出100多种图形．

后来，人们在"燕几图""蝶几图"的基础上，把"燕几"缩小为只有大小不等的5个三角形、1个正方形和1个平行四边形共7块板，用它拼图，演变成一种玩具，就是现在的七巧板．它的形成大约在1780年（图6-4）．

苏州留园七巧桌

摆成"鱼"形的案几

七巧桌

图6-4

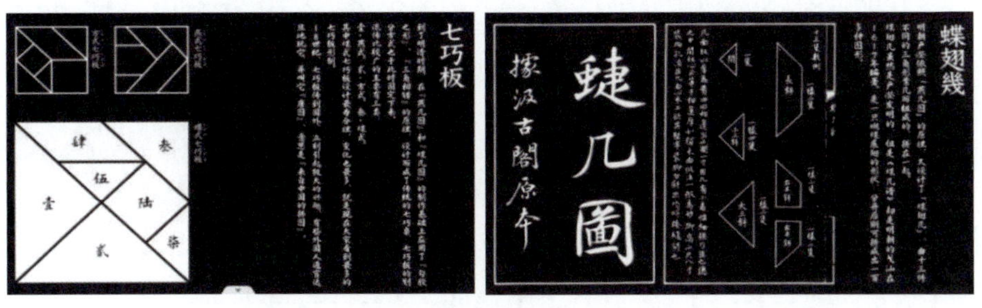

图 6-4(续)

图 6-5 所示是晚清民俗画家吴嘉猷的《天然巧合》，描绘了妇女们玩七巧板时的热闹场景.

图 6-5

三、七巧板制作及基本要素分析

1. 用一个正方形制作七巧板

(1)在一块纸板上作正方形 $ABCD$，并将其分成 4×4 网格(图 6-6 中的绿线).

(2)过格点作线段：BD、EF、AG、FH、JG.

(3)沿所作的线段(红线)剪开，即可定制出一副属于自己的七巧板.

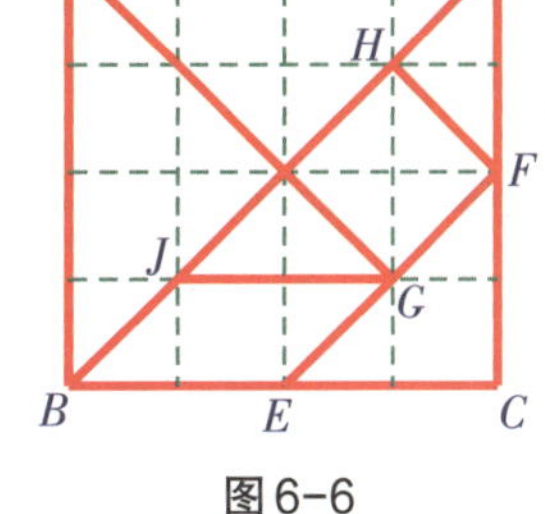

图 6-6

2. 用两个正方形制作七巧板

如图 6-7 所示，正方形 $ABCD$ 和正方形 $EFGH$ 是两个同样大小的正方形纸板. 点 J、M、L 分别为线段 EF、FG、EH 的中点，K 为正方形 $EFGH$ 的中心.

(1)作线段 BD、JL、JK、KH、KM、KG.

(2)将两个正方形沿所作的线段(红线)剪开，也可得一幅标准的七巧板.

从两种制作方法中你有什么思考？你能用图6-8中的等腰直角$\triangle ABC$制作一幅七巧板吗？

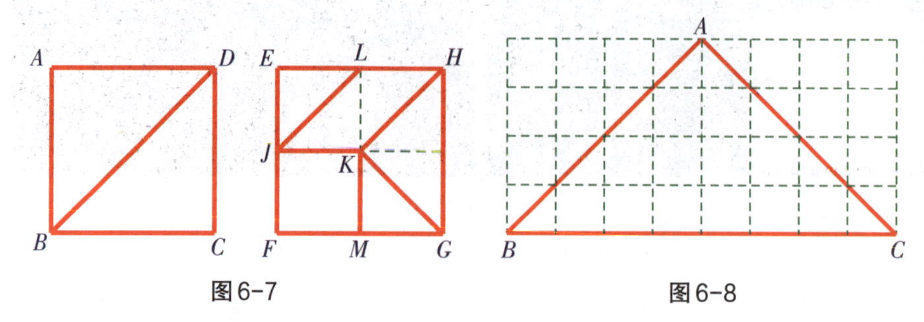

图6-7　　　　图6-8

3. 七巧板基本要素分析

形状：有三角形5个（小2块，中1块，大2块），正方形1个和平行四边形1个，共7块，7为素数，表明不能分为对称的两部分．若把最小的三角形称为基本三角形，则7块均可以分解为基本三角形，一副七巧板由16个基本三角形组成．

边：有4个长度，从小到大，若设最短边的长为1，则4条边分别为1、$\sqrt{2}$、2、$2\sqrt{2}$，按$\sqrt{2}$的等比递增，依次为一螺旋等腰直角三角形的斜边[图6-9(a)]．

角：有3个，从小到大分别为45°、90°、135°，形成1∶2∶3的关系．

面积：设正方形的面积为1，则为$\frac{1}{2}$的有2个（2个小三角形），为1的有3个（中三角形、正方形、平行四边形），为2的有2个（2个大三角形），整体为8，存在1∶2∶4∶8的关系[图6-9(b)]．

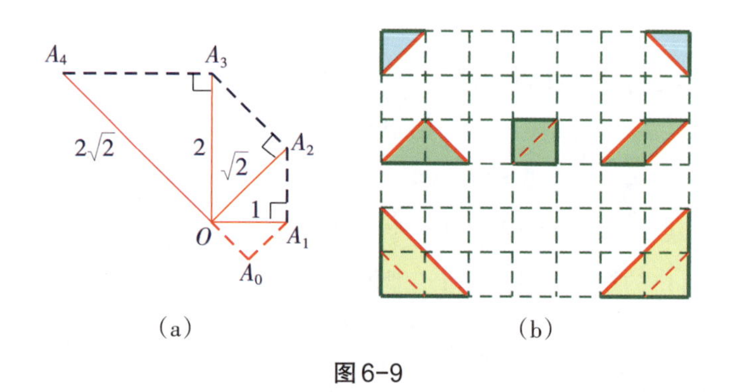

图6-9

把七巧板放在边长为1的方格纸上，则顶点都可以放在格点上，落在纵横线上的边都可以用整数表示，称为“有理边”，斜着的边长为无理数，称为“无理边”．由此可以发现，夹45°、135°角的两边，一个是有理边，一个是无理边．

在拼图游戏中，如果组件是通过有理边与有理边、无理边与无理边相连的，则该七巧图称为正规七巧图. 换句话说,正规七巧图没有有理边与无理边相连的情况. 图6-10所拼的三角形、矩形、平行四边形均为正规七巧图.

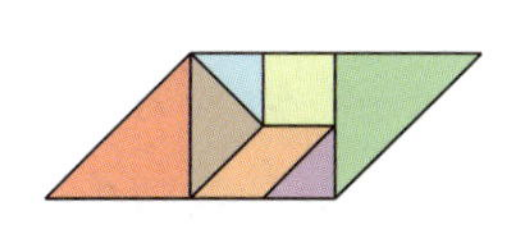

图6-10

这些奇妙的关系正是它的精巧所在,它蕴含着许多数与形的奥秘! 因此,可以提出不同层次的涉及面积、数式变形、等积变换、图论、分形及组合学、拓扑学等的数学问题.

四、七巧板拼图游戏规则

七巧板有各种玩法,可以一人玩,也可以多人玩. 玩法不同,其难度也有差异.

1. 七巧板基本拼图规则

(1)拼图时7个组件都必须使用到,而且只能使用这7个组件.

(2)7个组件之间要有连接,可以点与点、线与线或点与线连接. 但不能重叠,即无论拼成什么图形,总面积一定相等.

2. 七巧板基本玩法

(1)依图成形,即从已知的图形来拼出答案.

(2)见影成形,从已知的图形找出一种或一种以上的拼法.

(3)自创图形,可以自己创造新的玩法、拼法.

(4)数学研究,利用七巧板来求解或证明数学问题.

3. 图形变换

给出两个拼图A(如三角形)和拼图B(如矩形或平行四边形),通过移动部分组件将图形A变为图形B(可以移动一个组件,也可以整体移动几个组件,相对位置不变算一次移动),可以多人玩,移动步数最少者胜.

4. 增减正规七巧图边数游戏

图6-11从左到右是边数不断增加的正规七巧图,从右到左是边数逐步减少的正规七巧图. 游戏规则可以按逐步增加(或减少)进行,每次移动一块,要求边数增加(减少)一条,移动后要求仍为正规七巧图,无法继续者输.

图6-11

也可以从一个边数为10或11的正规七巧图开始，一人增加，另一人减少（后面一人不能移动前一个人移动的组块），无法继续者输.

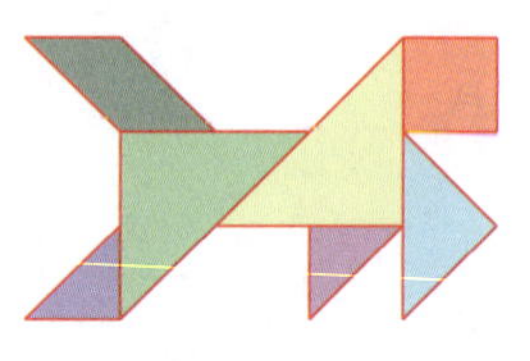

图6-12

因为正规七巧图的边数最多是18（图6-12），最少是3，因此步数有限.

国外也发明了它的许多新奇玩法. 七巧板的玩法可以不断创新，这正是七巧板的魅力所在！

五、由七巧板提出的数学问题

现行中小学教材及各类考试中，常有以七巧板为背景的问题. 七巧板蕴含的数学问题，涉及几何、代数、图形运动、等积变换及组合学、拓扑学、图论等，有人称之为七巧板数学.

1. 能拼多少个凸多边形

这个问题是20世纪30年代由日本数学家提出的，即用一副七巧板拼凸多边形，可以拼多少个？1942年，浙江大学的两位学者王福春和熊全治解决了这一问题. 他们的论文《关于七巧板的一个定理》发表在1942年《美国数学月刊》第49卷上，结论是用一副七巧板能拼出的凸多边形有13个（图6-13）. 两位学者破解这一问题时，关键的一步是首先意识到七巧板拼成的凸多边形必须是正规七巧图；其次是把七巧板看成是16个基本三角形；进而又得出这样的凸多边形边数不超过8，这就使最后的证明大大简化. 著名专栏作家马丁·加德纳称赞说："他们的证明方法是有独创性的！"

这13个凸多边形中，三角形1个，四边形6个，五边形2个，六边形4个；对称图形有8个，不对称图形有5个. 有人做过研究，这13个凸多边形，共有142种拼法.

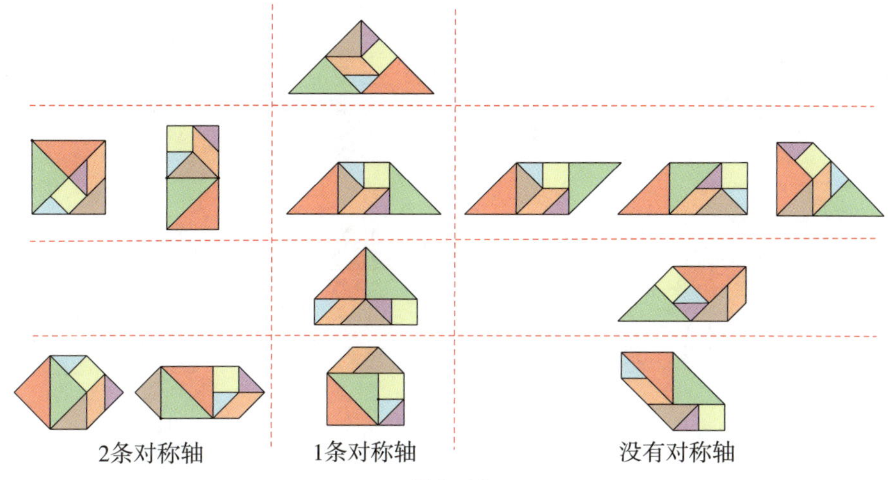

图6-13

2. 七巧板拼五边形

用一副七巧板可以拼多少个五边形？这个问题由哈里·林德格伦提出，马丁·加德纳在《科学美国人》杂志的“数学游戏”专栏中做过介绍．得出的结论是七巧五边形是53个，其中正规的22个，非正规（可以有理边与无理边相连）的31个，但无法给出形式化证明．我国学者吴鹤龄与深圳中学生莫海亮也拼出53个七巧五边形，平了这个世界纪录．

至于用七巧板拼六边形的问题，至今还没人彻底弄清．

3. 有空洞的七巧图

马丁·加德纳提出过下列问题：能不能拼出具有3个空洞的七巧图，这3个空洞可以是2个三角形加1个正方形，也可以是2个矩形加1个三角形；或者能不能拼出有2个面积各为1的空洞的七巧图？

马丁·加德纳自己给出了一组答案，如图6-14所示．

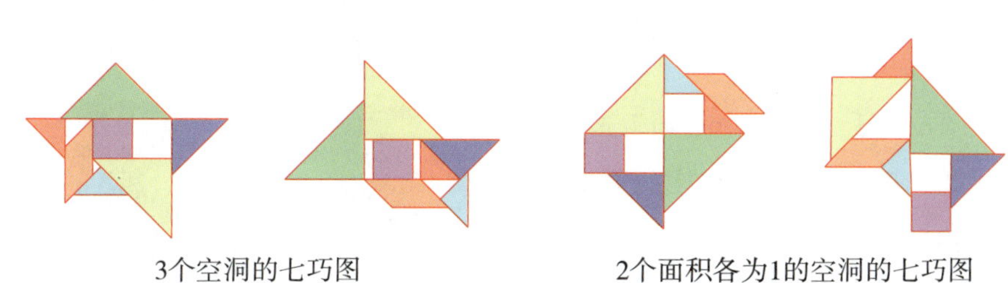

图6-14

图6-15所示是一些空洞面积为1的七巧图．

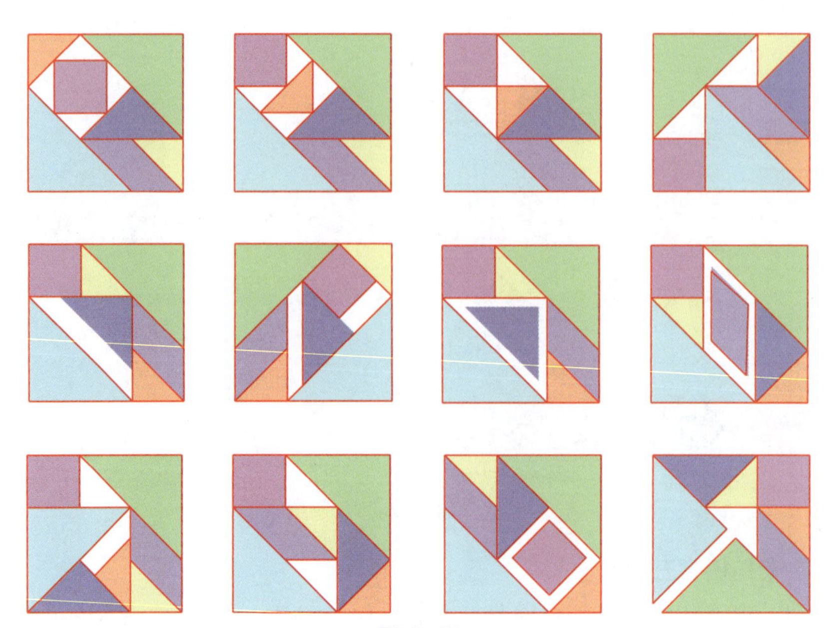
图 6-15

进一步的问题是:空洞外围最多有多少条边?空洞的最大面积是多少?图 6-16 可能是最优结果,外围有 14 条边,空洞的最大面积为 $2.5+6\sqrt{2}$.

图 6-16

4. 七巧板悖论

图 6-17 所示的图形都是同一块七巧板拼的,右边的图形比左边都多出了一块,为什么?

5. 七巧图扩展成凸多边形

这是荷兰学者提出的问题:如果用最少数量的基本三角形对正规七巧图进行拓展,使之成为凸多边形,最多能有多大面积?

图 6-18 所示是 8 个七巧五边形,若要将其扩展为凸多边形,则所需要的基本三角形的数量依次是 2、4、5、6、7、8、12、12,我们把七巧图扩展为凸多边形所需要的基本三角形的数量称为“凸性数”,这样 13 个凸多边形七巧图的凸性数就是 0. 图 6-18 所示的 8 个七巧图的凸性数分别为 2、4、5、6、7、8、12、12.

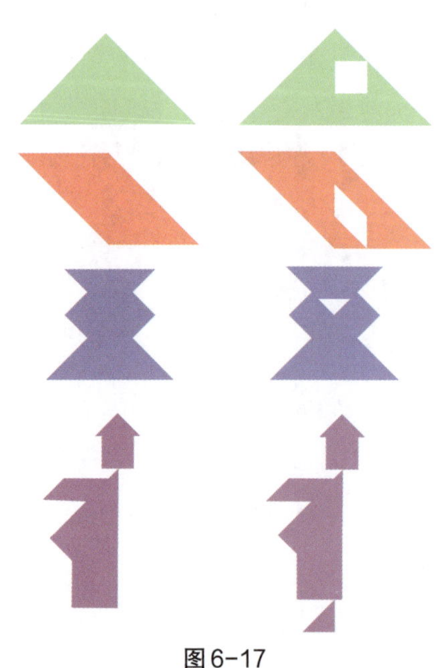
图 6-17

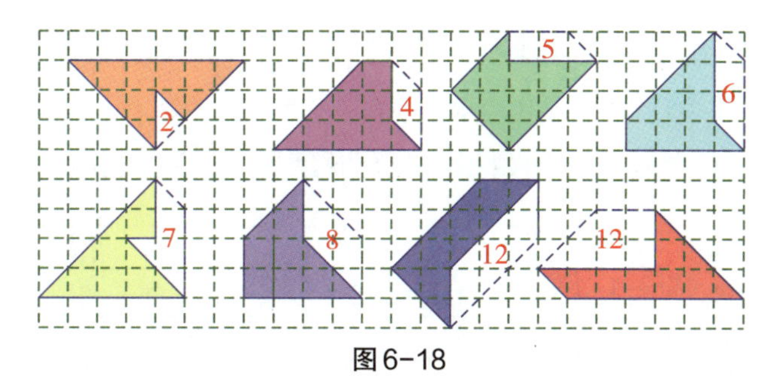

图6-18

荷兰学者详细研究了七巧图凸性数的分布情况,得出凸性数为1的七巧图共计133个,具体如表6-1所示.

表6-1　凸性数为1的七巧图

类型	图例
三角形缺一角的27个	…
正方形缺一角的17个	…
长条楔形的五边形8个	…
平行四边形缺一角的五边形23个	…
六边楔形28个	…
矩形缺两角的六边形12个	…
扩展为凸七边形的18个	…

而凸性数为2的七巧图,有549个. 即凸性数越大,七巧图越多. 而正规七巧图最多是18条基本边,故凸性数是有限的. 图6-19所示是暨南大学的王紫

薇老师通过计算机找到凸性数为41的3个七巧图(王紫薇,七巧板问题的搜索解法,《微电子学与计算机》2002年第3期).

后来,深圳的莫海亮同学又找到14个凸性数为41的七巧图.

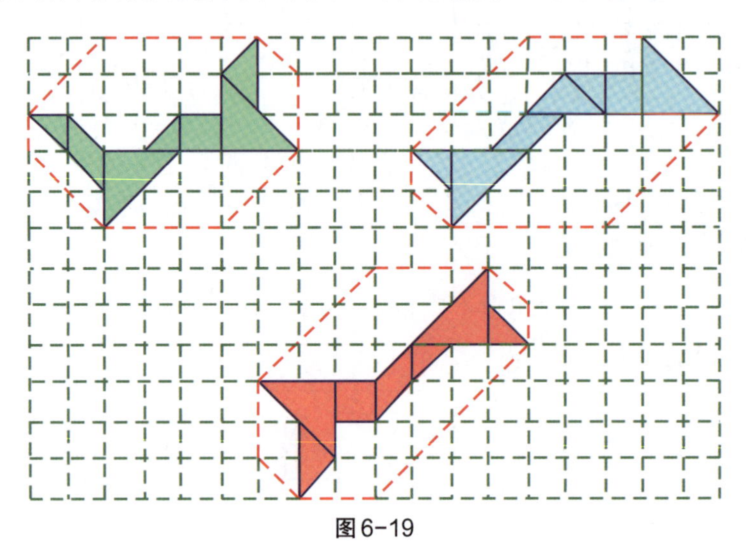

图6-19

六、七巧板的各种变式及应用

随着七巧板的盛行与风靡,衍生出许多拼图游戏,较有影响的有燕式七巧板、八卦七巧板、十五巧板、曲线七巧板、蛋形九巧板、心形九巧板等(图6-20).

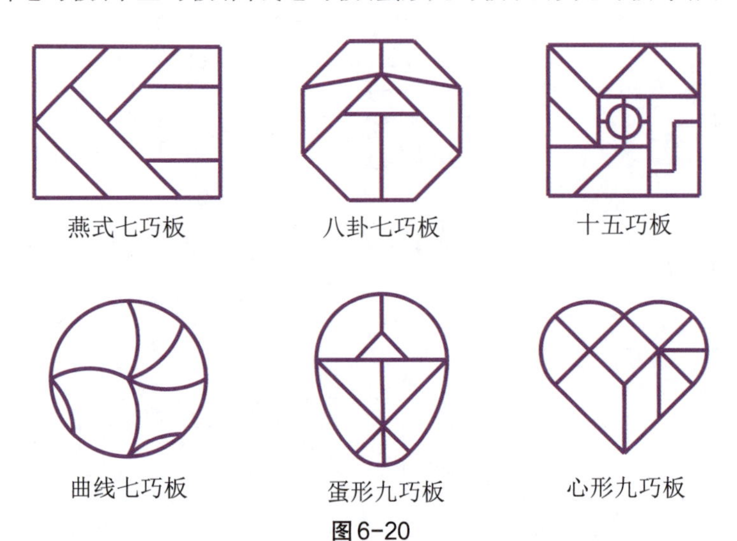

图6-20

其中十五巧板又叫作益智图. 它由晚清文人童叶庚首创."益智图"与"七

巧板”相比，更加精巧玄妙．童氏率其五子，用“益智图”拼出了数以千计的文字．后经童氏整理，由其幼子童大年逐笔勾画，出版了《益智图千字文》．该书详细描述了“益智图”这一拼图游戏及其引人入胜的精妙玩法．当时文人公认童氏的发明构思巧妙，启发心智．清恭亲王亲笔为该书作了题字．除此书外，童氏还著有《燕矶图》一书，专收用“益智图”所拼其他图案．

图6-21中的鸟是由蛋形九巧板拼出的．蛋形九巧板又叫作曲线九巧板和百鸟朝凤九巧板，在拼鸟类时有其独特优势，故在国外也叫“蛋生鸟”九巧板．

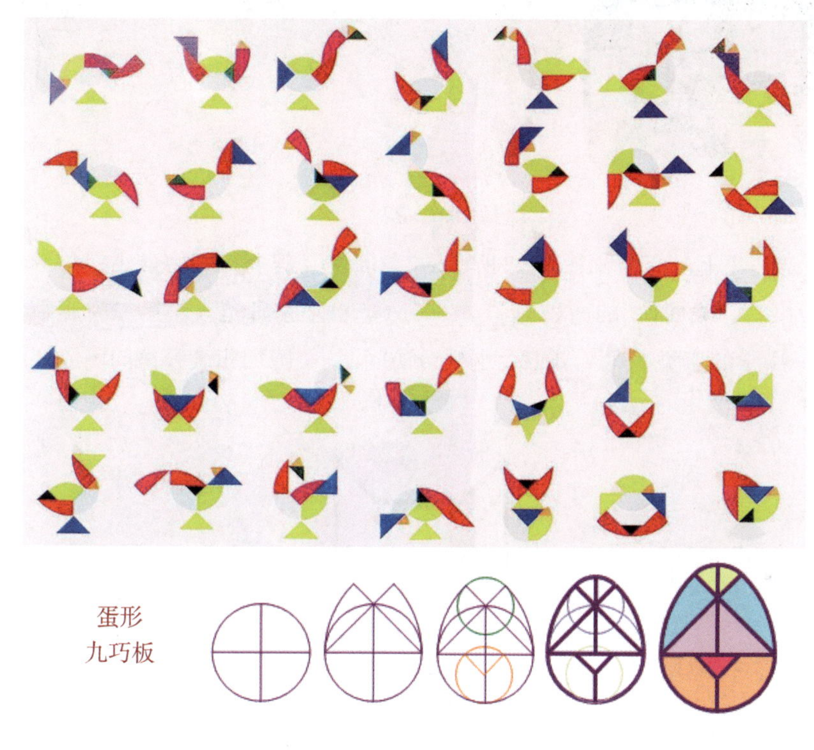

图6-21

综合与实践

(1)图6-22所示是利用七巧板所做的广告和会标设计，请你利用七巧板做一个有创意的设计．

澳大利亚美术家
靳祈岛的七巧平面设计

第35届国际数学奥林
匹克的会标（1994年）

七巧月饼

七巧板书架

图6-22

（2）请用七巧板拼出图6-23所示的“蒙面侠”，若七巧板中最小三角形的直角边为1，则“蒙面侠”的面积为________.（选自华东师范大学第二附属中学附属初级中学的李溢老师为新西兰电视台访问团、美国加州教育访问团所开的公共课）

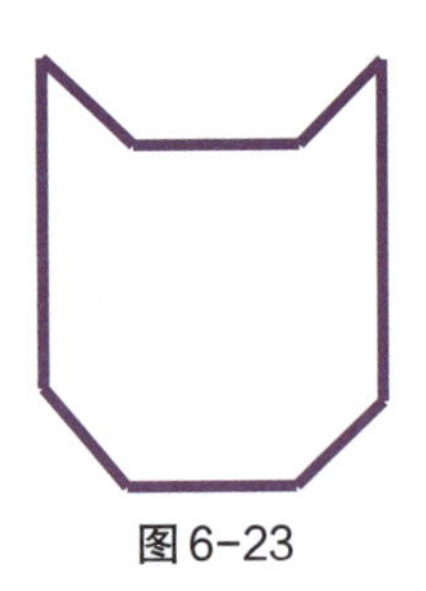

图6-23

（3）设计一个有别于图6-19，凸性数为41的七巧图.

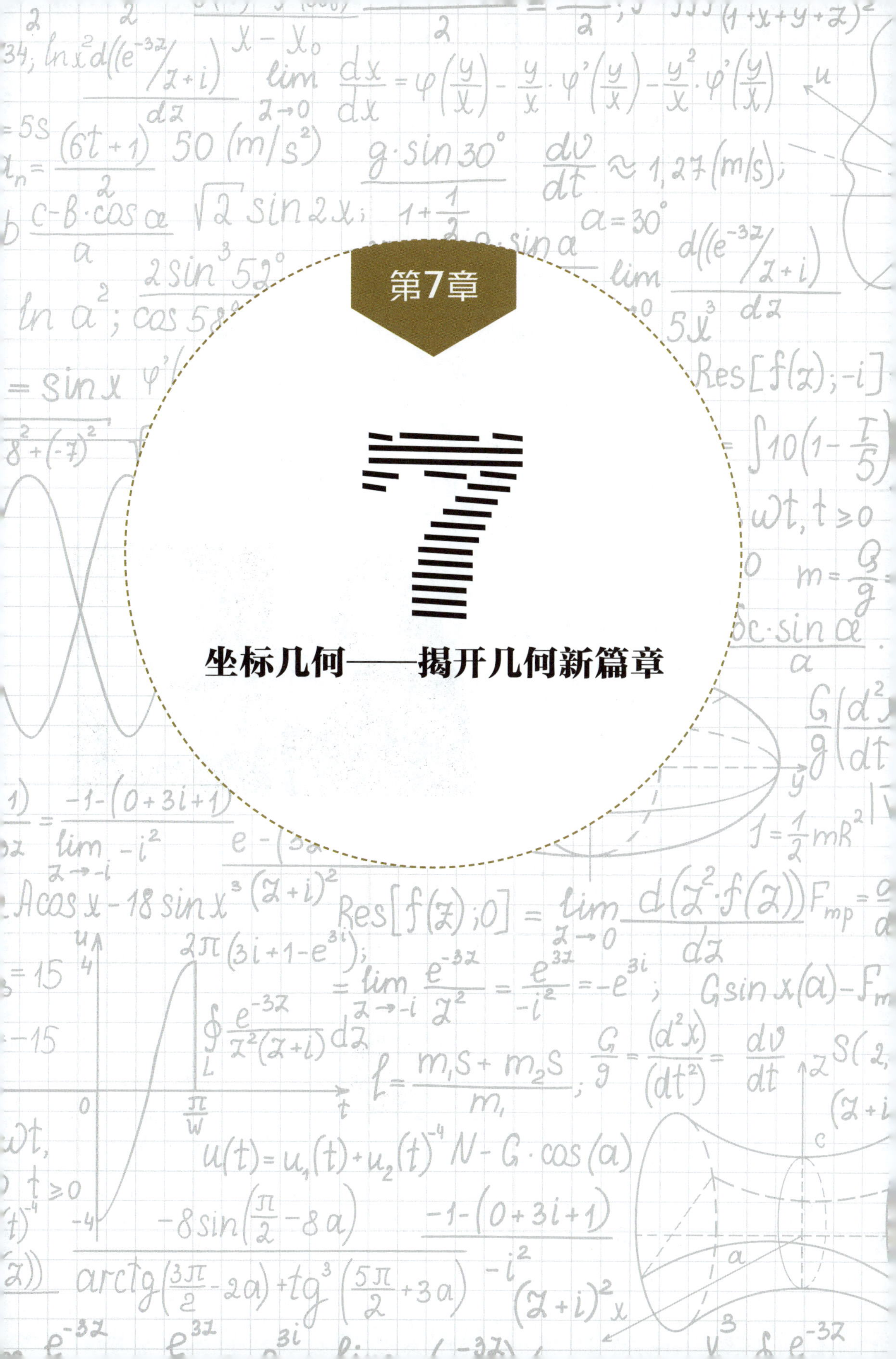

第7章

7

坐标几何——揭开几何新篇章

欧氏几何是度量几何，关心长度和角度，它的方法是综合的，没有代数的介入，为解析几何的发展留下了空间.

一、解析几何的诞生

解析几何的诞生是数学史上的一个伟大里程碑. 他的创始人是笛卡儿和费马(图7-1). 其中笛卡儿主要是作为一名哲学家而闻名的，在他那个时代，哲学、数学和科学这三者的界限没有现在这么明晰.

两个人几乎在同一时期各自发表自己的论文，不必惊讶，类似的事在非欧几何(波尔约和罗巴切夫斯基)、微积分(牛顿和莱布尼茨)也出现过. 用数学家斯狄瓦的话说，构成新思想的主要成分已“在空气中弥漫”.

笛卡儿

费马

图7-1

费马发表的是:《平面和立体轨迹引论》(1629).

笛卡儿发表的是:《更好地指导推理和寻求科学真理的方法论》(1637)，简称《方法论》，《几何学》是书中三个附录之一.《几何学》的问世，是解析几何诞生的主要标志(图7-2).

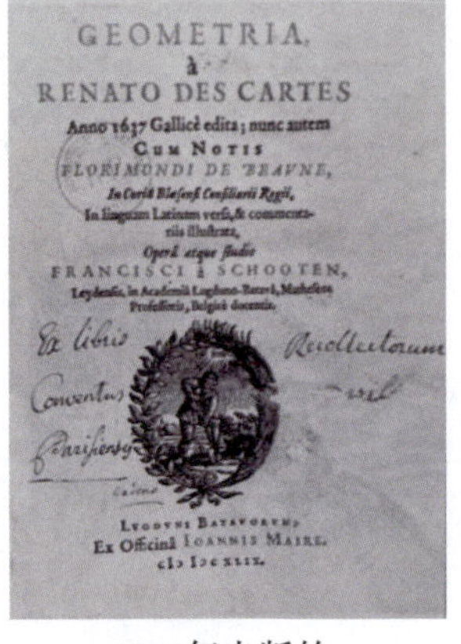

GEOMETRIA,
à
RENATO DES CARTES
Anno 1637 Gallicè edita; nunc autem
Cum Notis
FLORIMONDI DE BEAUNE,
FRANCISCI à SCHOOTEN,

1637年出版的《几何学》

GEOMETRIA,
à
RENATO DES CARTES
Anno 1637 Gallicè edita; postea autem
FLORIMONDI DE BEAUNE,
FRANCISCI à SCHOOTEN,
AMSTELODAMI,
Ex Typographia BLAVIANA,

1639年出版的《几何学》

图7-2

笛卡儿试图创造一个理想的解决各种问题的“万能方法”:第一，把任何问题转化为数学问题；第二，把数学问题转化为代数问题；第三，把代数问题转化为解方程.

笛卡儿的两个基本观念如下.

(1)坐标观念. 建立坐标系，使平面上的点与有序实数对(x,y)建立一一对应关系.

(2)将带有两个未知数的方程与平面上的曲线相对应.

坐标系、曲线与方程完成了解析几何的奠基工作.

1647年,由于笛卡儿在著作中宣传科学,触犯了神权,因而受到教会的迫害.他的著作一度被列为"禁书".1649年,他应邀去瑞典做女皇的教师,1650年在那里患肺病去世.他的墓碑上刻着:

笛卡儿,欧洲文艺复兴以来,第一个为人类争取保证理性权利的人.

笛卡儿坐标改革了数学.英国哲学家、经济学家穆勒说:"笛卡儿的坐标几何远远超过他哲学上的任何成就,是严密科学中一个最为重大的进展,它使笛卡儿的名字永垂史册."19世纪数学家歇尔·夏斯莱说:"笛卡儿的学说,完全不是萌芽自任何古代几何学家的著作……它是没有母亲的孩子."而朱迪思·格拉比纳则说:"它(指笛卡儿的《几何学》)可能并不具有革命性,却能'带来革命'."恩格斯评价说:"数学中的转折点是笛卡儿的变数,有了变数,运动进入了数学;有了变数,辩证法进入了数学;有了变数,微分和积分也就立刻成为必要了."

图7-3所示是为纪念笛卡儿发行的邮票和货币.

纪念笛卡儿的邮票

笛卡儿银币

笛卡儿纸币

图7-3

1. 解析几何的三大特点

(1)数形结合."数无形时少直观,形无数时难入微"(华罗庚语).形不离数,数不离形,通过两次转化,即图形问题转化为代数问题,再转回几何形式.

(2)动静结合.动中有静,静中有动.

(3)形象思维与抽象思维结合.借助图形直观寻找思路和检查结果,借助抽象推理严格判断和纠正错误.从具体抽象出所要结论.

2. 解析几何的伟大意义

(1)数学的研究方向发生了重大转折:以几何为主导的数学转变为以代数和分析为主导的数学.

(2)由常量数学转变为变量数学,为微积分的诞生奠定了基础.

(3)通过点与实数对的一一对应，实现了几何图形的数字化，使机械化证题成为可能.

(4)代数的几何化和几何的代数化，摆脱了人们认识空间的束缚，帮助人们从现实空间进入虚拟空间，从三维空间进入多维空间.

3. 解析几何解题模式

(1)把一个几何问题变换为相应的代数问题，然后求解这个代数问题，最后把代数解还原为几何解.

(2)把一个代数问题变换为相应的几何问题，然后求解这个几何问题，最后把几何解还原为代数解. 即几何—代数—几何；代数—几何—代数.

我国解析几何的第一本中译本是由清代李善兰和英国传教士、汉学家伟烈亚力等人合译的，但不是单行本，而是记载在《代微积拾级》(关于解析几何与微积分方面的译著)书中. 当时把“解析几何”译为“代数几何”，后来又有“代形合参”“经纬几何”“狄嘉尔形学”等译名.

二、坐标法的日臻完善

解析几何的诞生，经历了一个从一维、二维到n维日臻完善的过程(图7-4). 变量数学这棵幼苗，经众多名家高手浇灌，才长成一棵参天大树.

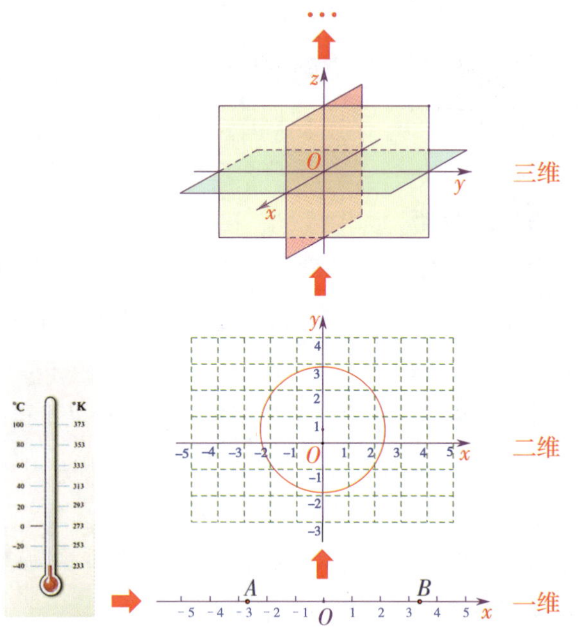

图7-4

1655年，英国数学家沃利斯引进了负坐标，使研究范围扩大到整个平面.

1692年，莱布尼茨首先创用“坐标”概念，两年后，他又使用了“纵坐标”概念.

“解析几何”的名称直到19世纪，才被法国数学家拉克鲁瓦引用.

直角坐标机器人就是根据坐标思想设计的(图7-5).

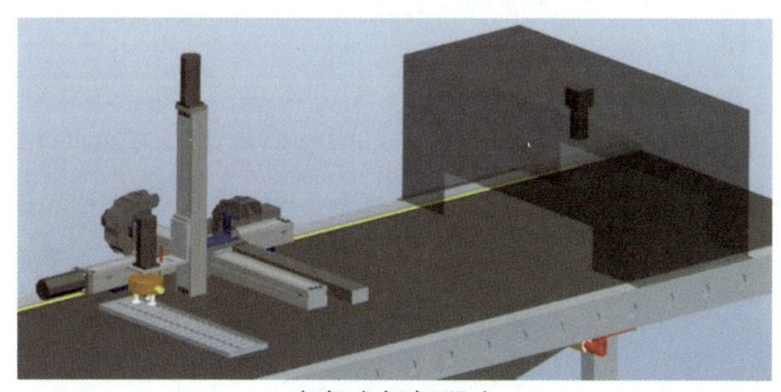

直角坐标机器人

图7-5

我国于1935年，在《数学名词》中正式审定用“解析几何”.

圆锥曲线是解析几何的重要内容之一. 1665年，英国的沃利斯第一次将圆锥曲线定义为含x和y的“二次曲线”，并推导出各种圆锥曲线的方程.

1748年，欧拉的《无穷分析引论》出版，其中第二卷属于解析几何内容. 这是现代意义下的第一本解析几何教程. 欧拉指出，任意带有两个变量的二次方程，经过适当的坐标变换，都能写成下面的标准形式之一.

(1) $\frac{x^2}{a^2}+\frac{y^2}{b^2}-1=0.$　椭圆

(2) $\frac{x^2}{a^2}+\frac{y^2}{b^2}+1=0.$　虚椭圆

(3) $\frac{x^2}{a^2}+\frac{y^2}{b^2}=0.$　点(一对相交于实点的虚直线)

(4) $\frac{x^2}{a^2}-\frac{y^2}{b^2}-1=0.$　双曲线

(5) $\frac{x^2}{a^2}-\frac{y^2}{b^2}=0.$　一对相交直线

(6) $y^2-2px=0.$　抛物线

(7) $x^2-a^2=0.$　一对平行的直线

(8) $x^2+a^2=0.$　一对虚的平行直线

(9) $x^2=0.$　一对重合的直线

1788年，法国数学家拉格朗日引入向量，他在《分析力学》中用向量表示力、速度、加速度等具有方向的量，从而使向量代数成为空间解析几何的重要内容，使解析几何又向前跨进一大步.

三、数形结合解析法

通过建立适当的坐标系寻求问题解的方法叫作解析法，也叫作坐标法. 解析法通过数形结合，形象直观，有其独特优势，下面就来看看解析法在解题中的精彩表现.

例 7.1 求证平行四边形对角线的平方和等于四边的平方和.

证明 如图7-6所示，以点A为坐标原点建立平面直角坐标系，则点A的坐标为$(0,0)$. 设$B(a,0)$，$C(a+b,c)$，$D(b,c)$，由两点间的距离公式即得

$$AC^2+BD^2=2AB^2+2BC^2=2(a^2+b^2+c^2)$$

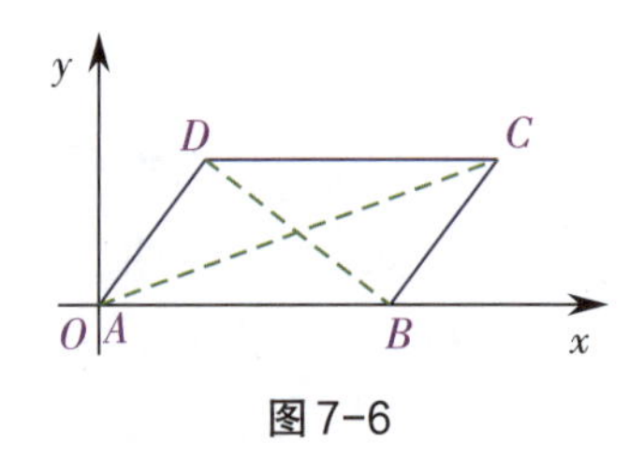

图7-6

例 7.2 如图7-7所示，某零件是一个有缺口的圆，圆的半径$r=\sqrt{50}$cm，$AB=6$cm，$BC=2$cm，$AB\perp BC$，求点B到圆心O的距离.

解 分别以BC、BA为x轴、y轴正半轴建立平面直角坐标系(图7-8)，则$A(0,6)$，$B(0,0)$，$C(2,0)$. 设圆心$O(x,y)$，且$x<0$，由$OA^2=OC^2=r^2$，得

$$x^2+(y-6)^2=(x-2)^2+y^2=50$$

解得$x=-5$，$y=1$，故$OB^2=x^2+y^2=26$，即点B到圆心O的距离为$\sqrt{26}$cm.

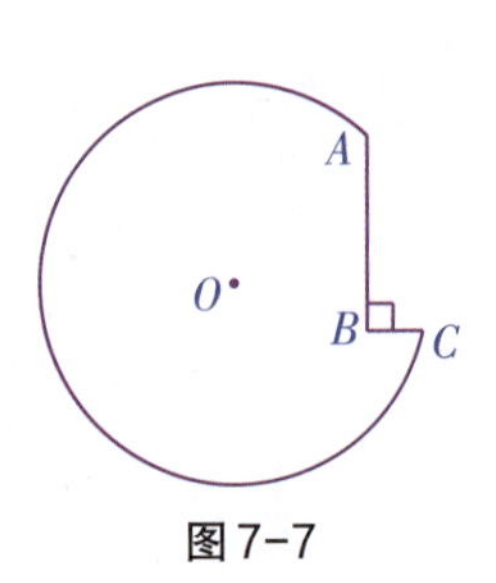

图7-7

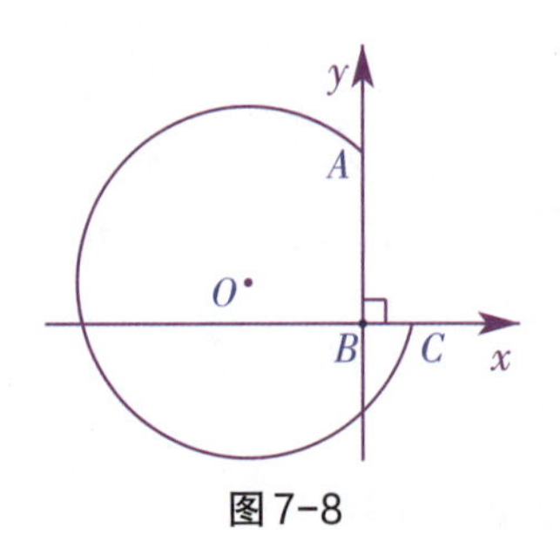

图7-8

例 7.3 当x取实数时，A是x、$3x-1$、$\frac{1}{x}$三者中的最小值，则A的最大值为______.

解 如图 7-9 所示，作 3 个函数的图像，A的取值构成图中的红线，在点P处达到最大值. 解方程组

$$\begin{cases} y = x \\ y = \dfrac{1}{x} \end{cases}$$

可得A的最大值为点P的纵坐标 1.

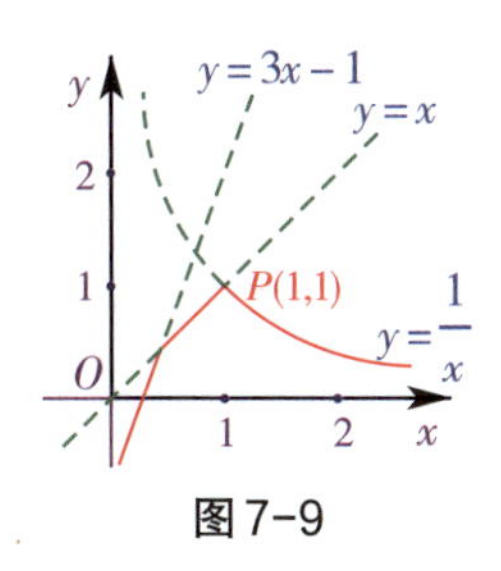

图 7-9

例 7.4 当a在什么范围内取值时，方程$|x^2-5x|=a$有且只有相异的两实数根？

这是一道竞赛题，如果通过去绝对值分类讨论，会比较麻烦. 但如果利用坐标系，通过函数图像求解，会变得形象、直观、简洁.

解 作函数$y=|x^2-5x|$和$y=a$的图像（图 7-10），当$a=0$时，$y=|x^2-5x|$与$y=0$有且只有 2 个不同的交点；当$0<a<\frac{25}{4}$时，$y=|x^2-5x|$与$y=a$有 4 个不同的交点；当$a=\frac{25}{4}$时，$y=|x^2-5x|$与$y=\frac{25}{4}$有 3 个不同的交点；当$a>\frac{25}{4}$时，$y=|x^2-5x|$与$y=a$有且只有 2 个不同的交点. 综上所述，$a=0$或$a>\frac{25}{4}$.

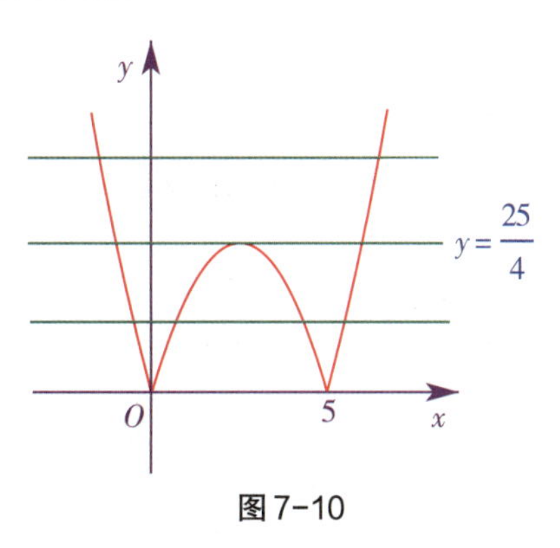

图 7-10

例 7.5 比较$\frac{10^{2022}+1}{10^{2023}+1}$与$\frac{10^{2023}+1}{10^{2024}+1}$的大小.

解 设$A(-1,-1)$，$B(10^{2023},10^{2022})$，$C(10^{2024},10^{2023})$，则

$$K_{AB}=\frac{10^{2022}+1}{10^{2023}+1},\quad K_{AC}=\frac{10^{2023}+1}{10^{2024}+1}$$

因为点 B、C 都在直线 $y=\frac{1}{10}x$ 上，点 B 位于点 C 的左侧，点 A 在直线 $y=\frac{1}{10}x$ 的下方，如图 7-11 所示.

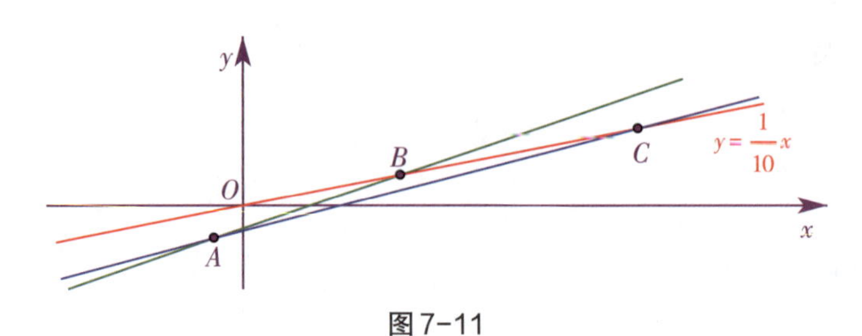

图 7-11

故 $K_{AB}>K_{AC}$，即

$$\frac{10^{2022}+1}{10^{2023}+1}>\frac{10^{2023}+1}{10^{2024}+1}$$

综合与实践

(1)将 1,2,3,4,…按图 7-12 所示的方式排列，则每个正整数对应一个坐标. 如 1 对应的坐标为 $(0,0)$，5 对应的坐标为 $(-1,1)$，则 2024 对应的坐标为____________.

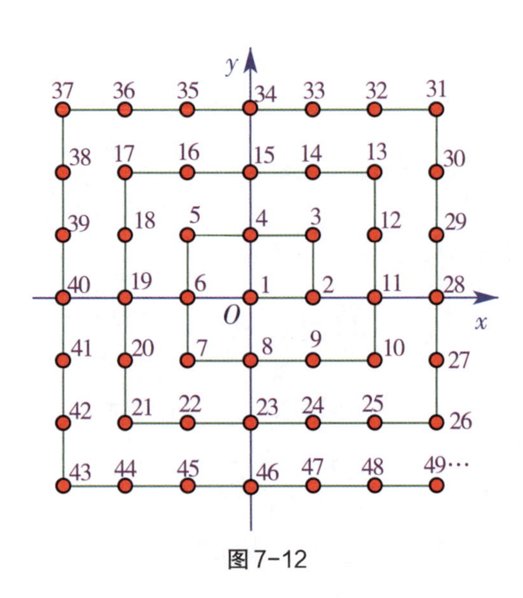

图 7-12

(2)如果实数 x、y 满足 $(x-2)^2+y^2=3$，用解析法求 $\frac{y}{x}$ 的最大值.

(3)如图7-13所示,象棋盘上有一个马,大家知道"马走日字". 问:它走5步,能回到原来的位置吗?若能,请给出一种走法;若不能,请说明理由.

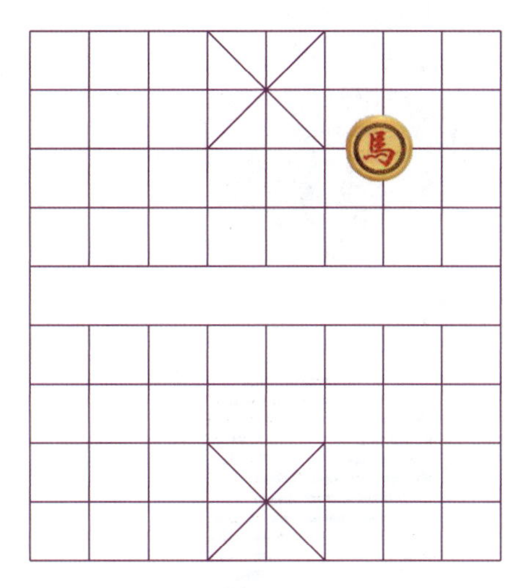

图7-13

第8章

8

勾股定理——悠悠四千年的故事

埃及被称为几何的故乡，数学的发祥地.

埃及金字塔(图8-1)，这个建于公元前3000年至公元前1000年的古建筑留下了许多数学之谜：如胡夫金字塔底周长与高之比恰为2π；塔高的10亿倍恰好等于地球到太阳的距离；穿过塔的子午线恰好把地球上的陆地和海洋分为均匀的两半；塔的重心正好位于各大陆的引力中心线上等.

图8-1

古埃及人靠什么方法和工具达到如此的精确度呢？科学研究表明，他们应该具有丰富的天文学和数学知识，比如，勾股定理."然而我们在现存的草纸书中，竟找不到任何证据说明古埃及人已经了解勾股定理哪怕是其特例."(李文林著《数学史概论》，高等教育出版社)但有一块古巴比伦"泥版"似乎能让我们产生一些联想.

一、神秘的泥版

19世纪，两河流域的圣克契(Senkerch)出土了一块泥版，后经鉴定为巴比伦后期文书，确认年代为公元前1900—前1600年(古巴比伦王朝时期). 也就是说，距今已有近4000年的历史. 泥版不大，长为12.7cm、宽为8.8cm. 1923年，由一位叫普林顿的人收藏，编号为322，因此被称为"普林顿322号"(图8-2)，现存于纽约哥伦比亚大学精品图书馆. 这块泥版上，用古巴比伦语刻有4列15行六十进制的数字，因此一段时间内，它被认为是一张商业账目表. 直到1945年，时任美国《数学评论》编辑的诺伊格鲍尔等撰文，指出泥版所记录的是一些具有特殊意义的数，如表8-1所示.

普林顿322号

图8-2

表8-1 普林顿泥版(用十进制表示)

序号	a	b	c
1	120	119	169
2	3456	3367	4825

续表

序号	a	b	c
3	4800	4601	6649
4	13500	12709	18541
5	72	65	97
6	360	319	481
7	2700	2291	3541
8	960	799	1249
9	600	481	769
10	6480	4961	8161
11	60	45	75
12	2400	1679	2929
13	240	161	289
14	2700	1771	3229
15	90	56	106

这15组数,存在关系:$a^2+b^2=c^2$.

若以这些数为边长,可以构成以c为斜边的直角三角形!

诺伊格鲍尔还发现,用我们现在的符号表示,如以a、b、c为边的三角形为$\triangle ABC$,则有$\sec^2 B=\left(\frac{c}{a}\right)^2$,普林顿322号的第4列给出的是从31°到45°的正割函数平方表(以约1°的间隔).

由于泥版的左边是断裂的,它可能只是一个更大泥版的一部分,由此推断,近4000年前的古巴比伦人已经知道更多的有关三角形方面的知识. 而这些知识,大约过了1000年以后,以毕达哥拉斯为代表的古希腊人才发现.

这样一件珍贵的文物,以一个收藏家的名字被保存下来,其历史已无法考证. 诺伊格鲍尔天才的发现,提升了古巴比伦人的数学地位和成就,也给人们留下了更多的遐想.

二、勾股定理——神赐予的光明

勾股定理(西方人叫毕达哥拉斯定理)是初等几何中最精彩、最著名、最有用的定理．它的重要意义表现在哪些方面呢？

(1)它的证明是论证几何的发端．

(2)它是历史上第一个把数与形联系起来的定理，即它是第一个把几何与代数联系起来的定理．

(3)它导致了无理数的发现，引起了第一次数学危机，大大加深了人们对数的理解．

(4)它是历史上第一个给出了完全解答的不定方程，它引出了费马大定理．

(5)它是欧氏几何的基础定理，并有巨大的实用价值．

这个定理不仅在几何学中是一颗光彩夺目的明珠，被誉为"几何学的基石"，而且在高等数学和其他科学领域中也有着广泛的应用．1971年5月15日，尼加拉瓜发行了一套题为"改变世界面貌的十个数学公式"的邮票(图8-3)，这十个数学公式由著名的数学家选出，勾股定理是其中之首．

2000多年前，毕达哥拉斯学派也发现了这个定理，为了庆贺，他们杀了100头牲口，祭奠众艺之神缪斯(希腊神话中掌管文艺、科学之神)，认为此重要关系的发现完全是神的旨意．诗人莎弥苏作诗记其事，其中前九行是：

真理照亮了世界，
它的存在是永恒的．
从遥远的往日直到今天，
冠着毕达哥拉斯名字的定理
真善与美丝毫未见逊色．
在赐予光明的神前
他呈献了祭品：
整整一百头牺牲
为表达对神的谢忱．

图8-3

三、五花八门的证明

几千年来，人们给出了数百种勾股定理的各种不同的证明，仅1940年，由鲁米斯搜集整理的《毕达哥拉斯定理》一书就给出了370种不同的证明．下面是它的几种典型证法．

1. 新娘椅子型

欧几里得证法 欧几里得的“证明图”周游世界，异文同图，为各国所采用．如图8-4所示，其构图像一把椅子，“新娘的座椅”也因此得名．

基本思路为

$$S_1=S_3, S_2=S_4 \Rightarrow a^2+b^2=c^2$$

风车证法 英国人杜德尼于1917年发表，如图8-5所示，过股上正方形中心水平（平行于斜边）、垂直（垂直于斜边）剪两刀，将弦上正方形按“风车”分割，四角由股上分割的4块填满，中间的小正方形等于勾上正方形．

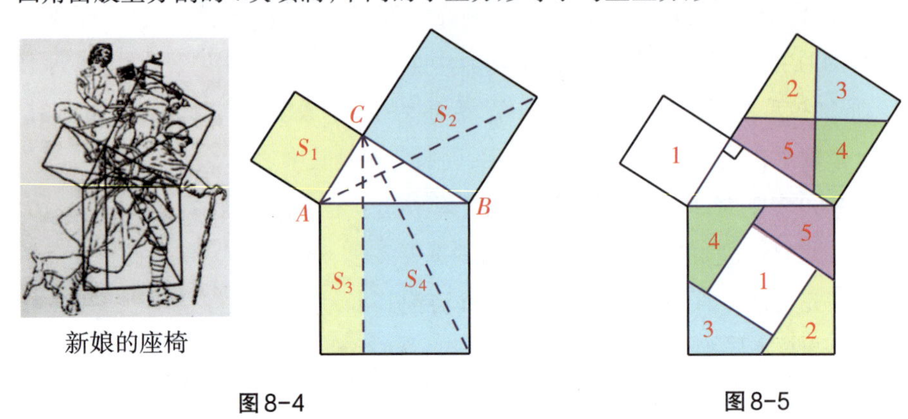

新娘的座椅

图8-4

图8-5

2. 出入相补型

赵爽证法 公元3世纪的中国数学家赵爽（字君卿）在对《周髀算经》作注时给出一张“弦图”（图8-6），并附一段文字说明，赵爽称直角三角形的面积为“朱实”，中间小正方形的面积为“黄实”．设直角三角形的勾、股、弦分别为a、b、c，由“弦图”可得

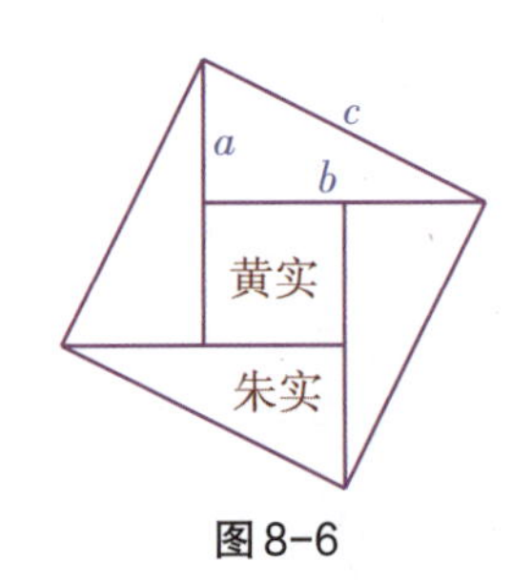

图8-6

$$4\times\frac{1}{2}ab+(b-a)^2=c^2$$

化简后即得

$$a^2+b^2=c^2$$

赵爽被称为我国证明勾股定理第一人．英国科学史家李约瑟评价说：“令人惊异的一点，《周髀算经》的第一注释者赵爽一开始便进行了毕达哥拉斯定理的研究，这种证法与欧几里得的证法完全不同，具有与希腊几何学思想方法完全不同的色彩．”

赵爽的“弦图”已失传，现在能看到的采自上海图书馆宋刻的《周髀算经》(图8–7).

“弦图”作为我国古代数学成就的代表得到国际公认，并被作为2002年8月在北京召开的国际数学家大会会徽(图8–8).

图8–7

图8–8

1960年，我国应用数学与计算数学研究先驱、清华大学教授赵访熊发现，中学几何教材中，勾股定理的欧几里得证法，学生不易接受，建议改用赵爽证法. 1978年的新编教材采纳了他的意见，现行的人教版教材采用的就是赵爽证法. 这也体现了勾股定理的中国特色.

我国比赵爽更早了解勾股定理的应该是商高和陈子. 据《周髀算经》记载，商高(约公元前1120年)答周公曰：“勾广三，股修四，径隅五.”这句话的意思就是：在直角三角形中，若勾长为3，股长为4，则弦长为5. 这就是人们常说的“勾三、股四、弦五”，这当然是勾股定理的特殊情形. 因此，有人把这个定理叫作“商高定理”. 但这本书中同时还记载有另一位中国学者陈子(公元前7—前6世纪)与荣方在讨论测量问题时说的一段话：“若求邪(斜)至日者，以日下为勾，日高为股，勾股各自乘，并而开方除之，得邪至日.”(图8–9)即

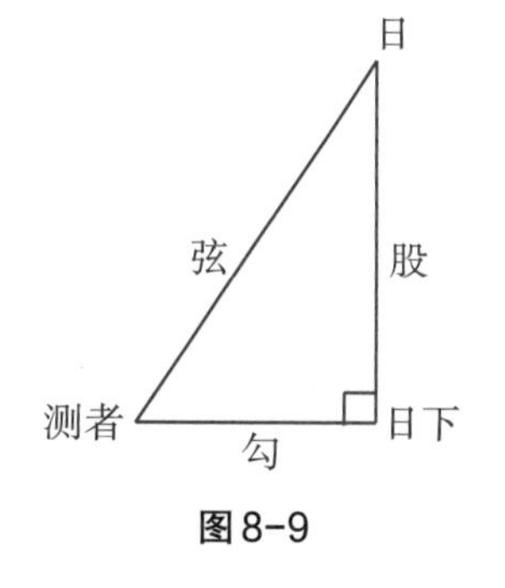

图8–9

$$邪至日=\sqrt{勾^2+股^2}$$

这里给出的是任意直角三角形三边间的关系. 因此，也有人主张把勾股定理称为“陈子定理”.

钱宝琮：将毕达哥拉斯定理改称“勾股定理”在我国是中华人民共和国成立后的事. 20世纪50年代初曾展开关于这个定理命名问题的讨论. 当时确定的

标准是：定理的发现者为谁，应该满足两个条件：一是应该把这个数理关系推衍到普遍化；二是必须“证明”了这一普遍定理．大概由于当时对商高和陈子是否具备上述两个条件难以做出确切判断，故数学史家钱宝琮等主张称其为“勾股定理”．

用“出入相补法”证勾股定理，在印度、阿拉伯、英国与丹麦等国都出现过，但以中国最为突出，据说不下200种．刘徽、梅文鼎、李锐、李善兰、华蘅芳等大家都提出过勾股定理的“出入相补”证明．

铺地锦法　由傅种孙提出．傅种孙是著名数学家、数学教育家，曾任北京师范大学校长．他创造的“地锦图”（图8-10），将弦方移至任意位置，弦方中的若干小块都可以凑成勾方和股方，其妙无穷！

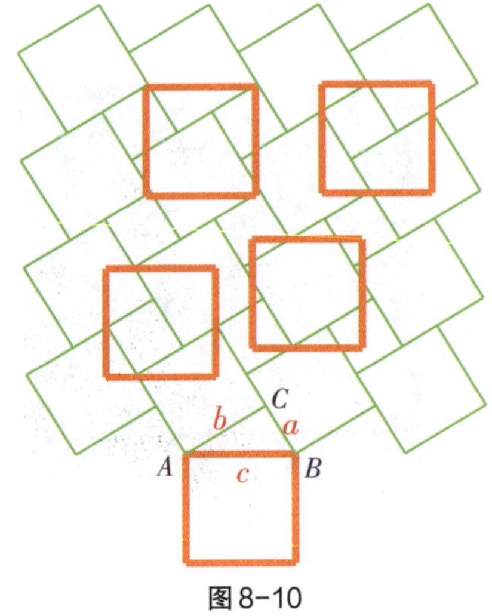

图8-10

3. 代数计算型

加菲尔德证法　加菲尔德是美国第20任总统，他于1876年4月在波士顿周刊《新英格兰教育杂志》上发表了勾股定理的一个别开生面的证法．1881年他当选为总统，于是他的证明也就成为人们津津乐道的一段轶事了．

如图8-11所示，在直角$\triangle ABC$的斜边上作等腰直角$\triangle BCE$，过E作$ED\perp AC$交于D，则有$\triangle ABC\cong\triangle DCE$．

设梯形$ABED$的面积为S，则$S=\frac{1}{2}(a+b)^2=\frac{1}{2}(a^2+2ab+b^2)$，又$S=S_1+S_2+S_3=\frac{1}{2}c^2+\frac{1}{2}ab+\frac{1}{2}ab=\frac{1}{2}(c^2+2ab)$．两式比较即得$a^2+b^2=c^2$．

下面的证法利用了相似三角形理论，据说是勾股定理最简洁的证明．

如图8-12所示，作直角$\triangle ABC$斜边AB上的高CD，则$\triangle ABC\backsim\triangle ACD\backsim\triangle CBD$，有$a^2=qc$，$b^2=pc$，所以$a^2+b^2=qc+pc=(q+p)c=c^2$．

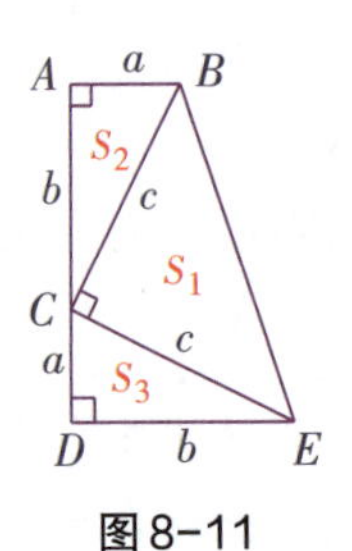

图8-11

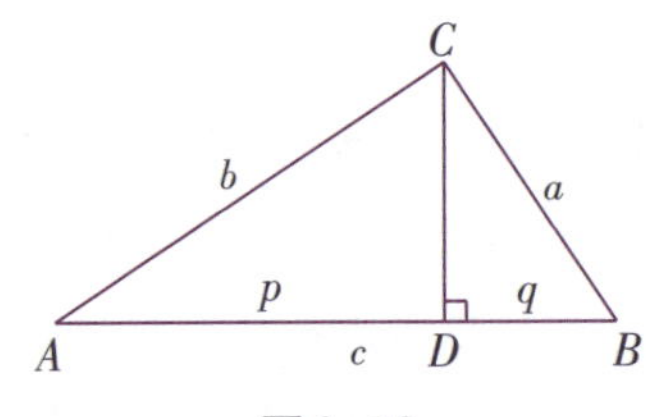

图8-12

四、《九章算术·勾股》在丝绸之路沿途留下的印迹

《九章算术》（成书于公元前1世纪）德文本译者K. 福格十分赞赏《九章算术》丰富多彩的算题，他说："《九章算术》所含246道算题，就其丰富内容来说，其他任何传世的古代数学教科书，埃及也好，巴比伦也好，都是无与伦比的."

《九章算术·勾股》中脍炙人口的"莲花问题""折竹问题"堪称经典，其始发点在我国. 在丝绸之路干道及支线上，印度、阿拉伯、波斯、东欧、日本等国的数学读物中都可以找到它们的足迹（图8-13）.

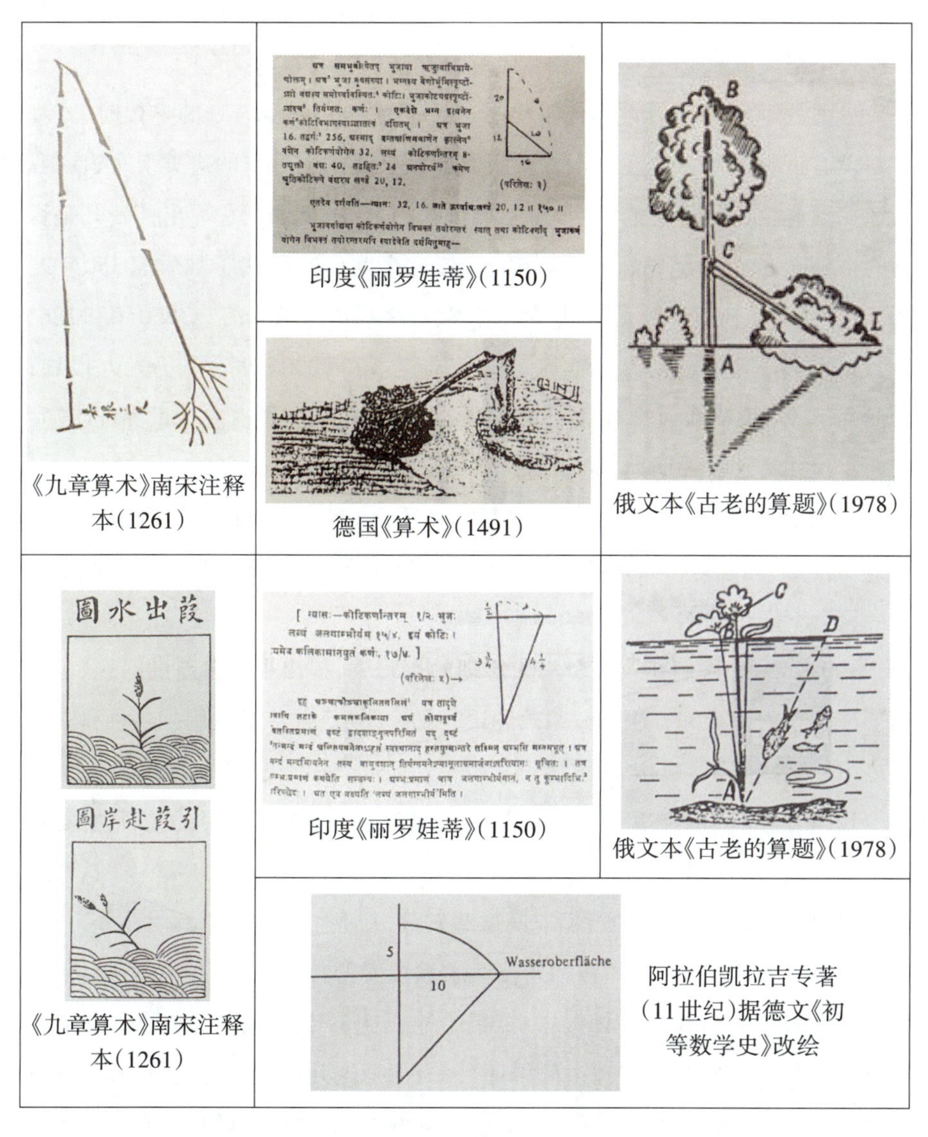

图8-13 "莲花问题""折竹问题"在各国读物中的插图

五、会下“金蛋”的鹅

由勾股定理引申提出的最著名的定理当属“费马大定理”.

从勾股方程

$$x^2 + y^2 = z^2$$

的正整数解,自然联想到下面这些方程

$$x^3 + y^3 = z^3$$
$$x^4 + y^4 = z^4$$
$$\cdots$$
$$x^n + y^n = z^n \text{(}n\text{为大于2的整数)} \quad (※)$$

有没有正整数解?

法国数学家费马曾宣称他解决了这个问题,当n为大于2的整数时,方程(※)没有正整数解. 他在一本古希腊数学家丢番图的著作的边页上写道:“我已经找到这个令人惊讶的证明,但是书页的边太窄,无法把它写出.”费马是否真的证明了这个问题,我们无从知晓. 但这个问题却困扰了数学家350年之久,许多数学家穷其一生研究费马大定理,最终均以失败告终. 1850年和1861年,法国科学院曾先后两度悬赏一枚金质奖章和3000法郎,但仍无人报领;1908年,一位德国商人将10万马克捐赠格丁根科学院,再次向全世界征求“费马大定理”的证明,限期为100年.

希尔伯特被公认为攻克数学难题的高手,他在一次讲演中提到费马大定理,当时有人问他为什么自己不试试解决这个难题. 他风趣地回答:“干吗要杀死一只会下金蛋的鹅?”

300多年来,人们在攻克费马大定理的过程中,提出了许多新的问题,也产生了许多新的理论和方法,如“编码理论”“加密学”已被广泛应用到各种科学技术之中. 这些问题和方法对数学的发展和推动远非一个定理所能比拟的.

我国著名数学家齐民友说:“费马大定理犹如一颗光彩夺目的宝石,它藏在深山绝谷的草丛之中……在征服它的路上,人们找到了丰富的矿藏……这颗宝石可以成为价值连城的珍宝,但连同这些矿藏,却成了人类文明的一部分.”

1993年6月23日,美国普林斯顿大学教授安德鲁·怀尔斯在他的家乡剑桥大学的牛顿研究所作了一场报告,汇报了他长达8年潜心研究的成果,最后他在黑板上写道:“费马大定理由此得证”. 当他把这几个大字写完时,会场先是寂静无声,突然又爆发出一阵经久不息的掌声. 照相机、摄像机记录了这个历史性的时刻. 许多人以短信、电子邮件向全世界通告了这个消息.

第二天,世界各大报纸纷纷以大量篇幅给予了报道. 一夜之间,怀尔斯成为世界最著名的数学家.《人物》杂志将怀尔斯与戴安娜王妃一起列为“本年度25位最具魅力者”. 1995年5月,《数学年刊》以整整一期的篇幅刊登了他的研究成果. 这是20世纪最伟大的数学成就之一. 1998年,怀尔斯获得菲尔兹特别贡献奖(菲尔兹奖只授予40岁以下的数学家,当年他已经45岁),这在菲尔兹奖历史上尚属首次.

2005年8月28日,怀尔斯第一次踏上中国的土地,8月29日到北京大学,8月30日下午在北京大学英杰交流中心阳光大厅演讲. 讲台上,怀尔斯从容自在,以流利的英语回顾了费马大定理的历史和300多年来数学家攻克费马大定理的灿烂历程. 同时也交流了他的研究心得,与中国同行分享了他的成功与喜悦(图8-14).

图8-14

六、勾股定理万花筒

1. 勾股定理与无理数的发现

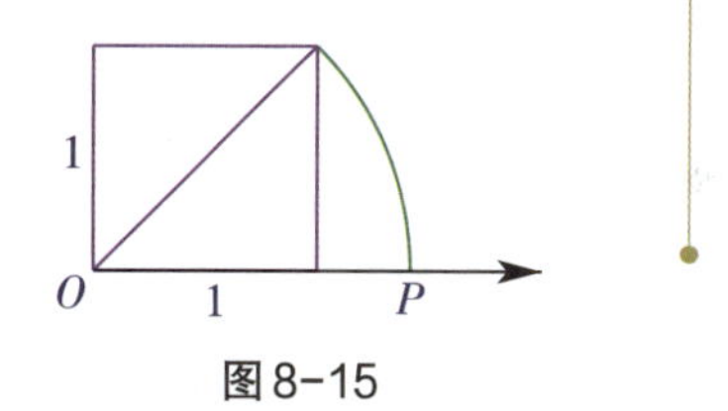

图8-15

由于毕达哥拉斯定理,毕达哥拉斯学派很快发现,没有任何有理数与数轴上的这样的点P对应(图8-15),即不能用整数或两整数之比(分数)来表示,由勾股定理发现的这个“怪物”引起了毕达哥拉斯学派的恐慌,也引发了第一次数学危机.

是勾股定理点燃了无理数的火种,最终导致无理数的发现,使人类终究能享受到这甘美的“人类智慧之果”.

中国、古埃及、古巴比伦、古印度等文明古国没有经历这样的危机,因而一直停留在实验科学,即算术的阶段. 古希腊则走上一条完全不同的道路,形成了欧几里得公理化演绎体系,成为现代科学的范本.

通过勾股定理,导致不可通约量的发现,是毕达哥拉斯学派的重大贡献(《中国大百科全书·数学》第20页).

2. 一花引来万花开

将直角三角形各边上的正方形替换成相似图形,均有$S_c = S_a + S_b$. 如

图8-16所示,在欧几里得的《几何原本》中,已有这些结论.

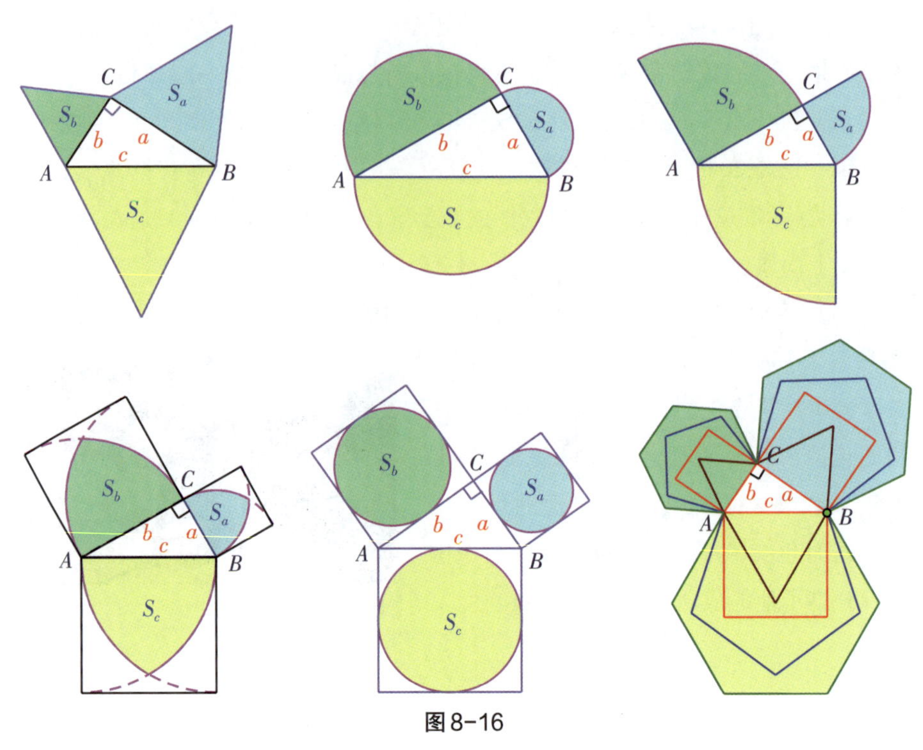

图8-16

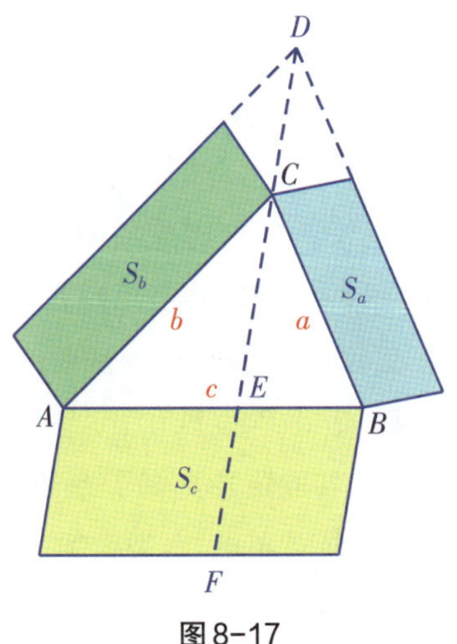

图8-17

帕普斯在他的《数学汇编》第四卷,将勾股定理推广到任意三角形,且边上图形不一定要求是相似形. 如图8-17所示,以a、b、c三边向形外作平行四边形,a、b对边所在直线交于点D,直线DC交AB于E,若$EF = DC$,则$S_c = S_a + S_b$.

勾股定理还可以向n维空间推广.

3. 勾股数

人类对勾股定理的探究包括几何和数论两个方面. 从方程的角度,即是求不定方程

$$x^2 + y^2 = z^2$$

的所有正整数解. 这些解也称为勾股数.

显然,若(a,b,c)是一组勾股数,则(ka,kb,kc)也是勾股数,因此勾股数有无穷多个.

在《九章算术》勾股章的24题中出现了8组勾股数:

3,4,5; 5,12,13; 7,24,25; 8,15,17;

20,21,29; 20,99,101; 48,55,73; 60,91,109.

下面是几个求勾股数的公式.

(1)毕达哥拉斯公式:

$$\left(\frac{m^2+1}{2}\right)^2=\left(\frac{m^2-1}{2}\right)+m^2$$

当m为大于1的奇数时,$m,\frac{m^2-1}{2},\frac{m^2+1}{2}$是一组勾股数.

(2)柏拉图公式:

$$(m^2+1)^2=(m^2-1)^2+(2m)^2$$

这个公式也不能给出所有勾股数组,因为m^2+1与m^2-1相差2,像7,24,25这样的勾股数组就不能给出.

(3)欧几里得公式:

$$(m^2+n^2)^2=(m^2-n^2)^2+(2mn)^2$$

其中m、n都是正整数,$m>n$,$(m,n)=1$.

(4)刘徽公式:

$$(mn)^2+\left(\frac{m^2-n^2}{2}\right)^2=\left(\frac{m^2+n^2}{2}\right)^2$$

其中m、n为同奇或同偶的正整数,且$m>n$.

有趣的是,1989年,美国教师塔塞尔发现一组"回文勾股数":88209,90288,126225. 即有

$$88209^2+90288^2=126225^2$$

注意,88209与90288互为逆序数. 他的这一结论发表在美国《数学教师》1989年1月刊上. 之后他的学生佩瑞兹又找到:

$$125928^2+829521^2=839025^2$$
$$5513508^2+8053155^2=9759717^2$$

那么,回文勾股数是否有无穷个?

回答是肯定的. 当$k=100001,1000001,10000001,\cdots$(依次加一个0)时,有

$$(88209k)^2+(90288k)^2=(126225k)^2$$

在此基础上,进一步可得出

$$[1980(10^{n+2}-1)]^2+[209(10^{n+1}-1)]^2=[1991(10^{n+2}-1)]^2$$

其中n为正整数. 需要说明的是,上述回文勾股数包含退化的回文数(末尾数为0的回文数称为退化的回文数),如196020与20691,因为196020数字顺序颠倒后为020691,即20691.

4. 千姿百态“勾股树”

利用几何画板可以“描绘”出千姿百态的“勾股树”(图8–18). 这棵树的树干和树枝由勾股图形“迭代”而成. 现代技术更深入地展示了这个定理的美妙.

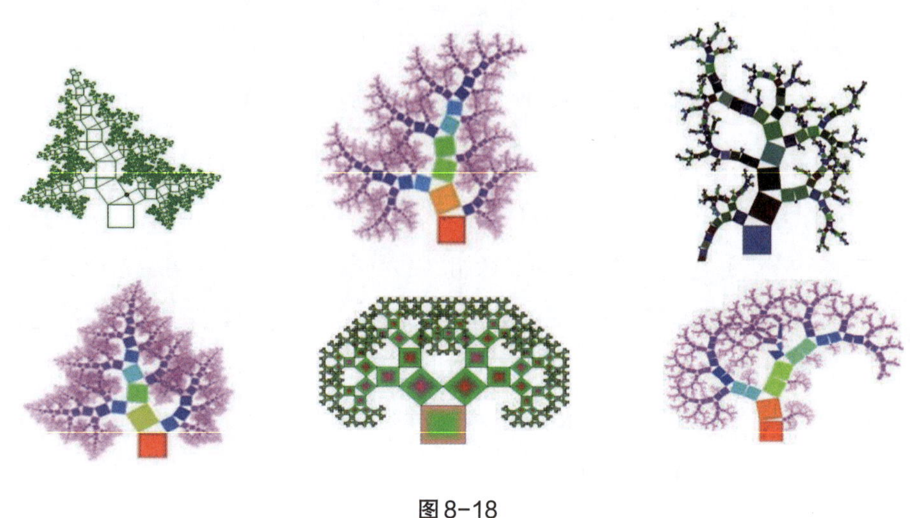

图8–18

综合与实践

(1)清初历算大师梅文鼎曾给出勾股定理的3个证明,图8–19所示是其中图证之一,此证明与2000多年前的帕普斯对任意三角形的推广(图8–17)有什么关系?

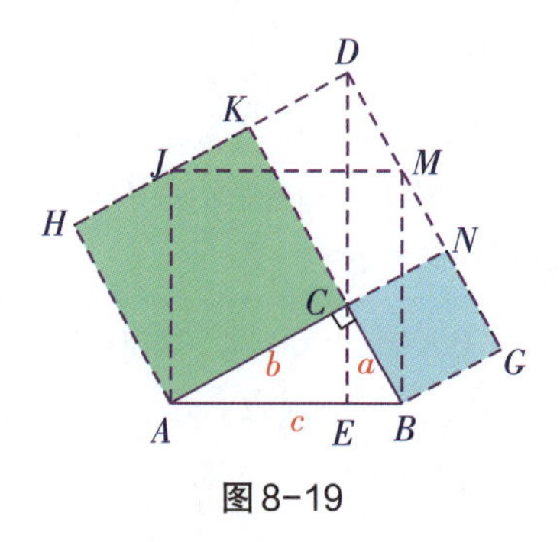

图8–19

(2)边长和面积都是整数的三角形称为海伦三角形. 如边长为3、4、5的三角形就是海伦三角形,而且三条边为3个连续的自然数. 图8–20所示是由两个直角三角形拼成的海伦三角形,三边为13、14、15,也是3个连续的自然数. 关于海伦三角形,你还能有新的发现吗?

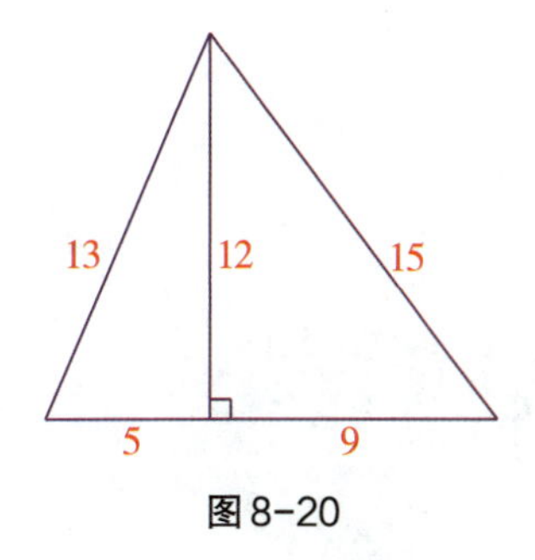

图 8-20

(3)若$\triangle ABC$的三边分别为a、b、c,且满足$a^t+b^t=c^t(t>1)$,我们知道,当$t=2$时,$\triangle ABC$为直角三角形,那么当$t\neq 2$时,$\triangle ABC$的形状如何?

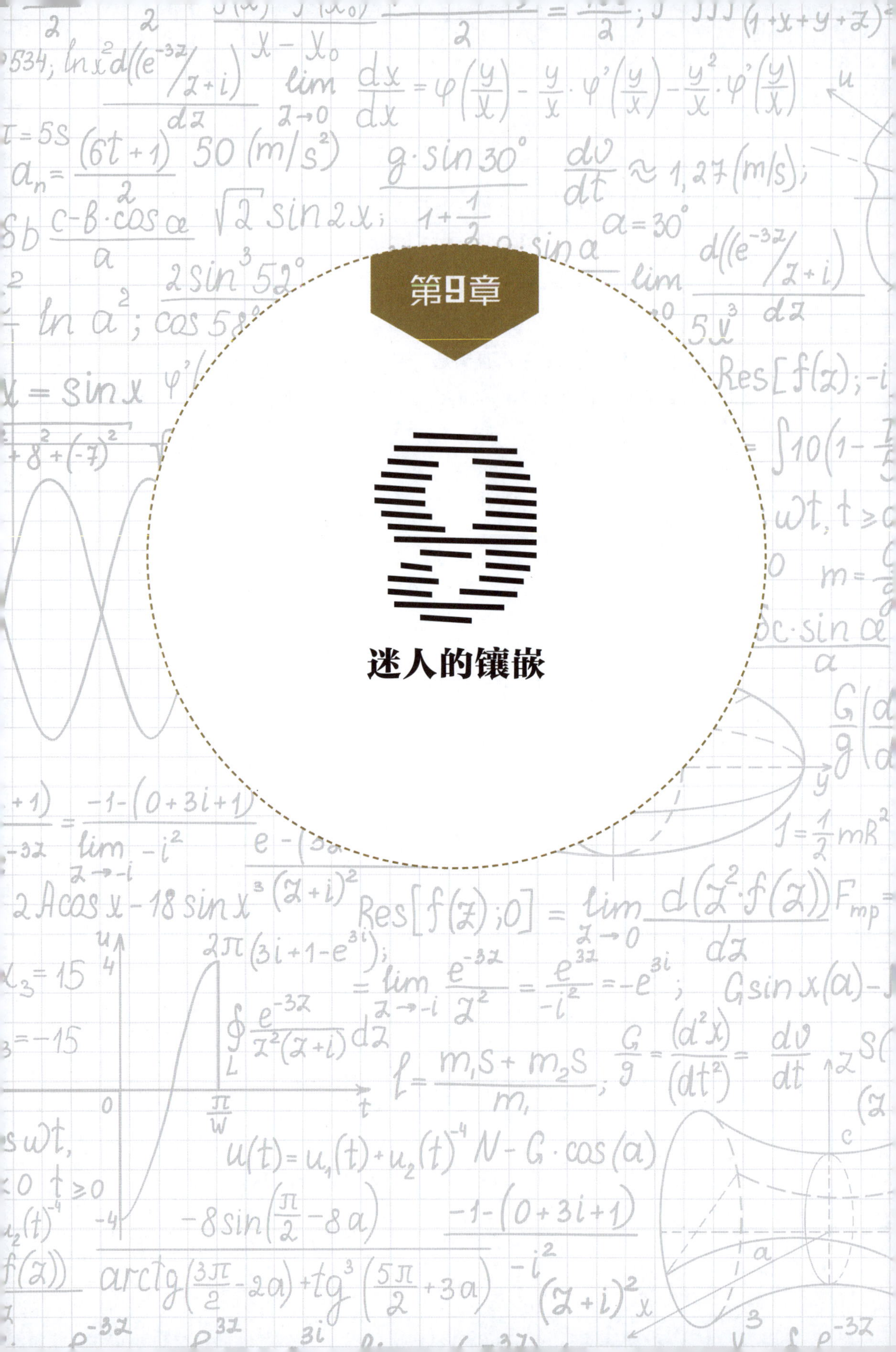

第9章

迷人的镶嵌

由于借助数学在广义相对论和黑洞研究中的应用，2020年诺贝尔物理学奖授予英国数学物理学家彭罗斯. 而在几十年前，彭罗斯的一项数学发现帮助以色列科学家丹尼尔·舍特曼获得了2011年诺贝尔化学奖，这个发现就是“彭罗斯镶嵌”.

平面镶嵌（或平面密铺）是由铺瓷砖、墙壁画设计引出的数学问题. 用形状、大小相同的一种或几种平面图形进行拼接，彼此之间不留空隙、不重叠地铺成一片，就是平面镶嵌.

对平面镶嵌的研究，至今已有数千年的历史. 据说公元前3000多年，苏美尔人在建筑的墙壁装饰中就使用了密铺. 千百年来，数学家和艺术家发现了很多漂亮的镶嵌模式. 如著名的伊斯兰镶嵌艺术（图9-1），据说现在确定的17种对称图案，在阿尔罕布拉宫内都可找到. 但数学家希望更进一步找到具有特定形状的所有可能的镶嵌模式.

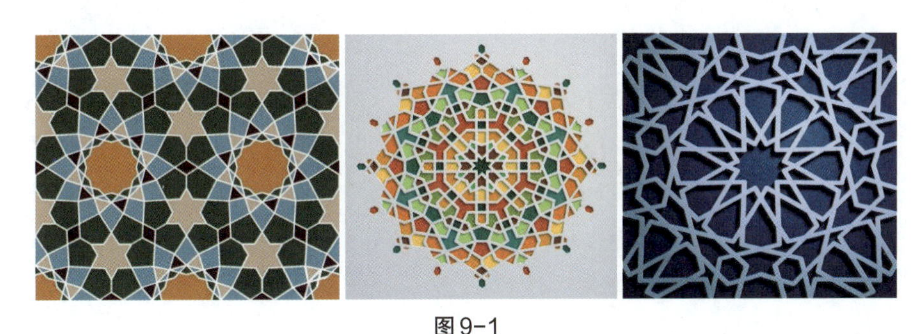

图9-1

一、正多边形镶嵌

1. 用同一个正多边形

我们知道，正n边形的每一个内角均为$\frac{(n-2)180^\circ}{n}$，若用同一个正n边形铺满平面，过某顶点有m个正n边形，则必须有

$$m \cdot \frac{(n-2)180}{n} = 360$$

由此，可得$m = 2 + \frac{4}{n-2}$，而m为正整数，故$n = 3, 4, 6$，对应的$m = 6, 4, 3$. 也就是说，仅用同一个正n边形，只有正三角形、正方形和正六边形三种情况，过某一顶点的正多边形个数分别为6个、4个、3个（图9-2）.

①3,3,3,3,3,3型

②4,4,4,4型

③6,6,6型

图9-2

2. 用两种正多边形

(1)用正三角形与正方形:设在一顶点处有m个正三角形的角,n个正方形的角,则有$60m+90n=360$,即$2m+3n=12$,解得$\begin{cases}m=3\\n=2\end{cases}$,即有2个正方形、3个正三角形,有两种情形④和⑤(图9-3).

(2)用正三角形与正六边形:同理有“⑥ 3,6,3,6型”“⑦ 3,3,3,3,6型”(图9-4).

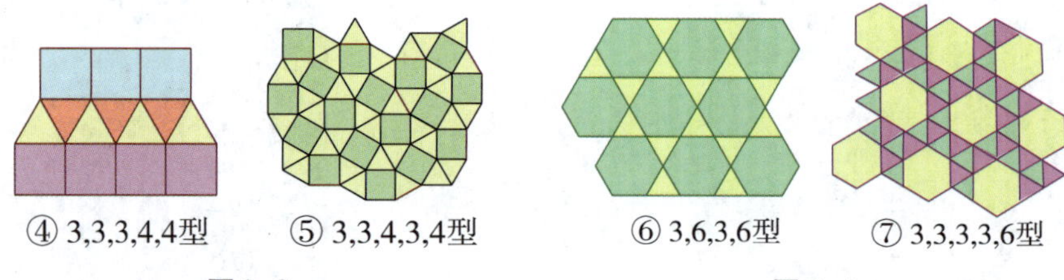

④ 3,3,3,4,4型　⑤ 3,3,4,3,4型

图9-3

⑥ 3,6,3,6型　⑦ 3,3,3,3,6型

图9-4

(3)用正三角形与十二边形:有“⑧ 3,12,12型”(图9-5).

(4)用正方形与正八边形:有“⑨ 4,8,8型”(图9-5).

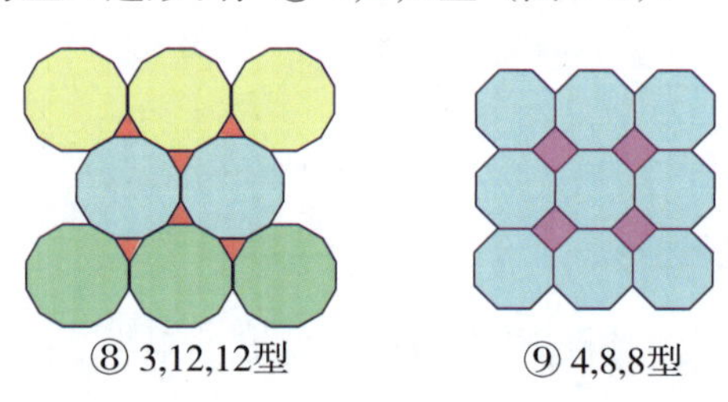

⑧ 3,12,12型　⑨ 4,8,8型

图9-5

3. 用三种正多边形

设三种正多边形的边数分别为n_1、n_2、n_3,如果在每一顶点处,一种正多边形只有一个,则有

$$\frac{(n_1-2)180}{n_1}+\frac{(n_2-2)180}{n_2}+\frac{(n_3-2)180}{n_3}=360$$

即有

$$\frac{1}{n_1}+\frac{1}{n_2}+\frac{1}{n_3}=\frac{1}{2}$$

当n_1、n_2、n_3互不相等时，只有一种情形：“⑩ 4，6，12型”．如果允许有相同的三种正多边形，则还有：“⑪ 3，4，6，4型”“⑫ 3，4，3，12型”（图9-6）．

上面的类型及图案不都是唯一的，比如，“⑥ 3，6，3，6型”，把中间的一行向右平移一个单位，即得图9-7．

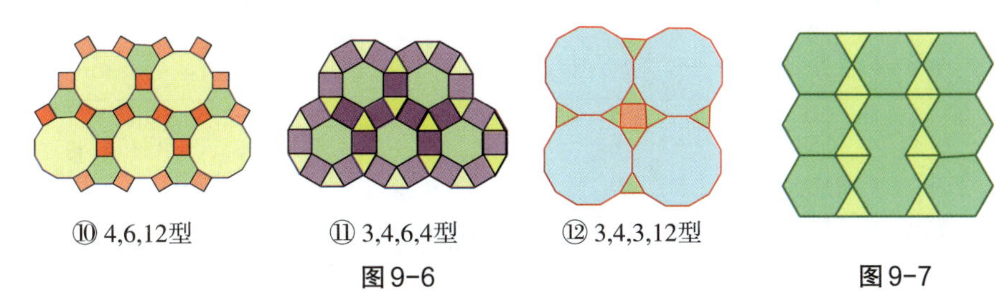

⑩ 4,6,12型　⑪ 3,4,6,4型　⑫ 3,4,3,12型

图9-6　　图9-7

把“⑪ 3，4，6，4型”稍加改动，便能构成不同的新图案（图9-8）．

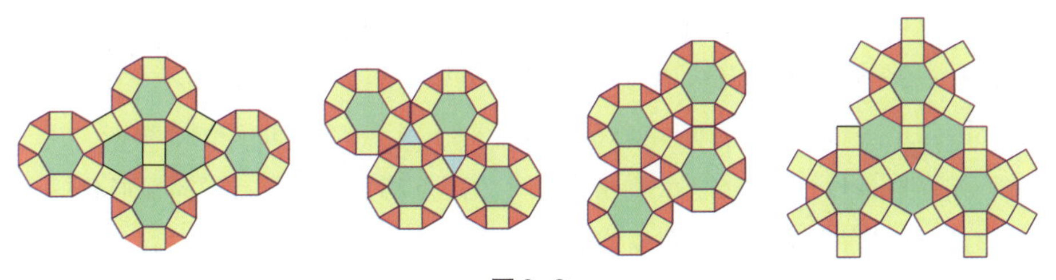

图9-8

由于正n边形的内角为$\frac{(n-2)\cdot 180^\circ}{n}=\left(\frac{1}{2}-\frac{1}{n}\right)\times 360^\circ$，每一个顶点处的内角和为360°，即有

$$\left(\frac{1}{2}-\frac{1}{n_1}\right)\times 360+\left(\frac{1}{2}-\frac{1}{n_2}\right)\times 360+\left(\frac{1}{2}-\frac{1}{n_3}\right)\times 360+\cdots=360$$

因此，关于正多边形镶嵌问题，有下面的统一方法．

求出所有满足方程

$$\left(\frac{1}{2}-\frac{1}{n_1}\right)+\left(\frac{1}{2}-\frac{1}{n_2}\right)+\left(\frac{1}{2}-\frac{1}{n_3}\right)+\cdots=1$$

的正整数解$n_1, n_2, n_3, \cdots$即可．限定$n_i=3,4,5,6$，得表9-1．

表 9-1　正多边形镶嵌情况

顶点处正多边形的个数	建立方程	整数解$(n_1, n_2, \cdots, n_i)$
3	$\frac{1}{n_1}+\frac{1}{n_2}+\frac{1}{n_3}=\frac{1}{2}$	$(3,7,42)^*$,$(3,8,24)^*$ $(3,9,18)^*$,$(3,10,15)^*$ $(3,12,12)$,$(4,5,20)^*$ $(4,6,12)$,$(4,8,8)$ $(5,5,10)^*$,$(6,6,6)$
4	$\frac{1}{n_1}+\frac{1}{n_2}+\frac{1}{n_3}+\frac{1}{n_4}=\frac{1}{2}$	$(3,3,4,12)$,$(3,3,6,6)$ $(3,4,4,6)$,$(4,4,4,4)$
5	$\frac{1}{n_1}+\frac{1}{n_2}+\frac{1}{n_3}+\frac{1}{n_4}+\frac{1}{n_5}=\frac{3}{2}$	$(3,3,3,3,6)$,$(3,3,3,4,4)$
6	$\frac{1}{n_1}+\frac{1}{n_2}+\frac{1}{n_3}+\frac{1}{n_4}+\frac{1}{n_5}+\frac{1}{n_6}=2$	$(3,3,3,3,3,3)$

注：表中带“*”的不可以平面镶嵌.

从表9-1中可以看出，满足条件的解共11组．但有些有多种拼法．如前所述，(3,3,6,6)(图9-7)还可以有“⑥ 3,6,3,6型”(图9-4)，(3,3,3,4,4)也是.

因为正多边形的最小内角为60°，故不存在多于6个的正多边形镶嵌.

如果把条件进一步放宽，不要求每一个顶点都是同样数目和同样形状的多边形，则可以拼出更绚丽多姿的镶嵌图案(图9-9).

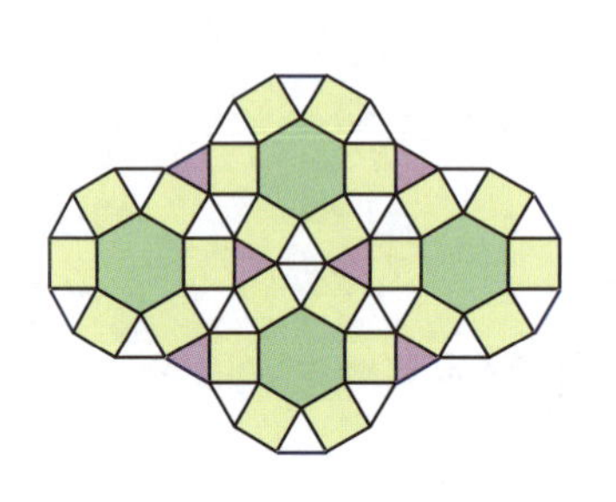
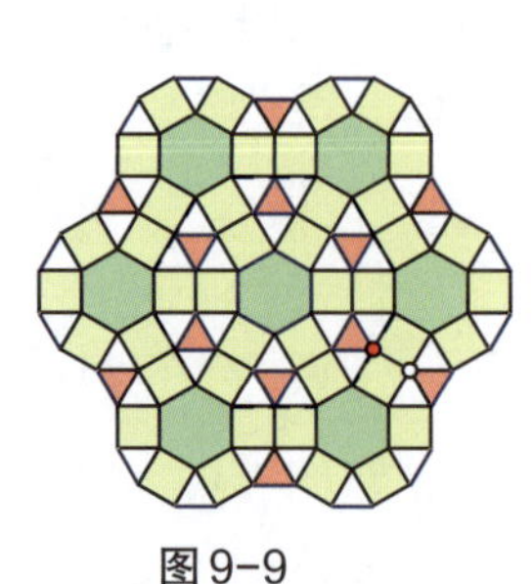
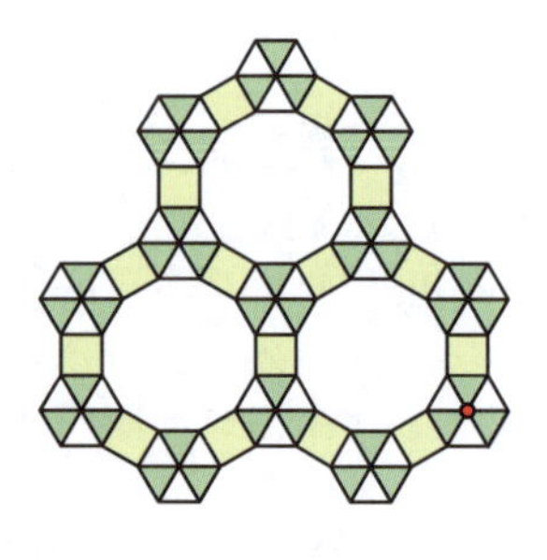

图9-9

二、一般凸多边形(非正多边形)镶嵌

关于非正多边形的平面镶嵌，有如下结论.

(1)任意三角形都可以平面镶嵌.

(2)任意凸四边形都可以平面镶嵌.

(3)正五边形无法平面镶嵌,但一些特殊的凸五边形可以.

德国数学家卡尔·莱因哈特于1918年发现了5种可以平面镶嵌的五边形,从那时起,寻找可以平面镶嵌的五边形并将它们分类就成为一个世纪数学难题.

大多数数学家对五边形镶嵌感兴趣,因为五边形是镶嵌问题中唯一没有被研究透彻的图形.

1968年,克什纳又发现了3种.

1975年,理查德·詹姆斯将纪录刷新到了9种.

1976—1977年,一位默默无闻的数学先驱也加入其中——马乔里·赖斯,她是圣地亚哥一位50多岁,据说只读过一年数学的家庭主妇(图9-10). 她从《科学美国人》杂志中获知了詹姆斯的发现,并用自己的符号和方法,在两年内发现了另外4种可以镶嵌的五边形. 1995年,赖斯参加了洛杉矶的学术会议. 在会场上,主持人向在座的数学家们介绍了这位杰出的业余数学家,赖斯起身致意,所有与会者起立鼓掌,大厅里掌声久久不息.

1985年,罗尔夫·施泰因发现了第14种. 当年的《数学杂志》还将其作为封面[图9-11(a)]. 图9-11(b)所示是关于五边形镶嵌的服装设计.

业余数学家马乔里・赖斯
(图片来源:Quanta Magazin)

图9-10

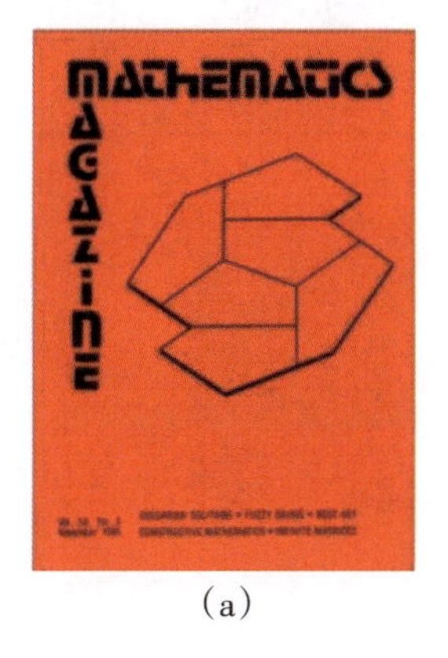

(a)

(b)

图9-11

2015年,由华盛顿大学数学系副教授凯西·曼、他的妻子珍妮弗及学生冯德劳组成的美国华盛顿大学研究团队将纪录刷新到了15种,如表9-2所示.

表 9–2　凸五边形特征参数及镶嵌图形

五边形及特征参数	镶嵌图形	五边形及特征参数	镶嵌图形
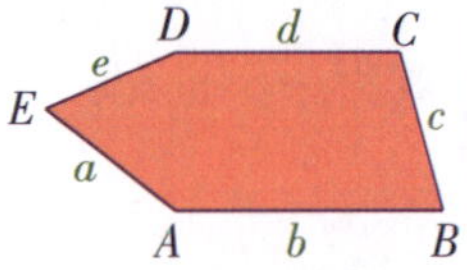 $\angle B+\angle C=180^\circ$， $\angle A+\angle D+\angle E=360^\circ$	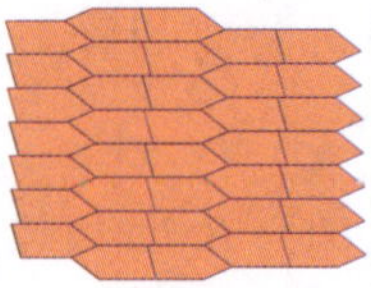	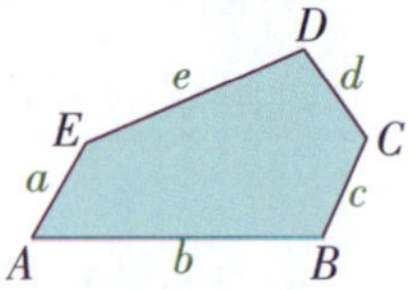 $c=d$， $\angle B+\angle D=180^\circ$	
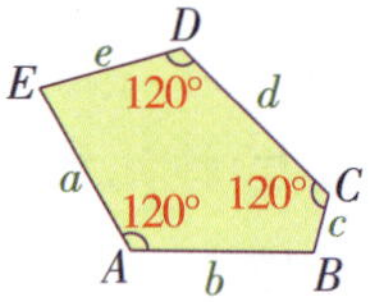 $a=b$，$d=c+e$， $\angle A=\angle C=\angle D=120^\circ$	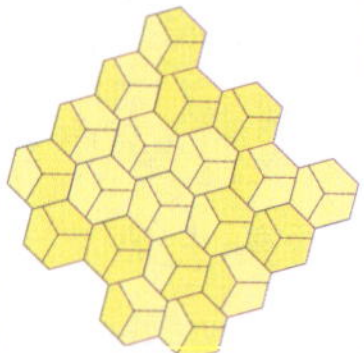	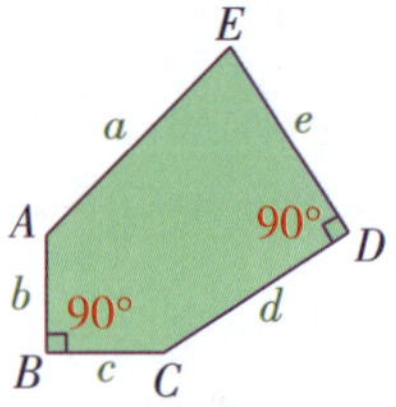 $b=c$，$d=e$， $\angle B=\angle D=90^\circ$	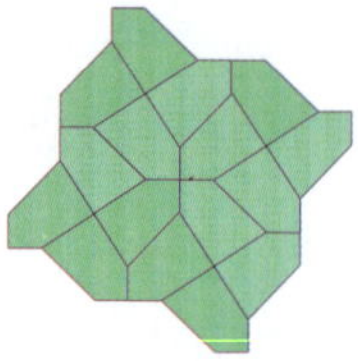
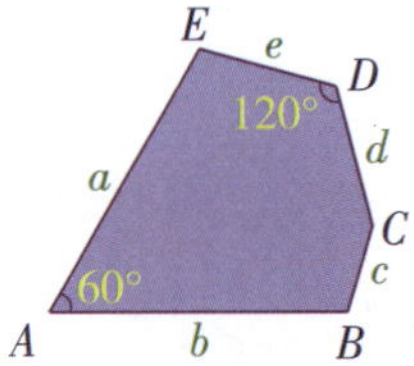 $a=b$，$d=e$， $\angle A=60^\circ$，$\angle D=120^\circ$	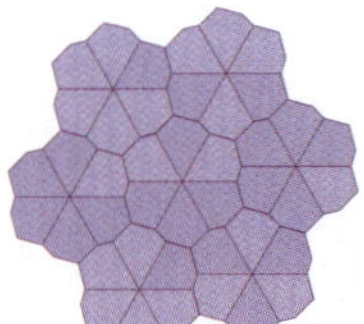	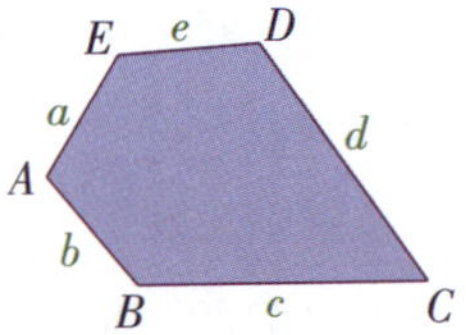 $a=b=e$，$c=d$， $\angle A+\angle B+\angle D=360^\circ$， $2\angle C=\angle A$	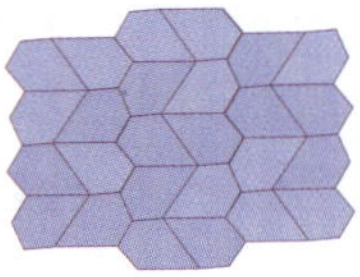
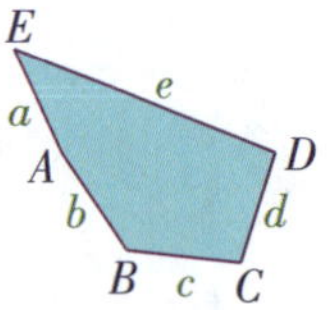 $a=b=c=d$， $2\angle B+\angle C=360^\circ$， $2\angle D+2\angle A=360^\circ$		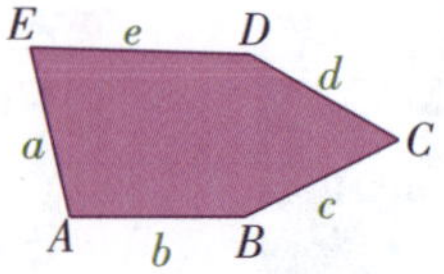 $a=b=c=d$， $2\angle A+\angle B=360^\circ$， $2\angle D+\angle C=360^\circ$	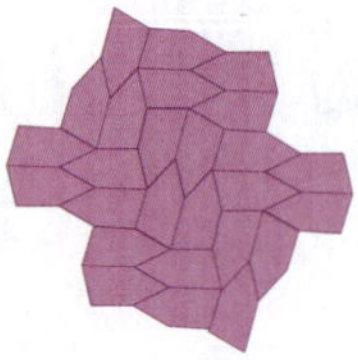
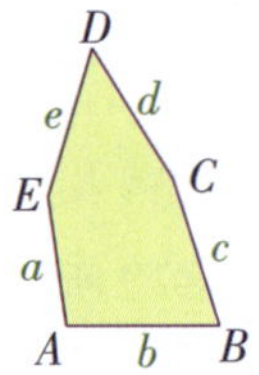 $b=c=d=e$， $2\angle A+\angle C=360^\circ$， $\angle D+2\angle E=360^\circ$		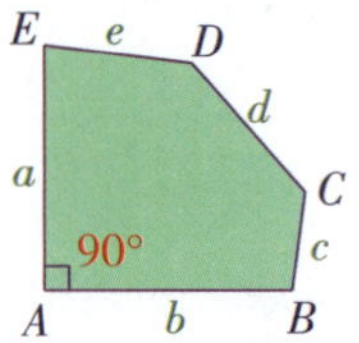 $a=b=c+e$， $\angle A=90^\circ$， $\angle B+\angle E=180^\circ$， $\angle B+2\angle C=360^\circ$	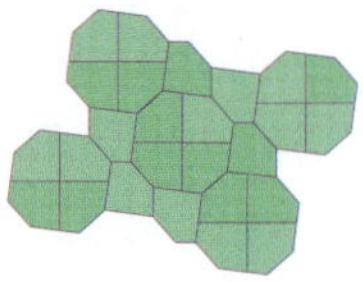

续表

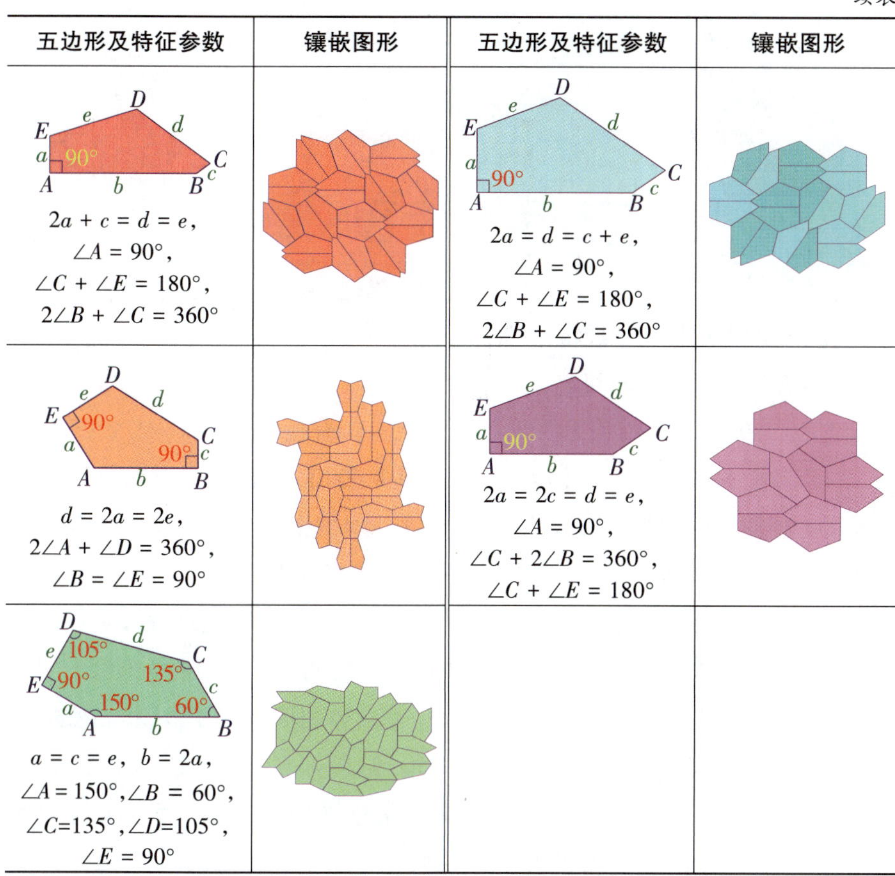

五边形及特征参数	镶嵌图形	五边形及特征参数	镶嵌图形
$2a+c=d=e$, $\angle A=90°$, $\angle C+\angle E=180°$, $2\angle B+\angle C=360°$		$2a=d=c+e$, $\angle A=90°$, $\angle C+\angle E=180°$, $2\angle B+\angle C=360°$	
$d=2a=2e$, $2\angle A+\angle D=360°$, $\angle B=\angle E=90°$		$2a=2c=d=e$, $\angle A=90°$, $\angle C+2\angle B=360°$, $\angle C+\angle E=180°$	
$a=c=e$, $b=2a$, $\angle A=150°$, $\angle B=60°$, $\angle C=135°$, $\angle D=105°$, $\angle E=90°$			

2017年已证明这15种就是全部的方法.

“可镶嵌凸五边形的分类难题很容易描述,连小孩都可以理解,但100年以来一直没有出现完美的解答,”凯西说,“这个难题也有着丰富的历史,它与著名的‘希尔伯特23问’中的第18个问题有关.”

(4)凸六边形镶嵌:同一规格的任意六边形一般不能铺满平面. 1918年,数学家莱因哈托发现有3种特定的六边形能满足这一要求,如表9-3所示.

表9-3 凸六边形特征参数及镶嵌图形

凸六边形及特征参数	镶嵌图形	凸六边形及特征参数	镶嵌图形
$a=d$, $\angle A+\angle B+\angle C=360°$		$a=b$, $c=d$, $e=f$, $\angle A=\angle C=\angle E=120°$	

续表

凸六边形及特征参数	镶嵌图形	凸六边形及特征参数	镶嵌图形
$a = d,\ c = e,$ $\angle A + \angle B + \angle D = 360°$			

不存在凸七边形的平面镶嵌.

下面介绍可利颂镶嵌问题.

这是1989年刊登在《美国数学月刊》上的一个有趣问题.

“可利颂”是法国的一种糖果,外形近似含60°角的菱形,设它的边长为1,如果用这些菱形的糖果紧贴着铺满一个边长为n的正六边形盒子,糖果有3种摆放方式,即向左、向右、水平[图9-12(a)],总可以铺满正六边形盒子,图9-12(b)所示($n = 5$)是摆法之一. 无论哪种摆法,3种方向的糖果数都相等(为n^2).

这个问题的作者给出了一个巧妙的证明:他将同一个方向的菱形涂上同一种颜色,如图9-12(c)所示,图形瞬间变成一个立体图形,其正视图为红色的5×5大正方形,侧视图为白色的5×5大正方形,俯视图为绿色的5×5大正方形. 向左、向右、水平3个方向的菱形各为25,都是总数的三分之一,无须推导和计算. 因此,这道题也成为“无字证明”的经典.

2003年出版的《最迷人的数学趣题——一位数学名家精彩的趣题珍集》一书选其做了封面,如图9-13所示.

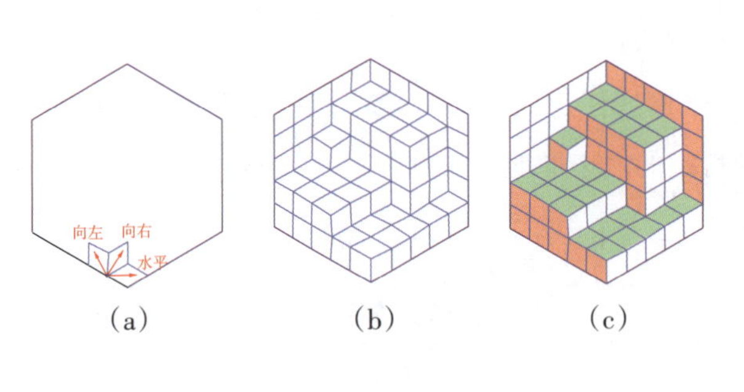

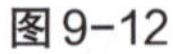
图9-12

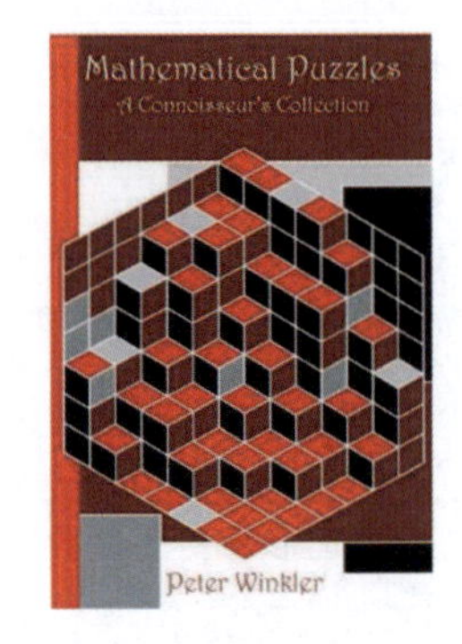

图9-13

三、其他花样平面镶嵌

如果不限凸凹、不限大小等，会有更多花样的镶嵌，如图9-14所示.

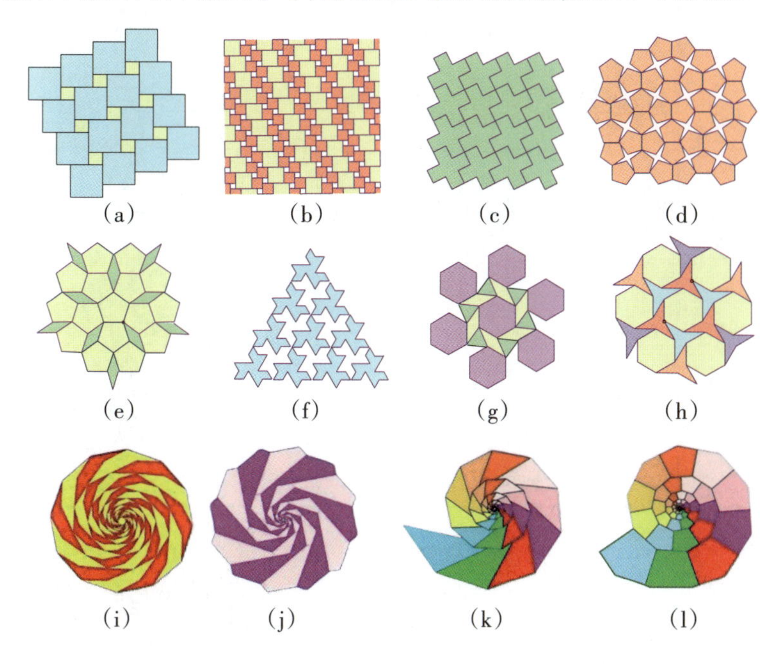

图9-14

最后一行4个由镶嵌折纸领域专家、国际网络折纸奥林匹克比赛命题专家傅薇设计. 其中(k)(l)两个鹦鹉螺分别为凹五边形镶嵌和凸五边形镶嵌.

四、平面镶嵌设计

平面镶嵌除去上面的一些限制后，有无限多种. 我们可以根据可镶嵌的基础多边形(三角形、四边形等)设计和创作一些漂亮的镶嵌图形，如表9-4所示.

表9-4　平面镶嵌设计举例

基础多边形	基础变形	基本镶嵌单元	镶嵌图形
正三角形			

续表

基础多边形	基础变形	基本镶嵌单元	镶嵌图形
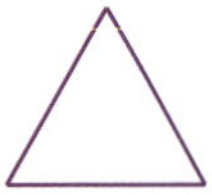 正三角形	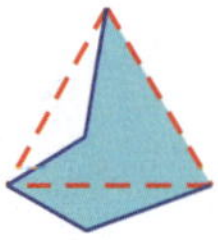		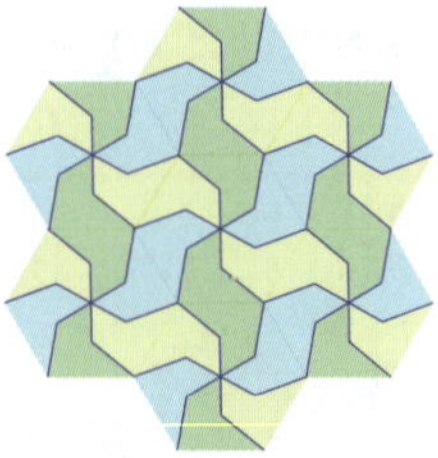
	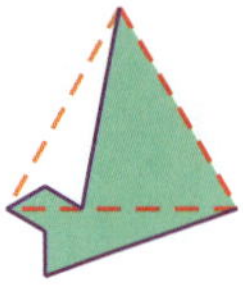	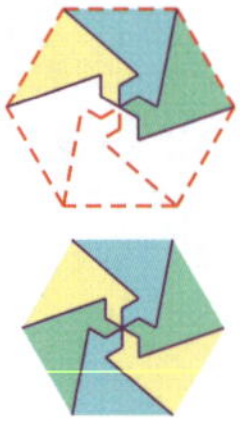	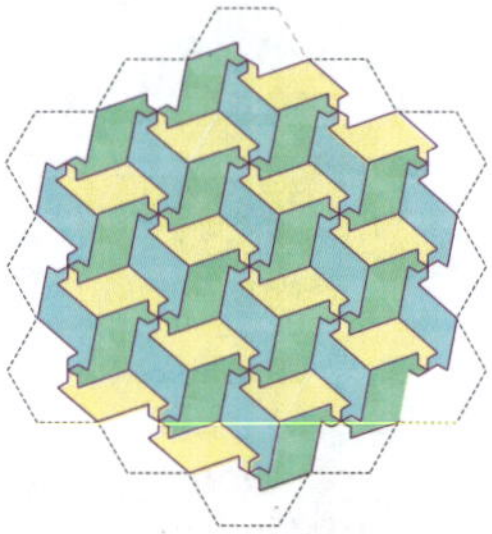
正方形			
	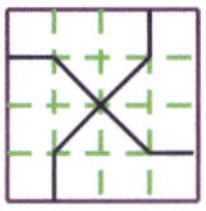		

 矩形		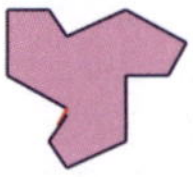	

对称是美的源泉．用基本镶嵌单元铺满平面，是对基本镶嵌单元及其组合进行平移、旋转、翻折（反射）等对称变换的结果，如图9-15所示．

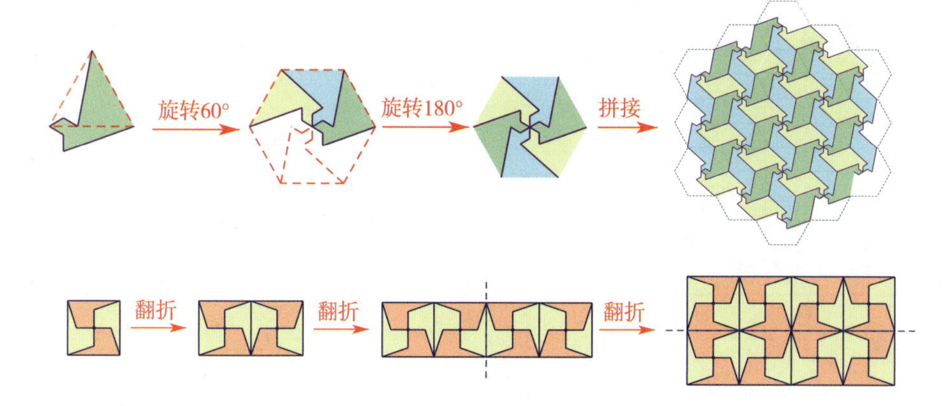

图9-15

以上是一些周期性(有重复)镶嵌. 1890年,俄国数学家费奥多罗夫和德国数学家舍恩弗里斯各自独立地证明,这种平面对称类型(对称群,也叫作壁纸群)共有17种,具体如表9-5所示.

表9-5　17种平面对称群

序号	IUC符号	基本单元	旋转对称(阶)	图示
1	P1	平行四边形	无旋转	
2	pm	矩形	无旋转	
3	pg	矩形	无旋转	

续表

序号	IUC符号	基本单元	旋转对称(阶)	图示
4	cm	菱形	无旋转	
5	P2	平行四边形	二重旋转	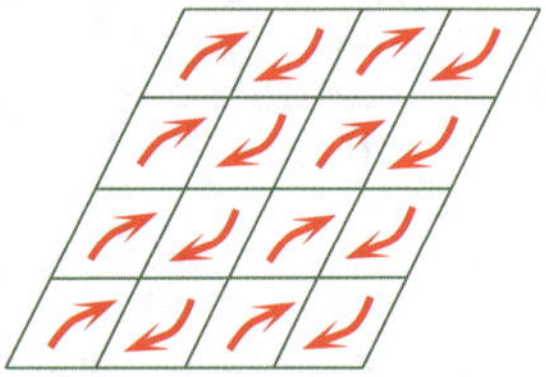
6	pmm	矩形	二重旋转	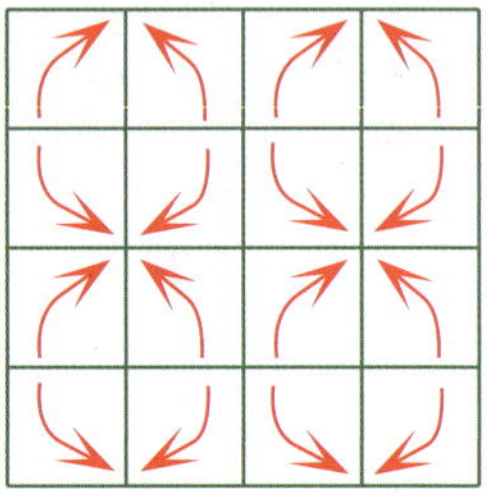
7	pmg	矩形	二重旋转	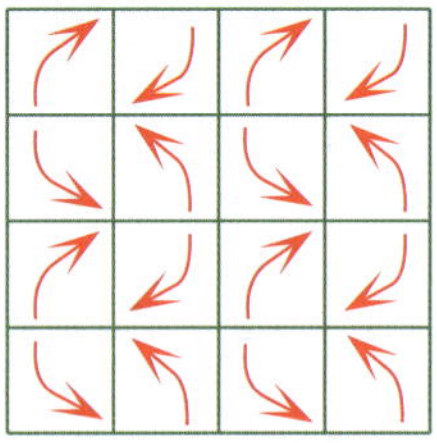
8	pgg	矩形	二重旋转	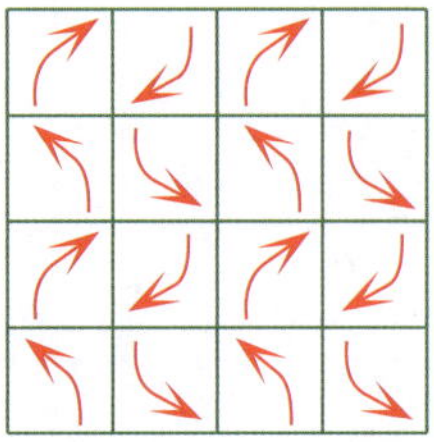
9	cmm	菱形	二重旋转	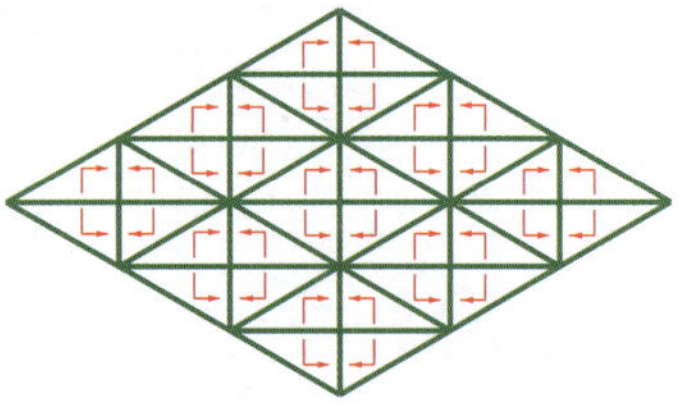

续表

序号	IUC符号	基本单元	旋转对称(阶)	图示
10	P3	六边形	三重旋转	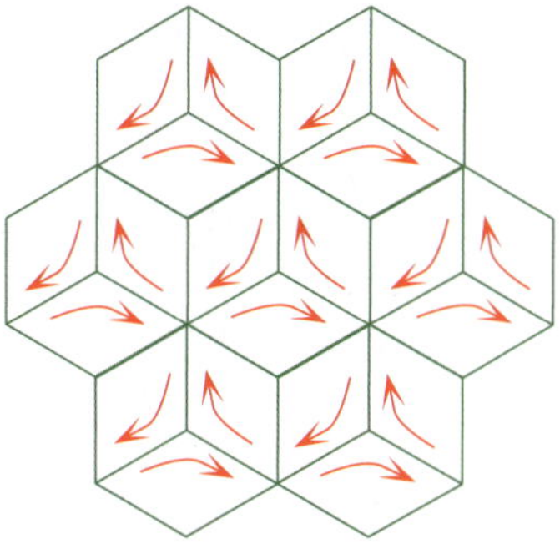
11	P31m	六边形	三重旋转	
12	P3m1	六边形	三重旋转	
13	P4	正方形	四重旋转	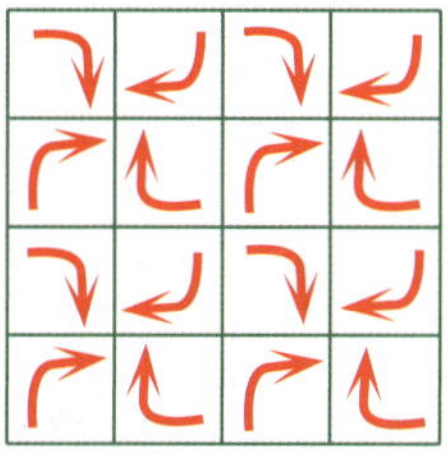

续表

序号	IUC符号	基本单元	旋转对称(阶)	图示
14	P4m	正方形	四重旋转	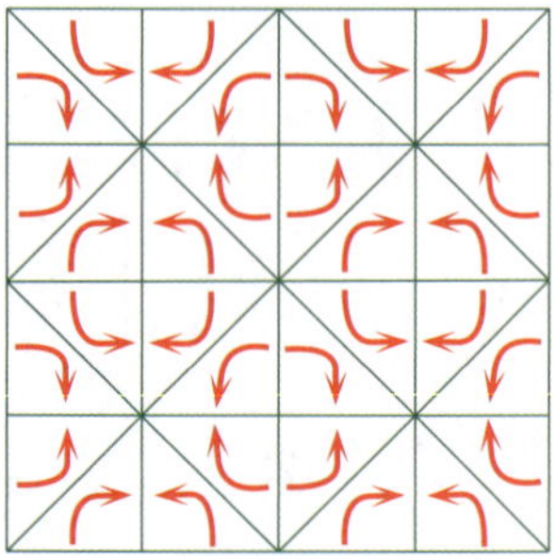
15	P4g	正方形	四重旋转	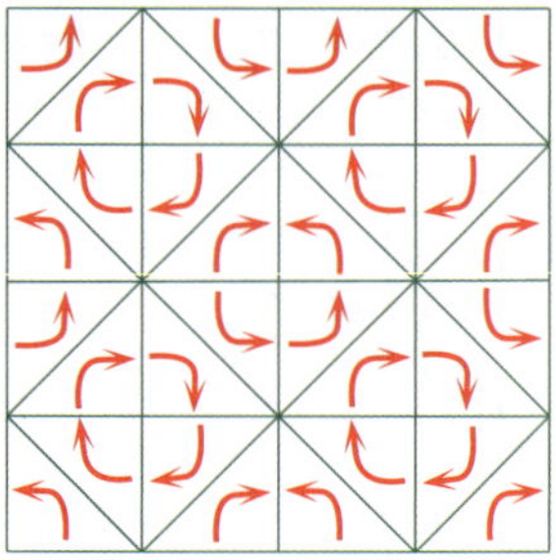
16	P6	六边形	六重旋转	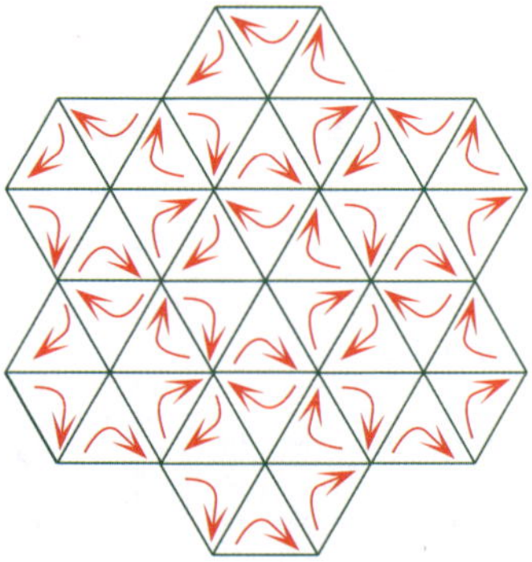
17	P6m	六边形	六重旋转	

五、彭罗斯镶嵌及非周期性镶嵌

是否存在一种镶嵌，可以不重复的方式，即非周期性镶嵌铺满整个平面？

很长时间以来，数学家都认为这种镶嵌不存在. 1936年，海因茨·沃德伯格发现了第一个非周期性螺旋，称为沃德伯格螺旋（图9–16）.

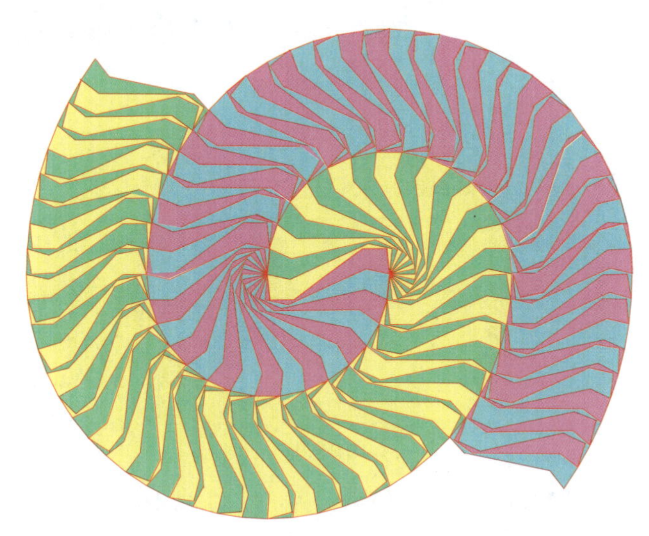

图9–16

1974年，英国数学家彭罗斯发现只用两块拼板，也能进行非周期性镶嵌. 这种拼板的一组是由两个角度不同的菱形组成的，它们分别是72°、108°与36°、144°（图9–17）.

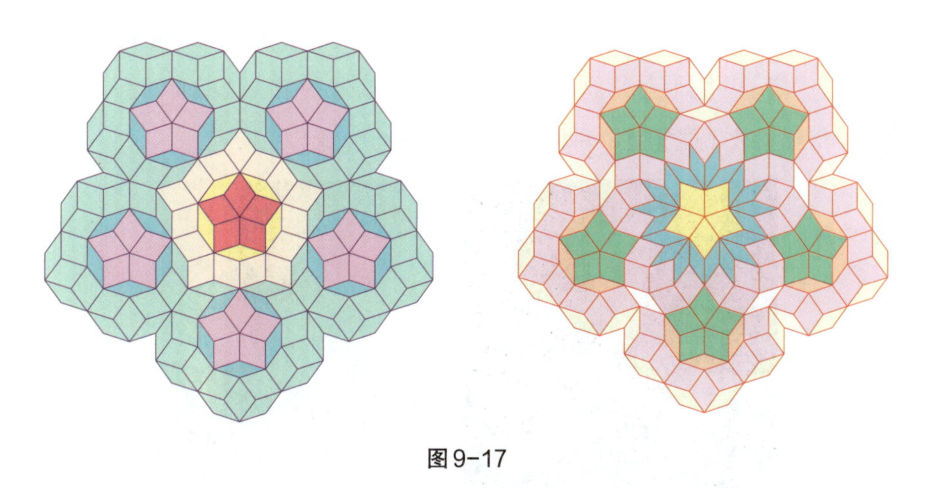

图9–17

另一组是两块能构成菱形的“风筝”和“飞镖”（图9–18）. 用“风筝”和“飞镖”同样可以构造出无穷多种非周期性镶嵌图案（图9–19）.

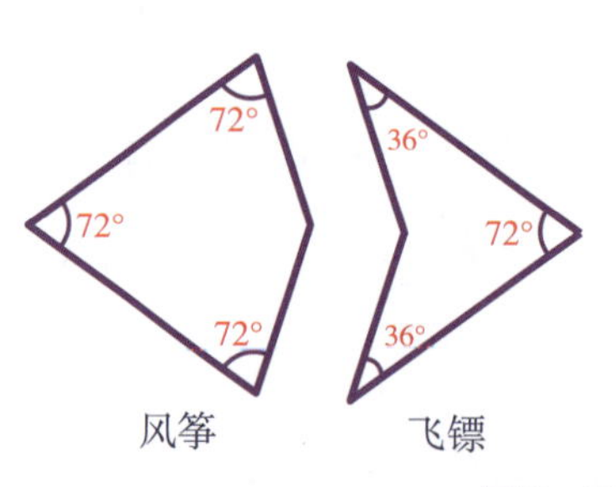

图 9-18

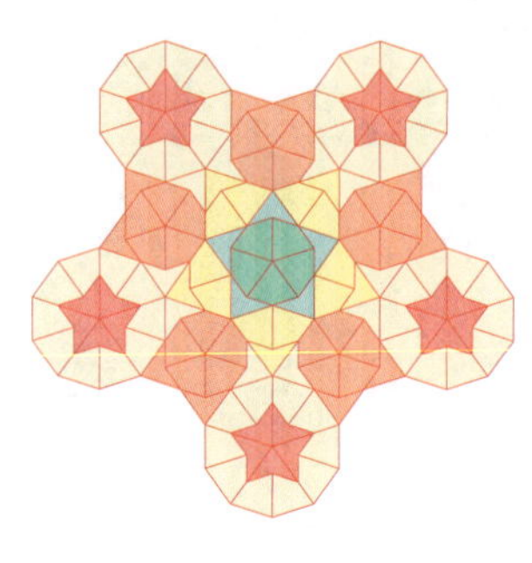

图 9-19

“彭罗斯镶嵌”的最优结论是使用两种形状的非周期性镶嵌. 是否存在只用一种形状的非周期性镶嵌(非周期性单密铺),且只能进行非周期性镶嵌?

2023年3月,加拿大滑铁卢大学的数学家克雷格·卡普兰在数学社交平台Mathstodon上宣布,他与大卫·史密斯(图9-20)等几名研究者共同找到了一个由多个“风筝”粘在一起而形成的被称为“帽子”的十三边形,能以不重复的方式铺砌到无限平面,即非周期性单铺砌块(图9-21). 但很快有人找到瑕疵,图9-21中的红色“帽子”,它们与其他“帽子”是不一样的,这些砌块是反面朝上(通过镜像翻转得到),故不能算是一种图形,而应该是两种图形.

克雷格·卡普兰

大卫·史密斯

图 9-20

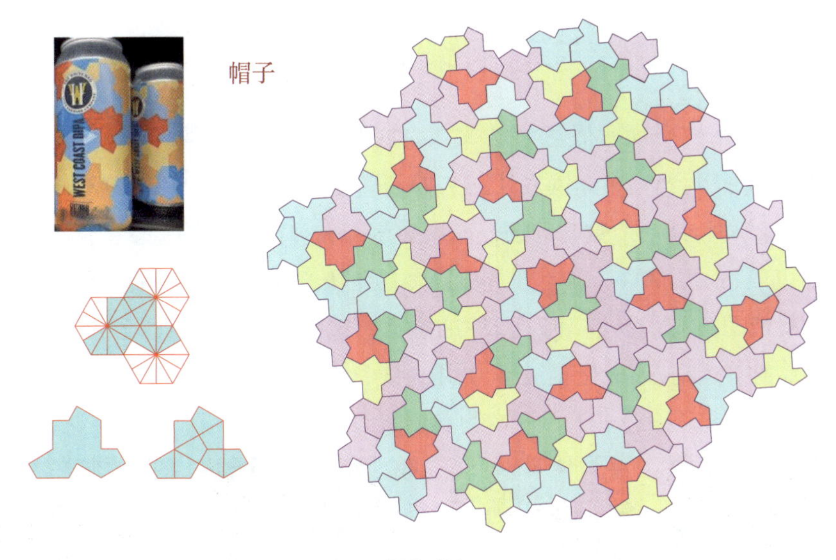

图 9-21

之后，大卫·史密斯与他的同伴又找到一种新的被称为“乌龟”的砌块(图 9-22)，它不必镜像翻转即可以非周期性密铺．但又有人发现，它也可以形成周期性密铺(图 9-23)．即它仍不属完全意义上的非周期性密铺的砌块．

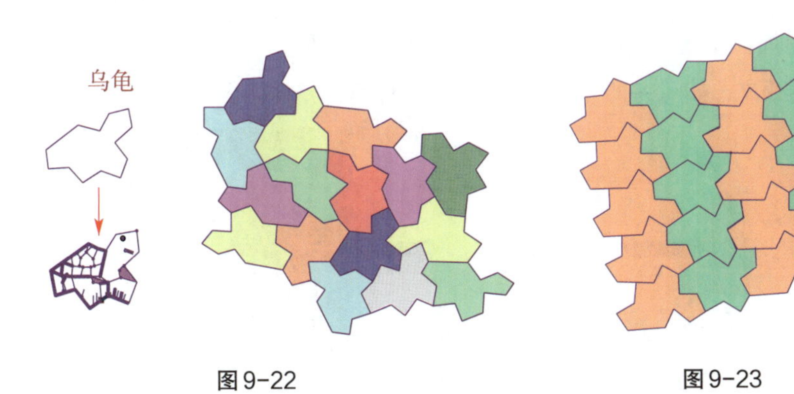

图 9-22　　　　图 9-23

2023 年 5 月，大卫·史密斯等 4 人又发表了一篇新论文．他们认为，只要“乌龟”的各条边不是直线，就可以实现无须镜像翻转，且只能非周期性密铺(图 9-24)．他们把它叫作“幽灵”．

图 9-24

六、埃舍尔镶嵌与艺术镶嵌设计

埃舍尔研究平面镶嵌达11年之久，他的艺术镶嵌作品可以分为单体镶嵌（图9-25和图9-26）、多体镶嵌（图9-27）和渐变镶嵌（图9-28）．镶嵌本质上是一种平面分割，是一个数学问题．而埃舍尔却在可以镶嵌的基本图形，如三角形、四边形、六边形的基础上创造出许多具象镶嵌图案，如人、鸟、鱼、马、蜥蜴等，这就使图案有了灵性，有了“动”的感觉．这些等质的封闭图形，通过平移、旋转、反射等运动，形成位置错落、共用边线，且相互依存、共生、共长、共存的镶嵌图案，表现出埃舍尔非凡的想象力和创造力．

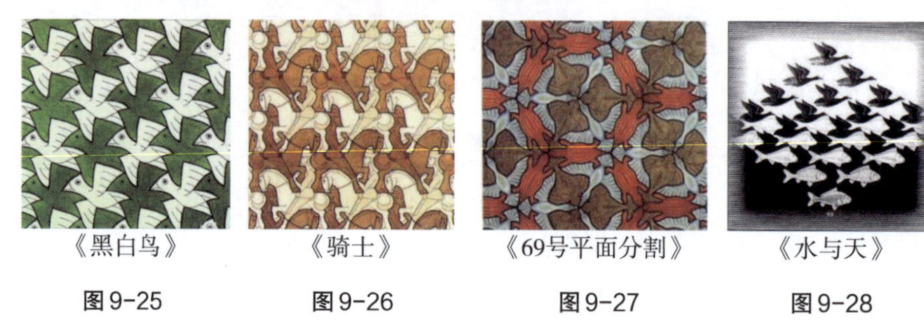

《黑白鸟》 图9-25　　《骑士》 图9-26　　《69号平面分割》 图9-27　　《水与天》 图9-28

通过对埃舍尔镶嵌图形的研究发现，其作品都是通过对简单的几何形状的具象思维演变而来．如图9-29中的飞马是由正方形，对局部做适当的平移演变而来．

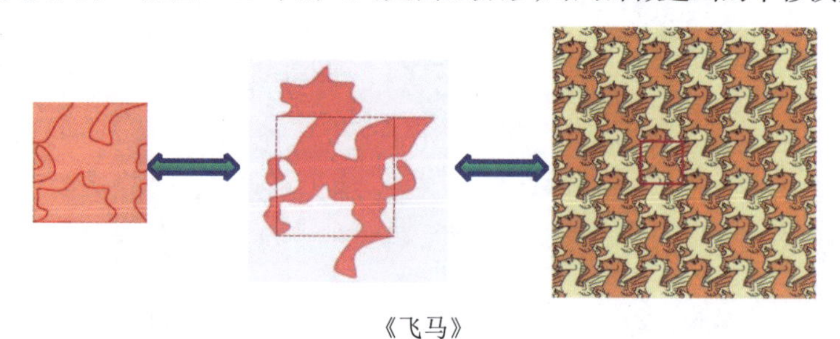

《飞马》

图9-29

下面是一些样例，供大家学习参考（表9-6）．

表9-6　艺术镶嵌设计举例

基础单元设计	镶嵌图形
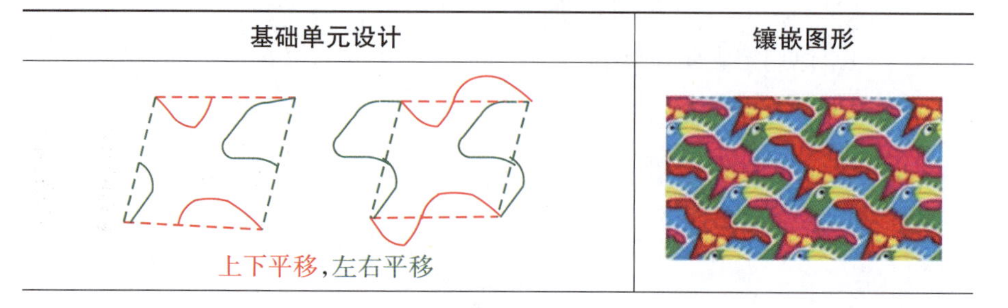 上下平移，左右平移	

续表

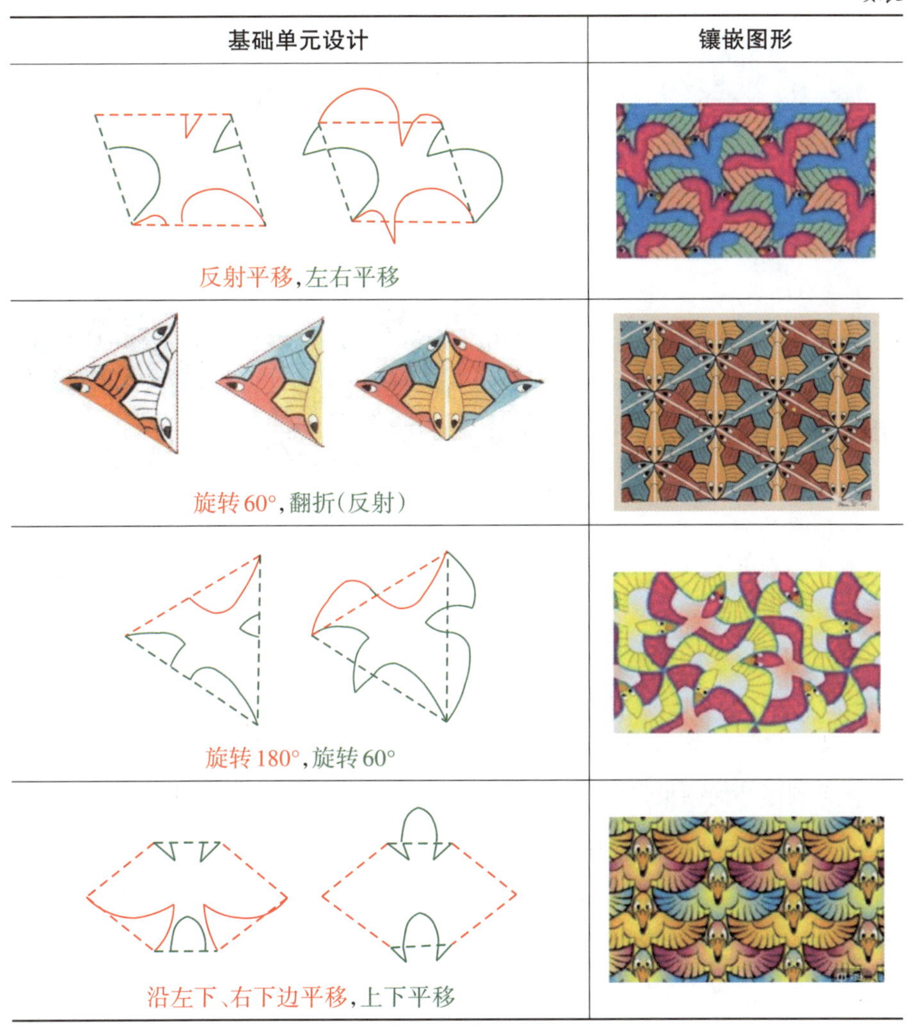

基础单元设计	镶嵌图形
反射平移,左右平移	
旋转60°,翻折(反射)	
旋转180°,旋转60°	
沿左下、右下边平移,上下平移	

七、镶嵌艺术作品欣赏

下列作品选自中国首支数学Escher艺术工业设计研究团队Leader(图9-30).

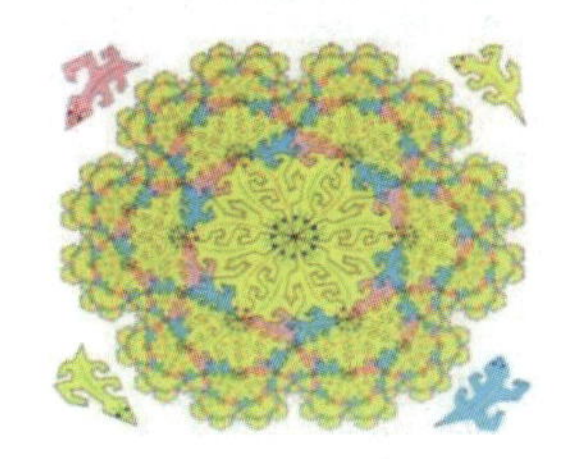

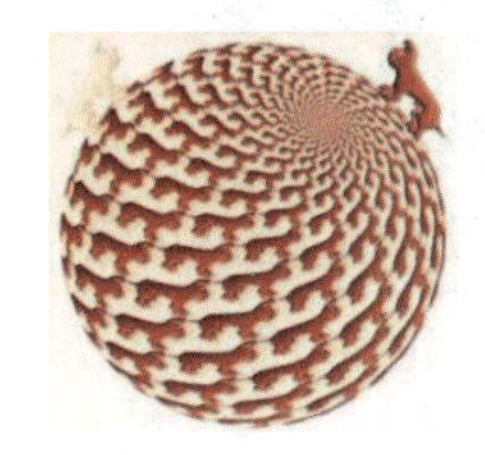

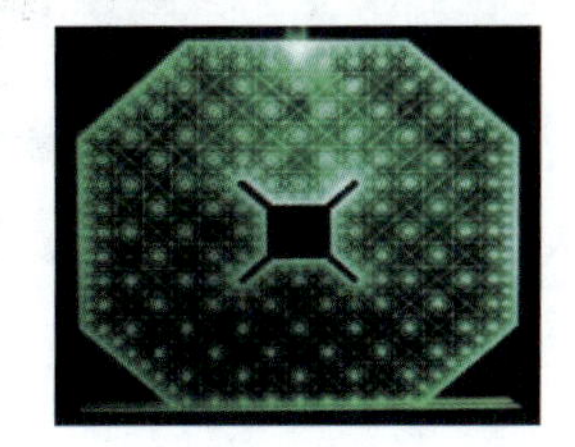

图9-30

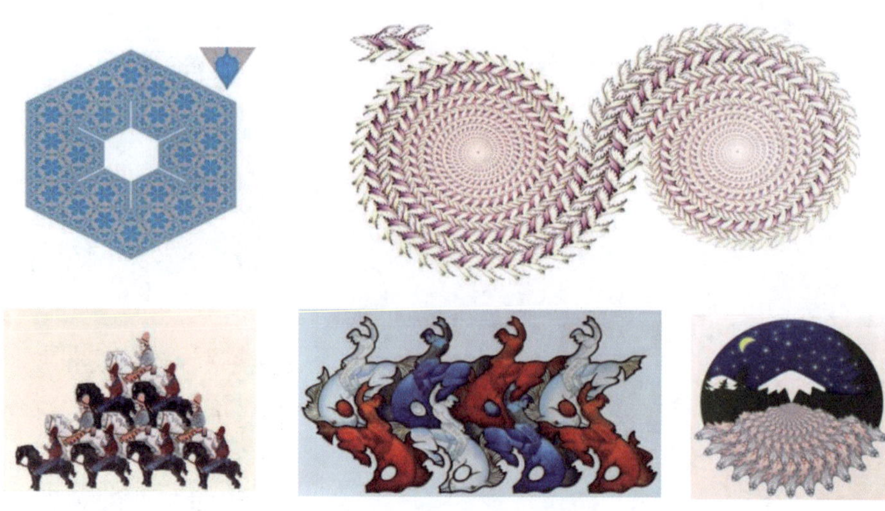

（图片由团队负责人欧阳培昌博士提供）

图 9-30（续）

综合与实践

（1）利用几何画板设计一个具有平移、旋转、翻折（反射）、对称的镶嵌图案.

（2）埃舍尔通过考察西班牙阿尔罕布拉宫后，对 17 种平面对称群（表 9-5）作了深入研究. 他的镶嵌作品，以此为基础，通过具象如人、鸟、鱼、马、蜥蜴等，赋予其可感知的形象，创作出许多精品，如表 9-7 所示.

表 9-7　埃舍尔以平面对称群为基础创作的作品示例

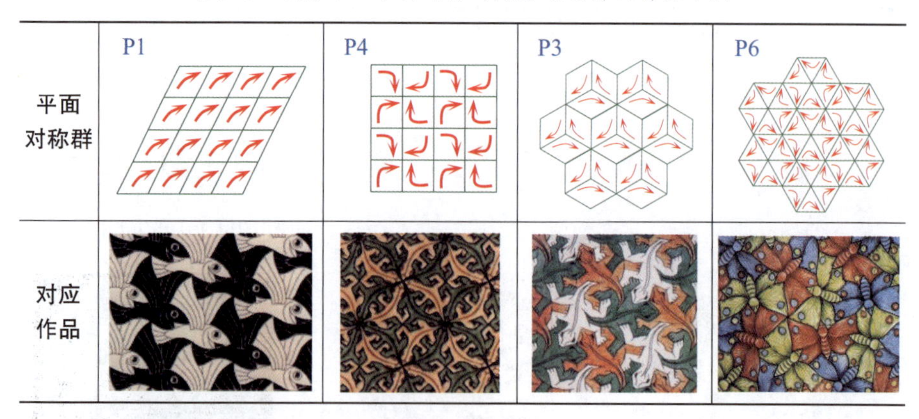

平面对称群	P1	P4	P3	P6
对应作品				

你能根据平面对称群创作一幅作品吗？

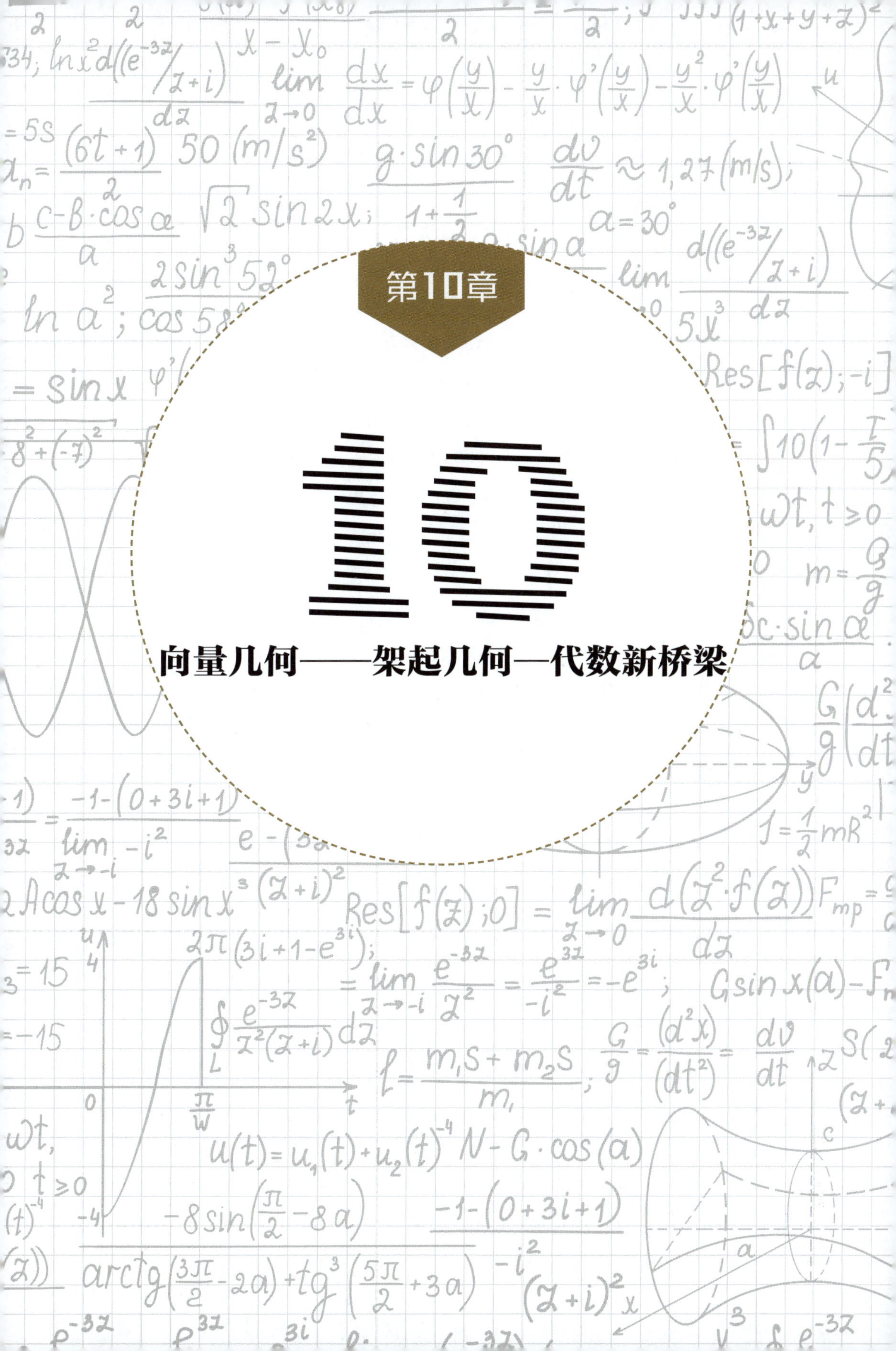
第10章
10
向量几何——架起几何—代数新桥梁

向量，即既有大小又有方向的量，现在已成为中学数学的核心概念．正如陈昌平、张奠宙、张景中等大家所说：向量与几何融合，是不可阻挡的潮流．

一、向量发展简史

早期的向量，只是物理学用来表示力、速度、位移的工具．古希腊时期，亚里士多德就发现，两个力的合成，可以用平行四边形法则得到．牛顿被认为是最先用有向线段表示向量．在漫长的2000多年间，海伦、伽利略、牛顿、欧拉、莱布尼茨等伟大的物理学家、数学家在力学研究中都用到了向量知识．

向量进入数学并得到发展，源于复数的几何表示．

1797年，挪威数学家维塞尔提出了复数的几何表示．

1806年，瑞士数学家阿工也谈到了复数的几何表示，并用“模”表示向量的长度．“模”这一术语应源于此．

1840年，德国数学家格拉斯曼第一次系统地阐述了向量的理论，运算法则、运算律，并于1844年进一步将向量理论扩展到n维空间．

1843年，英国数学家哈密顿进一步完善和规范，使向量更符合数的有关代数运算律，为向量进入数学并成为一门独立的数学分支打下了基础．

至于物理界叫“矢量”，数学界叫“向量”，能不能统一？20世纪90年代初，全国自然科学名词审定委员会还为此召开专门会议（戏称“一字会”），由钱三强亲自主持，但没能达成一致意见．

二、向量进入中学

向量进入中学在我国是20世纪80年代的事．那时在高中实验教材出现了用向量方法处理解析几何和立体几何的内容．20世纪90年代，三维向量进入立体几何．据说，当时国家教材审定委员会是以4票对4票，后立体几何分两种版本以折中处理办法问世．上海教材在陈昌平等教授的力挺之下，率先在20世纪90年代全面推行向量方法．

2004年，《上海市中小学数学课程标准（试行稿）》首次计划在初中（八年级)引入向量,2007年试验课本开始实施,这在国内开了一个先河.

陈昌平教授说:“坐标向量法能节省思维,是通性通法. 一般地,建立了坐标系便可着手计算,由计算结果得出几何结论. 最为重要的是:综合立体几何的方法是强弩之末,到此为止了,相反,坐标向量法是初生之犊,是新方法的起点.”

向量进入中学在国外要更早一些,美国在20世纪50年代就在中学引入向量[先在11年级,后在9年级(坎布里奇会议的数学教育报告)]. 表10-1所示是部分国家在初中引入向量内容的情况.

表10-1 部分国家在初中引入向量内容的情况

国家	资料来源	有关向量内容
美国	UCSMP课程,始于1983年,历经8年试验,1991年正式发行第一版,发行总量约占美国的15%~20%	九年级教材中有“三角与向量”一章
英国	SMP教材,由剑桥大学出版社出版. SMP组织成立于1961年,最早由8所中学的校长和有经验的数学教师发起建立,1963年就有41所中学参加,目前已有2500所中学采用SMP教材. 这是英国影响最大的一套教材 SMP教材分3个系列: (1)A~H册(8册) (2)x、y、z册 (3)O水平(普通水平)的1~5册和A水平(高级水平)的1~4册 SMP A~H,x、y、z与O水平的1~5册的关系: 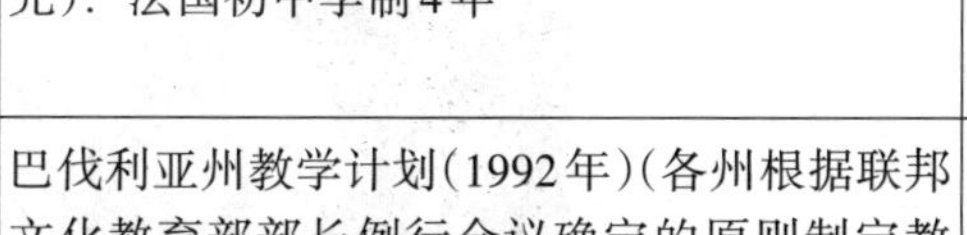 年龄 11 12 13 14 15 A → B → C → D → E → F → G → H →(CSE) x、y、z 1册 → 2册 → 3册 → 4册 → 5册 → O水平	在O水平(普通水平)的第2册(1988年版)有“平移和向量”一章,第5册(1983年)有“实用的向量”一章 在新修订的A水平(高级水平)的第1册有“向量几何”一章
法国	初中数学教学大纲(1985年颁布,1987年补充). 法国初中学制4年	规定教学内容:初三有“平移与向量”;初四有“向量相等、向量坐标、向量加法”等
德国	巴伐利亚州教学计划(1992年)(各州根据联邦文化教育部部长例行会议确定的原则制定教学计划)	七年级教学内容有“平移(位移矢……)”,八年级教学内容有“向量概念”

续表

国家	资料来源	有关向量内容
俄罗斯	2003年1月31日编制的俄罗斯联邦数学课程标准(基础学校)草案	五~九年级(初中)几何内容(节录):6.4向量,向量的长(模);6.5向量的运算(数乘向量,向量的和),向量坐标,向量在两个不共线方向上的分解;6.6向量的数积;6.7几何中的坐标和向量方法……8.5坐标法,向量法

注:SMP是School Mathematics Project(学校数学设计)的简称.

由此可以看出,在初中学段引入向量,已成为一些发达国家的共识. 同时也让我们看到,向量(原本高校讲授的内容)不仅可以“下放”到高中,也可以“下放”到初中. 著名数学家齐民友教授说:“考虑到教育是国力的基础,如果我国中学生的数学水平远远落后于世界平均水平,则给我们带来的困难,将会比我们现在努力改进,充实数学内容,提高教师准备程度等遇到的困难,大得无可比拟.”

三、向量魅力何在?

向量为什么受到如此厚爱呢? 它究竟有什么威力和魅力,使它如此受人重视呢?

著名数学教育家、国际欧亚科学院院士张奠宙教授(图10-1)说:“说来简单,无非是向量‘能算’. 利用向量,传统欧氏几何中一些很费事的问题迎刃而解. 比起综合几何需要‘个别处理’技巧,它能提供‘一揽子’解决手段,且十分轻松.”

张奠宙

陈省身

图10-1

微分几何大师陈省身(图10-1)说:“向量使许多理论的数学代数化,有向量在数学里头,你可以算出数目来. 比如,它可以把几何代数化,代数使你能算,可以解决很多问题.”

华东师范大学的邹一心等教授认为,向量几何的魅力主要来自3个方面.

1. 来自坐标——向量的算法性

由于建立了直角坐标系,使“点”与“向量”即“数组”对应,使几何中的“点”参与代数运算,于是几何问题代数化,减少了空间几何的思辨性.

2. 来自方法——广泛的应用性

学习综合几何的推理论证,宜在初中学习平面几何时完成,而从高中开始直至今后,应重视学习另一种新的数学思想方法——向量方法,这是在数学中应用更广泛的方法.

3. 来自模式——思维的规范性

向量几何中有现成的夹角公式、距离公式、法向量的计算公式等,如三垂线定理,避免辅助线……掌握解题的通性通法.

张景中院士说:“向量方法是解几何问题的通法……并且已经有了适用于相当广泛的命题类的机械化算法.”“用向量解几何题,并非数学家引入向量的主要目的. 向量理论的大用场,还在更多、更高深、更有用、更重要的数学或物理学的分支里.”(图10-2)

图10-2

自从有了笛卡儿坐标系,使数形互相结合,为传统几何注入了新的活力,但用坐标表示的点依然不能运算,有了向量,情况发生了改变. 表示点的坐标(有序数组)与向量一一对应,再加上向量完备的运算体系,于是几何点就可以顺畅地参与代数运算. 而且随着线性代数的异军突起、向量维数的拓广、计算机的普及,更主要的是向量能够精中求简、以简驭繁,使向量还会有更大的发展空间,成为更重要的“主角”,撑起“向量空间”的一片天!

向量是数形结合的又一通道!

四、中学向量知识结构

现行中学教材向量的主要内容如图10-3所示.

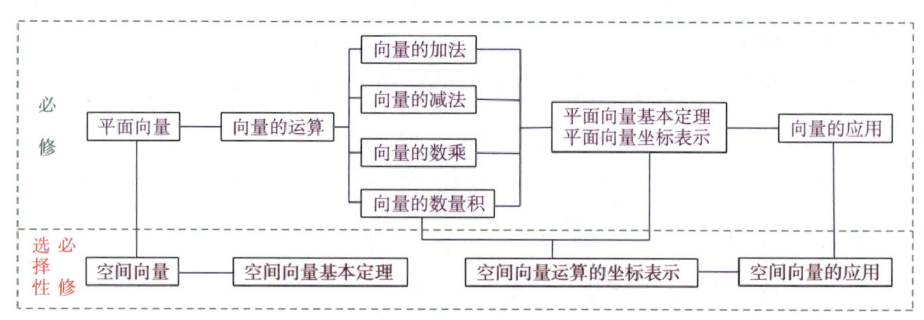

图 10-3

五、向量方法解题

初等几何解题要用许多公理和定理，而向量法仅需如下4条.

(1)向量相加的“首尾相连法则”，即$\overrightarrow{AB}+\overrightarrow{BC}=\overrightarrow{AC}$. 这个法则可以推广到多个向量.

(2)向量数乘的意义和运算律，特别是可以用数乘一个向量来表示和它平行或共线的向量.

(3)向量内积(数量积)的意义和运算律，特别是相互垂直的向量内积为0.

(4)平面向量基本定理：如果$\boldsymbol{e}_1$、$\boldsymbol{e}_2$是平面上两个不共线的向量，则对于平面上任一向量$\boldsymbol{a}$，存在唯一的一对实数λ_1、λ_2，使$\boldsymbol{a}=\lambda_1\boldsymbol{e}_1+\lambda_2\boldsymbol{e}_2$.

例 10.1 证明三角形中位线定理.

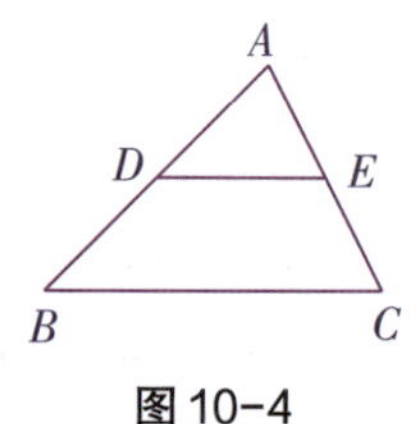

图 10-4

说明：初中数学教材已给出过一个证明，下面是它的向量证法.

证明 如图 10-4 所示，D、E分别为$\triangle ABC$两边AB、AC的中点，

$$\begin{aligned}\overrightarrow{DE}&=\overrightarrow{DA}+\overrightarrow{AE}\\&=\frac{1}{2}\overrightarrow{BA}+\frac{1}{2}\overrightarrow{AC}\\&=\frac{1}{2}\left(\overrightarrow{BA}+\overrightarrow{AC}\right)\\&=\frac{1}{2}\overrightarrow{BC}\end{aligned}$$

所以，$DE=\frac{1}{2}BC$，$DE/\!/BC$.

小结：(1)三角形中位线定理包含两个结论：$DE/\!/BC$，$DE=\frac{1}{2}BC$，前者是

位置关系，后者是数量关系．而向量等式 $\boldsymbol{b}=m\boldsymbol{a}$ 正好包含这两种关系．因此，向量证法有其独特优势．

(2)证明的关键是得出向量等式：$\overrightarrow{DE}=\frac{1}{2}\overrightarrow{BC}$．怎么得出这个关系？证明过程利用了两个"回路等式"：$\overrightarrow{DE}=\overrightarrow{DA}+\overrightarrow{AE}$ 和 $\overrightarrow{BA}+\overrightarrow{AC}=\overrightarrow{BC}$．从图形看，这两个"回路"在 AB、AC 上有重叠（共线）关系，因此有等式 $\overrightarrow{DA}=\frac{1}{2}\overrightarrow{BA}$，$\overrightarrow{AE}=\frac{1}{2}\overrightarrow{AC}$，从而使问题得到"转化"．

例 10.2 如图 10-5 所示，已知 $\overrightarrow{OA}=k\overrightarrow{OA_1}$，$\overrightarrow{OB}=k\overrightarrow{OB_1}$，$\overrightarrow{OC}=k\overrightarrow{OC_1}$，求证 $\triangle ABC\backsim\triangle A_1B_1C_1$．

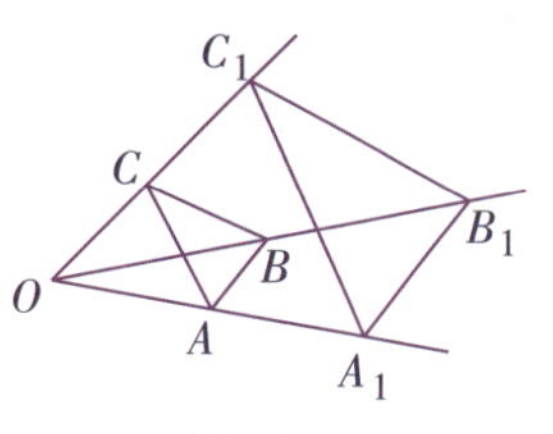

图 10-5

证明 因为

$$\begin{aligned}\overrightarrow{AC}&=\overrightarrow{AO}+\overrightarrow{OC}\\&=-k\overrightarrow{OA_1}+k\overrightarrow{OC_1}\\&=k\left(-\overrightarrow{OA_1}+\overrightarrow{OC_1}\right)\\&=k\left(\overrightarrow{A_1O}+\overrightarrow{OC_1}\right)\\&=k\overrightarrow{A_1C_1}\end{aligned}$$

所以，$\left|\overrightarrow{AC}\right|=|k|\left|\overrightarrow{A_1C_1}\right|$.

同理可得，$\left|\overrightarrow{AB}\right|=|k|\left|\overrightarrow{A_1B_1}\right|$，$\left|\overrightarrow{BC}\right|=|k|\left|\overrightarrow{B_1C_1}\right|$.

所以，$\frac{AB}{A_1B_1}=\frac{BC}{B_1C_1}=\frac{AC}{A_1C_1}=|k|$.

所以，$\triangle ABC\backsim\triangle A_1B_1C_1$.

注意：(1)因为 $\overrightarrow{AO}=-\overrightarrow{OA}$，所以 $\overrightarrow{AO}=-k\cdot\overrightarrow{OA_1}$.

(2)由 $\overrightarrow{AC}=k\cdot\overrightarrow{A_1C_1}$，不可写成 $\frac{\overrightarrow{AC}}{\overrightarrow{A_1C_1}}=k$．因为向量的除法是没有定义的．

例 10.3 如图 10-6 所示，一直线过 $\triangle ABC$ 的重心 G，且分别交 CA、CB 于 P、Q，若 $\frac{CP}{CA}=h$，$\frac{CQ}{CB}=k$，求证 $\frac{1}{h}+\frac{1}{k}=3$.

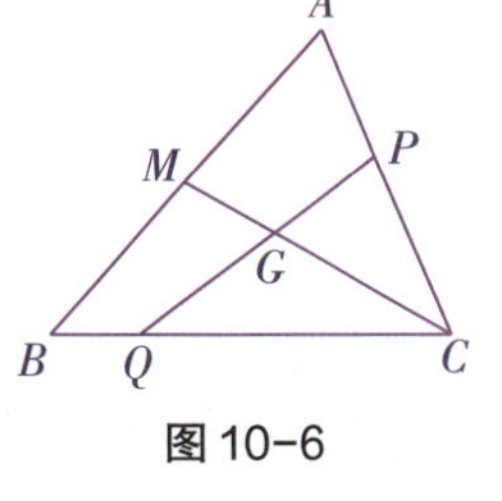

图 10-6

证明 设 AB 的中点为 M，则

$$\overrightarrow{CG}=\frac{2}{3}\overrightarrow{CM}=\frac{2}{3}\times\frac{1}{2}(\overrightarrow{CA}+\overrightarrow{CB})=\frac{1}{3}\left(\frac{1}{h}\overrightarrow{CP}+\frac{1}{k}\overrightarrow{CQ}\right)=\frac{1}{3h}\overrightarrow{CP}+\frac{1}{3k}\overrightarrow{CQ}$$

因为 $\overrightarrow{CP}=\overrightarrow{CG}+\overrightarrow{GP}$，$\overrightarrow{CQ}=\overrightarrow{CG}+\overrightarrow{GQ}$，设 $\overrightarrow{GP}=s\cdot\overrightarrow{GQ}$，分别代入上式，得

$$\left(1-\frac{1}{3h}-\frac{1}{3k}\right)\overrightarrow{CG}=\left(\frac{s}{3h}+\frac{1}{3k}\right)\overrightarrow{GQ}$$

因为$\overrightarrow{CG}$、$\overrightarrow{GQ}$不共线，所以有

$$1-\frac{1}{3h}-\frac{1}{3k}=\frac{s}{3h}+\frac{1}{3k}=0$$

即$\frac{1}{h}+\frac{1}{k}=3$.

注意，对于等式$m\boldsymbol{a}=n\boldsymbol{b}$，若$\boldsymbol{a}$、$\boldsymbol{b}$不共线，则必有$m=n=0$，否则，有$\boldsymbol{a}=\frac{n}{m}\boldsymbol{b}$或$\boldsymbol{b}=\frac{m}{n}\boldsymbol{a}$，$\boldsymbol{a}$、$\boldsymbol{b}$平行，矛盾.

例 10.4 如图 10-7 所示，在$\triangle ABC$内，D、E是BC边的三等分点，D在B和E之间，F是AC的中点，G是AB的中点. 设H是线段EG和DF的交点，求比值$\frac{EH}{HG}$.

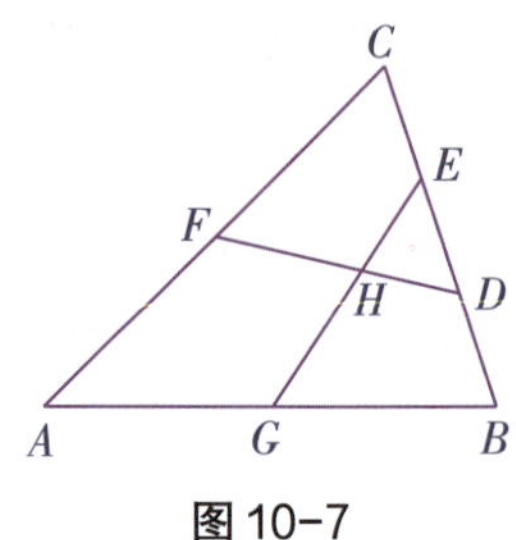

图 10-7

解 因为

$$\overrightarrow{FG}=\frac{1}{2}\overrightarrow{CB}=\frac{3}{2}\overrightarrow{ED}=\frac{3}{2}\overrightarrow{EH}+\frac{3}{2}\overrightarrow{HD}$$

$$\overrightarrow{FG}=\overrightarrow{FH}+\overrightarrow{HG}$$

所以，$\overrightarrow{FH}+\overrightarrow{HG}=\frac{3}{2}\overrightarrow{HD}+\frac{3}{2}\overrightarrow{EH}$.

设$\overrightarrow{FH}=k\cdot\overrightarrow{HD}$，$\overrightarrow{HG}=h\cdot\overrightarrow{EH}$，代入上式，整理得$\left(k-\frac{3}{2}\right)\overrightarrow{HD}=\left(\frac{3}{2}-h\right)\overrightarrow{EH}$，因为$\overrightarrow{HD}$、$\overrightarrow{EH}$不共线，故$k-\frac{3}{2}=\frac{3}{2}-h=0$.

故有$h=\frac{3}{2}$，即$\frac{EH}{HG}=\frac{2}{3}$.

小结：上述两题的解法有一个基本模式，即先根据已知得出一个向量等式(线性组合)，然后通过“回路等式”或平行向量定理“化简”(消去一个向量)，得出等式$m\boldsymbol{a}=n\boldsymbol{b}$，再根据$\boldsymbol{a}$、$\boldsymbol{b}$平行与否得出结论.

例 10.5 求证三角形中，垂心H、重心G、外心O三点共线(欧拉线)，且$HG=2GO$.

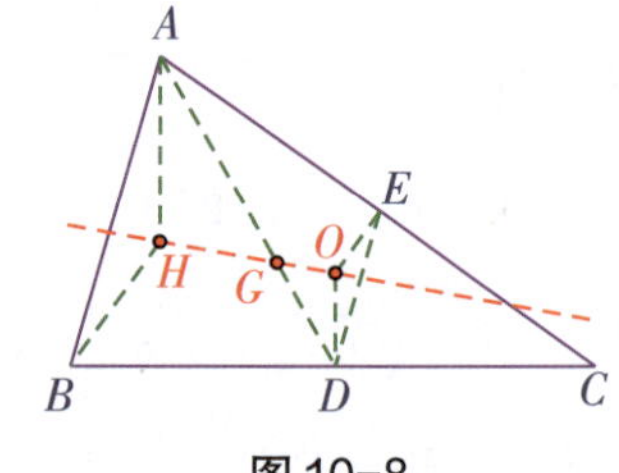

图 10-8

证明 如图 10-8 所示，设点D和E分别为BC和AC的中点，则$\overrightarrow{AB}=2\overrightarrow{ED}$，即$\overrightarrow{AH}+\overrightarrow{HB}=2\overrightarrow{EO}+2\overrightarrow{OD}$，所以$\overrightarrow{AH}=2\overrightarrow{OD}$，$\overrightarrow{HB}=2\overrightarrow{EO}$. 设$AD$交$HO$于

K,则由$\overrightarrow{AH}=2\overrightarrow{OD}$得$\overrightarrow{AK}+\overrightarrow{KH}=2\overrightarrow{OK}+2\overrightarrow{KD}$,所以$\overrightarrow{KH}=2\overrightarrow{OK}$,$\overrightarrow{AK}=2\overrightarrow{KD}$.

故所设的点K就是重心G,即$\overrightarrow{GH}=2\overrightarrow{OG}$. 所以,点$H$、$G$、$O$三点共线,且$HG=2GO$.

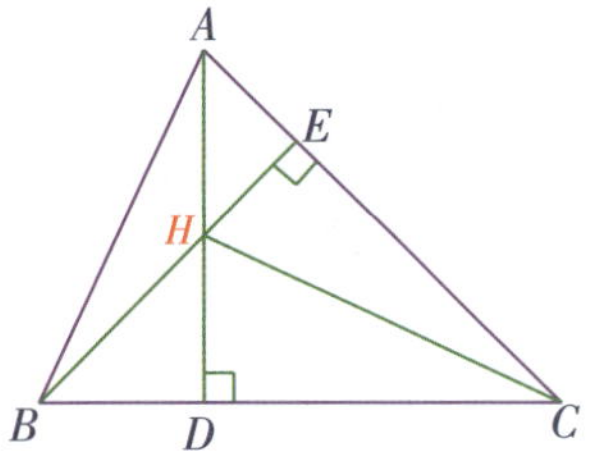

例 10.6 (证明垂心定理)如图 10-9 所示,在$\triangle ABC$中,$AD\perp BC$,$BE\perp AC$,AD交BE于H,求证$CH\perp AB$.

图 10-9

证明 由$BH\perp AC$得$\overrightarrow{BH}\cdot(\overrightarrow{AH}+\overrightarrow{HC})=0$;由$AH\perp BC$得$\overrightarrow{AH}\cdot(\overrightarrow{BH}+\overrightarrow{HC})=0$,两式相减得$\overrightarrow{BA}\cdot\overrightarrow{HC}=0$,所以$CH\perp AB$.

例 10.7 求$\cos 5°+\cos 77°+\cos 149°+\cos 221°+\cos 293°$的值.

解 如图10-10所示,作正五边形$A_1A_2A_3A_4A_5$,边长为 1,$\overrightarrow{A_1A_2}$与x轴夹角为$5°$. 由于$\overrightarrow{A_1A_2}+\overrightarrow{A_2A_3}+\overrightarrow{A_3A_4}+\overrightarrow{A_4A_5}+\overrightarrow{A_5A_1}=\vec{0}$,其在$x$轴上的投影为0. 注意到向量与$x$轴的夹角分别为$5°$、$77°$、$149°$、$221°$、$293°$,故有

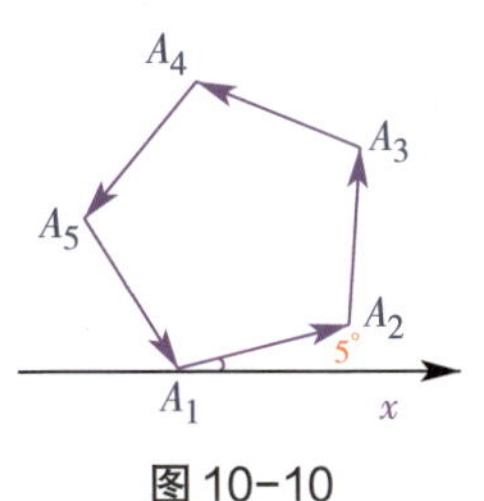

图 10-10

$$\cos 5°+\cos 77°+\cos 149°+\cos 221°+\cos 293°=0$$

例 10.8 求证$\sqrt{a^2+m^2}+\sqrt{b^2+n^2}+\sqrt{c^2+k^2}\geqslant\sqrt{(a+b+c)^2+(m+n+k)^2}$.

证明 构造向量$\boldsymbol{a}_1=(a,m)$,$\boldsymbol{a}_2=(b,n)$,$\boldsymbol{a}_3=(c,k)$,由$|\boldsymbol{a}_1|+|\boldsymbol{a}_2|+|\boldsymbol{a}_3|\geqslant|\boldsymbol{a}_1+\boldsymbol{a}_2+\boldsymbol{a}_3|$得$\sqrt{a^2+m^2}+\sqrt{b^2+n^2}+\sqrt{c^2+k^2}\geqslant\sqrt{(a+b+c)^2+(m+n+k)^2}$.

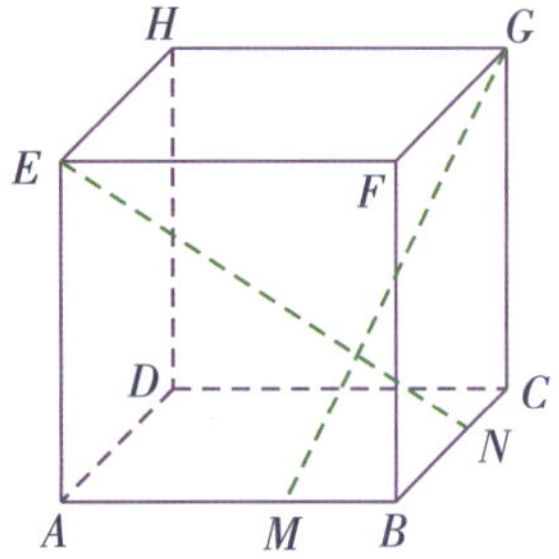

例 10.9 如图 10-11 所示,棱长为a的正方体$ABCD\text{-}EFGH$中,M、N分别为AB和BC上的动点,且$AM=BN$,求证$EN\perp GM$.

图 10-11

证明 设

$$AM=BN=ka$$

$$\begin{aligned}\overrightarrow{EN}\cdot\overrightarrow{MG}&=(\overrightarrow{EA}+\overrightarrow{AB}+\overrightarrow{BN})\cdot(\overrightarrow{MB}+\overrightarrow{BC}+\overrightarrow{CG})\\&=-a^2+(1-k)a^2+ka^2=0\end{aligned}$$

所以,$EN\perp GM$.

张景中院士说,向量方法是解几何问题的通法. 通过上面的例子我们看到,利用向量解题有独特的优势. 愿大家重视向量学习,体会向量的奥妙,掌握向量的方法,领略向量的力量!

综合与实践

(1)向量是数学上的一个特殊结构. 数能够进行加减乘除四则运算,向量只有加减、数乘及向量的数量积(且结果不再是向量),这个体系结构的形成经历了一个漫长的过程. 请写一篇小论文,介绍这一形成过程,并谈谈它带给我们哪些启示.

(2)用"向量回路法"证明:在任意四边形$ABCD$中,E、F分别为AD和BC的中点(图10-12),则$2\overrightarrow{EF}=\overrightarrow{AB}+\overrightarrow{DC}$. 并讨论此结论与梯形中位线定理、三角形中位线定理的关联.

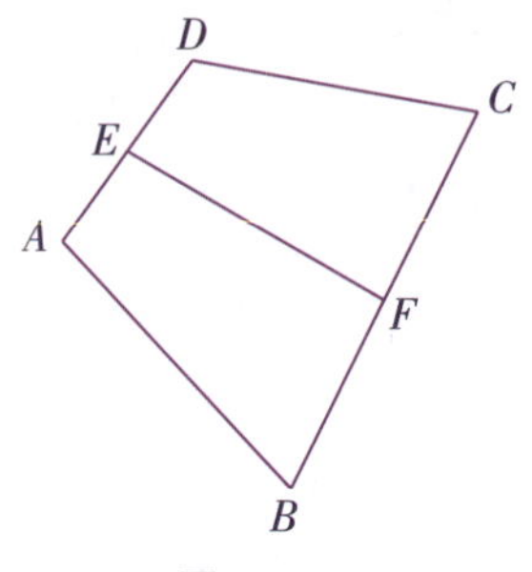

图 10-12

(3)写出三角形"五心"的向量表示.

第11章

11

阿波罗尼奥斯定理

阿波罗尼奥斯(图11-1)是著名的古希腊数学家,当时以“大几何学家”闻名. 他与欧几里得、阿基米德并称为亚历山大学派前期三大数学家. 他在传统的欧几里得几何基础上,编著了《圆锥曲线论》(*Conic Sections*),这部著作分8篇共487个命题,有一些比欧几里得几何更为精深的成就,并透露出“解析几何”的思想(图11-1). 尤其是他的圆锥曲线理论,论述详尽,历经1500年,后人几乎无所增补. 正如克莱因教授所说:“按成就来说,它(《圆锥曲线论》)是这样一个巍然屹立的丰碑,以至后代学者至少从几何上几乎不能再对这个问题有新的发言权,它确实可以看成是古典希腊几何的登峰造极之作.”

图11-1

一、阿波罗尼奥斯定理

阿波罗尼奥斯定理在现行的中学数学教材或资料中以下列形式出现.

阿波罗尼奥斯定理(形式1)　如图11-2所示,AD为$\triangle ABC$的中线,则

$$AB^2+AC^2=2(AD^2+BD^2)$$

阿波罗尼奥斯定理(形式2,广义勾股定理)　平行四边形对角线的平方和等于它四边的平方和,即等于相邻两边平方和的两倍.

如图11-3所示,对于$\square ABCD$,有$AC^2+BD^2=2(AB^2+BC^2)$.

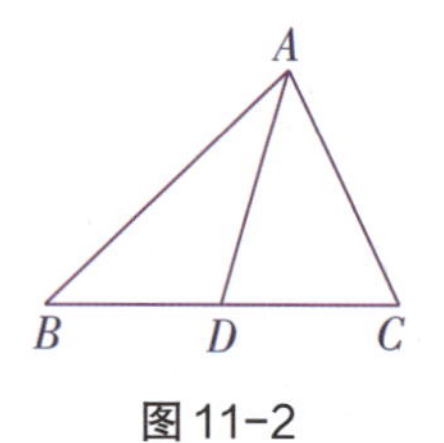

图11-2

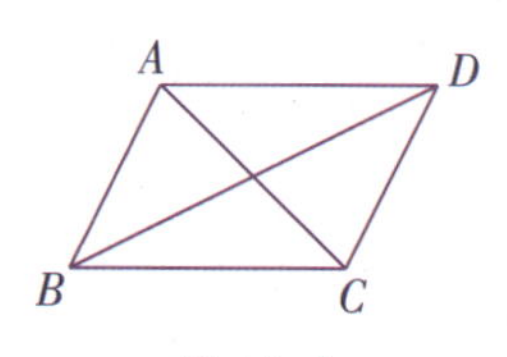

图11-3

两种形式本质上是一样的.

关于这一定理,也有书称其为帕普斯定理.

下面根据形式1给出它的证明.

如图11-4所示,E为AB的中点,$\angle CEA=\alpha$,则由余弦定理,有

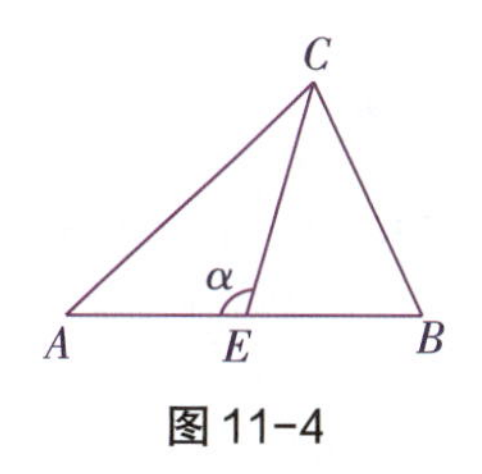

图11-4

$$AC^2=EC^2+AE^2-2EC\cdot AE\cos\alpha \tag{①}$$

$$BC^2=EC^2+EB^2+2EC\cdot EB\cos\alpha \tag{②}$$

因为$AE=BE$,所以由①+②得

$$AC^2+BC^2=2(EC^2+AE^2)$$

二、阿波罗尼奥斯定理的推广

定理11.1 如图11-5所示,若E、F为四边形$ABCD$的AB、CD边上的点,且$\dfrac{AE}{EB}=\dfrac{DF}{FC}=\dfrac{m}{n}$,$AD=b$,$BC=a$,设$AD$与$BC$的夹角为$\alpha$,则

$$(m+n)^2EF^2=(am)^2+(bn)^2+2am\cdot bn\cos\alpha \tag{11-1}$$

证明 如图11-6所示,连接BD,过E作$EO /\!/ AD$交BD于O,连接OF,则$OF /\!/ BC$,且有$\angle 1=\angle 3$,$\angle 2=\angle 4$,所以$\angle 1+\angle 2=\angle 3+\angle 4=\alpha$.

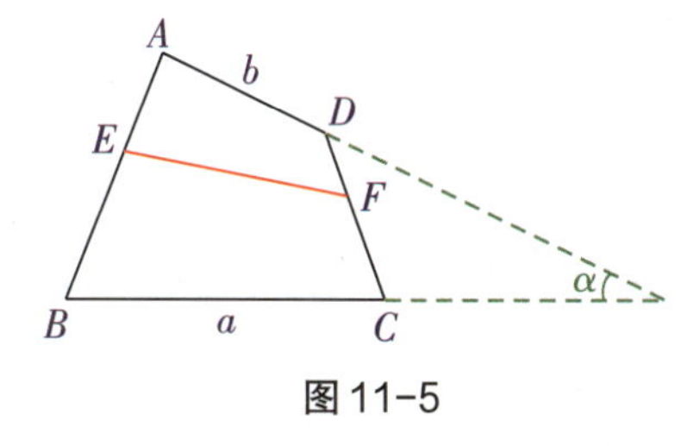

图11-5

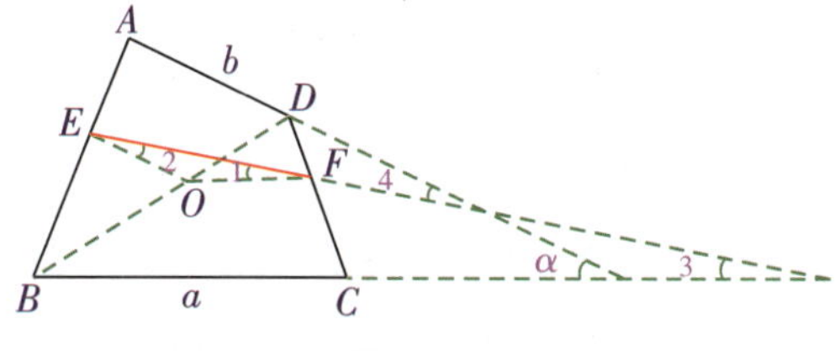

图11-6

又因为$OE=\dfrac{bn}{m+n}$,$OF=\dfrac{am}{m+n}$,在$\triangle EOF$中,由余弦定理,有

$$EF^2=\left(\frac{bm}{m+n}\right)^2+\left(\frac{am}{m+n}\right)^2-2\cdot\frac{bm}{m+n}\cdot\frac{am}{m+n}\cos(180^\circ-\alpha)$$

即

$$(m+n)^2EF^2=(am)^2+(bn)^2+2am\cdot bn\cos\alpha$$

定理得证,下面看它的各种特例.

(1)在式(11-1)中,令$EF=l$,$\dfrac{m}{n}=1$,解出l得

$$l = \frac{1}{2}\sqrt{a^2 + b^2 + 2ab\cos\alpha} \tag{11-2}$$

为任意四边形对边中点连线长公式.

(2)在式(11-2)中,

令$b = 0$,得$l = \frac{a}{2}$,为三角形中位线定理,如图11-7(a)所示.

令$\alpha = 0°$,得$l = \frac{a+b}{2}$,为梯形中位线定理,如图11-7(b)所示.

令$\alpha = 180°$,得$l = \frac{a-b}{2}$,为梯形两对角线中点连线长公式,如图11-7(c)所示.

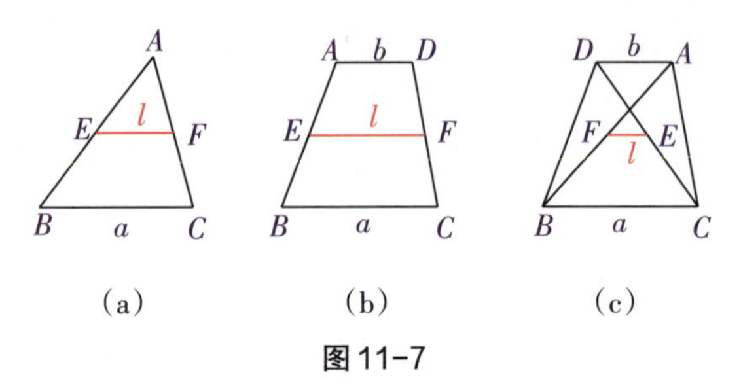

图11-7

(3)在式(11-1)中,

令$\alpha = 0°$,得$l = \frac{am + bm}{m + n}$,为分梯形两腰为$\frac{m}{n}$的线段长公式,如图11-8(a)所示.

令$\alpha = 180°$,$l = \frac{am - bm}{m + n}$,为分梯形两对角线为$\frac{m}{n}$的线段长公式,如图11-8(b)所示.

(4)当$CD = 0$时,四边形退化为三角形,上述结论即为:E为$\triangle ABC$中AB边上的点,且$\frac{AE}{EB} = \frac{m}{n}$(图11-9),则$EC$长

$$l = \frac{1}{m+n}\sqrt{(am)^2 + (bn)^2 + 2am \cdot bn\cos\angle ACB} \tag{*}$$

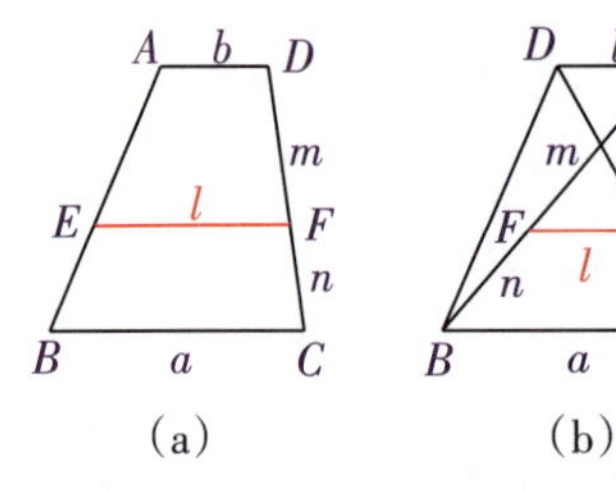

图11-8

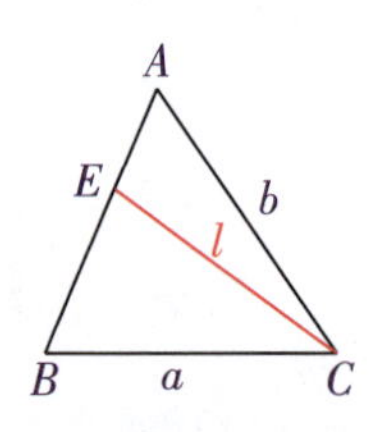

图11-9

将$\cos\angle ACB=\dfrac{a^2+b^2-c^2}{2ab}$代入得

$$l=\frac{1}{m+n}\sqrt{(am)^2+(bn)^2+m\cdot n(a^2+b^2-c^2)} \qquad (11\text{-}3)$$

(5)将$m=n$代入式(11-3),化简得

$$AC^2+BC^2=2(EC^2+AE^2)$$

为阿波罗尼奥斯定理.

(6)在图11-9中,当CE为角平分线时,即有$\dfrac{m}{n}=\dfrac{b}{a}$,代入式(11-3),得

$$l=\frac{1}{a+b}\sqrt{ab[(a+b)^2-c^2]} \qquad (11\text{-}4)$$

为角平分线长公式.

(7)在图11-9中,若令$AE=m,EB=n$,则$c=m+n$,代入式(11-4)得

$$\begin{aligned} l&=\sqrt{ab-ab\left(\frac{m+n}{a+b}\right)^2}=\sqrt{ab-ab\frac{n^2}{a^2}}\\ &=\sqrt{ab-\frac{b}{a}n^2}=\sqrt{ab-\frac{m}{n}n^2}\\ &=\sqrt{ab-mn} \end{aligned}$$

所以,$l^2=ab-mn$,为斯霍滕定理.

斯霍滕是荷兰数学家,上述以他的名字命名的定理也是平面几何中最著名的定理之一,在解题中有广泛应用.

(8)在图11-6中,令D重合于C,则$\alpha=\angle ACB,AB=c,EF$变为$CE$,图11-6退化为图11-4. 记$CE=d,AE=m,EB=n$,则$c=m+n$. 代入式(11-1),得

$$(m+n)^2d^2=(am)^2+(bn)^2+2am\cdot bn\cdot\frac{a^2+b^2-c^2}{2ab}$$

即

$$\begin{aligned} c^2d^2&=(am)^2+(bn)^2+mn(a^2+b^2-c^2)\\ &=a^2m(m+n)+b^2n(n+m)-mnc^2\\ &=a^2mc+b^2nc-mnc^2 \end{aligned}$$

得

$$a^2m+b^2n=cd^2+mnc$$

即

$$BC^2\cdot AE+AC^2\cdot BE=CE^2\cdot AB+AE\cdot EB\cdot AB$$

为斯图尔特定理.

斯图尔特是英国爱丁堡大学的数学教授,上述定理是他1746年提出的. 据说这一定理在公元前300年左右阿基米德就发现了,但第一个已知的证明是

西姆松在1751年发表的.

定理11.1的“胃口”真大,竟包含这么多著名定理和结论!

将阿波罗尼奥斯定理向三维空间推广,可得下面的定理.

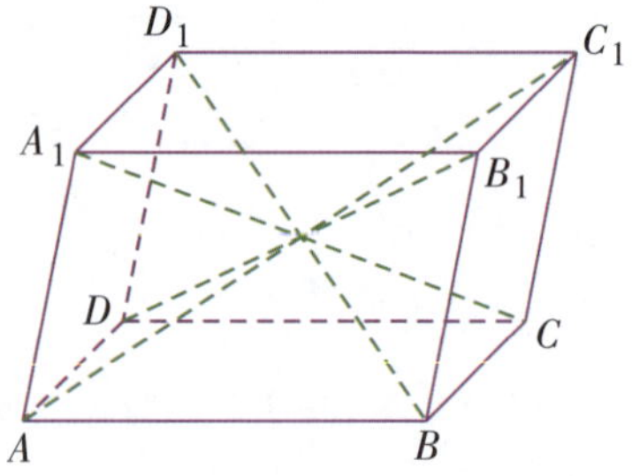

定理11.2 平行六面体四条对角线的平方和等于其各棱的平方和.

图11-10

证明 如图11-10所示,在$\square A_1BCD_1$中,有

$$BD_1^2 + A_1C^2 = 2(A_1B^2 + BC^2)$$

同理,在$\square AB_1C_1D$中,有

$$AC_1^2 + B_1D^2 = 2(AB_1^2 + AD^2)$$

所以有

$$AC_1^2 + A_1C^2 + B_1D^2 + BD_1^2 = 2(A_1B^2 + AB_1^2 + BC^2 + AD^2)$$

又因为$BC = AD$,$A_1B^2 + AB_1^2 = 2(AB^2 + AA_1^2)$,所以有

$$AC_1^2 + A_1C^2 + B_1D^2 + BD_1^2 = 4(AB^2 + AD^2 + AA_1^2)$$

作为定理11.1中式(11-2)的应用,下面我们证明著名的爱可尔斯定理1和爱可尔斯定理2.

爱可尔斯定理1 如图11-11所示,若$\triangle A_1B_1C_1$和$\triangle A_2B_2C_2$都是正三角形,则线段A_1A_2、B_1B_2、C_1C_2的中点D、E、F也构成正三角形.

证明 如图11-12所示,设正$\triangle A_1B_1C_1$的边长为a,正$\triangle A_2B_2C_2$的边长为b,A_1A_2、B_1B_2、C_1C_2的中点分别为D、E、F,延长A_1B_1、A_2B_2交于点M,延长A_1C_1、A_2C_2交于点N,因为$\angle MA_1N = \angle MA_2N = 60°$,所以$A_1$、$M$、$N$、$A_2$四点共圆,故$\angle M = \angle N$(设为$\alpha$,$0° \leqslant \alpha < 180°$). 在四边形$A_1B_1B_2A_2$和四边形$A_1C_1C_2A_2$中,由定理11.1得到的式(11-2):

$$l = \frac{1}{2}\sqrt{a^2 + b^2 + 2ab\cos\alpha}$$

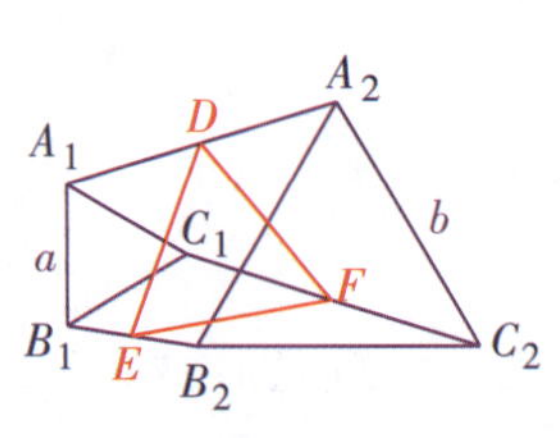

图11-11

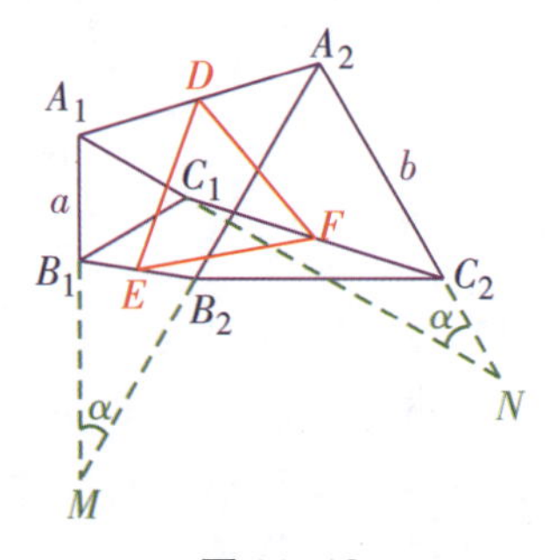

图11-12

得 $DE=DF$，同理可得 $DE=EF$．故 $\triangle DEF$ 为正三角形．

爱可尔斯定理2 若 $\triangle A_1B_1C_1$、$\triangle A_2B_2C_2$、$\triangle A_3B_3C_3$ 都是正三角形，则 $\triangle A_1A_2A_3$、$\triangle B_1B_2B_3$、$\triangle C_1C_2C_3$ 的重心也构成正三角形．

证明 设 A_1A_2、B_1B_2、C_1C_2 的中点分别为 D'、E'、F'（图11-13），则由爱可尔斯定理1可知 $\triangle D'E'F'$ 为正三角形，又设 D、E、F 分别为 A_3D'、B_3E'、C_3F' 上的点，且 $\frac{A_3D}{DD'}=\frac{B_3E}{EE'}=\frac{C_3F}{FF'}=2$，则 D、E、F 分别为 $\triangle A_1A_2A_3$、$\triangle B_1B_2B_3$、$\triangle C_1C_2C_3$ 的重心，由定理11.1的式(*)：

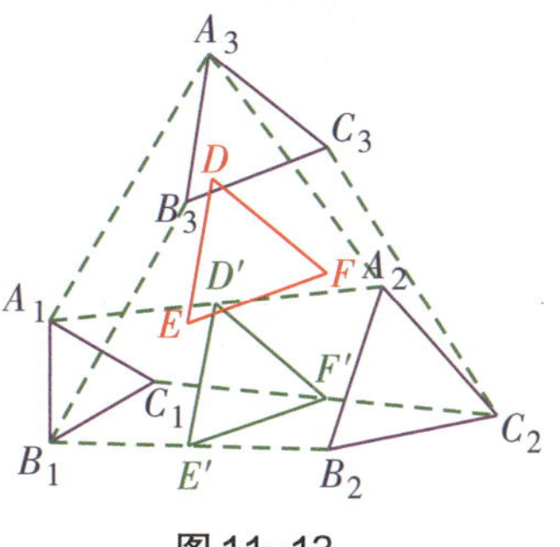

图 11-13

$$EF=\frac{1}{m+n}\sqrt{(am)^2+(bn)^2+2am\cdot bn\cos\alpha}$$

令 $\frac{m}{n}=\frac{2}{1}$，可得 $DE=DF=EF$，即 $\triangle DEF$ 为正三角形．

这是爱可尔斯1932年在《美国数学月刊》上论述过的问题．相对于复数等其他证法，上面的证明显然简洁很多．

有了爱可尔斯定理，我们可以轻松地证明拿破仑定理．

拿破仑定理 以三角形各边为边分别向外侧作等边三角形，则三个等边三角形的中心构成一个等边三角形．

证明 如图11-14所示，对正 $\triangle XCB$、正 $\triangle CYA$、正 $\triangle BZA$，应用爱可尔斯定理2，即得 $\triangle DEF$ 为正三角形．

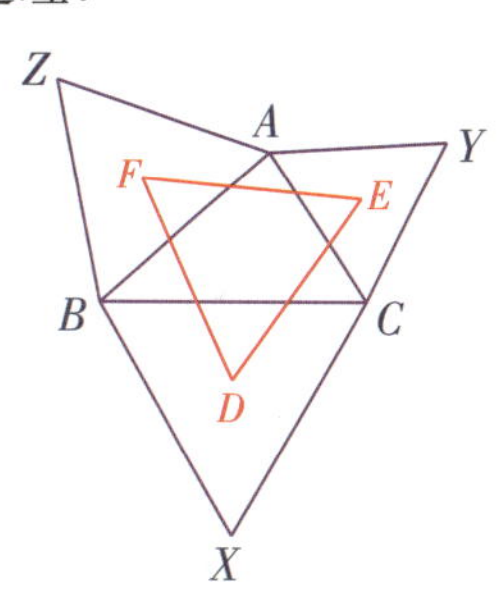

图 11-14

拿破仑（图11-15）是法国历史上著名的皇帝，也是杰出的政治家和军事家．他很重视数学，曾说："一个国家只有数学蓬勃发展，才能表现它的国力强大．"在数学的各领域中，拿破仑更偏爱几何学，在他的戎马生涯中，几何知识帮了他很大的忙．他在成为法国的统治者之前，常常和大数学家拉格朗日和拉普拉斯进行讨论，拉普拉斯后来成为拿破仑的首席军事工程师．在拿破仑执政期间，法国曾云集了一大批世界一流的数学家．但是，拿破仑对几何学是否精通到能够独立发现并证明这个定理，却是一个疑问，

图 11-15

关于拿破仑对几何学的贡献多是些轶事性的传说. 正如加拿大几何学家考克塞特指出,这一定理“已归在拿破仑的名下,虽然他是否具备足够的几何学知识做出这项贡献,如同他是否有足够的英语知识写出著名的回文(倒念顺念一样)

ABLE WAS I ERE I SAW ELBA

一样是值得怀疑的.”

但是,人们已习惯于把它称为拿破仑定理,并把根据这一定理所得到的正三角形称为拿破仑三角形.

综合与实践

(1)已知P为矩形$ABCD$内任一点,求证

$$PA^2+PC^2=PB^2+PD^2$$

(2)设$\sqrt{a}$、$\sqrt{b}$、$\sqrt{c}$分别为共线三点A、B、C对于$\odot O$所作切线的长,求证

$$a\cdot BC+c\cdot AB=b\cdot AC+BC\cdot AC\cdot AB$$

(3)已知任意四边形$ABCD$两对角线AC、BD的中点分别为E、F,求证

$$AB^2+BC^2+CD^2+DA^2=AC^2+BD^2+4EF^2$$

第12章

12 海伦-秦九韶公式

若三角形的一边长为a,这边上的高为h,则其面积

$$S=\frac{1}{2}ah \tag{12-1}$$

这是大家熟知的一个三角形面积公式. 它出现在2000多年前海伦所著的《度量论》(*Metrica*)一书中. 海伦活跃于亚历山大后期,写了不少测量、力学和数学专著,可惜大都失传,只有《度量论》于1896年由舍内发现其手抄本,于1903年校订出版.

《度量论》中还给出了三角形的另一个面积公式,即海伦公式.

一、海伦-秦九韶公式

1. 海伦公式

若三角形的三边长分别为a、b、c,令$p=\frac{1}{2}(a+b+c)$,则其面积

$$S=\sqrt{p(p-a)(p-b)(p-c)} \tag{12-2}$$

式(12-2)称为海伦公式,但海伦不是"海伦公式"的发现者. 根据阿拉伯数学家比鲁尼记载,这个公式是阿基米德发现的. 但海伦在他的《度量论》中给出了一个非常经典的证明.

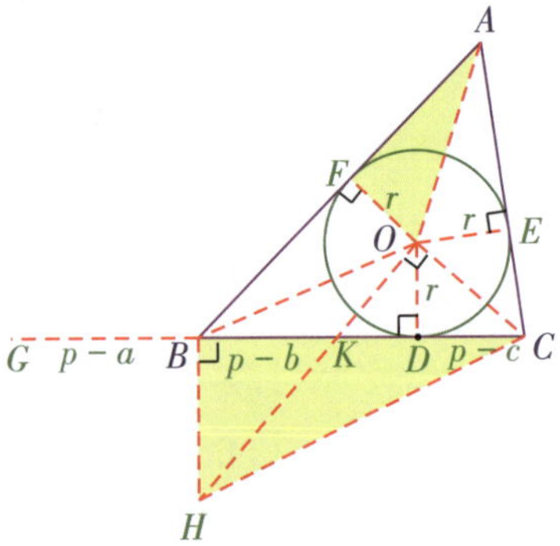

图12-1

如图12-1所示,$\triangle ABC$的内切圆$\odot O$与三边的切点分别为D、E、F,设内切圆半径为r,则

$$\begin{aligned}S_{\triangle ABC}&=S_{\triangle OAB}+S_{\triangle OBC}+S_{\triangle OAC}\\&=\frac{1}{2}ar+\frac{1}{2}br+\frac{1}{2}cr=pr\end{aligned}$$

延长CB至G,使$BG=AF$,则$GC=p$,$GB=p-a$,$BD=p-b$,$DC=p-c$. $S_{\triangle ABC}^2=p^2\cdot r^2$.

过点O作$OK\perp OC$,交BC于点K,过点B作$BH\perp BC$,交OK延长线于点H. 连接HC,则点H、C、O、B四点共圆($\angle HBC=\angle HOC=90°$). 所以,$\angle BHC+\angle BOC=180°$. 又$\angle FOA+\angle BOC=180°$,所以$\angle FOA=\angle BHC$,故$\triangle FOA\backsim\triangle BHC$. 又$\triangle ODK\backsim\triangle HBK$,所以$\frac{BC}{BH}=\frac{AF}{FO}=\frac{GB}{OD}\Rightarrow\frac{BC}{GB}=\frac{BH}{OD}=\frac{BK}{KD}$. 由合比定理,有

$\frac{BC + GB}{GB} = \frac{BK + KD}{KD}$,即$\frac{GC}{GB} = \frac{BD}{KD}$. 所以,$\frac{GC}{GB} \cdot \frac{GC}{GC} = \frac{BD}{KD} \cdot \frac{DC}{DC}$.

即$\frac{GC^2}{GB \cdot GC} = \frac{BD \cdot DC}{OD^2}$. 得$GC^2 \cdot OD^2 = GC \cdot GB \cdot BD \cdot DC$.

即$p^2 \cdot r^2 = p(p-a)(p-b)(p-c)$. 得$S = \sqrt{p(p-a)(p-b)(p-c)}$.

这是一个令人惊叹的证明！看似随意,实则始终朝着一个既定的目标. 海伦向我们展示了他精湛的几何证明技巧和娴熟的代数运算能力,将一些初等几何知识组合得非常巧妙而漂亮,曲折婉转,柳暗花明,堪称几何证明的一个经典. 通过引入参数p,公式形式简洁、和谐、对称,体现了数学之美.

2. 秦九韶公式

秦九韶是我国南宋数学家,与李冶、杨辉、朱世杰齐名,同为我国数学黄金时代宋元时期的四大数学家. 宋淳祐四年至七年(1244—1247),秦九韶在为母亲守孝时,把长期积累的数学知识和研究所得加以编辑,写成了知名的巨著《数书九章》(原叫《数术大略》,元代人改为《数书九章》),并创造了“大衍求一术”,被称为“中国剩余定理”. 他所论的“正负开方术”,被称为“秦九韶程序”. 世界各国从小学、中学到大学的数学课程,几乎都接触到他的定理、定律和解题原则. 美国哈佛大学首任科学史教授萨顿说:“秦九韶是他的时代中在他本国及全世界各国中的最伟大数学家之一.”著名数学史家钱宝琮在《中国数学史》(图 12-2)一书中评价说:“《数书九章》远远超过了古代的经典著作,在一定意义上,可以把它看作是中世纪中国数学的一个高峰.”

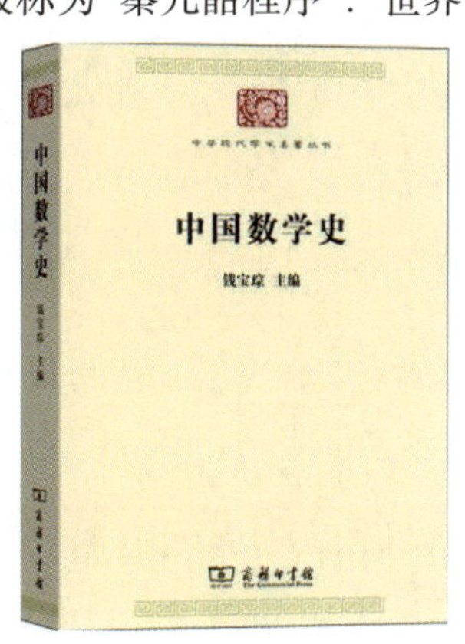

图 12-2

秦九韶的《数书九章》卷五中,载有“三斜求积术”:

设三角形的面积为S,三边长分别为a、b、c,则其面积

$$S = \frac{1}{2}\sqrt{c^2a^2 - \left(\frac{c^2 + a^2 - b^2}{2}\right)^2} \qquad (12\text{-}3)$$

这就是秦九韶公式.

若令$p = \frac{1}{2}(a + b + c)$,将上式$S^2$右端作如下变形.

$$
\begin{aligned}
S^2 &= \frac{1}{16}[(2ac)^2 - (a^2 + c^2 - b^2)^2] \\
&= \frac{1}{16}[(c + a)^2 - b^2][b^2 - (c - a)^2] \\
&= \frac{1}{16}(a + b + c)(a + c - b)(b + c - a)(b + a - c) \\
&= p(p - a)(p - b)(p - c)
\end{aligned}
$$

得 $S = \sqrt{p(p-a)(p-b)(p-c)}$.

上述推导的每一步都是可逆的,因此秦九韶公式与海伦公式是等价的. 二者形式不一,海伦公式简洁对称,但秦九韶公式也有优势,如下题.

设三角形的三边长分别为 1、4、$\sqrt{17}$,求三角形的面积.

用海伦公式,

$$p = \frac{5 + \sqrt{17}}{2}$$

$$S = \sqrt{\frac{5+\sqrt{17}}{2}\left(\frac{5+\sqrt{17}}{2} - 1\right)\left(\frac{5+\sqrt{17}}{2} - 4\right)\left(\frac{5+\sqrt{17}}{2} - \sqrt{17}\right)} = \cdots = 2$$

会陷于烦琐的二次根式运算. 若选择秦九韶公式,会顺利很多.

$$S = \frac{1}{2}\sqrt{1^2 \times 4^2 - \left(\frac{1^2 + 4^2 - \sqrt{17}^2}{2}\right)^2} = 2$$

二、三角形面积公式大观园

前面给出了计算三角形面积的 3 个公式,除此之外,计算三角形面积还有如下公式.

设 $\triangle ABC$ 的半周长为 $p\left(p = \frac{1}{2}(a+b+c)\right)$,外接圆半径为 R,内切圆半径为 r,面积为 S,则有

$$S = \frac{1}{2}(a + b + c) \cdot r = pr \tag{12-4}$$

$$S = \frac{1}{2}ab\sin C = \frac{1}{2}ac\sin B = \frac{1}{2}bc\sin A \tag{12-5}$$

$$S = \frac{abc}{4R} \tag{12-6}$$

$$S = 2R^2 \sin A \sin B \sin C \tag{12-7}$$

$$S = r^2\left(\cot\frac{A}{2} + \cot\frac{B}{2} + \cot\frac{C}{2}\right) \tag{12-8}$$

$$S = Rr(\sin A + \sin B + \sin C) \tag{12-9}$$

$$S = \sqrt{\left(\frac{a+b}{2}\right)^2 - \left(\frac{c}{2}\right)^2} \cdot \sqrt{\left(\frac{c}{2}\right)^2 - \left(\frac{a-b}{2}\right)^2} \tag{12-10}$$

$$S = \frac{1}{4}\sqrt{(a^2+b^2+c^2)^2 - 2(a^4+b^4+c^4)} \tag{12-11}$$

$$S = \sqrt{\frac{1}{32}\left[(a^2+b^2+c^2)^2 - (-a^2+b^2+c^2)^2 - (a^2-b^2+c^2)^2 - (a^2+b^2-c^2)^2\right]} \tag{12-12}$$

式(12-10)由阿拉伯天文学家、数学家阿布·瓦法提出．式(12-11)由华中师范大学第一附属中学田恺同学给出，式(12-12)由武汉英中高级中学熊若渔等同学给出，显然式(12-10)、式(12-11)与海伦公式等价，上述公式的证明留给读者．

在$\triangle ABC$中，若三边分别为a、b、c，其对应的中线分别为m_a、m_b、m_c，则$\triangle ABC$的面积为

$$S = \frac{4}{3}\sqrt{p_m(p_m - m_a)(p_m - m_b)(p_m - m_c)} \tag{12-13}$$

其中$p_m = \frac{1}{2}(m_a + m_b + m_c)$.

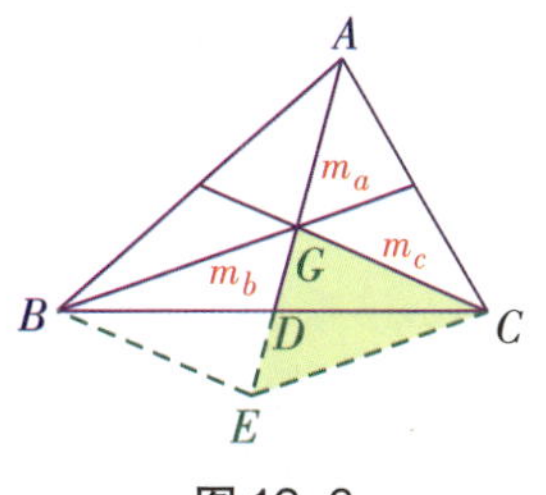

图 12-3

证明　如图 12-3 所示，G为$\triangle ABC$的重心，延长中线AD至点E，使$DE = DG$，则$EG = \frac{2}{3}m_a$，$EC = \frac{2}{3}m_b$，$CG = \frac{2}{3}m_c$，由海伦公式，得

$$S_{\triangle GEC} = \sqrt{p'\left(p' - \frac{2}{3}m_a\right)\left(p' - \frac{2}{3}m_b\right)\left(p' - \frac{2}{3}m_c\right)}$$

其中$p' = \frac{1}{2}\left(\frac{2}{3}m_a + \frac{2}{3}m_b + \frac{2}{3}m_c\right)$.

令$p_m = \frac{3}{2}p' = \frac{1}{2}(m_a + m_b + m_c)$，则

$$S_{\triangle GEC} = \frac{4}{9}\sqrt{p_m(p_m - m_a)(p_m - m_b)(p_m - m_c)}$$

所以

$$S = 3S_{\triangle GEC} = \frac{4}{3}\sqrt{p_m(p_m - m_a)(p_m - m_b)(p_m - m_c)}$$

图 12-4 所示是式(12-13)的一个无字证明.

如图 12-4(b)所示,$\triangle CEF$是以中线m_a、m_b、m_c为边的三角形,显然有

$$S_{\triangle CEF}=\frac{3}{4}S,\text{即}S=\frac{4}{3}S_{\triangle CEF}$$

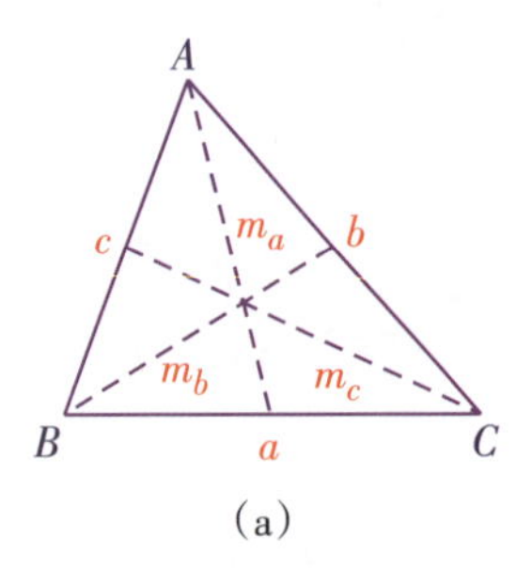

(a)

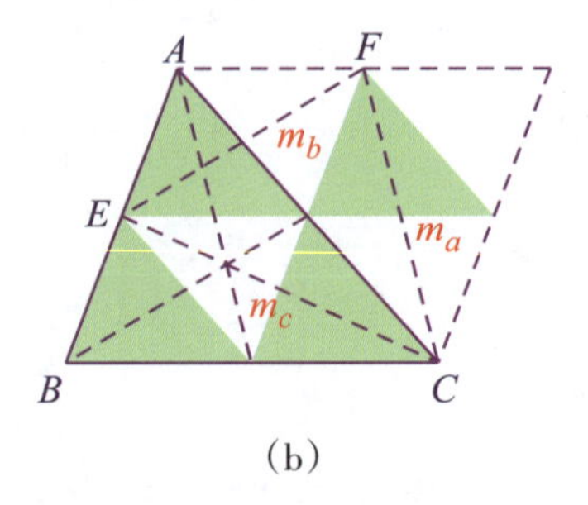

(b)

图 12-4

若$\triangle ABC$的三边分别为a、b、c,其对应的高分别为h_a、h_b、h_c,$\triangle ABC$的面积记为S,记$S'=\frac{1}{S}$,$h'_a=\frac{1}{h_a}$,$h'_b=\frac{1}{h_b}$,$h'_c=\frac{1}{h_c}$,则

$$S'=4\sqrt{p'_h(p'_h-h'_a)(p'_h-h'_b)(p'_h-h'_c)} \tag{12-14}$$

其中$p'_h=\frac{1}{2}(h'_a+h'_b+h'_c)$.

证明 因为$ah_a=bh_b=ch_c=2S$,所以$\frac{a}{2S}=\frac{1}{h_a}=h'_a$,$\frac{b}{2S}=\frac{1}{h_b}=h'_b$,$\frac{c}{2S}=\frac{1}{h_c}=h'_c$. 由海伦公式,有

$$S=\sqrt{p(p-a)(p-b)(p-c)}$$

两边同除以S^2,得

$$\begin{aligned}\frac{S}{S^2}&=\sqrt{\frac{p(p-a)(p-b)(p-c)}{S^4}}\\&=\sqrt{\frac{p}{S}\left(\frac{p}{S}-\frac{a}{S}\right)\left(\frac{p}{S}-\frac{b}{S}\right)\left(\frac{p}{S}-\frac{c}{S}\right)}\\&=4\sqrt{\frac{p}{2S}\left(\frac{p}{2S}-\frac{a}{2S}\right)\left(\frac{p}{2S}-\frac{b}{2S}\right)\left(\frac{p}{2S}-\frac{c}{2S}\right)}\\&=4\sqrt{p'_h(p'_h-h'_a)(p'_h-h'_b)(p'_h-h'_c)}\end{aligned}$$

其中$p'_h=\frac{p}{2S}=\frac{1}{2}\left(\frac{a}{2S}+\frac{b}{2S}+\frac{c}{2S}\right)=\frac{1}{2}(h'_a+h'_b+h'_c)$.

所以

$$S'=4\sqrt{p'_h(p'_h-h'_a)(p'_h-h'_b)(p'_h-h'_c)}$$

其中$p'_h = \frac{1}{2}(h'_a + h'_b + h'_c)$.

式(12-13)、式(12-14)酷似海伦公式,其中式(12-13)由万恒亮提出,式(12-14)由朱广军提出.

三、海伦-秦九韶公式的推广

1. 将三角形向圆内接四边形推广

定理12.1 设四边形$ABCD$为圆内接四边形,$AB = a, BC = b, CD = c, DA = d$,设

$$p = \frac{1}{2}(a + b + c + d)$$

则

$$S = \sqrt{(p - a)(p - b)(p - c)(p - d)}$$

显然,当$d = 0$时,四边形变为三角形,秦九韶-海伦公式为其特例.

2. 向任意四边形推广

定理12.2 在四边形$ABCD$中,$AB = a, BC = b, CD = c, DA = d$,设$p = \frac{1}{2}(a + b + c + d)$,$\angle BAD + \angle BCD = 2\theta$,则四边形的面积为

$$S = \sqrt{(p - a)(p - b)(p - c)(p - d) - abcd\cos^2\theta}$$

显然,当$2\theta = 180°$时,四边形为圆内接四边形,定理12.2即为定理12.1.定理12.2还表明,在四边形四边一定的情况下,以内接于圆的四边形面积最大.

在第25章中有一个更一般结论的详细证明,故在这里将定理12.1、定理12.2的证明略去.

3. 向四面体推广

定理12.3 设四面体共顶点的三条棱的长分别为a、b、c,α、β、γ是其相邻的棱组成的面角,ω是这三个面角之和的一半,则四面体的体积为

$$V = \frac{1}{3}abc\sqrt{\sin\omega\sin(\omega - \alpha)\sin(\omega - \beta)\sin(\omega - \gamma)}$$

这与秦九韶-海伦公式也是极相似的.

如果我们把秦九韶的"三斜求积"公式

$$S=\frac{1}{2}\sqrt{c^2a^2-\left(\frac{c^2+a^2-b^2}{2}\right)^2}$$

变形、整理,可得已知三角形三边求面积的"三边求积"公式

$$S=\frac{1}{4}\sqrt{2a^2b^2+2b^2c^2+2c^2a^2-a^4-b^4-c^4} \tag{12-15}$$

四面体也有类似的"六棱求积"公式,这即是下面的定理.

定理 12.4 若四面体某一个面的三条棱长分别为a'、b'、c',它们的相对棱的长分别为a、b、c,记

$$P=(aa')^2(b^2+b'^2+c^2+c'^2-a^2-a'^2)$$

$$Q=(bb')^2(c^2+c'^2+a^2+a'^2-b^2-b'^2)$$

$$R=(cc')(a^2+a'^2+b^2+b'^2-c^2-c'^2)$$

$$S=(a'b'c')^2+(a'bc)^2+(b'ca)^2+(c'ab)^2$$

则四面体的体积为

$$V=\frac{1}{12}\sqrt{P+Q+R-S}$$

与式(12-15)酷似,公式中的P、Q、R分别为四面体相对(互为异面)两棱积的平方乘另外四条棱的平方和与这对棱的平方和的差所得的积;公式中的S为四面体每个面上三条棱的积的平方和. 抓住这些特点,"六棱求积"公式也就容易记住了.

定理12.3、定理12.4的证明超出了本书的范围,这里略去.

四、海伦三角形

海伦-秦九韶公式是一个带有根号的式子,因此面积若为一个整数,就显得特别珍贵. 由此引出对这类特殊三角形的研究.

海伦三角形 边长和面积都是整数的三角形称为海伦三角形.

特别地,对于海伦三角形,若三边长互素,则称为基本海伦三角形.

海伦、秦九韶都在自己的著作中列举过这类特殊的三角形. 那么,满足什么条件的三角形面积一定是整数? 关于这个问题,大数学家欧拉、拉格朗日、高斯都有过研究.

更特殊地,我国数学史学家沈康身在其2004年出版的《数学的魅力(一)》中提出,是否存在三边长、面积、外接圆半径、内切圆半径均为整数的三角形——"完美海伦三角形"? 2008年,天津师范大学的边欣教授在其论文《关于

完美海伦三角形的存在性》(《数学教学》2008年第10期)一文中证明:完美海伦三角形不存在.

海伦三角形是大量存在的,如满足勾股数的直角三角形,其面积均为整数,因此以勾股数为边的三角形都是海伦三角形. 而且由两个直角海伦三角形可以拼出斜的海伦三角形. 当有一直角边相等时直接拼,如通过两个直角三角形(5,12,13)和(9,12,15)可以拼合成(13,9 ± 5,15)两个海伦三角形(图12-5).

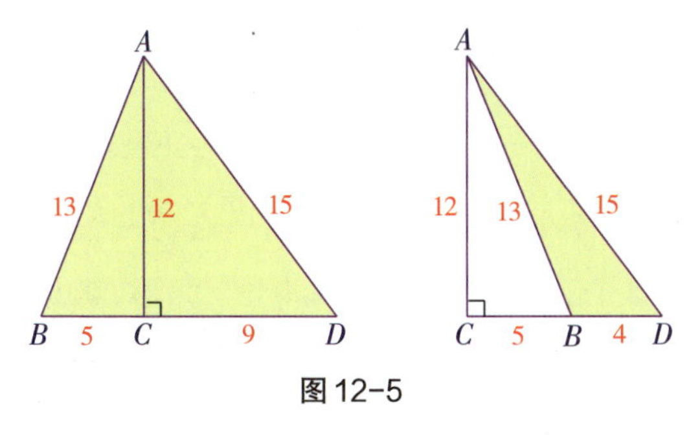

图12-5

当没有相等的直角边时,可以通过"相似变换",使两个勾股形有一条直角边相等,拼接后再变换一次,把非整数边化为整数边,如图12-6所示.

一般地,按图12-6的程序,还可以得到6个海伦数组:

$$(a'c, bc', |a'a \pm bb'|)$$

$$(b'c, ac', |b'b \pm aa'|)$$

$$(b'c, bc', |b'a \pm ba'|)$$

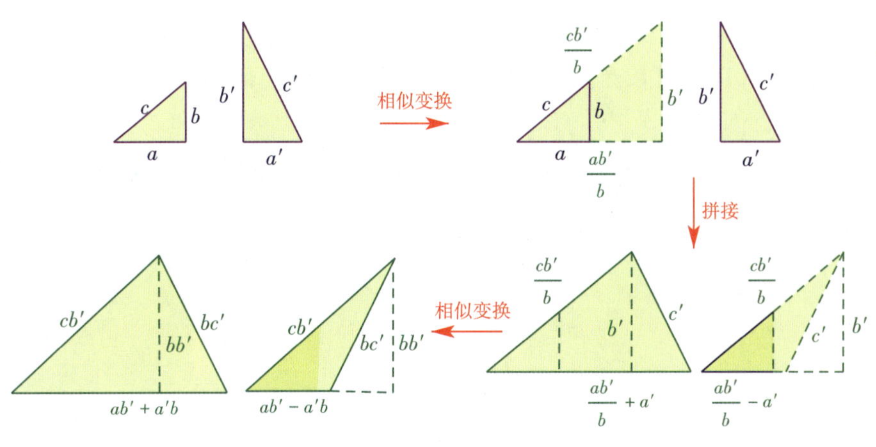

图12-6

如何构造海伦三角形,数学家巴歇、欧拉、高斯、舒伯特,以及我国学者许莼舫都有过深入研究.

我国学者朱道勋、刘毅文、蒋明斌、吴波等得出海伦三角形的如下性质.

性质 12.1 基本海伦三角形的三边长必为两奇一偶.

性质 12.2 不存在边长是1或2的海伦三角形.

性质 12.3 海伦三角形的面积都是6的倍数.

性质 12.4 海伦三角形至多有一条边是3的倍数.

性质 12.5 以3个连续自然数 $2k-1$、$2k$、$2k+1(k\geqslant 2)$为边长的海伦三角形,当且仅当k是不定方程$3m^2+1=k^2$的正整数解时:

$$k=\frac{1}{2}\left[(2+\sqrt{3})^t+(2-\sqrt{3})^t\right]$$

$$m=\frac{\sqrt{3}}{6}\left[(2+\sqrt{3})^t-(2-\sqrt{3})^t\right]\ (t\text{为正整数}1,2,3,\cdots)$$

$3m^2+1=k^2$是有名的“佩尔方程”$x^2-Ay^2=1$的一个特例. 法国数学家拉格朗日曾据此求得3个陆续自然数的所有海伦三角形,其中最小的6个是:(3,4,5),(13,14,15),(51,52,53),(193,194,195),(723,724,725),(2701,2702,2703).

性质 12.6 边长为3、4、5的三角形是唯一的连续自然数直角海伦三角形,除此之外的连续自然数海伦三角形都是锐角三角形.

性质 12.7 任意一个锐角海伦三角形都可以分成两个直角海伦三角形.

性质 12.8 三边都不是3的倍数的海伦三角形有无穷多个,如(25,74,77),(25,25,14),(13,37,40)等.

性质 12.9 面积和周长数值相等的海伦三角形只有5种:(5,12,13),(6,8,10),(6,25,29),(7,15,20),(9,10,17).

性质 12.10 周长是面积数值2倍(n为正整数)的海伦三角形只有一个:(3,4,5).

性质 12.11 存在这样的圆:它上面有这样$n(n\geqslant 3)$个点,以其中任意3个点为顶点的三角形都是海伦三角形.

综合与实践

(1)按图12-6所示的程序,举出一个具体例子,由两组勾股数(直角边不相等)构造海伦数组.

(2)观察图12-7中的$\triangle_1$、$\triangle_2$、$\triangle_3$、$\triangle_4$.

①试证它们都是海伦三角形.

②设 $\triangle n$ 的边为 a_n、b_n、$c_n(a_n \leqslant b_n < c_n)$，高为 h_n，则是否存在 a_n 与 n 的关系，a_n 与 h_n 的关系，c_n 与 b_n 的关系？

③验证：

$$\begin{cases} a_n = n^2 + (n+1)^2 \\ b_n = n(n^2 + 2n + 2) \\ c_n = (n+1)(n^2 + n + 1) \end{cases}$$

并且证明：半周长 $p_n = (n+1)^3$，面积 $S_{\triangle n} = n(n+1)^2(n^2 + n + 1)$.

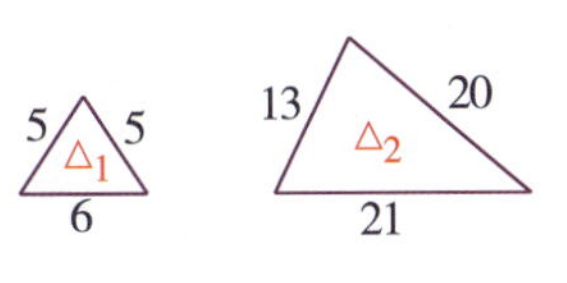

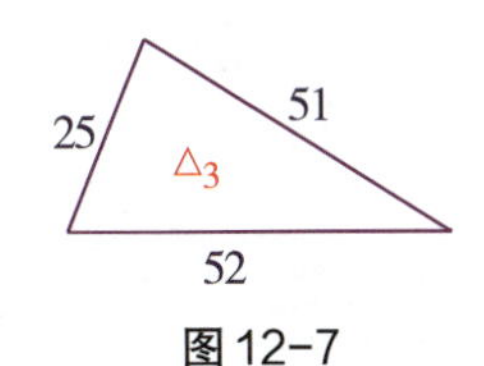

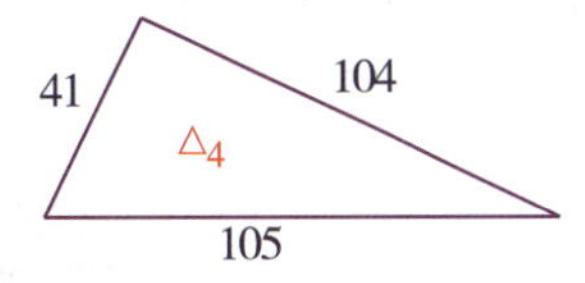

图 12-7

第13章

13

三角形五心——心心相印

三角形是几何的心脏.

2022年4月8日,中国科学院物理研究所研究员曹则贤教授在一场报告中问:“大家在中学学了三角形的内心、外心、垂心、重心……你们知道三角形一共有多少个‘心’吗?”

看大家说不出,曹教授郑重其事地说:“根据2021年7月21日的数据,平面上的三角形现在已知的不同的几何‘心’是44072个!”(图13-1)

图13-1

曹教授的话给我们一些启示,要想在某一领域中有所成就,就不能满足于我们在中学所学的知识,必须花费更多精力在更广阔的范围去探寻!

一、三角形的五心

三角形的重心、外心、垂心、内心、旁心称为三角形的五心(表13-1),它们都是三角形的巧合点.

表13-1　三角形的五心

名称	巧合点	图形及性质	个数与位置
重心	三角形三条中线交于一点,这点叫作三角形的重心	重心到顶点的距离是它到对边中点距离的2倍	1个. 在三角形内
外心	三角形三边中垂线交于一点,这点叫作三角形的外心	外心是三角形的外切圆圆心,它到三顶点的距离相等	1个. 锐角三角形,在三角形内;直角三角形,在斜边中点;钝角三角形,在三角形外

名称	巧合点	图形及性质	个数与位置
垂心	三角形三条高交于一点，这点叫作三角形的垂心	锐角三角形，交于三角形内一点；直角三角形，交于直角顶点；钝角三角形，交于三角形外一点	1个．锐角三角形，在三角形内；直角三角形，在直角顶点；钝角三角形，在三角形外
内心	三角形三条角平分线交于一点，这点叫作三角形的内心	内心是三角形的内切圆圆心，它到三边的距离相等	1个．在三角形内
旁心	三角形一内角平分线和另外两顶点处的外角平分线交于一点，这点叫作三角形的旁心	旁心到三角形三边所在直线距离相等	3个．在三角形外

二、三角形的其他巧合点和线

1. 费马点(托里拆利点)

以$\triangle ABC$的三边分别向外侧作正$\triangle BCA'$、正$\triangle CAB'$、正$\triangle ABC'$，则AA'、BB'、CC'交于一点F，这个点F称为$\triangle ABC$的费马点．当$\triangle ABC$的各角均小于120°时，费马点在三角形内(图13-2)，这时有$\angle AFB = \angle BFC = \angle CFA = 120°$．它到三个顶点的距离和$FA + FB + FC$达到极小．费马点也称为正等角中心或托里拆利点．

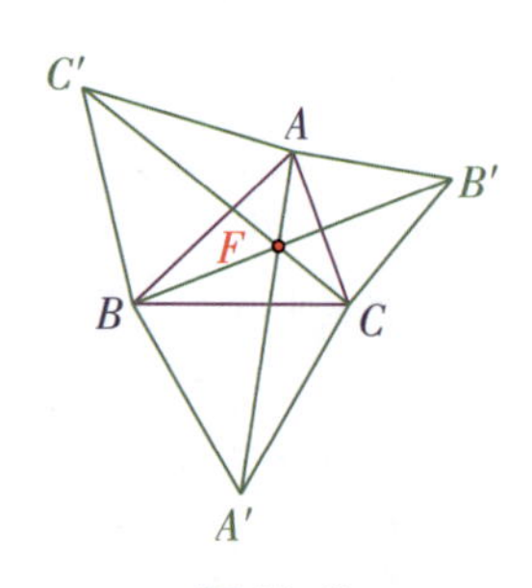

图13-2

费马是法国数学家，1640年前后，费马向意大利物理学家托里拆利(图13-3)提出：在已知$\triangle ABC$所在平面上求一点P，使它到三角形三顶点的距离之和为最小．托里拆利用多种方法解决了它，其中包括力学的方法．在一个半世纪以后，德国数学家斯坦纳重新研究过这个问题，并将这个问题推广到n个点．

托里拆利说："这一平面几何的孤例：费马点非但是三圆共点（图13-4），而且还是三线共点（图13-2）．"

图13-3

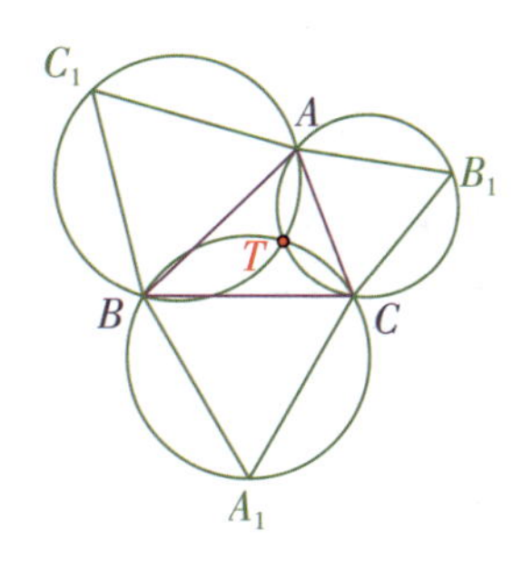

图13-4

2. 密克点

设X、Y、Z分别为$\triangle ABC$三边BC、CA、AB所在直线上的任意点，则$\odot AYZ$、$\odot BZX$、$\odot CXY$必交于一点M，这个点M称为X、Y、Z对于$\triangle ABC$的密克点（图13-5）．

对于完全四边形$ABECFD$（两两相交的4条线段，6个交点所构成的图形），则$\triangle AED$、$\triangle EBC$、$\triangle ABF$、$\triangle CDF$的外接圆交于一点M，这个点M称为完全四边形$ABECFD$的密克点（图13-6）．

更有趣的是，过点M分别向完全四边形$ABECFD$的四条边作垂线，则四垂足共线（图13-7）．这条线被称为完全四边形$ABECFD$的西姆松线．

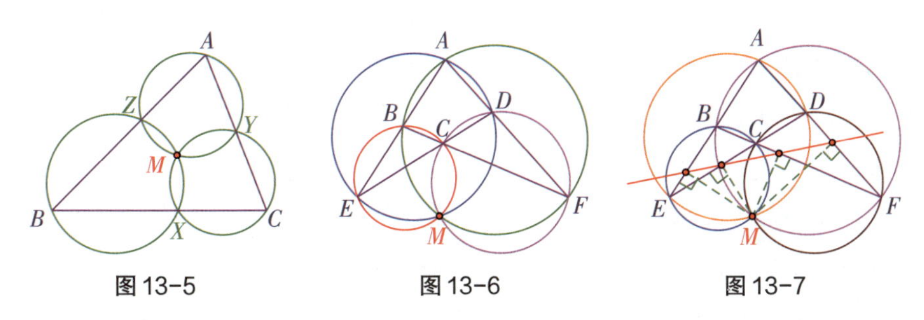

图13-5　　图13-6　　图13-7

3. 葛尔刚点

设D、E、F分别为$\triangle ABC$内切圆或旁切圆在边BC、CA、AB所在直线上的切点，AD、BE、CF交于一点P，则点P称为$\triangle ABC$的葛尔刚点（图13-8和图13-9，见例17.7）．

该点由法国数学家葛尔刚发现．因为一个三角形有一个内切圆和三个旁切圆，所以一个三角形有4个葛尔刚点．

4. 奈格尔点

$\triangle ABC$的三个旁切圆分别与边BC、CA、AB相切于点D、E、F，AD、BE、CF交于一点N，则点N称为$\triangle ABC$的奈格尔点(图13-10).

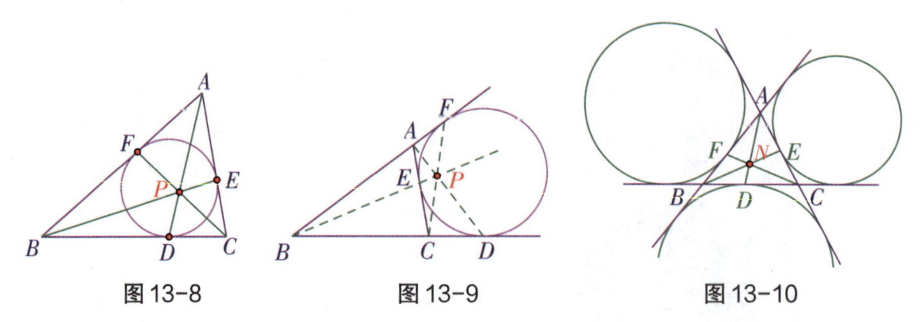

图13-8　　图13-9　　图13-10

奈格尔为德国数学家. 根据切线长定理，易得AD、BE、CF分别将$\triangle ABC$的周长平分(称为分周线). 我国学者又将奈格尔点称为第一界心.

5. 九点圆及费尔巴哈点

任意三角形三条高的垂足、三边的中点，以及垂心与顶点的三条连线的中点，这九点共圆(图13-11). 这个圆通常称为三角形的九点圆，也有人叫作费尔巴哈圆.

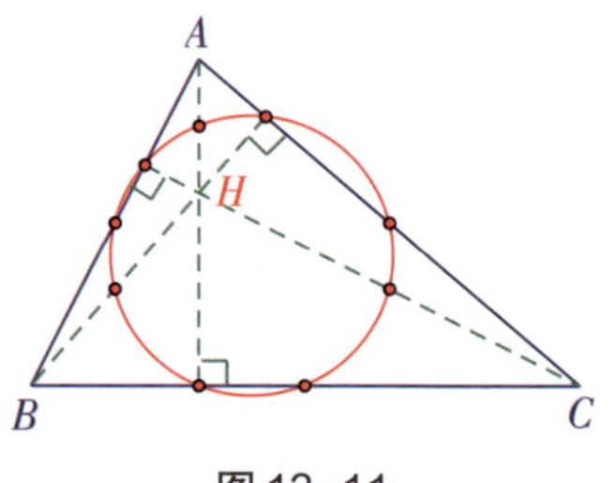

图13-11

费尔巴哈为德国数学家. 关于这个定理，可追溯到1765年，欧拉在一篇文章中证明的“垂足三角形和中点三角形有同一个外接圆(六点圆).”因此，有人认为上述定理应归功于欧拉.

其实，第一个完整的证明是彭赛列于1821年发表的. 1822年，高中教师费尔巴哈也发现了九点圆，并且还指出，九点圆与三角形的内切圆及三个旁切圆都相切. 所以，德国人把它称为费尔巴哈圆，并把九点圆与内切圆及旁切圆的四个切点称为三角形的费尔巴哈点.

九点圆的证法很多，如可任取其中三点作圆，再证余下六点在所作圆上. 从九点中任取三点就有$C_9^3=84$种取法，再按任意次序证其余六点与前三点共圆，这样就有$84\times 6!=60480$种方法.

九点圆的半径是$\triangle ABC$的外接圆半径之半.

6. 布洛卡点

已知点P为$\triangle ABC$内一点，且$\angle PAB=\angle PBC=\angle PCA=\alpha$，则点$P$称为$\triangle ABC$的布洛卡点[图13-12(a)].

一般地，对于任意三角形，都有两个布洛卡点，即点P[图13-12(a)]和点Q

[图 13-12(b)]. 为方便讨论,通常称点 P 为正布洛卡点,点 Q 为负布洛卡点.

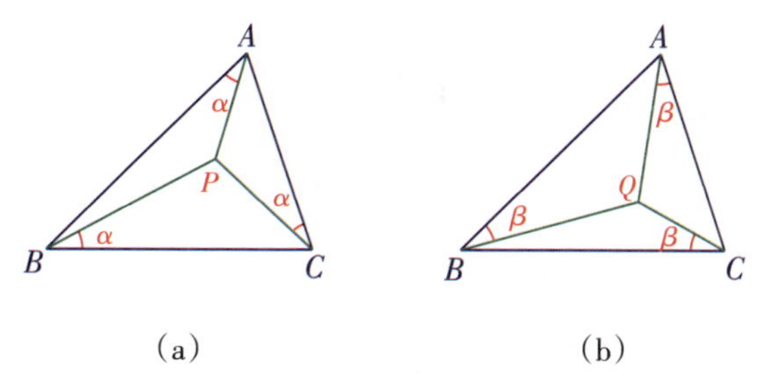

(a)　　　　(b)

图 13-12

布洛卡是一位法国军官,也是数学爱好者,1875年他发现了三角形的这个特殊点. 由于引起莱莫恩、塔克等一大批数学家的兴趣,一时形成研究热潮. 有人统计,在1875—1895这20年间,有关研究著述达600种之多,甚至有"布洛卡几何"一说的流传. 有趣的是,在图5-43中,当三角形为一般三角形,且3只狗以不同速度相互追逐时,其布洛卡点可通过3条对数螺线的交点得到.

其实,布洛卡点早在1816年就已被数学家和数学教育家克雷尔发现. 克雷尔曾是德国柏林科学院院士和彼得堡科学院通信院士,他在几何学上有很高的造诣,发表了关于三角形的许多研究成果,其中包括"布洛卡点"的发现,只是当时没有引起人们的注意.

我国学者梁绍鸿、谢培珍、沈建平、樊秀珍、李有毅、胡明生、胡炳生、黄书绅、苗大文、杜明成、赵权等对布洛卡点问题也有深入研究.

定理 13.1　若 $\triangle ABC$ 的布洛卡角为 α,则

$$\frac{1}{\sin^2\alpha}=\frac{1}{\sin^2 A}+\frac{1}{\sin^2 B}+\frac{1}{\sin^2 C}$$

$$\cot\alpha=\cot A+\cot B+\cot C$$

定理 13.2　设 P、Q 为 $\triangle ABC$ 的布洛卡点,则

$$\angle PAB=\angle PBC=\angle PCA=\angle QAC=\angle QBA=\angle QCB$$

即图 13-12 中的 $\alpha=\beta$. 此角称为布洛卡角.

定理 13.3　若 $\triangle ABC$ 的布洛卡角为 α,面积为 S,三边分别为 a、b、c,则

$$\cot\alpha=\frac{a^2+b^2+c^2}{4S}$$

$$\sin\alpha=\frac{2S}{\sqrt{a^2b^2+b^2c^2+c^2a^2}}$$

$$\cos\alpha=\frac{a^2+b^2+c^2}{2\sqrt{a^2b^2+b^2c^2+c^2a^2}}$$

定理 13.4 若$\triangle ABC$的布洛卡角为α,则$\alpha \leqslant 30°$,且仅当三角形为正三角形时$\alpha = 30°$.

定理 13.5 设P为$\triangle ABC$的正布洛卡点,则

$$PC = \frac{a^2b}{\sqrt{a^2b^2 + b^2c^2 + c^2a^2}}$$

$$PB = \frac{c^2a}{\sqrt{a^2b^2 + b^2c^2 + c^2a^2}}$$

$$PA = \frac{b^2c}{\sqrt{a^2b^2 + b^2c^2 + c^2a^2}}$$

由此可得下面的推论.

推论 1 $AP:BP:CP = b^2c:c^2a:a^2b$.

推论 2 设点P到AB、BC、CA的距离分别为d_{AB}、d_{BC}、d_{CA},则

$$d_{AB}:d_{BC}:d_{CA}=b^2c:c^2a:a^2b$$

推论 3 $S_{\triangle PAB}:S_{\triangle PBC}:S_{\triangle PCA} = b^2c^2:c^2a^2:a^2b^2$.

定理 13.6 若$\triangle ABC$的三边分别为a、b、c,P为$\triangle ABC$的正布洛卡点,延长AP、BP、CP分别与三边相交于点D、E、F,则

$$\frac{AF}{FB} = \frac{b^2}{c^2}, \frac{BD}{DC} = \frac{c^2}{a^2}, \frac{CE}{EA} = \frac{a^2}{b^2}$$

定理 13.7 设P为$\triangle ABC$的正布洛卡点,记$\triangle PBC$、$\triangle PCA$、$\triangle PAB$、$\triangle ABC$的外接圆半径分别为r_1、r_2、r_3、R,则

$$R^3 = r_1 \cdot r_2 \cdot r_3$$

定理 13.8 设P为$\triangle ABC$的布洛卡点,则

$$\frac{PA}{\sin\alpha}=\frac{PC}{\sin(A-\alpha)}=\frac{b}{\sin A},\frac{PB}{\sin\alpha}=\frac{PA}{\sin(B-\alpha)}=\frac{c}{\sin B},\frac{PC}{\sin\alpha}=\frac{PB}{\sin(C-\alpha)}=\frac{a}{\sin C}$$

$$\frac{PA}{\frac{b}{a}} = \frac{PB}{\frac{c}{b}} = \frac{PC}{\frac{a}{c}} = 2R\sin\alpha$$

定理 13.9 设P为$\triangle ABC$的布洛卡点,则

$$bPA \cdot PB + cPB \cdot PC + aPC \cdot PA = abc$$

$$cPA + aPB + bPC = \sqrt{a^2b^2 + b^2c^2 + c^2a^2}$$

定理 13.10 设P为$\triangle ABC$的(正)布洛卡点,α为布洛卡角,$\triangle PAB$、$\triangle PBC$、$\triangle PCA$的外接圆半径分别为R_1、R_2、R_3,$\triangle ABC$的外接圆半径为R,$\triangle ABC$的内切圆半径为r,则

$$PA \cdot PB \cdot PC = 8R^3\sin^3\alpha$$

$$PA \cdot PB \cdot PC \leqslant R^3$$

$$\frac{R_1 + R_2 + R_3}{3} \geqslant R \geqslant 2r$$

定理 13.11 设P为$\triangle ABC$的正布洛卡点，点P到AB、BC、CA的距离分别为d_1、d_2、d_3，则

$$\frac{d_1^2}{b^2} + \frac{d_2^2}{c^2} + \frac{d_3^2}{a^2} \leqslant \frac{1}{4}$$

定理 13.12 设P为$\triangle ABC$的正布洛卡点，a、b、c为$\triangle ABC$的三边，则

$$PA + PB + PC \leqslant \sqrt{a^2 + b^2 + c^2}$$

$$\frac{1}{PA} + \frac{1}{PB} + \frac{1}{PC} \geqslant \frac{9}{\sqrt{a^2 + b^2 + c^2}}$$

限于篇幅，相关证明另行提供，下同.

7. 欧拉线

三角形的垂心H、重心G和外心O，三点共线，且$HG = 2GO$. 这条直线通常称为三角形的欧拉线(图 13-13).

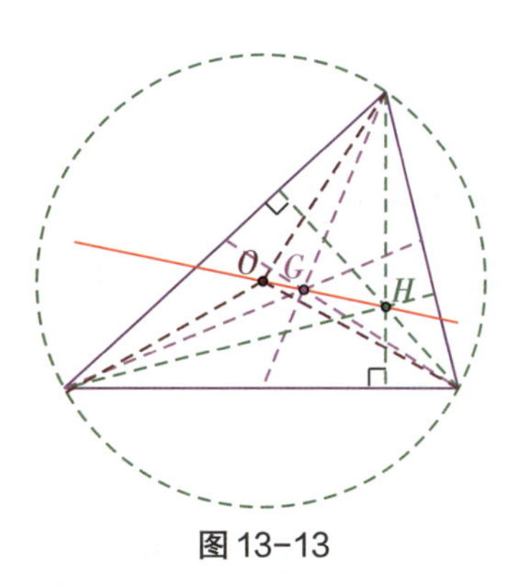

图 13-13

这一结论是1765年著名数学家欧拉提出并证明的.

欧拉(图 13-14)是一位多产的数学家、物理学家和天文学家，他于1707年4月15日出生于瑞士的巴塞尔. 13岁上大学，24岁成为物理教授，26岁成为数学教授及彼得堡科学院数学部的领导人. 欧拉的名字频繁地出现在数学的许多领域中. 他19岁开始发表论文，半个多世纪始终以充沛的精力不倦地工作. 28岁时他右眼几乎失明，59岁后左眼也视力减退，渐至失明. 在失明的17年间，欧拉像失聪的贝多芬一样，以惊人的毅力和超人的才智，凭着记忆和心算，仍然坚持富有成果的研究，他以口授子女记录的办法完成了400多篇论文. 他的一生共完成论文860多篇，后人计划出版他的全集多达72集. 有人称他为“数

图 13-14

学界的莎士比亚”.

上述定理的提出与解决,被称为三角形几何学的开端.

8. 西姆松线

过三角形外接圆上任意一点作三边的垂线,则三垂足共线. 这条直线习惯地被称为该点关于三角形的西姆松线(图 13-15).

罗伯特·西姆松是英国数学家,他在几何学和算术方面都有一些贡献.

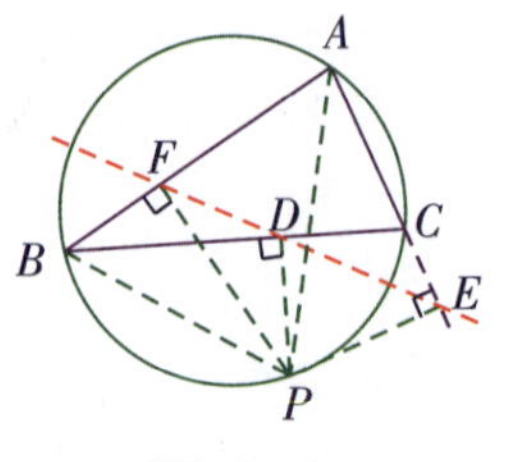

图 13-15

三、与五心相关的性质

1. 重心的有关性质

定理 13.13 若 G 为 $\triangle ABC$ 的重心,则

$$S_{\triangle ABG}=S_{\triangle BCG}=S_{\triangle CAG}=\frac{1}{3}S_{\triangle ABC}$$

定理 13.14 设点 D、E、F 分别为 $\triangle ABC$ 的边 BC、CA、AB 的中点,G 为 $\triangle ABC$ 的重心,则 G 也为 $\triangle DEF$ 的重心.

定理 13.15 在平面直角坐标系中,若 $\triangle ABC$ 三顶点 A、B、C 的坐标分别为 (x_1,y_1)、(x_2,y_2)、(x_3,y_3),则 $\triangle ABC$ 的重心 G 的坐标为 $\left(\frac{x_1+x_2+x_3}{3},\frac{y_1+y_2+y_3}{3}\right)$.

定理 13.16 若 G 为 $\triangle ABC$ 的重心,则

$$BC^2+3GA^2=CA^2+3GB^2=AB^2+3GC^2$$

$$GA^2+GB^2+GC^2=\frac{1}{3}(AB^2+BC^2+CA^2)$$

$GA^2+GB^2+GC^2$ 为最小(重心到三顶点的距离平方和最小)

定理 13.17 设 AD 为 $\triangle ABC$ 的中线,则

$$AD^2=\frac{1}{2}(AB^2+AC^2)-\frac{1}{4}BC^2$$

定理 13.18 若 G 为 $\triangle ABC$ 的重心,过点 G 的直线交 AB 于 P,交 AC 于 Q(图 13-16),则

$$\frac{AB}{AP}+\frac{AC}{AQ}=3$$

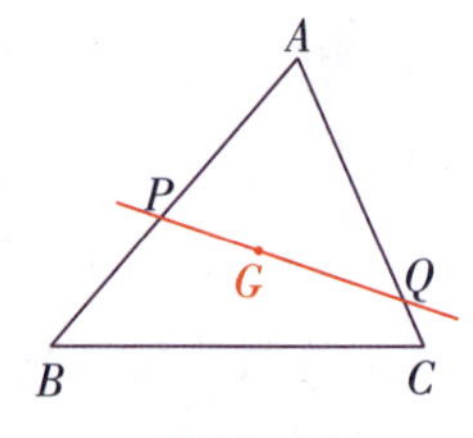

图 13-16

定理 13.19 若 G 为 $\triangle ABC$ 的重心,P 为平面

内任意一点(图 13-17),则有

$$PA^2 + PB^2 + PC^2 = 3PG^2 + GA^2 + GB^2 + GC^2$$

此为三角形的拉格朗日定理.

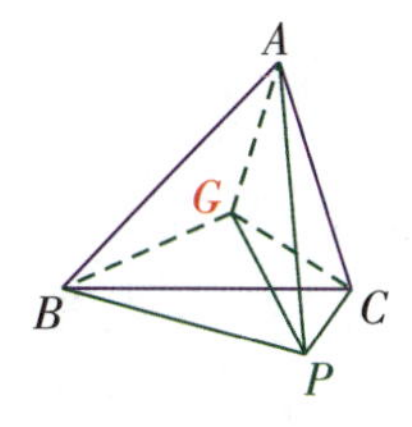

图 13-17

定理 13.20 三角形的重心 G 到任意直线 l 的距离,等于三顶点到直线 l 的距离的代数和的 $\frac{1}{3}$.

定理 13.21 若 G 为 $\triangle ABC$ 的重心,$AG^2 + BG^2 = CG^2$,则两中线 AD、BE 垂直;反之,若两中线 AD、BE 垂直,则 $AG^2 + BG^2 = CG^2$.

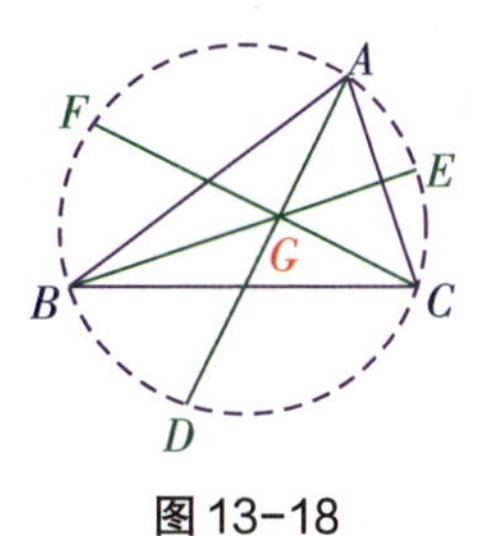

图 13-18

定理 13.22 若 G 为 $\triangle ABC$ 的重心,AG、BG、CG 与 $\triangle ABC$ 的外接圆分别交于点 D、E、F(图 13-18),则

$$\frac{AG}{GD} + \frac{BG}{GE} + \frac{CG}{GF} = 3$$

定理 13.23 设 P、Q、T 分别为 $\triangle ABC$ 的重心 G 在三边 BC、CA、AB 上的射影,R 为 $\triangle ABC$ 的外接圆半径,r 为 $\triangle ABC$ 的内切圆半径,则

$$3r \leqslant GP + GQ + GT \leqslant \frac{3}{2}R$$

定理 13.24 若 G 为 $\triangle ABC$ 的重心,R 为 $\triangle ABC$ 的外接圆半径,r 为 $\triangle ABC$ 的内切圆半径,则

$$6r \leqslant GA + GB + GC \leqslant 3R$$

定理 13.25 设点 D、E、F 分别为 $\triangle ABC$ 三边 BC、CA、AB 上的点,且 $\frac{BD}{DC} = \frac{CE}{EA} = \frac{AF}{FB}$(图 13-19),则 $\triangle DEF$ 与 $\triangle ABC$ 具有共同的重心 G.

定理 13.26 以 $\triangle ABC$ 的三边分别向形外作 $\triangle BCA'$、$\triangle CAB'$、$\triangle ABC'$,使 $\triangle BCA' \backsim \triangle CAB' \backsim \triangle ABC'$(图 13-20),则 $\triangle A'B'C'$ 与 $\triangle ABC$ 具有共同的重心 G.

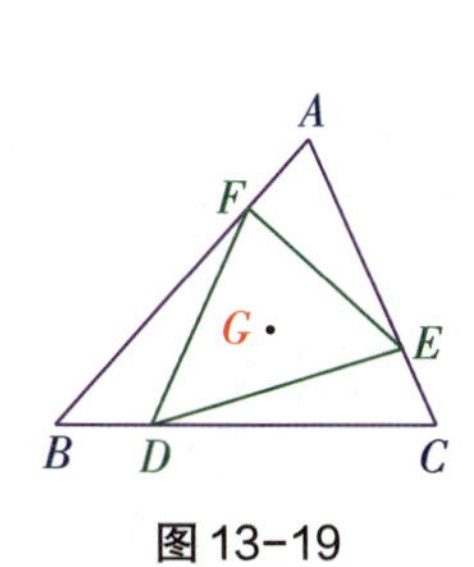

图 13-19

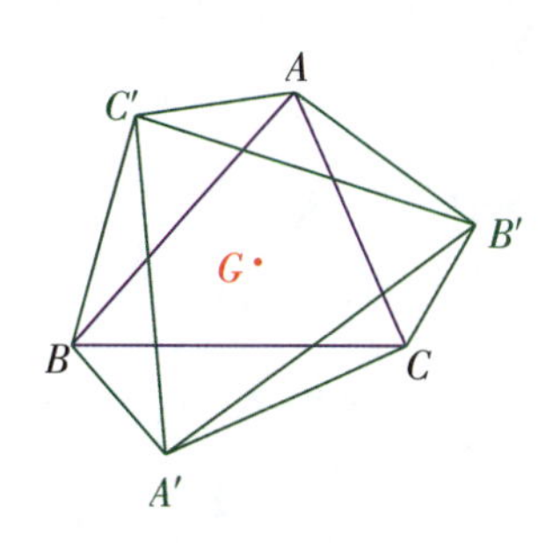

图 13-20

此定理为塞萨罗于1880年发现的，第二年又被诺伊贝格和莱沙特再次发现．它可以推广到多边形的情形．

2. 外心的有关性质

定理13.27 设O为$\triangle ABC$的外心，则有$\angle BOC = 2\angle A$［图13-21(a)］或$\angle BOC = 360° - 2\angle A$［图13-21(b)］．

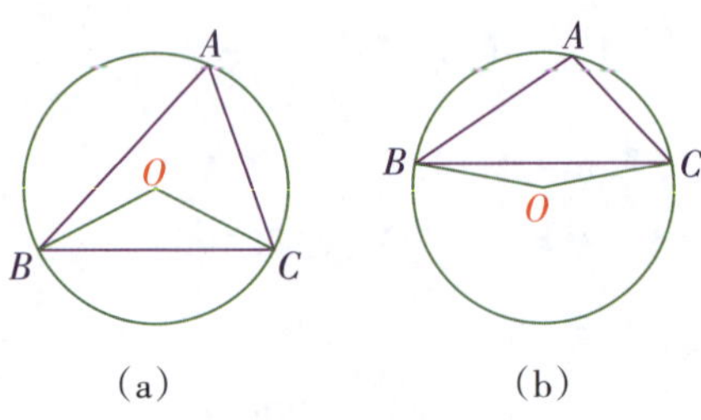

(a)　　(b)

图13-21

定理13.28 锐角三角形的外心与顶点的连线与其中一边的夹角和该边所对的角互余．

如图13-21(a)所示，$\angle OBC + \angle A = 90°$．

定理13.29 设$\triangle ABC$的三边分别为a、b、c，外接圆半径为R，面积为S，则

$$R = \frac{abc}{4S}$$

定理13.30 设O为锐角$\triangle ABC$的外心，它到三边BC、CA、AB的距离分别为h_a、h_b、h_c，$\triangle ABC$的外接圆半径为R，$\triangle ABC$的内切圆半径为r，则

$$h_a + h_b + h_c = R + r$$

定理13.31 设O为锐角$\triangle ABC$的外心，它到三边BC、CA、AB的距离分别为h_a、h_b、h_c，$\triangle ABC$的外接圆半径为R，则

$$\frac{h_a}{\cos A} = \frac{h_b}{\cos B} = \frac{h_c}{\cos C} = R$$

定理13.32 设O为锐角$\triangle ABC$的外心，它到三边BC、CA、AB的距离分别为h_a、h_b、h_c，$\triangle ABC$的外接圆半径为R，$\triangle ABC$的内切圆半径为r，则

$$3r \leqslant h_a + h_b + h_c \leqslant \frac{3}{2}R$$

定理13.33 设O为$\triangle ABC$的外心，若AO(或AO延长线)交BC于D，则

$$\frac{BD}{CD} = \frac{\sin 2C}{\sin 2B}$$

定理13.34 设O为$\triangle ABC$的外心，过点O的直线交AB(或延长线)于P，交AC(或延长线)于Q(图13-22)，则

$$\frac{AB}{AP}\sin 2B + \frac{AC}{AQ}\sin 2\angle ACB = \sin 2A + \sin 2B + \sin 2\angle ACB$$

或

$$\frac{BP}{AP}\sin 2B + \frac{CQ}{AQ}\sin 2\angle ACB = \sin 2A$$

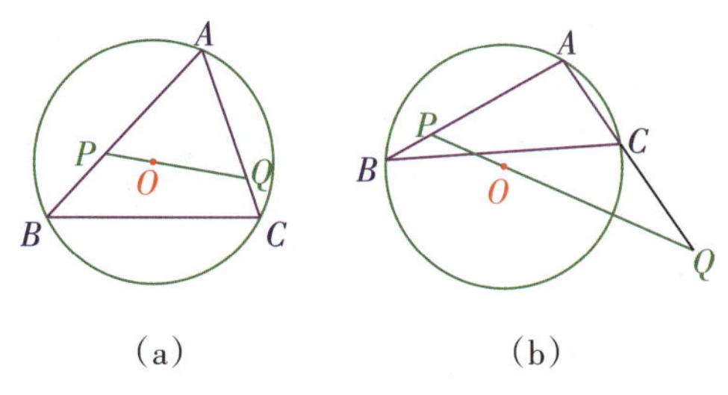

图 13-22

3. 垂心的有关性质

定理 13.35 设 H 为 $\triangle ABC$ 的垂心,则

$$\angle BHC = \angle B + \angle C = 180^\circ - \angle A$$
$$\angle CHA = \angle C + \angle A = 180^\circ - \angle B$$
$$\angle AHB = \angle A + \angle B = 180^\circ - \angle C$$

定理 13.36 设 H 为 $\triangle ABC$ 的垂心,则 H、A、B、C 四点中任一点是以其余三点为顶点的三角形的垂心.

定理 13.37 设 $\triangle ABC$ 的三条高分别为 AD、BE、CF,点 D、E、F 为垂足,垂心为 H. 对于点 A、B、C、H、D、E、F 有六组四点共圆,有三组(每组四个)相似三角形,且

$$AH \cdot HD = BH \cdot HE = CH \cdot HF$$

定理 13.38 在 $\triangle ABC$ 中,H 为垂心,$BC = a$, $CA = b$, $AB = c$, R 为 $\triangle ABC$ 的外接圆半径,则

$$AH^2 + a^2 = BH^2 + b^2 = CH^2 + c^2 = 4R^2$$

定理 13.39 锐角三角形与直角三角形的垂心到各顶点的距离之和等于其外接圆半径与内切圆半径之和的2倍.

定理 13.40 三角形的顶点到垂心的距离等于外心到它对边距离的2倍.

该定理由法国数学家塞尔瓦于1804年发现,卡诺于1810年又重新发现了它. 由此定理可得如下推论(其中 AD、BE、CF 分别为 $\triangle ABC$ 的三条高,H 为垂心,$BC = a$, $CA = b$, $AB = c$, R 为 $\triangle ABC$ 的外接圆半径,r 为 $\triangle ABC$ 的内切圆半径):

推论 1 (1)$AH = 2R\cos A$, $BH = 2R\cos B$, $CH = 2R\cos C$.

(2)$AH + BH + CH = 2(R + r) = a\cot A + b\cot B + c\cot C$.

结论(2)是卡诺于1803年发现的.

推论 2 (1)$HD = 2R\cos B\cos C$, $HE = 2R\cos C\cos A$, $HF = 2R\cos A\cos B$.

(2) $HA \cdot HD = HB \cdot HE = HC \cdot HF = 4R^2 - \dfrac{1}{2}(a^2 + b^2 + c^2) = -4R^2\cos A\cos B\cos C$.

这里当$\triangle ABC$为锐角三角形时,其值为负;为钝角三角形时,其值为正. 这是卡诺于1801年发现的.

推论3 (1)$a^2+AH^2=b^2+BH^2=c^2+CH^2=4R^2$.

(2)$AH^2+BH^2+CH^2=12R^2-(a^2+b^2+c^2)$.

推论4 $DE+EF+FD=\dfrac{2S}{R}$.

推论4是布斯发现的,它反映了三角形的垂足三角形(三垂足构成的三角形)的周长与原三角形的面积及外接圆之间的关系.

定理13.41 设H为锐角或直角$\triangle ABC$的垂心,R为其外接圆半径,r为其内切圆半径,则

$$6r \leqslant HA+HB+HC \leqslant 3R$$

定理13.42 如图13-23所示,$\triangle ABC$的垂心为H,H在BC、CA、AB上的射影分别为D、E、F,H_1、H_2、H_3分别为$\triangle AEF$、$\triangle BDF$、$\triangle CDE$的垂心,则$\triangle DEF \cong \triangle H_1H_2H_3$.

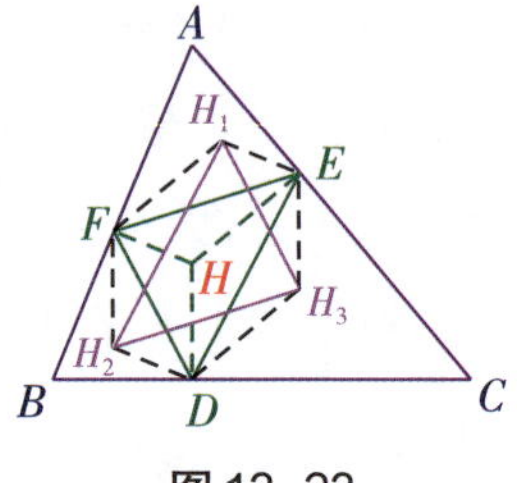

图13-23

定理13.43 锐角三角形的垂心是垂足三角形的内心;锐角三角形的内接三角形(顶点在原三角形的边上)中,垂足三角形的周长最短.

定理13.44 任意三角形的第三个垂足三角形与原三角形相似.

这一定理最初由诺伊贝格增补到凯西的名著《欧几里得原本前六卷续篇》的第6版里而问世的. 1940年,斯特瓦尔特将其推广到n边形的情形:任意n边形的第n个垂足n边形与原n边形相似.

4. 内心的有关性质

定理13.45 如图13-24所示,若I为$\triangle ABC$的内心,AI所在直线交$\triangle ABC$的外接圆于点D,则$ID=DB=DC$. 反之,若对$\triangle ABC$内一点,有$ID=DB=DC$,则I为$\triangle ABC$的内心.

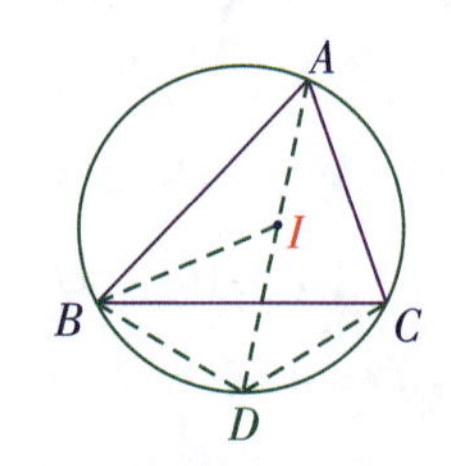

图13-24

定理13.46 若I为$\triangle ABC$的内心,则

$$\angle BIC=90^\circ+\frac{1}{2}\angle A,\ \angle CIA=90^\circ+\frac{1}{2}\angle B,\ \angle AIB=90^\circ+\frac{1}{2}\angle C$$

定理13.47 若I为$\triangle ABC$的内心,$BC=a$,$CA=b$,$AB=c$,$\angle A$的平分线交BC于点K,交$\triangle ABC$的外接圆于点D,则

$$\frac{AI}{KI}=\frac{AD}{DI}=\frac{DI}{DK}=\frac{b+c}{a}$$

定理 13.48 一条直线截$\triangle ABC$，把周长l和面积S分为对应的两部分：l_1、l_2、S_1、S_2. 若直线l过$\triangle ABC$内心，则$\frac{l_1}{l_2}=\frac{S_1}{S_2}$；反之，若$\frac{l_1}{l_2}=\frac{S_1}{S_2}$，则直线$l$过$\triangle ABC$内心.

定理 13.49 过$\triangle ABC$内心I任作一直线，分别交AB、AC于P、Q两点，则

$$\frac{AB}{AP}\cdot AC+\frac{AC}{AQ}\cdot AB=AB+AC+BC$$

或

$$\frac{AB}{AP}\sin B+\frac{AC}{AQ}\sin C=\sin A+\sin B+\sin C$$

定理 13.50 用$\triangle ABC$的外接圆半径R及三个内角表示内切圆半径r为

$$r=4R\sin\frac{A}{2}\sin\frac{B}{2}\sin\frac{C}{2}$$

定理 13.51 I为$\triangle ABC$的内心，R为$\triangle ABC$的外接圆半径，r为$\triangle ABC$的内切圆半径，则

$$6r\leqslant IA+IB+IC\leqslant 3R$$

定理 13.52 I为$\triangle ABC$的内心，$\triangle ABC$内一点P在BC、CA、AB上的射影分别为D、E、F，当P与I重合时，$\frac{BC}{PD}+\frac{CA}{PE}+\frac{AB}{PF}$的值最小.

定理 13.53 如图 13-25 所示，I为$\triangle ABC$的内心，AI、BI、CI的延长线分别交$\triangle ABC$三边BC、CA、AB于点D、E、F，交$\triangle ABC$的外接圆于点A_1、B_1、C_1，记$AD=t_a$，$BE=t_b$，$CF=t_c$，$AA_1=l_a$，$BB_1=l_b$，$CC_1=l_c$，用p、R、r分别表示$\triangle ABC$的半周长、外接圆半径、内切圆半径，则

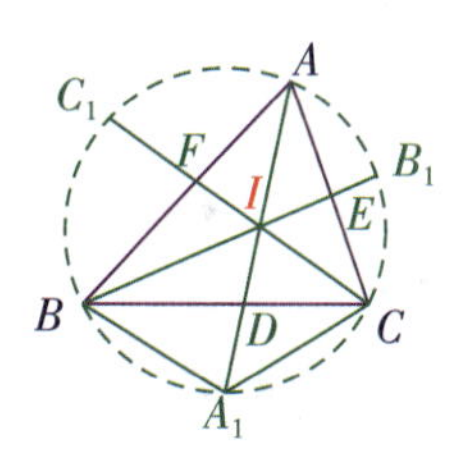

图 13-25

$$R\geqslant 2r$$

$$AI=4R\sin\frac{\angle ABC}{2}\cdot\sin\frac{\angle ACB}{2}$$

$$BI=4R\sin\frac{\angle ACB}{2}\cdot\sin\frac{\angle BAC}{2}$$

$$CI=4R\sin\frac{\angle BAC}{2}\cdot\sin\frac{\angle ABC}{2}$$

$$t_a=\frac{2bc}{b+c}\cos\frac{\angle BAC}{2}=\frac{2}{b+c}\sqrt{bcp(p-a)}$$

$$t_b=\frac{2ca}{c+a}\cos\frac{\angle ABC}{2}=\frac{2}{c+a}\sqrt{cap(p-b)}$$

$$t_c=\frac{2ab}{a+b}\cos\frac{\angle ACB}{2}=\frac{2}{a+b}\sqrt{abp(p-c)}$$

定理 13.54 I为锐角$\triangle ABC$的内心,AI、BI、CI的延长线分别交$\triangle ABC$三边BC、CA、AB于点D、E、F,交$\triangle ABC$的外接圆于点A_1、B_1、C_1,则

$$\frac{AI^2}{bc}+\frac{BI^2}{ca}+\frac{CI^2}{ab}=1$$

$$\frac{AI}{AD}+\frac{BI}{BE}+\frac{CI}{CF}=2$$

$$\frac{DA_1}{DA}+\frac{EB_1}{EB}+\frac{FC_1}{FC}=\frac{R}{r}-1$$

$$\frac{DA_1}{DI}+\frac{EB_1}{EI}+\frac{FC_1}{FI}=2\frac{R}{r}-1$$

$$\frac{IA_1}{IA}+\frac{IB_1}{IB}+\frac{IC_1}{IC}=\frac{1}{2}\sec\frac{A}{2}\sec\frac{B}{2}\sec\frac{C}{2}-1$$

$$AA_1\cos\frac{A}{2}+BB_1\cos\frac{B}{2}+CC_1\cos\frac{C}{2}=8R\cos\frac{A}{2}\cos\frac{B}{2}\cos\frac{C}{2}$$

定理 13.55 I为锐角$\triangle ABC$的内心,AI、BI、CI的延长线分别交$\triangle ABC$三边BC、CA、AB于点D、E、F,交$\triangle ABC$的外接圆于点A_1、B_1、C_1,用s、p、R、r与s'、p'、R'、r'分别表示$\triangle ABC$与$\triangle A_1B_1C_1$的面积、半周长、外接圆半径、内切圆半径,则

$$\frac{S_{\triangle DEF}}{S_{\triangle ABC}}=\frac{2abc}{(a+b)(b+c)(c+a)}$$

$$\frac{S_{\triangle A_1B_1C_1}}{S_{\triangle ABC}}=\frac{1}{8}\csc\frac{A}{2}\csc\frac{B}{2}\csc\frac{C}{2}$$

$$p'\geqslant p,r'\geqslant r$$

$$IA\cdot IB\cdot IC\leqslant IA_1\cdot IB_1\cdot IC_1$$

定理 13.56 I为$\triangle ABC$的内心,$BC=a$,$CA=b$,$AB=c$,$\odot I$切$\triangle ABC$三边BC、CA、AB于点D、E、F,r为$\odot I$半径,p为半周长,R为$\triangle ABC$的外接圆半径,则

$$S_{\triangle ABC}=rp$$

$$r=\frac{2S_{\triangle ABC}}{a+b+c}$$

$$AE=AF=p-a,\ BD=BF=p-b,\ CE=CD=p-c$$

$$abcr=p\cdot AI\cdot BI\cdot CI$$

$$S_{\triangle DEF}=\frac{r}{2R}S_{\triangle ABC},\ S_{\triangle IBC}=\frac{a}{2p}S_{\triangle ABC},\ S_{\triangle ICA}=\frac{b}{2p}S_{\triangle ABC},\ S_{\triangle IAB}=\frac{c}{2p}S_{\triangle ABC}$$

5. 旁心的有关性质

为了叙述方便,统一做如下约定:$\triangle ABC$的三边BC、CA、AB的长分别为a、b、c,$\triangle ABC$的面积、半周长、内切圆半径、外接圆半径分别为S、p、r、R,分别与BC、CA、AB外侧相切的旁切圆圆心分别为I_A、I_B、I_C,其半径分别为r_a、r_b、r_c.

定理 13.57 三角形的内心是它的旁心三角形(三个旁心构成的三角形)的垂心.

定理 13.58 $\angle BI_AC = 90° - \frac{1}{2}\angle A, \angle BI_BC = \angle BI_CC = \frac{1}{2}\angle A$(对于$\angle B$、$\angle C$也有类似的结论).

定理 13.59 $\triangle ABC$的$\angle A$的内角平分线交外接圆于点D,以D为圆心,DC为半径作圆,与直线AD相交于两点I和I_A,则点I和I_A恰是$\triangle ABC$的内心和旁心(对于$\angle B$、$\angle C$也有类似的结论).

定理 13.60 一个旁心与三角形三条边的端点连接所组成的三个三角形面积的比等于原三角形三条边的比,即

$$S_{\triangle I_ABC}:S_{\triangle I_ACA}:S_{\triangle I_AAB} = a:b:c$$

$$S_{\triangle I_BBC}:S_{\triangle I_BCA}:S_{\triangle I_BAB} = a:b:c$$

$$S_{\triangle I_CBC}:S_{\triangle I_CCA}:S_{\triangle I_CAB} = a:b:c$$

定理 13.61 三个旁心与三角形一条边的端点连接所组成的三个三角形面积的比等于三个旁切圆半径的比,即

$$S_{\triangle I_ABC}:S_{\triangle I_BBC}:S_{\triangle I_CBC} = r_a:r_b:r_c$$

$$S_{\triangle I_ACA}:S_{\triangle I_BCA}:S_{\triangle I_CCA} = r_a:r_b:r_c$$

$$S_{\triangle I_AAB}:S_{\triangle I_BAB}:S_{\triangle I_CAB} = r_a:r_b:r_c$$

定理 13.62 旁切圆半径的长为

$$r_a = \frac{S}{p-a} = 4R\sin\frac{A}{2}\cos\frac{B}{2}\cos\frac{C}{2}$$

$$r_b = \frac{S}{p-b} = 4R\cos\frac{A}{2}\sin\frac{B}{2}\cos\frac{C}{2}$$

$$r_c = \frac{S}{p-c} = 4R\cos\frac{A}{2}\cos\frac{B}{2}\sin\frac{C}{2}$$

且

$$r_a + r_b + r_c = 4R + r$$

$$S = r_a(p-a) = r_b(p-b) = r_c(p-c) = rp$$

定理 13.63 三角形的旁心距分别为

$$I_AI_B = 4R\cos\frac{C}{2},\quad I_AI_C = 4R\cos\frac{B}{2},\quad I_BI_C = 4R\cos\frac{A}{2}$$

推论 1 $\triangle ABC$是$\triangle I_AI_BI_C$的垂足三角形,且$\triangle I_AI_BI_C$的外接圆半径$R' = 2R$.

推论 2 $\dfrac{I_AA}{\cos\frac{B}{2}\cos\frac{C}{2}} = \dfrac{I_AB}{\sin\frac{A}{2}\cos\frac{C}{2}} = \dfrac{I_AC}{\sin\frac{A}{2}\cos\frac{B}{2}} = 4R.$

推论3 (1) $\dfrac{II_A \cdot I_BI_C}{a} = \dfrac{II_B \cdot I_CI_A}{b} = \dfrac{II_C \cdot I_AI_B}{c} = 4R$;

(2) $\dfrac{I_BI_C \cdot I_CI_A \cdot I_AI_B}{abc} = \dfrac{4R}{r}$.

定理 13.64 旁心三角形的面积为$S_{\triangle I_AI_BI_C} = 2pR$.

定理 13.65 $\dfrac{S_{\triangle I_AI_BI_C}}{S_{\triangle ABC}} = \dfrac{2R}{r}$.

定理 13.66 在$\triangle ABC$中,有

$$r_ar_br_cr = S^2$$

$$r_ar_b + r_br_c + r_cr_a = p^2$$

$$\frac{1}{r_a} + \frac{1}{r_b} + \frac{1}{r_c} = \frac{1}{r}$$

$$\frac{1}{r_a - r} + \frac{1}{r_b + r_c} = \frac{4R}{a^2}$$

定理 13.67 设$\triangle ABC$的内角A、B、C所对的旁切圆与三边所在直线相切的切点构成的三角形的面积依次为S_A、S_B、S_C,且记$BC = a$,$CA = b$,$AB = c$,$p = \dfrac{1}{2}(a + b + c)$,$\triangle ABC$的面积、外接圆半径、内切圆半径分别为$S$、$R$、$r$,则有

$$\frac{1}{S_A} + \frac{1}{S_B} + \frac{1}{S_C} = \frac{2R}{rS}$$

定理 13.68 过旁心I_A的直线与AB、AC所在直线分别交于点P、Q,则

$$\frac{AB}{AP}\sin B + \frac{AC}{AQ}\sin C = -\sin A + \sin B + \sin C$$

6. 五心相关的其他性质

定理 13.69 三角形的内心和任一顶点的连线与三角形的外接圆相交,这个交点与外心的连线是这一顶点所对的边的中垂线.

定理 13.70 三角形的内心和任一顶点的连线,平分外心、垂心和这一顶点的连线所成的角.

定理 13.71 三角形的外心与垂心的连线的中点是九点圆的圆心.

定理 13.72 三角形的内心与旁心构成一垂心组.

定理 13.73 设O、G、I、H分别为$\triangle ABC$的外心、重心、内心、垂心,而R是外接圆半径,则

$$OG = \frac{1}{3}\sqrt{9R^2 - (a^2 + b^2 + c^2)}$$

$$GH = \frac{2}{3}\sqrt{9R^2 - (a^2 + b^2 + c^2)}$$

$$OH = \sqrt{9R^2 - (a^2 + b^2 + c^2)}$$

定理 13.74 内心与外心的距离公式：

$$IO^2 = R^2 - 2Rr$$

定理 13.75 重心与内心的距离公式：

$$GI^2 = \frac{2}{3}p^2 - \frac{5}{18}q^2 - 4Rr$$

其中 $q = \sqrt{a^2 + b^2 + c^2}$，下同.

定理 13.76 垂心与内心的距离公式：

$$HI^2 = 4R^2 - \frac{a^3 + b^3 + c^3 + abc}{a + b + c}$$

$$HI^2 = 4R^2 - 8Rr + 2p^2 - \frac{3}{2}q^2$$

$$HI^2 = 2r^2 - 4R^2\cos A\cos B\cos C$$

$$HI^2 = 4R^2 + 2r^2 - \frac{1}{2}(a^2 + b^2 + c^2)$$

定理 13.77 内心与旁心的距离公式：

$$II_A = \frac{a\sqrt{bcp(p-a)}}{p(p-a)},\ II_B = \frac{b\sqrt{acp(p-b)}}{p(p-b)},\ II_C = \frac{c\sqrt{abp(p-c)}}{p(p-c)}$$

定理 13.78 外心与垂心的距离公式：

$$OH^2 = R^2(1 - 8\cos A\cos B\cos C) = 9R^2 - (a^2 + b^2 + c^2)$$

定理 13.79 三角形的外心至内心、旁心的距离之平方和，等于外接圆半径平方的12倍，即

$$OI^2 + OI_A^2 + OI_B^2 + OI_C^2 = 12R^2$$

综合与实践

(1)用几何画板验证欧拉线定理，并探讨欧拉线有没有可能过三角形顶点. 若有可能，什么情况下过三角形顶点？若没有可能，请说明理由.

(2)若欧拉线平行于△ABC的BC边，求 $\tan B \cdot \tan C$ 的值.

第14章

14

斯坦纳-雷米欧司定理

等腰三角形的两底角平分线相等，这是2000多年前的《几何原本》中的一个定理，初中生都会证明．但它的逆命题“如果一个三角形的两条内角平分线相等，那么这个三角形为等腰三角形．”《几何原本》只字未提．直到1840年，德国数学家雷米欧司于1840年在给斯图姆的一封信中说：“几何题在没有证明之前，很难说它是难还是容易．等腰三角形两底角平分线相等，初中生都会证明，可是反过来，已知三角形两内角平分线相等，要证它是等腰三角形却不容易了，我至今还没想出来．”斯图姆向许多数学家提到了这件事，后来是德国几何学家斯坦纳给出了最初的一个证明．所以，这个定理就以斯坦纳–雷米欧司定理而闻名于世．

一、吴文俊也研究过这道名题

我国著名数学家吴文俊也研究过这一问题，而且还就此为中学生写了一本普及读物《分角线相等的三角形》(图14–1)．他在这本书的前言中说：“在19世纪，这一问题受到许多几何学家的注意，当时德国的几何学权威斯坦纳曾写过专文，就内外分角线的各种情况进行了讨论，但并没有把问题彻底搞明白．1983年以来，我与现在美国攻研计算机科学的周咸青同志，应用我们关于机器证明中使用的方法，并通过在计算机上多次反复验算，终于在一年多的通信讨论之后，获得了完全的解答．”

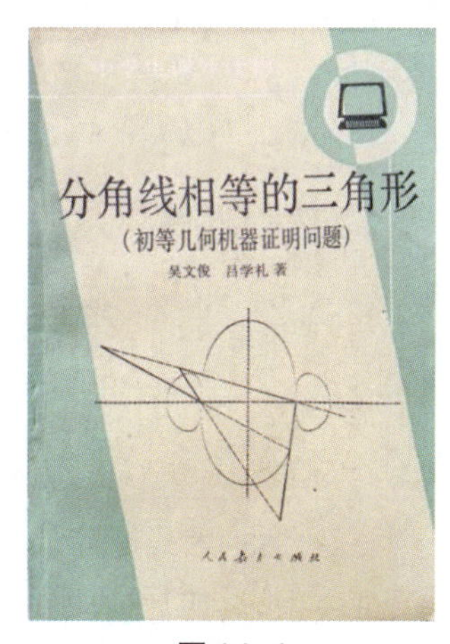

图14–1

二、定理的证明与推广

斯坦纳的证明发表后，引起数学界的极大反响．后来，有一个数学刊物公开征求这一问题的证明，经过收集整理，得出60多种证法，编成了一本书．到了1940年前后，有人竟用添圆弧的方法，找到了这一问题的一个最简单的间接证法. 1980年,美国《数学教师》第12期介绍了这个定理的研究现状,结果收到两千多封来信,又增补了20多种证法并且得到了这一问题的一个最简单的直接证法. 从问题的提出,到这两个简洁证法的诞生,竟用了140年之久. 可见在数学这个百花园里,几何确是一个绚丽多彩、引人入胜的花坛,那些耐人寻味、经久不衰的名题,经过几代数学家的努力,得出了一些精妙绝伦的解法,使我们不得不为之惊叹!

1. 定理的证明

下面是几种典型证法.

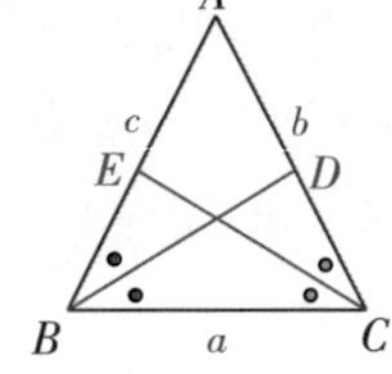

图14-2

证法1　如图14-2所示,设$BC = a, AB = c, AC = b$,则由角平分线定理,有

$$AD = \frac{bc}{a+c},\ DC = \frac{ab}{a+c},\ AE = \frac{bc}{a+b},\ BE = \frac{ac}{a+b}$$

又由斯霍滕定理,有

$$BD^2 = AB \cdot BC - AD \cdot DC = ac - \frac{bc}{a+c} \cdot \frac{ab}{a+c}$$

$$CE^2 = AC \cdot BC - AE \cdot EB = ab - \frac{bc}{a+b} \cdot \frac{ac}{a+b}$$

又$BD = CE$,所以

$$ac - \frac{ab^2c}{(a+c)^2} = ab - \frac{abc^2}{(a+b)^2}$$

整理得

$$(b-c)(a^3 + a^2b + a^2c + 3abc + b^2c + bc^2) = 0$$

显然,后一因式不等于零,故$b - c = 0$,即$AB = AC$.

证法2　各边如前所设,又设$\angle ABC = 2\alpha, \angle ACB = 2\beta$.

因为

$$S_{\triangle ABC} = \frac{1}{2}ac\sin 2\alpha = \frac{1}{2}ab\sin 2\beta$$

所以

$$\frac{\sin 2\beta}{\sin 2\alpha} = \frac{c}{b} \quad ①$$

又因为

$$S_{\triangle ABD} + S_{\triangle BDC} = S_{\triangle AEC} + S_{\triangle CEB}$$

所以

$$\frac{1}{2}c \cdot BD\sin\alpha + \frac{1}{2}a \cdot BD\sin\alpha = \frac{1}{2}b \cdot CE\sin\beta + \frac{1}{2}a \cdot CE\sin\beta$$

又 $BD = CE$，所以

$$\frac{\sin\beta}{\sin\alpha} = \frac{a + c}{a + b} \quad ②$$

①÷②得

$$\frac{\cos\beta}{\cos\alpha} = \frac{ac + bc}{ab + bc} \quad ③$$

若 $\alpha \neq \beta$，不妨设 $\alpha > \beta$，由于 α、β 均为锐角，则 $\cos\alpha < \cos\beta$，从而由③有 $\frac{ac + bc}{ab + bc} > 1$，故 $c > b$.

另一方面，因 $\alpha > \beta \Rightarrow 2\alpha > 2\beta \Rightarrow b > c$，矛盾，这说明 α、β 只能相等，故 $AB = AC$.

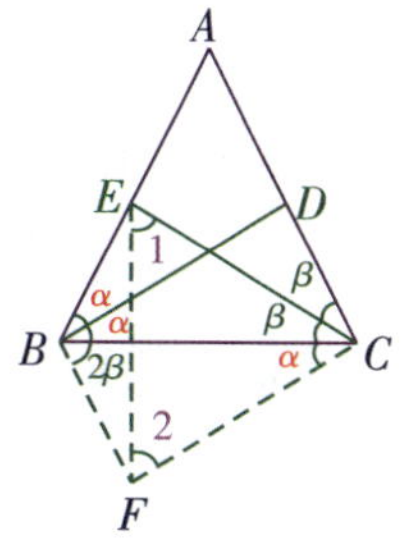

图 14-3

证法 3 如图 14-3 所示，设 $\angle ABC = 2\alpha$，$\angle ACB = 2\beta$，过点 C 作 $CF /\!/ BD$，过点 B 作 $BF /\!/ AC$，两线交于 F，则 $BFCD$ 是平行四边形，$\angle CBF = 2\beta$，$\angle BCF = \alpha$，$BD = CF$，所以 $CE = CF$，$\angle 1 = \angle 2$.

在 $\triangle BCE$ 和 $\triangle BCF$ 中，有两边对应相等，如果夹角 $\alpha \neq \beta$，不妨设 $\alpha > \beta$，则

$$BF > BE \quad ④$$

在 $\triangle BEF$ 中，

$$\angle BEF = \angle BEC - \angle 1 = 180° - 2\alpha - \beta - \angle 1 = 180° - (\alpha + \beta) - \angle 1 - \alpha \quad ⑤$$

$$\angle BFE = \angle BFC - \angle 2 = 180° - 2\beta - \alpha - \angle 2 = 180° - (\alpha + \beta) - \angle 2 - \beta \quad ⑥$$

比较⑤和⑥，因为 $\alpha > \beta$，所以 $\angle BEF < \angle BFE$，则 $BF < BE$，这与④矛盾，因此原假设 $\alpha \neq \beta$ 不成立.

所以，$\alpha = \beta$ 必成立，从而 $2\alpha = 2\beta$，得 $AB = AC$.

证法 4 如图 14-4 所示，设 $AB \neq AC$，不妨设 $AB > AC$，则 $\beta > \alpha$，在 $\triangle BCE$ 和 $\triangle BCD$ 中，因为 $CE = BD$，$BC = BC$，$\alpha < \beta$，所以

$$CD < BE \quad ⑦$$

作▱$BDGE$，则 $GD = EB$，$EG = BD = CE$，所以 $\angle EGC = \angle ECG$.

又 $\alpha < \beta$，则 $\angle DGC > \angle DCG$，即 $CD > DG = BE$. 这与⑦矛盾，故 $AB > AC$ 不成立. 同理，$AB < AC$ 也不成立，所以 $AB = AC$.

证法 5 如图 14-5 所示，假设 $AB > AC$，则 $\angle ABD < \angle ECA$，在 $\angle ECA$ 中，作 $\angle ECD' = \angle EBD$，交 BD 于 D'，则 B、C、D'、E 四点共圆，且 $\overset{\frown}{ED'} = \overset{\frown}{D'C} < \overset{\frown}{BE}$，由此 $\overset{\frown}{BED'} > \overset{\frown}{ED'C}$，故 $BD' > CE$，从而 $BD > CE$，这与 $BD = CE$ 矛盾.

故 $AB > AC$ 不成立. 同理，$AB < AC$ 也不成立，所以 $AB = AC$.

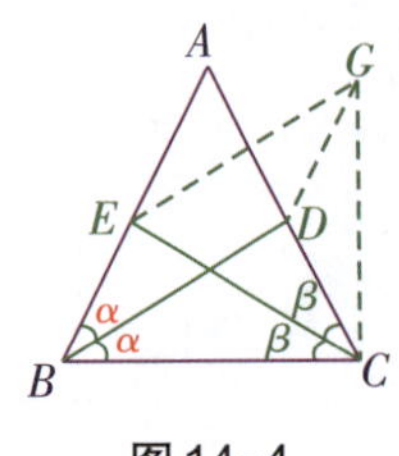

图 14-4

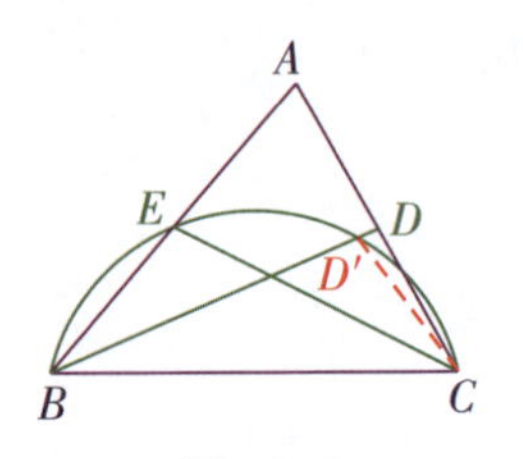

图 14-5

证法 6 因为 $BD=CE$，由角平分线长公式，有

$$\frac{1}{a+b}\sqrt{ab[(a+b)^2-c^2]}=\frac{1}{a+c}\sqrt{ac[(a+c)^2-b^2]}$$

两边平方，得

$$ab(a+c)[(a+b)^2-c^2]=ac(a+b)[(a+c)^2-b^2]$$

化简可得

$$(b-c)(a^3+a^2b+a^2c+b^2c+bc^2+3abc)=0$$

因为 $a>0, b>0, c>0$，所以 $a^3+a^2b+a^2c+b^2c+bc^2+3abc>0$.

所以，$b-c=0$，即 $\triangle ABC$ 为等腰三角形.

最后我们给出前面提到的最简洁的直接证法.

证法 7 如图 14-6 所示，不妨设 $\angle ABC \geqslant \angle ACB$，在 OE 上取 M，使 $\angle OBM=\angle OCD$，连接 BM 交 AC 于 N，则 $\triangle BND \backsim \triangle CNM$. 因为 $CM \leqslant BD$，所以 $BN \geqslant CN$.

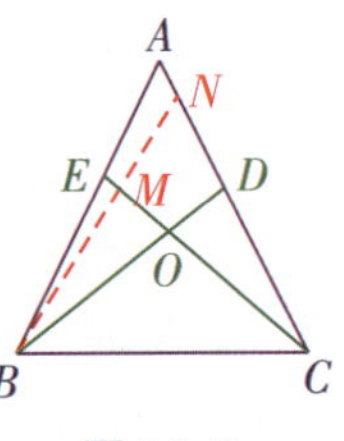

图 14-6

所以

$$\angle NCB \geqslant \angle OBM+\frac{\angle ABC}{2}=\frac{\angle ACB}{2}+\frac{\angle ABC}{2}$$

即 $\angle ACB \geqslant \angle ABC$，已设 $\angle ABC \geqslant \angle ACB$，所以 $\angle ABC=\angle ACB$.

2. 定理的推广

定理 14.1 在 $\triangle ABC$ 中，P 为 $\angle BAC$ 平分线 AD 上异于 D 的任意一点，BP、CP 的延长线分别交 AC、AB 于 E、F，若 $BE=CF$，则 $AB=AC$.

证明 如图 14-7 所示，假设 $AB<AC$，由余弦定理，有

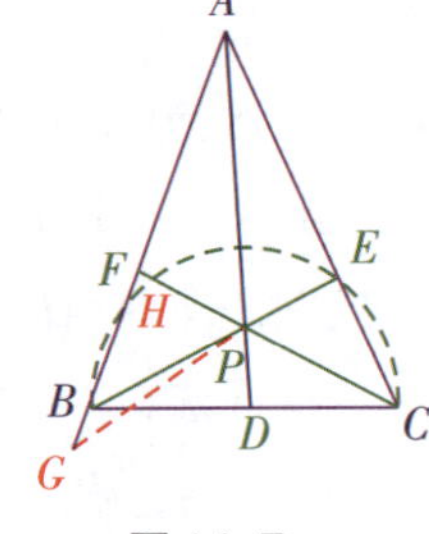

图 14-7

$$CP^2=AC^2+AP^2-2AC\cdot AP\cos\frac{\angle BAC}{2}$$

$$BP^2=AB^2+AP^2-2AB\cdot AP\cos\frac{\angle BAC}{2}$$

两式相减，并整理得

$$CP^2-BP^2=(AC-AB)\left(AC+AB-2AP\cos\frac{\angle BAC}{2}\right)$$

由显然的几何关系得

$$AD < \frac{1}{2}(AC + AB)$$

而$AP\cos\frac{\angle BAC}{2} < AP < AD$, 则

$$AC + AB - 2AP\cos\frac{\angle BAC}{2} > 0$$

又$AC - AB > 0$,故$CP^2 - BP^2 > 0$.

所以,$CP > BP$,从而$\angle PBC > \angle PCB$.

延长AB到G,使$AG = AC$,连接GP,则$\triangle AGP \cong \triangle ACP$,得$\angle AGP = \angle ACP$. 而$\angle ABP > \angle AGP$,故$\angle ABP > \angle ACP$.

在PF上取点H,使$\angle PBH = \angle ACP$, 则B、C、E、H共圆,已证$\angle PBC > \angle PCB$.

所以,$\angle HBC > \angle ECB \Rightarrow \overset{\frown}{HEC} > \overset{\frown}{BHE} \Rightarrow CH > BE$.

又$CF > CH$,所以$CF > BE$,与已知矛盾.

故$AB < AC$不成立. 同理,$AB > AC$也不成立,所以$AB = AC$.

定理 14.2 如图 14-8 所示,设D、E分别为$\triangle ABC$的边AC、AB上的点,BD、CE分别内分$\angle ABC$、$\angle ACB$为$1:k$,且有$BD = CE$,则$AB = AC$.

证 明 设$\angle ABD = \alpha$, $\angle ACE = \beta$, 则$\angle DBC = k\alpha$, $\angle ECB = k\beta$. 若假设$\angle ABC \geqslant \angle ACB$,则$\alpha \geqslant \beta$,在$OE$上取点$M$,使$\angle OBM = \angle\beta$,连接$BM$交$AC$于$N$,则$\triangle NBD \backsim \triangle NCM$.

因为$CM \leqslant BD$,所以$NB \geqslant NC$.

从而$(k+1)\beta \geqslant \beta + k\alpha \Rightarrow \beta \geqslant \alpha \Rightarrow \angle ACB \geqslant \angle ABC$.

所以有$\angle ABC = \angle ACB$.

特别地,当$k = 1$时,为斯坦纳-雷米欧司定理.

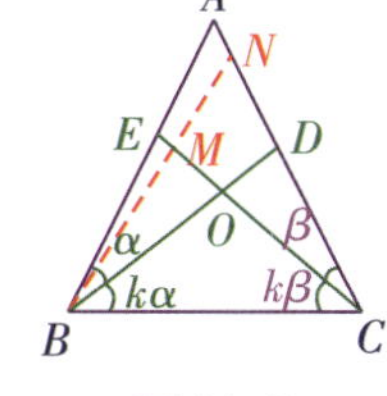

图 14-8

三、两道以斯坦纳-雷米欧司定理为背景的赛题

题 14.1 (第 31 届 IMO 预选题)设l是经过点C且平行于$\triangle ABC$的边AB的直线,$\angle A$的内角平分线交边BC于D,交l于E;$\angle B$的内角平分线交边AC于F,交l于G. 如果$GF = DE$,试证$AC = BC$.

命题者爱尔兰都柏林大学弗格斯坦言,此题是受"斯坦纳-雷米欧司定理"启发而创作的.

题 14.2 (美国第 26 届大学生数学竞赛题)如图 14-9 所示,在$\triangle ABC$中,$\angle BAC < \angle ACB < 90° < \angle ABC$,分别作$\angle BAC$、$\angle ABC$的外角平分线,如果它们都

等于边 AB，求 $\angle BAC$、$\angle ABC$ 各是多少？

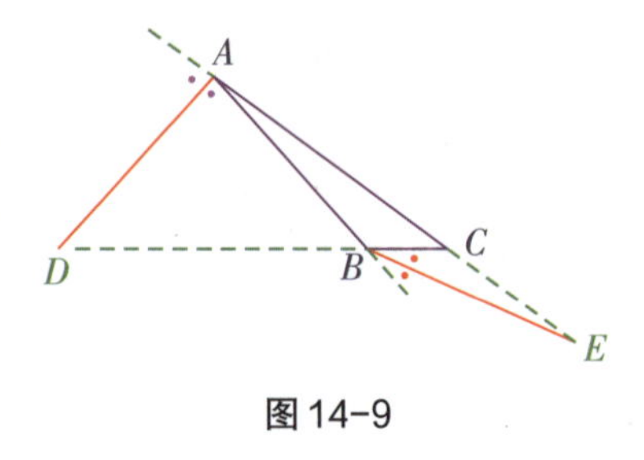

图 14-9

这也是从斯坦纳-雷米欧司定理引出的一个问题，我国的初中生也能解出．此题的答案是：$\angle BAC = 12°$，$\angle ABC = 132°$．

这就是说，命题"三角形的两外角平分线相等，这个三角形为等腰三角形"不成立．

但如果把条件加强，是可以的．这是日本井上义夫教授得出的结论．

定理 14.3 一个三角形的两外角平分线相等，且第三角为该三角形的最大角或最小角，则此三角形为等腰三角形．

这也只是一种情况，还有当一个内角平分线和外角平分线相等呢，结论如何？把这些问题彻底弄清的是我国著名数学家吴文俊．

四、吴文俊的研究

吴文俊（图 14-10）教授不是采用传统的几何方法，而是采用他发明的具有里程碑意义的新方法——机器证明的方法（简称吴法）．下面是他口述的一段回忆．

我选择了做机器证明，从几何定理的机器证明这个方向突破．这项研究是从 1976 年冬天开始的……

图 14-10

我觉得我有办法，外国人没办法，我有办法！

我对几何定理机器证明有自己明确的想法，但需要验证．那时我没有计算机，只有一条路：自己用手算！我当计算机，用"吴氏计算机"验证．

为验证我方法的可行性，"吴氏计算机"证明的第一个定理是费尔巴赫定理．证明过程涉及的最大多项式有数百项，这一计算非常困难，任何一步出错都会导致以后的计算失败．那些日子里，我把自己当作一部机器一样，没有脑子地只会算，一步一步死板地算，第一步第二步第三步……算了多少记不清了，算了废纸一大堆，算得很苦．下苦功夫倒没什么，麻烦的是要找出毛病所在．到后来真正抓住了毛病出在哪儿，这是要靠你平时的数学修养．那是相当艰苦的一段经历．

1977年春节期间，我首次用手算成功地验证了我的机器证明几何定理的方法. 我非常振奋，接着又用手算验证了其他几个有名的几何定理，也成了. 我知道我这个方法对了！真高兴，这是关键的一步.

我的方法非常成功，许多定理一下子就证出来了，当时国外有人验证时能达到微秒级，在国外相当轰动.

（节选自《走自己的路——吴文俊口述自传》）

吴教授利用"吴法"对"分角线相等的三角形"的探讨，可以用图14-11来说明.

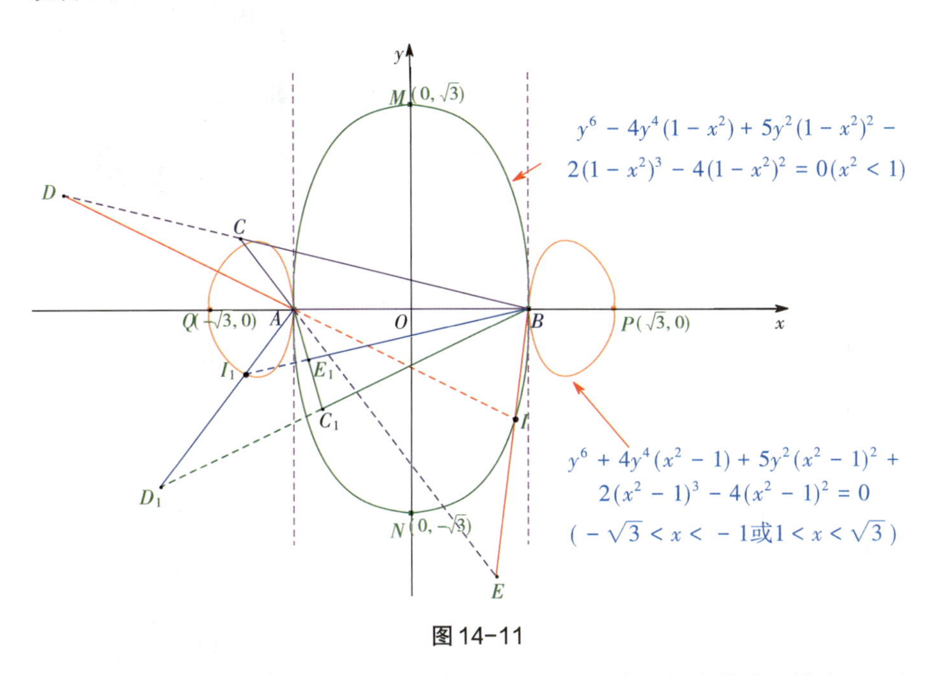

图14-11

如果设AB为2个单位长度，以其中点为原点，其所在直线为x轴建立坐标系（图14-11），则有无数个$\triangle ABC$，其中$AC\neq BC$，而外角分角线AD等于外角分角线BE. 且AD、BE所在直线交点I的坐标(x,y)满足方程：

$$y^6-4y^4(1-x^2)+5y^2(1-x^2)^2-2(1-x^2)^3-4(1-x^2)^2=0(x^2<1)$$

其轨迹近似于椭圆，除去A、B、M、N四点.

也存在无数个$\triangle ABC_1$，其中$AC_1\neq BC_1$，而外角分角线AD_1等于内角分角线BE_1. 且AD_1、BE_1所在直线交点I_1的坐标(x,y)满足方程：

$$y^6+4y^4(x^2-1)+5y^2(x^2-1)^2+2(x^2-1)^3-4(x^2-1)^2=0$$
$$(-\sqrt{3}<x<-1\text{或}1<x<\sqrt{3})$$

其轨迹是图14-11中两边的两个鹅蛋形，也要除去几个特殊点.

这样就使这个问题得到了完满的解决.

1977年,吴文俊发表在《中国科学》上的《初等几何判定问题与机械化证明》科学论文,掀开了数学机械化这一领域新的一页. 开创了从公理化到机械化的新路,第一次在计算机上证明了一大类初等几何问题,如西姆松定理、费尔巴赫定理、莫利定理等,还发现了不少新的不平凡的几何定理.

用"吴法"证明一个定理一般仅需几秒钟. 吴法的影响是世界性的,著名科学家卡波尔写道:"吴的工作使自动推理领域发生了革命性的变化."吴文俊院士作为数学机械化领域的首席科学家,带领我国数学家在数学机械化领域取得了一系列重大成果,从而确定了以吴文俊院士为首的中国数学机械化学派在国际上的领先地位. 2001年,吴文俊因此荣获首届国家最高科学技术奖(图14-12).

图14-12

著名计算机科学家王浩教授曾说:"要使每个中国数学教师都懂吴法."

综合与实践

(1)证明题14.1(第31届IMO预选题):设l是经过点C且平行于$\triangle ABC$的边AB的直线,$\angle A$的内角平分线交边BC于D,交l于E;$\angle B$的内角平分线交边AC于F,交l于G. 如果$GF = DE$,试证$AC = BC$.

(2)了解数学机械化知识,进一步阅读下列资料.

①吴文俊:《数学机械化》. 科学出版社,2000年.

②吴文俊:《初等几何判定问题与机械化证明》.《中国科学》,1977年第6期.

③吴文俊:《几何定理的机器证明》.《自然杂志》,1980年第12期.

④吴文俊:《初等几何定理机器证明的基本原理》.《系统科学与数学》,1984年第3期.

⑤吴文俊:《几何定理机器证明的基本原理(初等几何部分)》. 科学出版社,1984年.

第15章

15

完美正方形

一个自然数的所有因数(本身除外)的和恰好等于它本身,这样的数叫作完美数,也叫作完全数.例如:

$6=1+2+3$;

$28=1+2+4+7+14$;

$496=1+2+4+8+16+31+62+124+248$;

……

当然,它们还可以表示为连续奇数个正整数的和:

$6=1+2+3$;

$28=1+2+3+4+5+6+7$;

$496=1+2+3+\cdots+30+31$;

……

除6外,其他完全数都可以表示为连续奇数的立方和:

$28=1^3+3^3$;

$496=1^3+3^3+5^3+7^3$;

$8128=1^3+3^3+5^3+7^3+\cdots+15^3$;

……

也就是说,一个完美数,可以分解为满足某些特定条件的数的和.

那么,对于下面的等式:

$$169=1^2+1^2+2^2+2^2+2^2+3^2+3^2+4^2+6^2+6^2+7^2$$

可以绘制图15-1的图形,它将一个边长为13的正方形分割为11个小正方形(图中的数字为小正方形的边长).美中不足的是,边长为1、2、3、6的小正方形不止一个.是否存在这样的正方形,能否分割为一些大小不同的整数边小正方形呢?这就是困扰数学家的完美正方形问题.

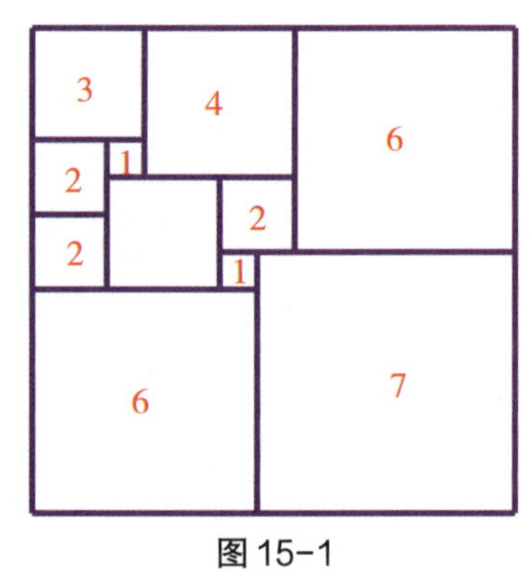

图15-1

一、问题溯源

600多年前,英国有位诗人叫乔叟,他的《坎特伯雷故事集》是世界古典名著.20世纪初,趣味数学专栏作家杜德尼以乔叟故事集模式,续成《坎特伯雷

难题》(最新中文版见《200个趣味数学故事》,图15-2),其中第40题是:

伊莎伯利小姐的宝匣　伊莎伯利小姐的珠宝装在一个宝匣内,盖子是正方形,由珍贵木料与一条长为10英寸(1英寸≈2.54厘米)、宽为$\frac{1}{4}$英寸黄金镶嵌而成(图15-3). 每个向小姐求婚的人都被要求做到:除那条黄金外,其余部分要分解为一个个尺寸不同的正方形木块,它们连同金条在一起,镶嵌成正方形宝盒盖.

图15-2

许多人受挫而归,终有成功者解出,有情人终成眷属.

求婚成功者的解答如图15-4所示(图中红色数字为正方形边长). 这当然不是完美正方形,但却是完美正方形问题的一个起点. 此后的几百年间,完美正方形问题一直受到数学家的关注.

图15-3

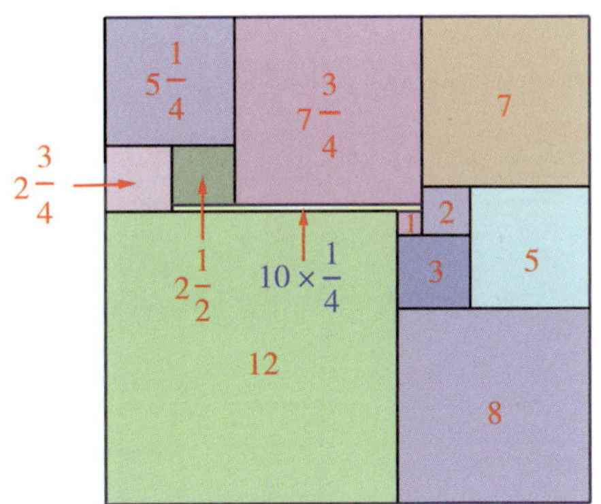

图15-4

二、数学家的探索

数学家对完美正方形的探究经历了一个从不够完美到完美的过程.

如三次方程求根公式发明人之一——意大利自学成才且有口吃的数学家塔尔塔利亚,他曾将13×13的正方形分割成11个正方形(图15-5),含有6种规格. 虽不够完美(有边长相同的),但为问题

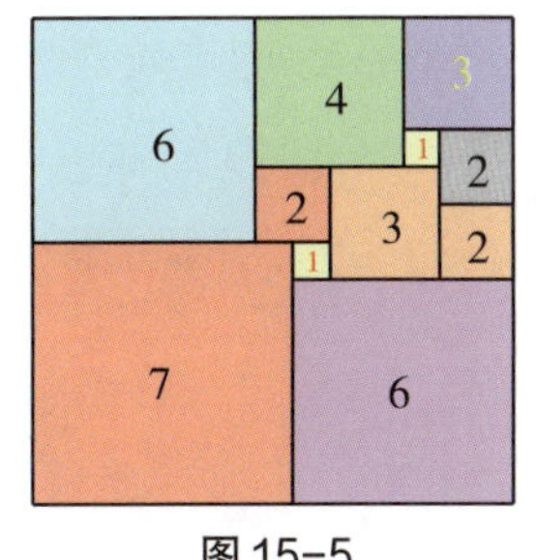

图15-5

的解决迈出了第一步.

苏联数学家鲁金将塔尔塔利亚研究的正方形做了另一种解释,他根据$5^2+12^2=13^2$,把边长为13的正方形分割成15块,得到了图15-6所示的关系.

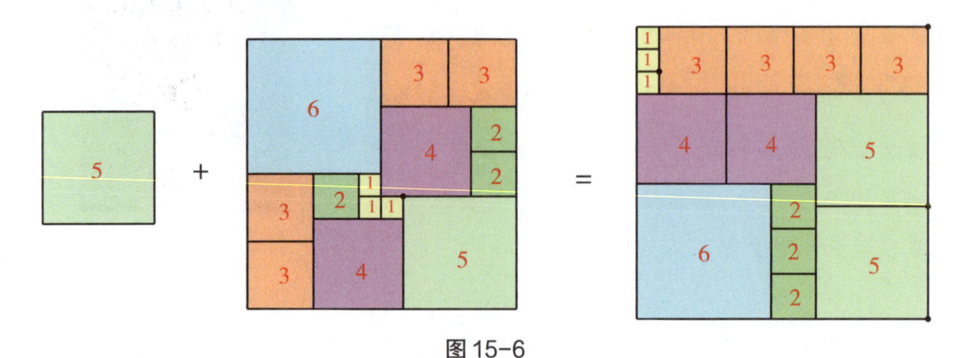

图15-6

1923年,波兰数学家罗基维茨提出:一个矩形能否被分割成一些大小不等的正方形?当时是作为第59个问题出现在《苏格兰问题集》(*The Scottish Book*)上.

1925年,波兰数学家莫伦给出了9阶(分割为9个不同的正方形)、10阶的完美矩形两例(图15-7),回答了罗基维茨提出的问题.

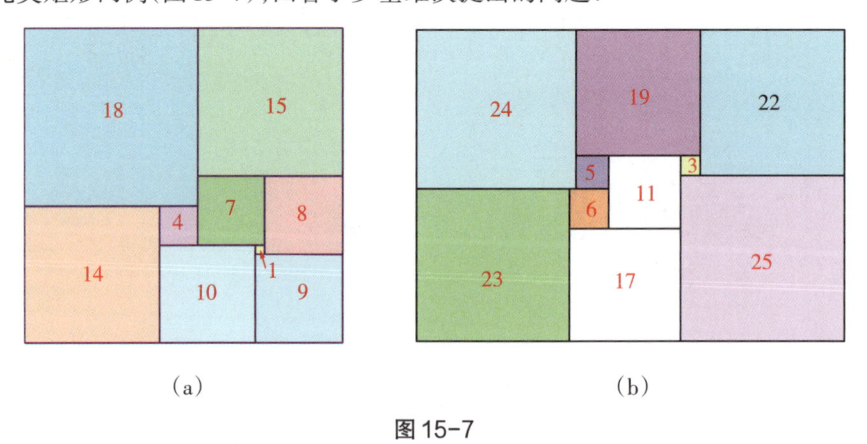

(a) (b)

图15-7

同时莫伦还指出矩形的正方形分割与斐波纳契数列的关联(图15-8),美中不足的是,起点处是两个边长相等的单位正方形.

1998年,第23届国际数学家大会在德国柏林召开,德国发行了一枚纪念邮票(图15-9),图案就是"矩形求方"的一种解法.

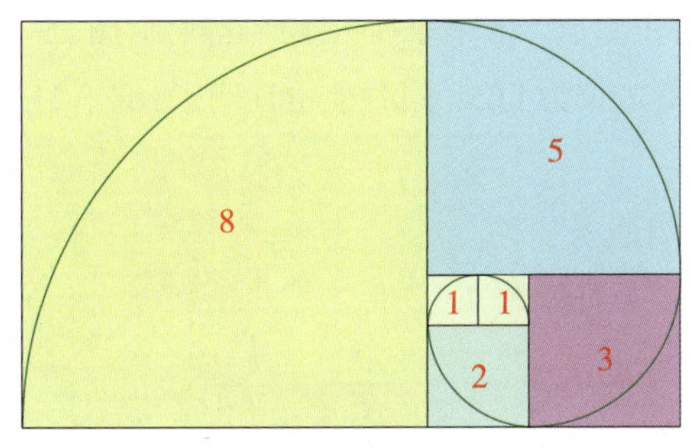

图 15-8

图 15-9

1938年，剑桥大学三一学院的4位学生布鲁克斯、史密斯、斯通、塔特（被称为“剑桥四杰”，后都成为蜚声数坛的组合数学专家和图论专家，其中塔特1980年曾被邀来我国讲学）也开始研究此问题．他们提出的构造完美矩形的方法，奠定了研究这个问题的理论基础．

1940年，赖卡特和托普肯兹证明完美长方形不低于9阶．后来有人指出9阶完美长方形只有2个．

1960年，荷兰数学家布坎普用电子计算机找出9~18阶所有完美长方形，其结果如表15-1所示．

表 15-1　9~18阶完美长方形

阶	个数	阶	个数
9	2	14	244
10	6	15	2609
11	22	16	9016
12	67	17	31427
13	213	18	110384

完美矩形的存在，激发人们去寻找完美正方形．

1939年，德国数学家斯布拉格终于找到了第一个55阶，边长为4205的完美正方形 $S_{55}(4205)$．

几个月后，阶数更小（28阶）、边长更短（1015）的完美正方形 $S_{28}(1015)$ 由前面提到的“剑桥四杰”构造出来．

1948年，英国银行职员威尔科克发现24阶完美正方形 $S_{24}(175)$．

1967年，塔特的学生威尔逊在其长达152页的博士论文中，构造出25阶完美正方形5例，26阶完美正方形24例．

1973年，库扎利洛夫证明完美正方形阶数不能小于21．

1978年,最低阶完美正方形终于由荷兰数学家杜依维斯廷找到(图15-10).这个21阶完美正方形只有一个,其边长为112. 同时他也证明了:低于21阶的完美正方形不存在.

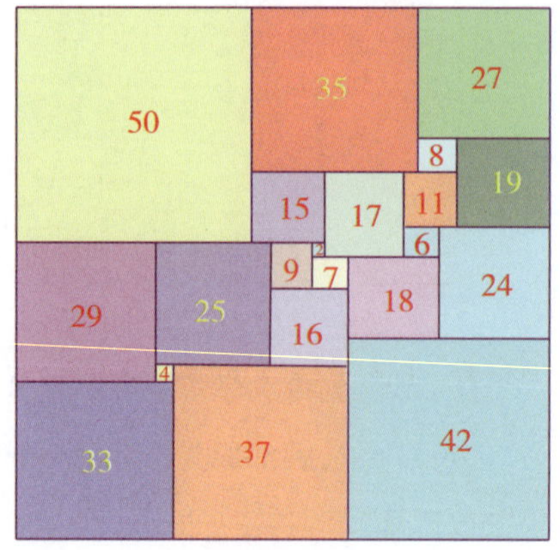

图15-10

完美正方形的元素中没有一组能构成长方形,则称为简单完美形;其元素能构成一个或两个长方形的分别称为复一完美形或复二完美形. 显然,简单完美形条件最强.

关于完美正方形的研究,对于31阶以下的完美正方形已有如下结论,如表15-2所示.

表15-2 已发现的31阶以下的完美正方形

阶	简单	复一	复二
21	1		
24		1	
25	8	2	
26	28	10	1
27	6	19	
28		33	4
29		49	1
30		19	14
31	4	36	1

还有一个更难的问题:如果每个整数尺寸(边长为1,2,3,4,…)的正方形瓷砖恰好使用一次,能否不留空隙地铺满无穷大的平面? 这个问题一直没能解决,直到2008年,弗雷德里克·亨利和詹姆斯·亨利父子解决了这个问题,答案是肯定的.

既然完美正方形存在,那么三维的完美立方体是否存在? 即对于一个长方体箱子,能否用有限个体积两两不等的立方块装满此箱子?

答案是否定的.

三、完美正方形的构造

完美正方形问题转化为代数问题，可设正方形的边长为s，各个小正方形的边长分别为$s_1, s_2, \cdots, s_r$，当正方形为完美正方形时，有

$$s_1^2 + s_2^2 + \cdots + s_r^2 = s^2$$

其中r为阶，根据前面的讨论，$r \geqslant 21$. 但这仅是必要条件. 满足上述等式的，以s_i为边长的大小不同的正方形也不一定能拼成边长为s的正方形，做到既不重叠，也无空隙. 为数众多的勾股数就是反例.

完美正方形的成功构造，人们是以长方形为台阶，先解决用不同的正方形拼成一个长方形，最后完成完美正方形的构造. 而完美长方形的构造有数学的和物理的两种方法.

塔特1980年来我国讲学时，介绍了他们所采用的代数方法.

如图15-11所示，从边长分别为x和y的两个元素（正方形）开始，作一草图，注意，各元素均为正方形（虽然外形不像），根据正方形的性质及位置，可将每个元素的边长用x、y表示. 如（按图中序号）② - ① = ③，① - ③ = ④，④ - ③ = ⑤，④ + ⑤ = ⑥，⑤ + ⑥ = ⑦，① + ② - ⑥ - ⑦ = ⑧，⑦ - ⑧ = ⑨，⑨ - ⑧ = ⑩，⑨ + ⑩ = ⑪，⑩ + ⑪ = ⑫.

根据对边相等，有$8x - 4y = 136 - 97y$，$128x = 93y$，得最小正整数解$x = 93$，$y = 128$，代入图中的12个元素，得12阶的完美长方形(232，353).

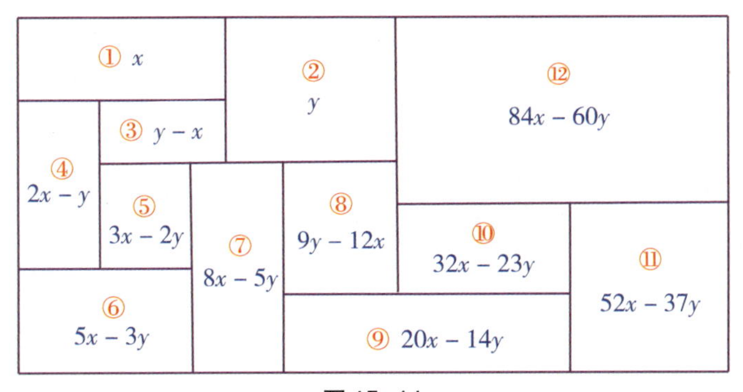

图15-11

类似地，可以构造完美正方形. 先根据草图15-12，从边长分别为x和y的两个元素开始，各边长用x、y表示：① + ② = ③，② + ③ = ④，① + ③ = ⑤，① + ⑤ = ⑥，① + ⑥ - ② = ⑦，⑥ + ⑦ = ⑧，⑤ + ⑥ + ⑧ = ⑫，② + ④ - ⑦ = ⑨，⑨ - ⑦ - ⑧ = ⑩，⑧ + ⑫ - ⑩ = ⑪. 由长与宽相等，有

$$(33x + 2y) + (12x + 3y) = (12x + 3y) + (2x + y) + (x + y) + (x + 2y)$$

化简，得$2y=29x$，故最小自然数解为$x=2, y=29$．代入各元素可得图15-13所示的完美正方形雏形．剩下左下角一个111×94的长方形，用由不同的正方形构造的完美矩形嵌入即可．图15-14所示是方案之一．最后的结果是一个边长为235的25阶完美正方形．当然所得结果是复合完美形．

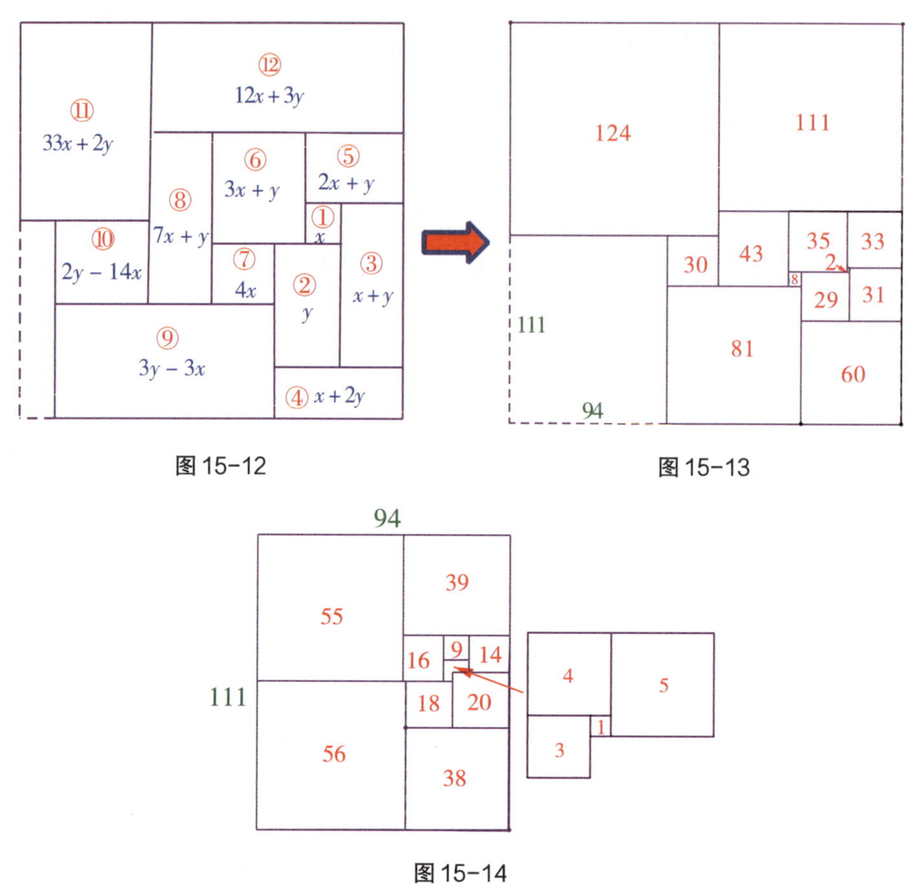

图15-12

图15-13

图15-14

“剑桥四杰”还把构造完美长方形与电路网络理论中的基尔霍夫定律联系起来，由满足此条件的电路图确定一个矩形的正方形剖分．

四、问题拓展

由正方形分割还想到对正方形进行直角三角形分割和锐角三角形分割．

将一个正方形分割成若干边长不等的直角三角形，使正方形边长尽可能小，分割成的直角三角形个数尽可能少．这是由日本的铃木昭雄提出的．

1966年，一个边长为397870的大正方形的直角三角形分割第一次被找到．

在以后的15年内，边长在1000以下，分割为10个以内的直角三角形分割共找到20种．图15-15所示是在1968年找到的边长为1248的正方形，由5个直角三角形组成．图15-16所示是1976年发现的边长为48的正方形，它可分割为7个直角三角形．这是迄今为止分割的直角三角形个数最少、边长最小的最高纪录，是不是最终纪录，还不得而知．

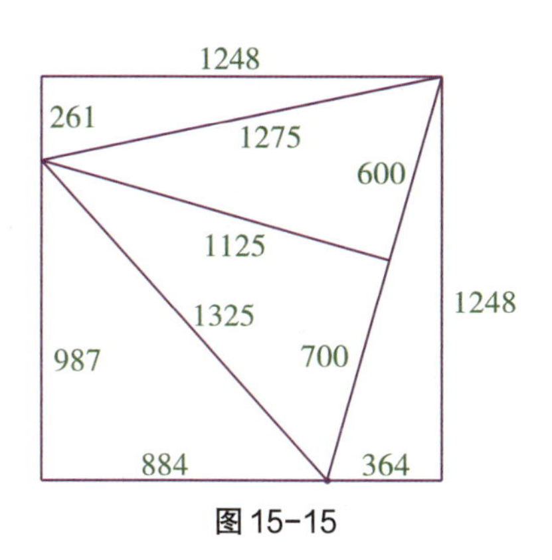

图15-15

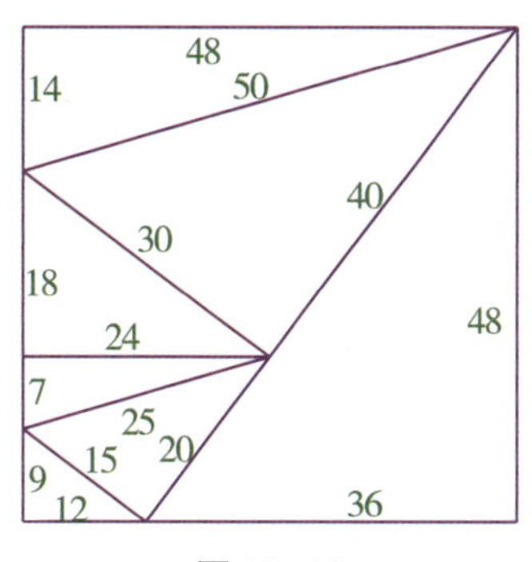

图15-16

图15-17给出了将正方形分割为锐角三角形的情形，分别被分割为11个、10个、9个、8个．有研究表明，想再减少是不可能的．

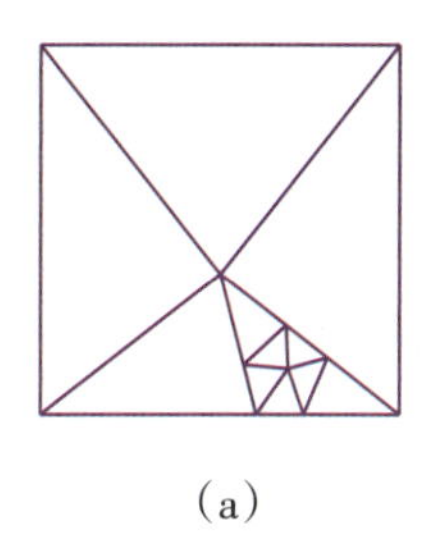
(a)

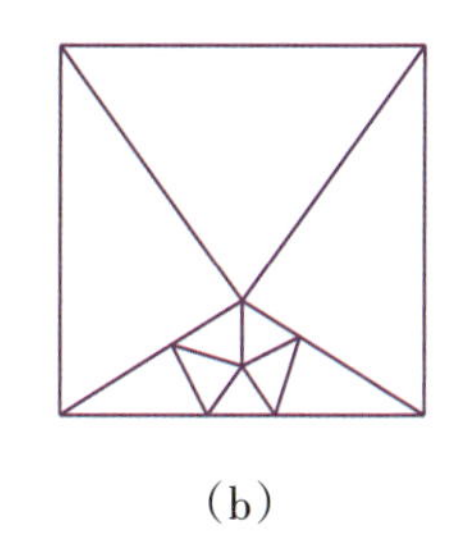
(b)

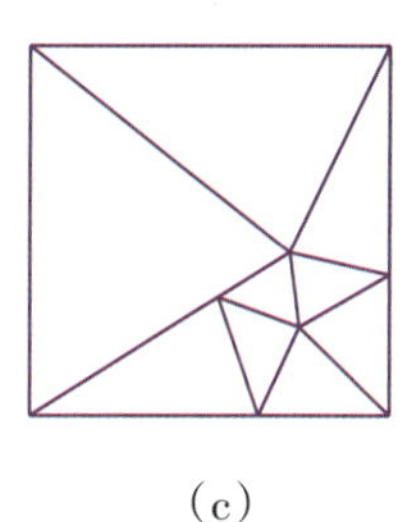
(c)

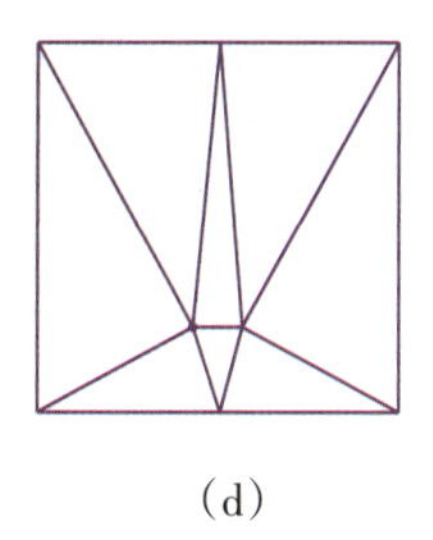
(d)

图15-17

由完美矩形、完美正方形，人们还想到其他完美形(这里的“完美”是指将图形分割为规格不一的自相似图形或指定的规则图形)，比如，完美正三角形、完美平行四边形等．但人们经过努力发现，这类完美图形均不存在．至今只找到一个“完美”等腰直角三角形(图15-18)．完美形需满足条件：$x:y=3:4$．泰勒曾给出另一种意义上的完美剖分，即仅要求图形形状，不要求边长为整数(因等腰直角三角形存在无理边)．

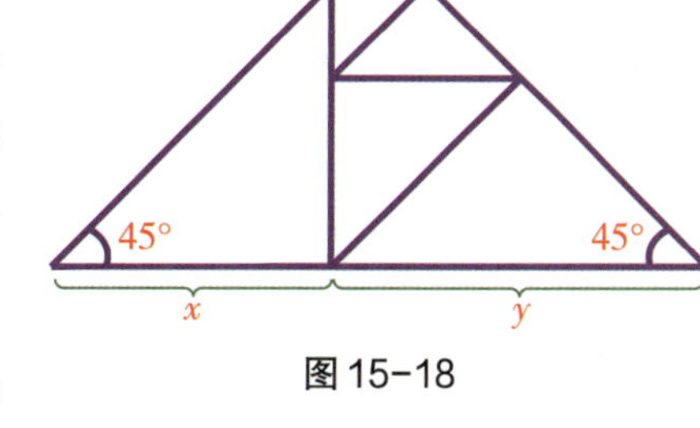

图15-18

图15-19所示是将一个平行四边形分割成13个小正三角形(据称这是最小阶的分割)．图15-20所示是将一个正

三角形分割成15个小正三角形，目前为止，人们只找到这一例．塔特在其著作《三维铺砌》中说，如果把正放的三角形“△”和倒放的三角形“▽”视为不同的三角形的话，图15-20所示便是一个完美正三角形．

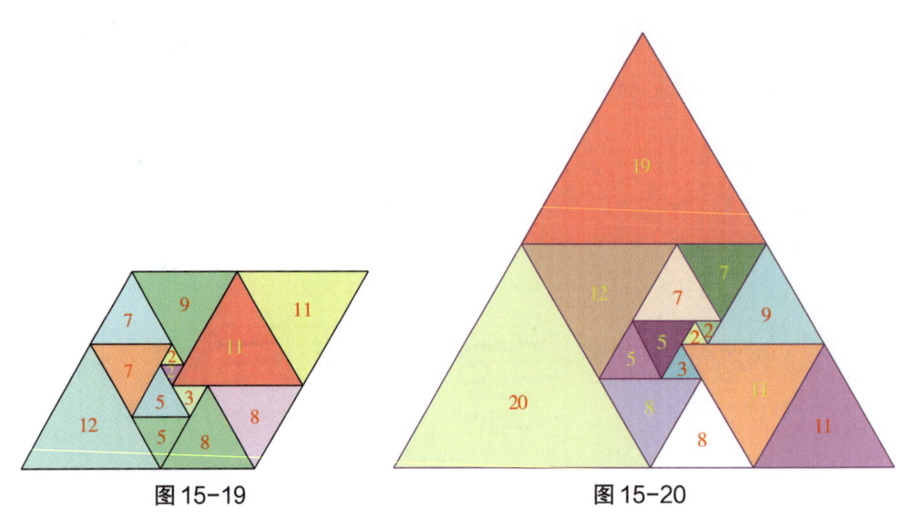

图 15-19　　图 15-20

综合与实践

（1）用代数方法构造一个完美长方形．

（2）图15-8所示是以斐波纳契数列为边长的正方形，按螺旋方式可以铺满这个平面．与斐波纳契数列类似的，有帕多瓦数列：

1，1，1，2，2，3，4，5，7，9，12，16，21，28，37，49，65，86，114，151，…

其构成规则是：$p_0 = p_1 = p_2 = 1, p_n = p_{n-1} + p_{n-3} (n \geqslant 3)$．以帕多瓦数列为边长的正三角形能铺满整个平面，请画出它的前14项图形．

第16章

16

美的密码——黄金分割

2000多年前，古希腊数学家考虑过这样一个数学问题：把一个线段分为长、短两部分，使“小段∶长段＝长段∶全长”．即长段是小段和全长的比例中项．如图16-1所示，C为线段AB上一点，如果有$\frac{BC}{AC}=\frac{AC}{AB}$，则称为把线段$AB$黄金分割，点$C$叫作线段$AB$的黄金分割点．也有人把上述比例叫作神圣比例、神奇比例、上帝的比例等．

A　　　C　B

图16-1

显然，满足上述比例的点，靠近点A处还有一个，故一条线段有两个黄金分割点．

黄金分割是欧洲文艺复兴时期，意大利著名艺术家、科学家达·芬奇冠以的美称．德国著名天文学家、数学家开普勒说：“几何里有两个宝库，一个是毕达哥拉斯定理，一个是黄金分割．前者可以比作金矿，后者可以比作珍贵的钻石矿．”

《几何原本》共13卷，其中在第2卷、第4卷、第6卷和第8卷中多处涉及黄金分割．

我国早在战国时期就已知道并能应用黄金分割，长沙马王堆汉墓出土的文物中，有的长宽就是按黄金比制作的．清代数学家梅文鼎对黄金分割有深入研究，他在《几何通解》和《几何补编》中，对黄金分割有详细论述．

一、黄金比、黄金数

设$AB=1$，$\frac{BC}{AC}=\frac{AC}{AB}=\varphi$，则$AC=\varphi$，$BC=1-\varphi$，从而有$\frac{1-\varphi}{\varphi}=\varphi$，解得$\varphi=\frac{\sqrt{5}-1}{2}=0.618\cdots$．

这里的比称为黄金比，也叫作中末比、中外比、黄金率．比值$\frac{\sqrt{5}-1}{2}$和$0.618\cdots$称为黄金数．

注意，“比”“比例”“数”是3个不同的概念，它们以不同的形式揭示黄金分割的本质．

据说是著名艺术家、雕刻家和建筑师菲狄亚斯（古希腊文：Φειδίας）第一个意识到黄金分割的美学价值，故大多数人用他名字的首字母Φ表示黄金数．当然，也有人用“黄金分割”英文(Golden Section)的第一个字母G或g表示黄金数．

$\frac{\sqrt{5}-1}{2}=0.618\cdots$是一个无穷不循环小数，因此它是一个无理数．由于它在美学、艺术、建筑、日常生活中的广泛应用和自然存在，黄金数φ与圆周率π和自然对数的底e，一并称为“3个著名的无理数”．据说美国加州谷歌公司总部，有3座大楼分别以这3个数学符号命名，这也显示出数学在这家科技公司的地位．图16-2所示是澳门发行的纪念邮票．

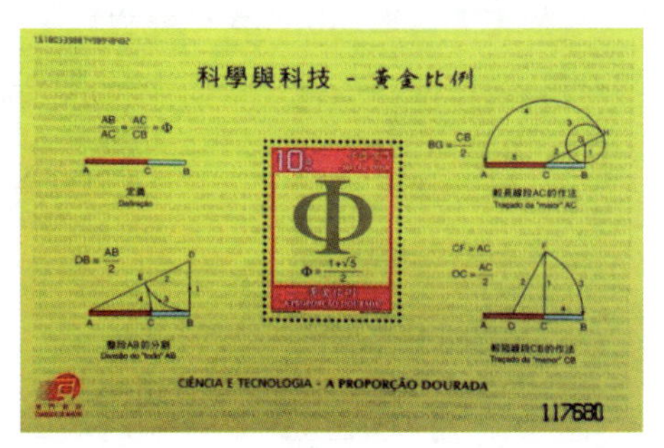

图16-2

也有人把φ的倒数$\Phi=\frac{\sqrt{5}+1}{2}=1.618\cdots$叫黄金数，即将“小段:长段=长段:全长”改为“长段:小段=全长:长段”，本质没有变．为了后面表述方便，本书将$\Phi=\frac{\sqrt{5}+1}{2}=1.618\cdots$叫作第二黄金数．

一般地，有$\Phi\times\frac{1}{\Phi}=1$，但对第二黄金数，还有$\Phi-\frac{1}{\Phi}=1$．这是唯一令此关系成立的正数．

各种黄金数表达式如下．

(1)$\varphi=\cfrac{1}{1+\cfrac{1}{1+\cfrac{1}{1+\cdots}}}$　　　$\Phi=1+\cfrac{1}{1+\cfrac{1}{1+\cfrac{1}{1+\cdots}}}$

下面是第1个式子的证明，其他大部分表达式的证明留给有兴趣的读者．

证明　设$\cfrac{1}{1+\cfrac{1}{1+\cfrac{1}{1+\cdots}}}=x$，则$\frac{1}{1+x}=x$，故有$x^2+x-1=0$．

因为$x>0$，所以$x=\varphi$．

(2)$\varphi=\sqrt{1-\sqrt{1-\sqrt{1-\cdots\sqrt{1-a}}}}\ (0<a<1)$；

$$\Phi=\sqrt{1+\sqrt{1+\sqrt{1+\sqrt{1+\sqrt{1+\sqrt{1+\cdots}}}}}}.$$

(3)$\varphi=\sqrt{2-\sqrt{2+\sqrt{2-\sqrt{2+\cdots}}}}$.

(4)$\varphi=2\cdot\sin18°$.

(5)底角为72°的等腰梯形,若上底等于腰,则上下底之比等于φ(图16-3).

(6)正五边形的边与对角线之比等于φ(图16-4).

(7)单位圆中内接正十边形的边长等于φ(图16-5中的AB).

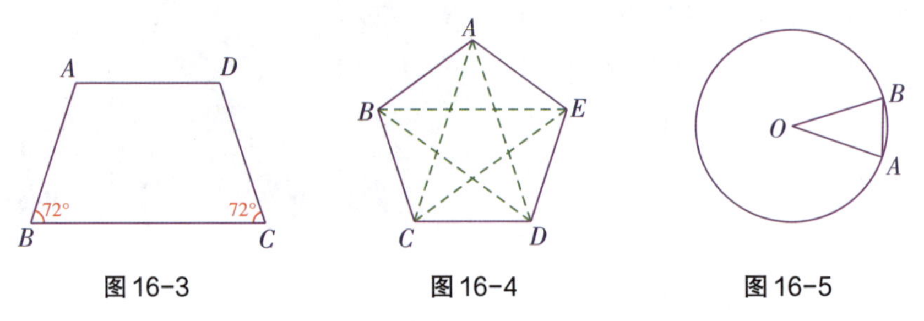

图16-3　　图16-4　　图16-5

(8)在五角星(图16-6)中,每边长短不等的线段有4条(如NM、BN、BM、BE),它们满足$\frac{NM}{BN}=\frac{BN}{BM}=\frac{BM}{BE}=\varphi$.

(9)在单位正方形中挖去一边长为x的小正方形,使小正方形的面积等于剩下部分的面积的平方,则小正方形的边长$x=\varphi$(图16-7).

(10)如图16-8所示,在直角$\triangle ABC$中,CD为斜边上的高,且$S^2_{\triangle CBD}=S_{\triangle ADC}\cdot S_{\triangle ABC}$,则$D$为$AB$的黄金分割点,且$\sin B=\varphi$.

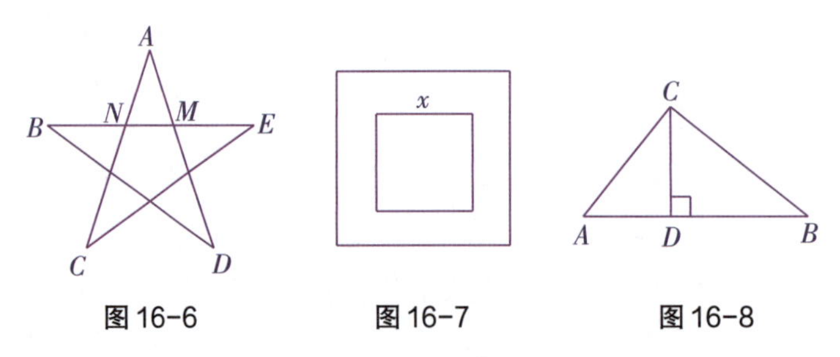

图16-6　　图16-7　　图16-8

(11)如图16-9所示,a、b、c为三条相等的线段,线段b的一个端点为线段a的中点,线段c的一个端点为线段b的中点,线段a、b、c的端点A、B、C在一条直线上,则$\frac{BC}{AB}=\varphi$.

(12)如图16-10所示,AB为圆内接等边三角形的中位线,延长AB交圆于点C,则$\frac{BC}{AB}=\varphi$.

(13)如图16-11所示,在半圆内作一个最大的内接正方形,其中一边AB在直径上，C 为直径的端点，则 $\dfrac{BC}{AB}=\varphi$.

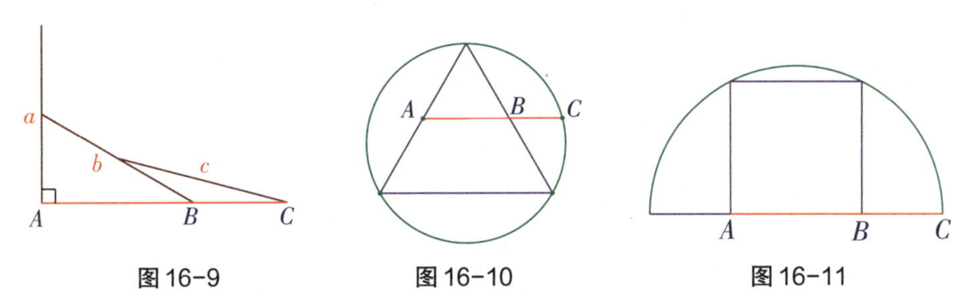

图 16-9　　图 16-10　　图 16-11

(14)如图 16-12 所示，$\triangle OBC$ 为两直角边分别为 1、2 的直角三角形，以 O 为圆心、1 为半径画圆，与斜边延长线交于点 D；以 B 为圆心、BD 为半径画弧，交 CB 延长线于点 A，则 $\dfrac{BC}{AB}=\varphi$.

(15)如图 16-13 所示，直角三角形两直角边分别为 1 和 2，以斜边中点为圆心作一个直径为 1 的圆，交斜边于 A、B 两点，则 $\dfrac{BC}{AB}=\dfrac{AD}{AB}=\dfrac{AB}{AC}=\dfrac{AB}{BD}=\varphi$.

(16)如图 16-14 所示，三个同心圆，半径分别为 1、2、4，中圆的弦 AB 与小圆相切，延长线交大圆于点 C，则 $\dfrac{BC}{AB}=\varphi$.

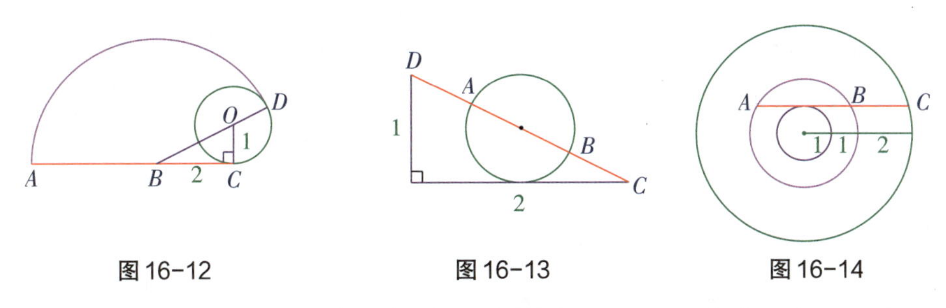

图 16-12　　图 16-13　　图 16-14

(17)如图 16-15 所示，半径为 1 的两个等圆 $\odot O_1$ 和 $\odot O_2$ 相交于点 A、B，点 O_1 在 $\odot O_2$ 上．分别以 O_1 和 O_2 为圆心，半径为 2 的两圆相交于点 C，则 $\dfrac{BC}{AB}=\varphi$.

(18)在平面坐标系中，若以三点 $(1,x)$、$(x,1)$、$(-1,-x)$ 为顶点的三角形的面积等于 x，则 $x=\varphi$.

证明　由 $\dfrac{1}{2}\begin{vmatrix}1 & x & 1\\ x & 1 & 1\\ -1 & -x & 1\end{vmatrix}=x$，得 $x^2+x-1=0$，所以 $x=\varphi$（负值舍去）.

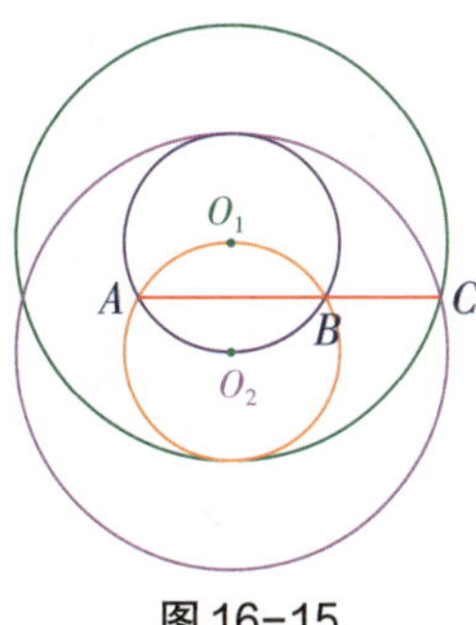

图 16-15

(19)设$u_n = \begin{vmatrix} 1 & -1 & 0 & 0 & \cdots & 0 & 0 \\ 1 & 1 & -1 & 0 & \cdots & 0 & 0 \\ 0 & 1 & 1 & -1 & \cdots & 0 & 0 \\ 0 & 0 & 1 & 1 & \cdots & 0 & 0 \\ \vdots & \vdots & \vdots & \vdots & \ddots & \vdots & \vdots \\ 0 & 0 & 0 & 0 & \cdots & 1 & -1 \\ 0 & 0 & 0 & 0 & \cdots & 1 & 1 \end{vmatrix}$为$n$阶行列式，则$\lim\limits_{n\to\infty}\dfrac{u_n}{u_{n+1}}=\varphi$.

提示：先证u_n为斐波那契数列通项，再求极限得之.

下面看第二黄金数一个有趣的结论，通过计算有下面的等式.

$\Phi^2 = \Phi + 1$,

$\Phi^3 = 2\Phi + 1$,

$\Phi^4 = 3\Phi + 2$,

$\Phi^5 = 5\Phi + 3$,

$\Phi^6 = 8\Phi + 5$,

$\Phi^7 = 13\Phi + 8$,

…

常数项依次为1,1,2,3,5,8,13,…在前面补上Φ^1，一次项系数也是，即斐波那契数列，竟与贾宪三角也有联系(图16-16)!

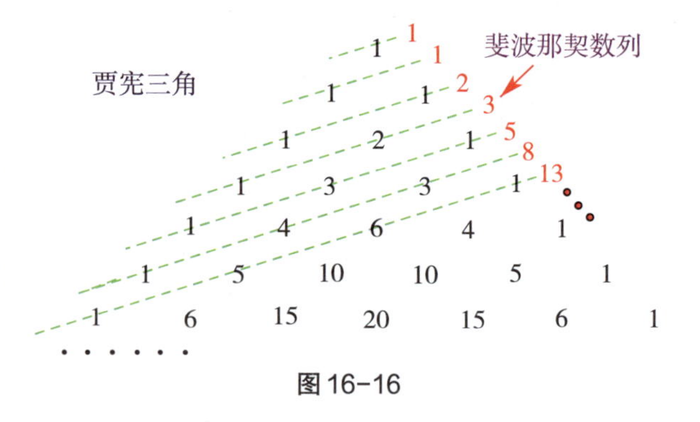

图16-16

二、美的密码——形影不离的黄金比

1. 黄金三角形

对于一个顶角为36°的等腰三角形[图16-17(a)]和底角为36°的等腰三角形[图16-17(b)]，它们的底与腰之比等于φ或Φ. 这样的三角形称为黄金三角形，不妨分别叫作锐角黄金三角形和钝角黄金三角形. 它们的三内角之比分别为2:2:1和3:1:1.

一个锐角黄金三角形可以分割为一些钝角黄金三角形，它们以螺旋形式可以无限地作下去. 设第一个锐角黄金三角形的腰长为1，则这些螺旋钝角黄金三角形的腰长依次为$\varphi,\varphi^2,\varphi^3,\varphi^4,\cdots$. 以每个钝角黄金三角形的顶点为圆心、腰长为半径作圆弧,这些三分之一圆组成一条三角形黄金螺线[图16-17(c)].

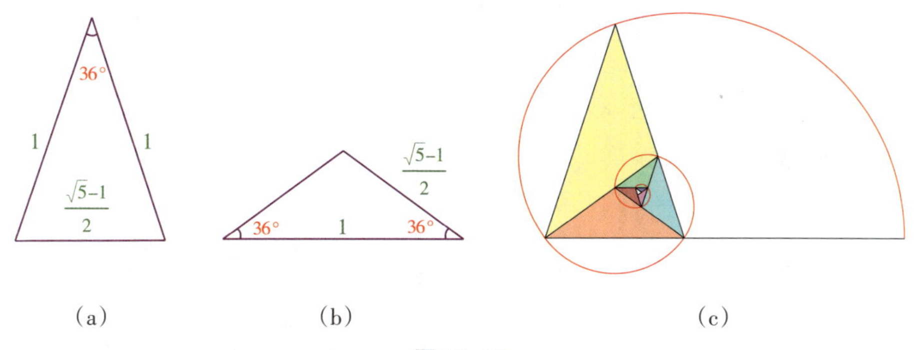

图16-17

黄金三角形有许多有趣的性质,引出了许多名题.

将黄金三角形组合成“风筝”和“飞镖”(图16-18),可以拼出无穷多种非周期性镶嵌图案(见第9章),解决了困扰数学家多年的难题!

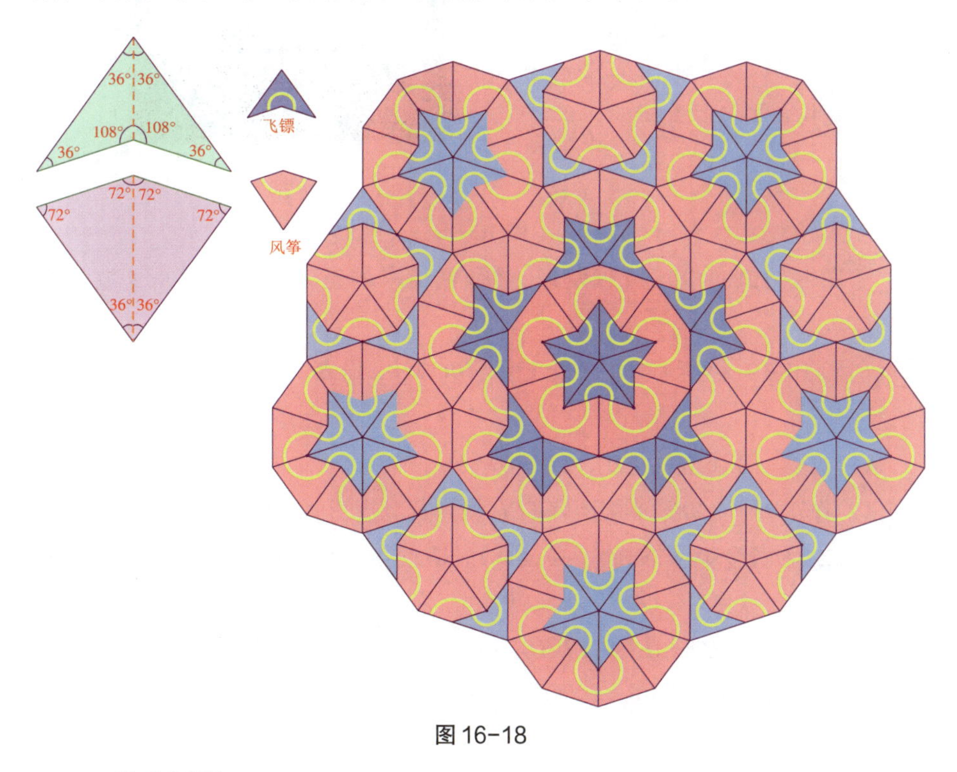

图16-18

2. 黄金矩形

长宽之比为φ的矩形叫作黄金矩形.

黄金矩形美丽、令人兴奋,其拓展远远超出数学范畴. 心理学测试表明,在矩形中,黄金矩形最为令人赏心悦目.

从一个黄金矩形中分割出一个最大的正方形[图 16-19(a)中的正方形 $ABFE$]后,剩下的(矩形 $EFCD$)仍是一个黄金矩形. 这一过程可以无限地进行下去,从而得到无穷多个彼此相似的黄金矩形. 黄金矩形是唯一具有这一特性的矩形.

作每个正方形的四分之一圆,则可以构成一个矩形黄金螺线[图 16-19(b)],这个螺线无限地接近于一个点. 这是一个永远也到不了的点. 因而有数学家建议,把这个点称为“上帝之眼”.

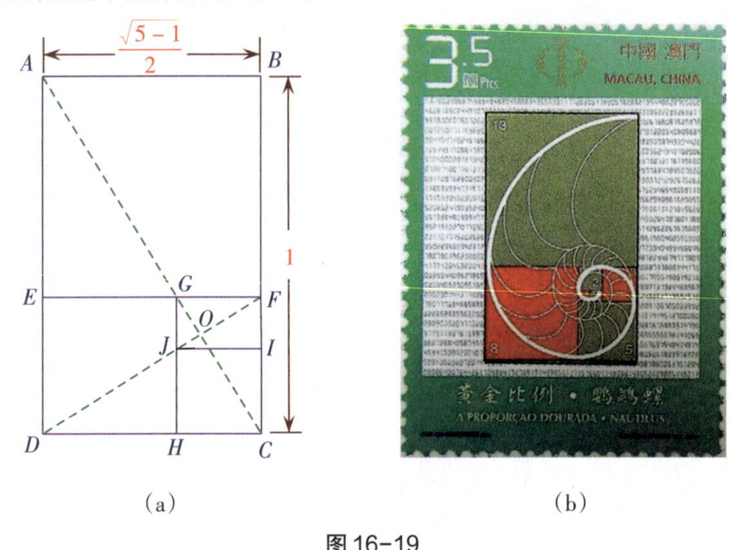

(a)　　　　(b)

图 16-19

从图 16-19(a)中还可以发现,被分割出来的正方形边长竟是斐波那契数列!

如图 16-19(a)所示,在黄金矩形 $ABCD$ 中,设 $BC=1$, $AB=\varphi$,则有以下结论.

(1) CD 是 AD 和 $AD-CD$ 的比例中项.

(2)作正方形 $ABFE$,则矩形 $EFCD$ 仍为黄金矩形;再作正方形 $EDHG$,则矩形 $FCHG$ 也为黄金矩形,如此下去,可得一串正方形与一串黄金矩形(这反映了它的再生性).

(3)上面的正方形 $ABFE$, $EDHG$, $CHJI$, $\cdots$,构成一正方形旋涡,其边长组成等比数列: $\varphi, \varphi^2, \varphi^3, \varphi^4, \cdots$. 其面积和为矩形 $ABCD$ 的面积 φ(这给级数和 $\varphi^2+\varphi^4+\varphi^6+\cdots=\varphi$ 以几何解释).

(4)上面的一串黄金矩形都相似,且相邻两矩形的相似比为 φ.

这串黄金矩形还有如下性质.

① A、G、C 三点共线; D、J、F 三点共线.

② AC、DF、BH 共点,设为 O.

③O为所有黄金矩形的相似中心.

④$AC \perp DF$.

⑤$\frac{OD}{OA}=\frac{OC}{OD}=\frac{OF}{OC}=\frac{OG}{OF}=\varphi,\frac{OH}{OB}=\varphi^2$.

⑥点O到BC的距离为$\frac{\varphi-\varphi^2}{2-\varphi}$,到$DC$的距离为$\frac{1-\varphi}{2-\varphi}$.

⑦点A、D、C、F、G、J……在同一对数螺线上.

更惊奇的是,将3个同样大小的黄金矩形两两垂直相交,构成图16-20(a)所示的情形,12个顶点构成一个正二十面体的角顶. 这里黄金矩形又与柏拉图体建立起联系!

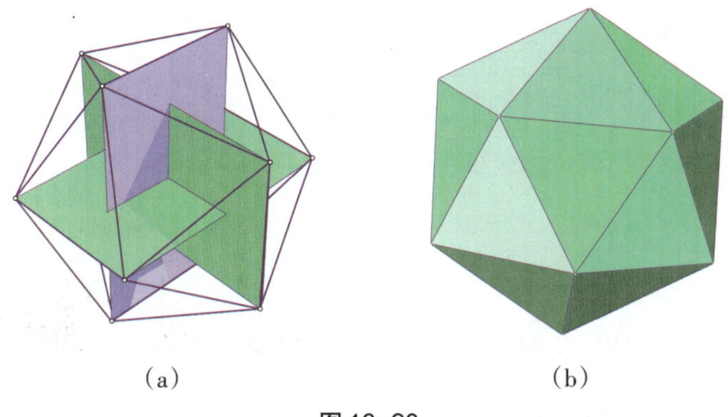

(a)　　　　(b)

图16-20

3. 五角星中的"黄金"

由两个钝角黄金三角形和一个锐角黄金三角形可以拼成一个正五边形,如图16-21(a)所示. 连接对角线则形成一个五角星. 在图16-21(b)中,包含35个黄金三角形、数十个对比值为黄金数的线段,真可谓一颗光彩夺目的金星!

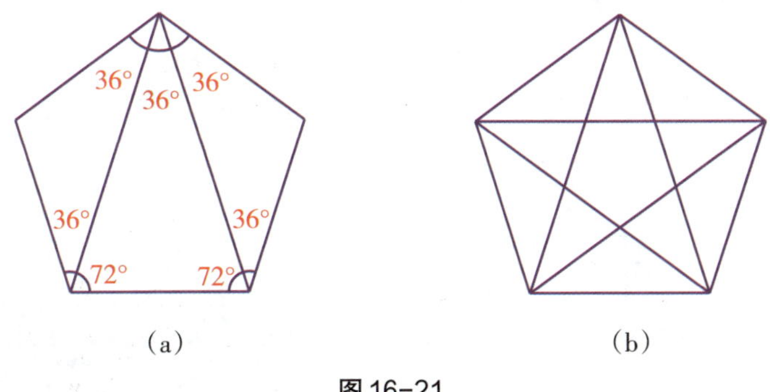

(a)　　　　(b)

图16-21

4. 黄金长方体

长、宽、高之比是$\varphi:1:\frac{1}{\varphi}$的长方体称为黄金长方体. 黄金长方体的表面积与其外接球表面积之比是$1:\varphi\pi$. 这里φ还与π建立起"亲缘"关系.

5. 黄金椭圆

若椭圆$\frac{x^2}{a^2}+\frac{y^2}{b^2}=1$的短轴与长轴之比$\frac{b}{a}=\varphi$，则称此椭圆为黄金椭圆．以椭圆中心为圆心，$c=\sqrt{a^2-b^2}$为半径的圆称为焦点圆．则有以下结论．

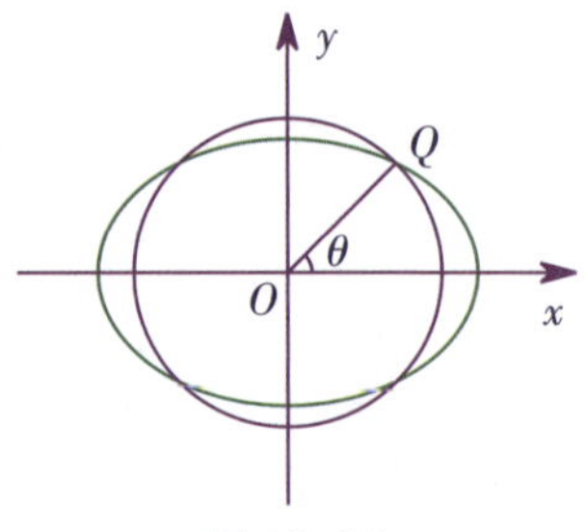

图 16–22

(1)黄金椭圆与焦点圆面积相等．

(2)椭圆与焦点圆在第一象限的交点为$Q(b,\sqrt{\varphi}\,b)$(图16–22)．

(3)设OQ与x轴正向夹角为θ，则$\tan\theta=\cos\theta=\sqrt{\varphi}$，$\sin\theta=\varphi$．

(4)黄金椭圆的离心率$e=\sqrt{\varphi}$．

二次曲线本是π的天下，岂知黄金数φ也在此有立足之地！

三、多彩世界处处见“黄金”

1. 生物世界中的“黄金密码”

13世纪，意大利数学家斐波那契在他所著的《算盘全书》中提到一个有趣的兔子问题(图16–23，右图为针对此问题发行的纪念邮票)：

有一对小兔，如果第二个月它们成年，第三个月开始每一个月都生下一对小兔(假定每个月所生小兔均为一雌一雄，且无死亡)，试问一年后有兔子几对？

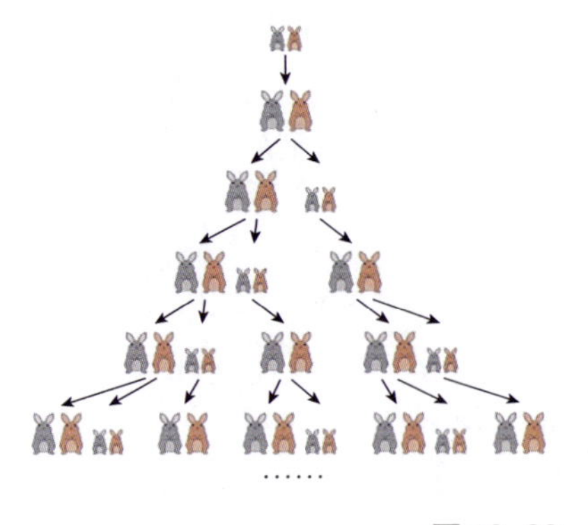

图 16–23

答案是：144对．因为按题意，每个月的兔子数依次是：

1，1，2，3，5，8，13，21，34，55，89，144

这些数的规律是：

$$F_1 = F_2 = 1, F_{n+1} = F_{n-1} + F_n$$

当n取遍所有正整数时，得到的数列就是著名的斐波那契数列．数列中的数称为斐波那契数．

有趣的是，当n逐步增大时，比值$\frac{F_n}{F_{n+1}}$越来越接近$\frac{\sqrt{5}-1}{2}$．

生物学有一条“鲁德维格定律”．20世纪初，数学家泽林斯基在一次国际会议上提出：$\frac{\text{第}n\text{年的树枝}}{\text{第}n+1\text{年的树枝}}$趋于黄金比（图16-24）．

植物的叶子一般是绕着茎生长，从一片叶子旋转到正对的另一片叶子为一个循回，许多植物一个循回的叶子数是斐波那契数．如榆树一个循回是2片1圈，樱桃一个循回是5片2圈，梨树一个循回是8片3圈……（图16-25）．

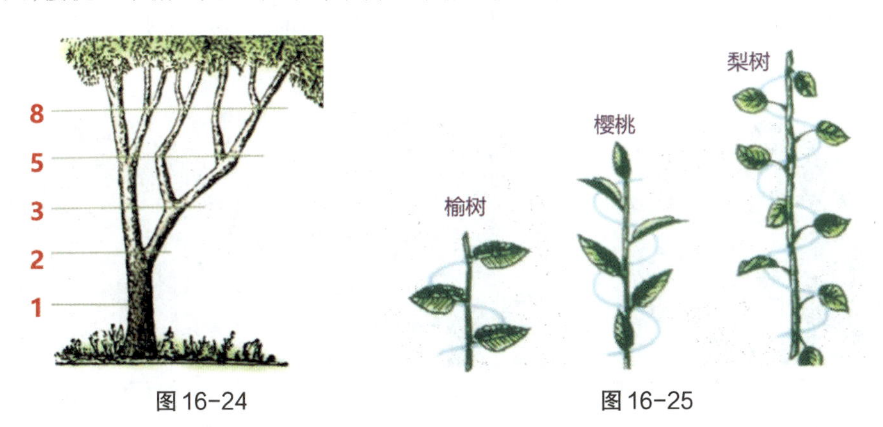

图16-24　　图16-25

一些花的花瓣也遵循斐波那契数规律，如桂花是2瓣；兰花、百合花、蝴蝶花、牛眼菊、鹤望兰、嘉兰是3瓣；梅花、凤凰木、扶桑、桃花、樱花、梨花、金凤花是5瓣；翠雀花、飞燕草、血根草花是8瓣；万寿菊、金盏草、瓜叶菊是13瓣；向日葵、紫菀是21瓣；雏菊有34、55、84瓣（图16-26）．松针只有两针松、三针松和五针松，没有四针松（图16-27）．

桂花（中国，1995）

兰花（中国，2001）

鹤望兰（左上）、凤凰木（右上）、嘉兰（左下）、扶桑（右下）（美国，1998）

图16-26

两针松
（苏联，1986）

三针松
（马拉维，1964）

五针松
（保加利亚，1992）

图 16-27

向日葵、松果、芦荟等植物中有螺旋线，惊奇的是螺旋线的条数竟是斐波那契数，要么3，要么5，要么8等. 更惊奇的是，如图16-28所示，松果顺时针数有8条螺旋线，而逆时针数有13条，虽不等，但也按照斐波那契数列规律，为两个相邻的斐波那契数. 向日葵也是，要么(21,34)(顺时针21条，逆时针34条)，要么(34,55)、(55,89)，甚至还有(144,233)的.

松果顺时针数有8条螺旋线，而逆时针数有13条

向日葵

鹦鹉螺

螺旋芦荟有5条螺旋线

紫甘蓝截面有3条螺旋线

图 16-28

鹦鹉螺线呈现明显的黄金螺线，有人说，它是“上苍”派来的神秘使者——它“隐藏”在海洋深处，留给我们数学、物理学、生物学、地质学、进化史等诸多领域的宝贵信息.

斐波那契数列不是数学家的臆想，而是在自然界中普遍地存在着．大自然喜欢用黄金分割“说话”，这反映了大自然内在的比例规律，也说明黄金分割的普遍性．

2. 人体中的“黄金比”

意大利数学家艾披斯通过研究，找出了人体的一些黄金比例分割点．

（1）人的肚脐是人体长的黄金比例分割点．

（2）肘关节是人上肢的黄金比例分割点．

（3）咽喉是肚脐以上部分的黄金比例分割点．

（4）膝盖是肚脐以下部分的黄金比例分割点．

欣赏古希腊著名雕塑《阿波罗》等作品时，可以发现这些优美的人体都符合黄金分割比．芭蕾舞演员之所以用脚尖跳舞，就是为了使腿长与身高的比符合黄金比，从而使舞姿显得更加优美（图 16–29）．

图 16–29

达·芬奇在研究了人体的各种比例后，于 1509 年为数学家帕西欧里《神奇的比例》一书作插图，将其中一幅作品取名为“维特鲁威人”，在这幅作品中，存在多处黄金比线段．

3. 建筑中的“黄金比”

中国科学院院士张继平在中央电视台《开讲啦》节目中，谈“生活中的数学之美”，认为数学不仅仅真，还非常美．数学在生活中的许多运用，都能给人以美感，也造就了人类建筑史上的无数经典．比如，著名的上海东方明珠广播电视塔，塔高 468 米，上球体到塔底的距离约为 289.2 米，二者之比非常接近黄金比例 0.618，因此显得格外挺拔（图 16–30）．

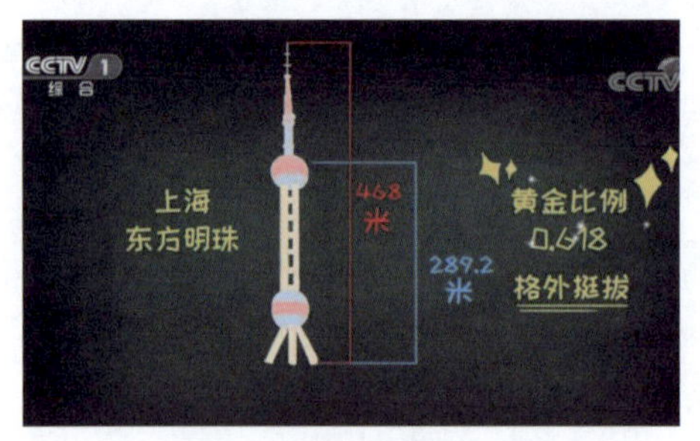

图 16-30

1626年重建的梵蒂冈圣彼得大教堂[图 16-31(a)],是最杰出的文艺复兴建筑和世界上最大的教堂,其中的螺旋式楼梯就是采用鹦鹉螺线型设计. 印度的泰姬陵以至法国的埃菲尔铁塔、螺旋式过山车[图 16-31(b)],都可发现与黄金比有联系的数据.

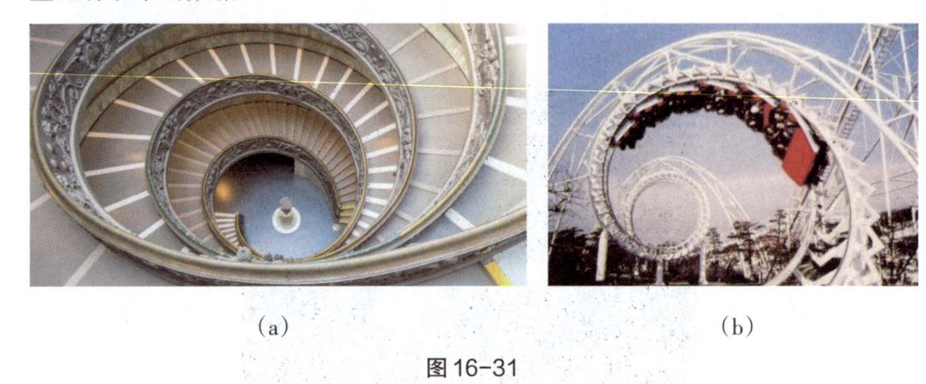

(a) (b)

图 16-31

4. 绘画中的“黄金比”

文艺复兴时期的达·芬奇,其绘画最具代表性. 他将数学应用于绘画,对透视和比例有着独到见解,他对人体结构比例的研究为绘画艺术创作提供了数学定量化的规范. 他曾用一句话概括他的艺术思想:“欣赏我作品的人,没有一个不是数学家.”他认为,绘画是一门科学,和其他科学一样,其基础是数学.

法国印象派画家乔治·修拉把黄金矩形用到他的每一幅油画作品中. 1908年,在法国产生了冠名为“黄金分割画派”的立体主义画家集团,专注于形体的比例. 在自然界中,除许多形状对称的物体外,还有许多同样美丽均衡的形状不对称的物体,如鹦鹉螺外壳. 这种均衡,就是所谓的“动态对称”.

把黄金矩形和黄金分割用于艺术是动态对称的技巧. 丢勒、蒙德里安、达·芬奇、达利、贝鲁等人都在他们的作品中用黄金矩形创造动态对称.

图 16-32 所示是蒙德里安的作品《黄金分割》,图 16-33 所示是达·芬奇的作品《蒙娜丽莎》,其中多处满足黄金比. 值得一提的是,敦煌莫高窟第259窟[此窟大约开凿于北魏太和年间(公元477—499年),距今已有1500多年的历

史]中的禅定佛像(图16-34),其被称为“东方的蒙娜丽莎”(在庄重宁静的神情中露出含蓄的微笑,超凡脱俗,有“东方微笑”的美誉),但比达·芬奇的作品《蒙娜丽莎》要早1000多年!

图16-32

图16-33

图16-34

5. 魔术师也爱“黄金比”

第4章图4-20的图形悖论,有64 = 65? 如果我们观察这个图形的数字特征,如图16-35所示,出现了3、5、8、13等数字,这不就是斐波纳契数列吗? 适当包装,就成了一个著名的数学游戏. 这是卡罗尔的杰作!

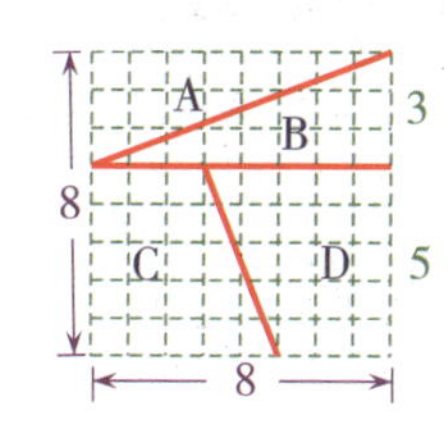

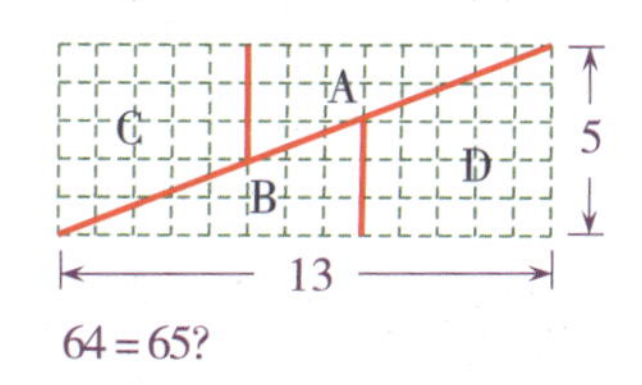

图16-35

无独有偶,魔术师兰迪也玩过类似的把戏:如图16-36所示,将13×13的正方形沿红线剪开后拼成右边的长方形,正方形的面积 = 13×13 = 169,长方形的面积 = 21×8 = 168,于是有169 = 168?

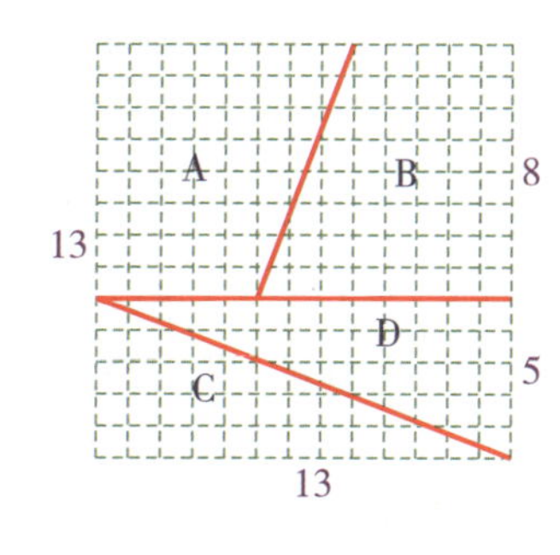

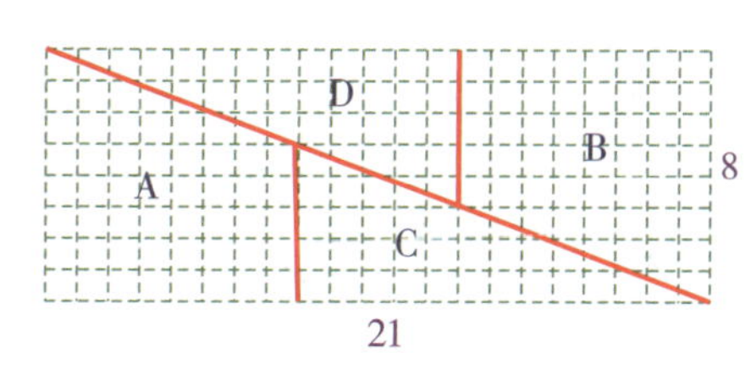

图16-36

这个魔术中出现的数字5、8、13、21是不是很“眼熟”? 这个有趣的游戏曾发表在美国著名的《科学美国人》杂志上,有兴趣的读者可以一探究竟.

6. 奇异三角形

美国著名数学家、数学教育家乔治·波利亚曾提出这样一个饶有趣味的几何问题:如果将三角形的三个角与三条边称为三角形的六个基本元素,那么能否找到一对不全等的三角形,使它们有五个基本元素对应相等?

回答是肯定的. 如$\triangle ABC$和$\triangle A'B'C'$,若三边分别为8、12、18和12、18、27,因为$\frac{8}{12}=\frac{12}{18}=\frac{18}{27}$,所以$\triangle ABC \backsim \triangle A'B'C'$,这两个三角形有三个角和两条边对应相等,而这两个三角形不全等.

如果把满足上述条件的两个三角形叫作奇异三角形,更一般地,有下面的结论.

对于给定的正数a,以a、ka、k^2a和ka、k^2a、k^3a($\varphi<k<1$或$1<k<\frac{1}{\varphi}$)为边的两个三角形就是奇异三角形. 特别地,当$k=\sqrt{\varphi}$或$k=\sqrt{\frac{1}{\varphi}}$时,为奇异直角三角形.

数学是一种科学,一种语言,一种艺术,一种思维方式. 它出现在艺术、音乐、建筑、历史、科学、文学等各个领域,其影响遍及宇宙的方方面面.

庞加莱说:"数学家不单单因为数学有用而研究数学;他研究它还因为他喜欢它,而他喜欢它则是因为它是美丽的!"

综合与实践

(1)在黄金数的表达式中,有$f(1)=\Phi=\sqrt{1+\sqrt{1+\sqrt{1+\sqrt{1+\sqrt{1+\sqrt{1+\cdots}}}}}}$,通过计算器,我们还可以得到表16-1.

表16-1　黄金数表达式

$f(n)$	表达式	计算结果	$\frac{1+\sqrt{?}}{2}$形式表达
$f(1)$	$\sqrt{1+\sqrt{1+\sqrt{1+\sqrt{1+\sqrt{1+\sqrt{1+\cdots}}}}}}$	1.618…	$\frac{1+\sqrt{5}}{2}$

续表

$f(n)$	表达式	计算结果	$\frac{1+\sqrt{?}}{2}$ 形式表达
$f(2)$	$\sqrt{2+\sqrt{2+\sqrt{2+\sqrt{2+\sqrt{2+\sqrt{2+\cdots}}}}}}$	2	$\frac{1+\sqrt{9}}{2}$
$f(3)$	$\sqrt{3+\sqrt{3+\sqrt{3+\sqrt{3+\sqrt{3+\sqrt{3+\cdots}}}}}}$	2.302…	
$f(4)$	$\sqrt{4+\sqrt{4+\sqrt{4+\sqrt{4+\sqrt{4+\sqrt{4+\cdots}}}}}}$	2.561…	
$f(5)$	$\sqrt{5+\sqrt{5+\sqrt{5+\sqrt{5+\sqrt{5+\sqrt{5+\cdots}}}}}}$	2.791…	
$f(6)$	$\sqrt{6+\sqrt{6+\sqrt{6+\sqrt{6+\sqrt{6+\sqrt{6+\cdots}}}}}}$	3	
…	…	…	
$f(n)$	$\sqrt{n+\sqrt{n+\sqrt{n+\sqrt{n+\sqrt{n+\sqrt{n+\cdots}}}}}}$		

问：

①n满足什么条件时，$f(n)$是整数？

② $f(1)=\frac{1+\sqrt{5}}{2}$，$f(2)=\frac{1+\sqrt{9}}{2}$，…，那么 $f(3)=?$ $f(4)=?$ $f(5)=?$ $f(6)=?$，…，$f(n)=?$，请完成表16-1的第4列.

(2)在“64 = 65”和“169 = 168”两个魔术中，都是将正方形分割，然后拼成一个长方形.

问：

①图16-37中的整数x、y与a、b有什么关系？

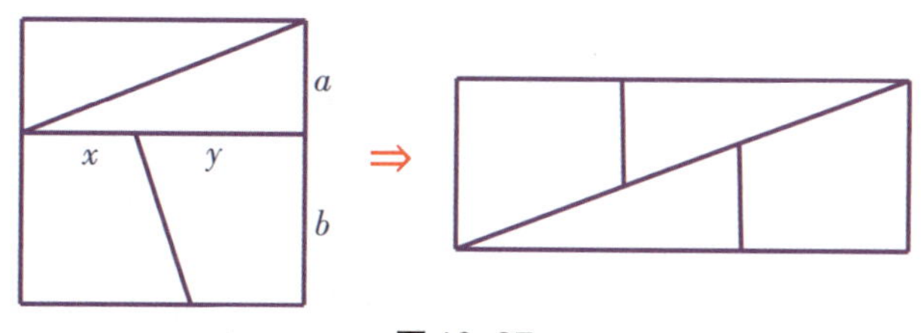

图16-37

②你能设计一个不同于“64 = 65”和“169 = 168”的类似的魔术吗？

③在“64 = 65”和“169 = 168”两个魔术中，由正方形拼长方形，一个增加了“1”，一个减少了“1”，你能说明其中的原因吗？

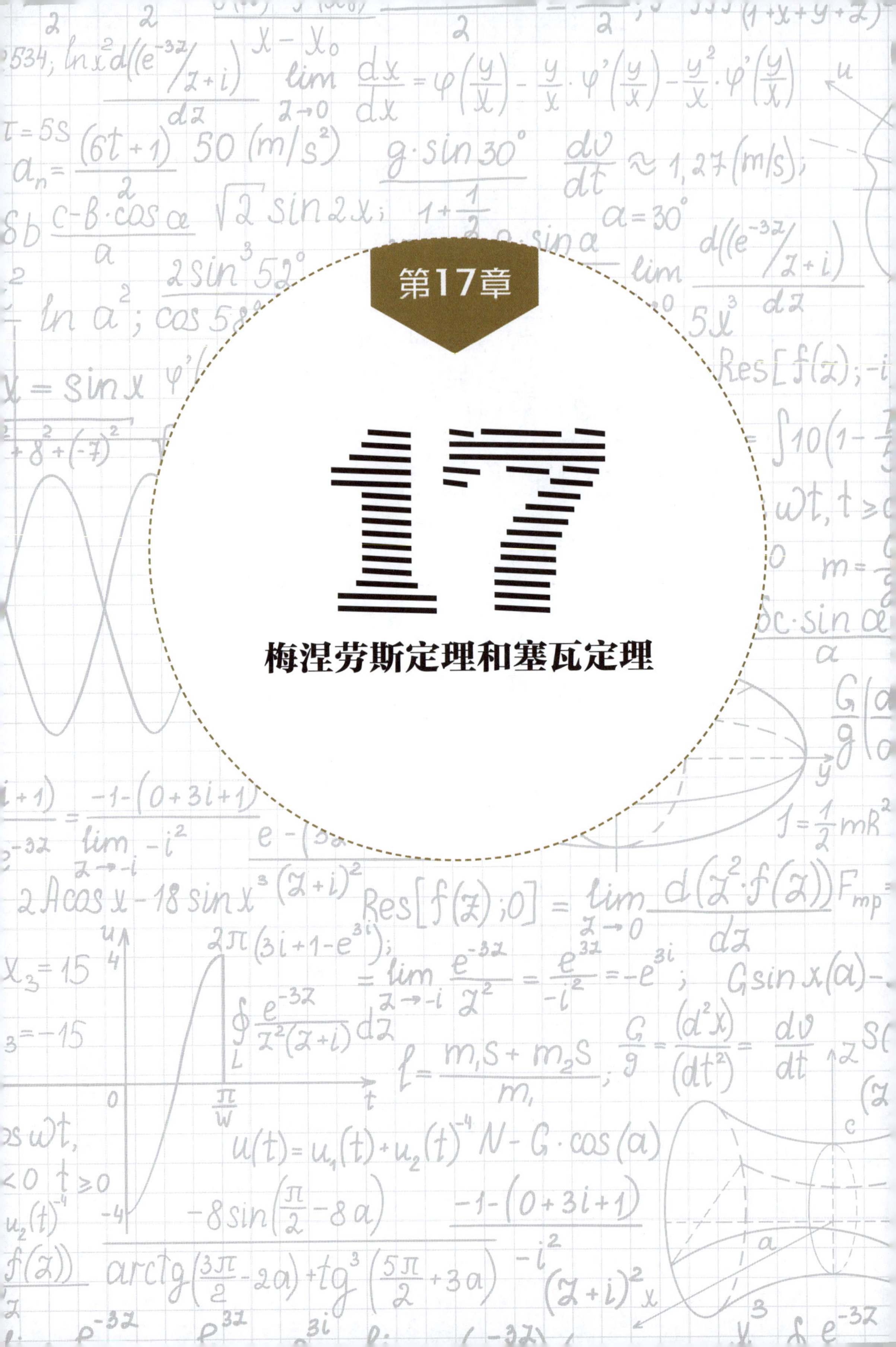

第17章

17 梅涅劳斯定理和塞瓦定理

我们知道，两点确定一条直线，两条直线(非平行)交于一点，不在一条直线上的三点确定一个圆．这就是说，两点共线、两线共点、三点共圆是必然的，而三点共线、三线共点、四点共圆则是一种偶然．数学家往往就是在偶然中寻找必然．

一、共点线与共线点——体会和谐对称之美

如图17-1所示，$\triangle ABC$三边BC、CA、AB或延长线上有三点D、E、F，若$\frac{AF}{FB}\cdot\frac{BD}{DC}\cdot\frac{CE}{EA}=1$，则点$D$、$E$、$F$共线．

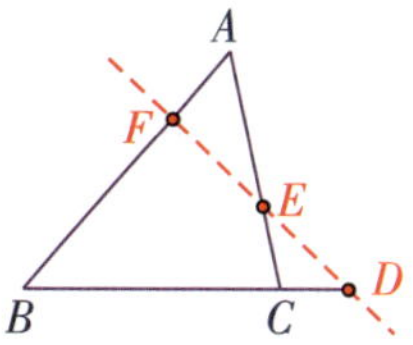

反之，一直线分别截$\triangle ABC$三边BC、CA、AB及延长线于点D、E、F，则

$$\frac{AF}{FB}\cdot\frac{BD}{DC}\cdot\frac{CE}{EA}=1$$

图17-1

这就是著名的梅涅劳斯定理(简称梅氏定理)．

梅涅劳斯是古希腊数学家兼天文学家，著有几何学和三角学方面的书籍．他在三角学方面的成就被称为古希腊三角术的顶峰，他在自己的主要著作《球面学》(*Sphaerica*)的第二篇中介绍了一个关于球面三角形的定理，这个定理的证明要依据上面的梅氏定理，所以人们认为，梅氏定理的证明他早已知道，或者已在他先前的著作中证明过．1678年，意大利几何学家兼水利工程师塞瓦又重新发现了这一定理，并连同他自己发现的定理(塞瓦定理)一并发表，从而流传于世．

塞瓦定理　设D、E、F分别为$\triangle ABC$三边BC、CA、AB或延长线上的点，且AD、BE、CF平行或共点(图17-2)，则

$$\frac{AF}{FB}\cdot\frac{BD}{DC}\cdot\frac{CE}{EA}=1$$

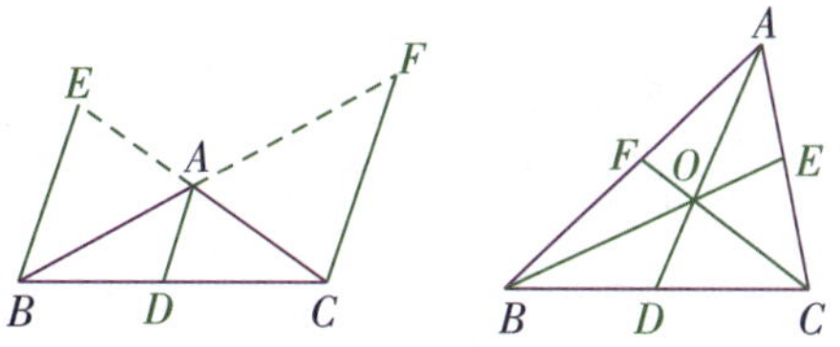

图17-2

塞瓦定理载于塞瓦的《关于直线》一书中，他用纯几何方法并基于静力学规律，从不同的角度证明了这一结论．

下面看梅涅劳斯定理的证明．据说原先有一个过点A作截线平行线的证

明，大科学家爱因斯坦看到后认为其证明“丑陋”，原因是没有过其他两个顶点B、C作平行线，破坏了A、B、C的平等地位，即数学上的对称性．爱因斯坦认为下面的证明才是优雅的．

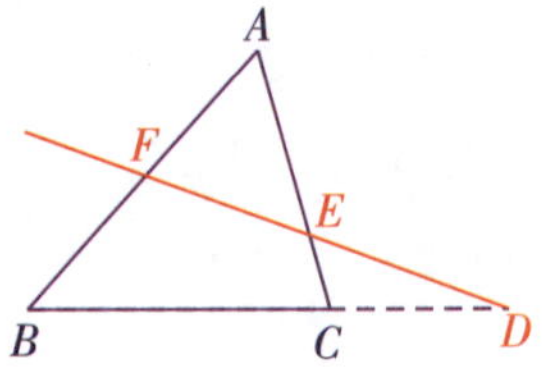

图 17-3

如图17-3所示，由面积，有

$$\frac{S_{\triangle AEF}}{S_{\triangle BFD}}=\frac{AF\cdot EF}{FB\cdot DF} \quad ①$$

同理

$$\frac{S_{\triangle BFD}}{S_{\triangle CDE}}=\frac{BD\cdot DF}{DC\cdot DE} \quad ②$$

$$\frac{S_{\triangle CDE}}{S_{\triangle AEF}}=\frac{DE\cdot CE}{EA\cdot EF} \quad ③$$

将①、②、③式相乘，即得

$$\frac{AF}{FB}\cdot\frac{BD}{DC}\cdot\frac{CE}{EA}=1$$

说它优雅，是说它充分利用了对称．证明过程通过“同理”得以体现．这一方法也利用了我国张景中院士倡导的“面积法”．中国科学技术大学的单墫博士也给出了如下体现对称性的证明．

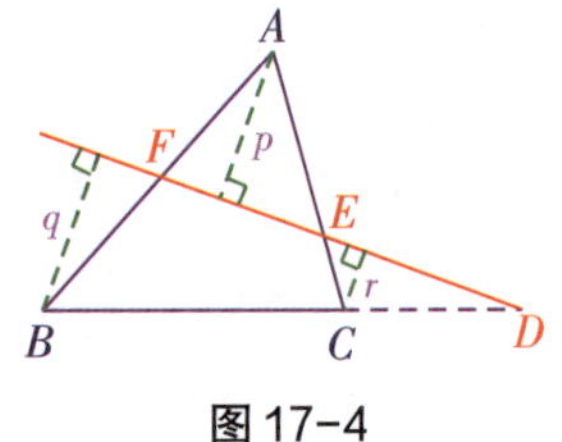

图 17-4

如图17-4所示，分别过点A、B、C作截线的垂线，设垂线长分别为p、q、r，则

$$\frac{BD}{DC}=\frac{q}{r},\frac{CE}{EA}=\frac{r}{p},\frac{AF}{FB}=\frac{p}{q}$$

三式相乘，即得结论．

塞瓦定理也有类似的优雅证明，梅涅劳斯定理和塞瓦定理的逆命题也成立，均留给读者探讨．

二、定理的应用——体会对称简洁之美

为了叙述方便，不妨把梅氏定理中的$\triangle ABC$叫作梅氏三角形，直线DEF叫作梅氏直线．

例 17.1　如图17-5所示，$BE=CD$，$EF=DF$，求证$AB=AC$．

证明 视$\triangle DAE$为梅氏三角形，直线BFC为梅氏直线，则有

$$\frac{AB}{BE}\cdot\frac{EF}{FD}\cdot\frac{DC}{CA}=1$$

又$BE=CD$，$EF=DF$，所以有$\dfrac{AB}{CA}=1$，即$AB=AC$.

例 17.2 如图 17-6 所示，在$\triangle ABC$中，$BD=CE$，DE的延长线交BC的延长线于点F，求证$AC\cdot EF=AB\cdot DF$.

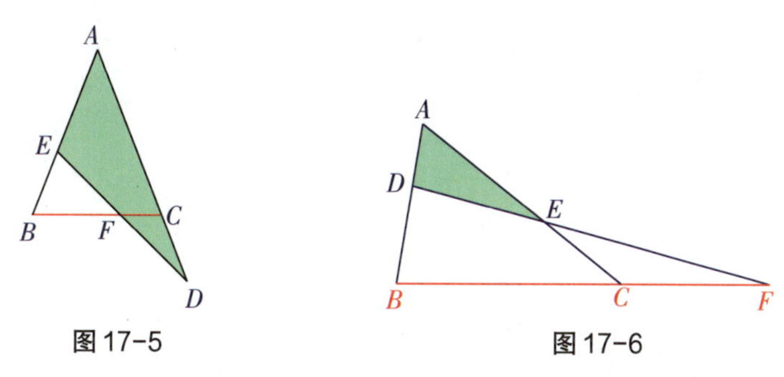

图 17-5　　　　图 17-6

证明 视$\triangle ADE$为梅氏三角形，直线BCF为梅氏直线，则有

$$\frac{AB}{BD}\cdot\frac{DF}{FE}\cdot\frac{EC}{CA}=1$$

又因为$BD=CE$，所以$AC\cdot EF=AB\cdot DF$.

例 17.3 如图 17-7(a)所示，AD为$\triangle ABC$的中线，E为AD的中点，BE交AC于P，求证$AP=\dfrac{1}{2}CP$，$BE=3EP$.

证明 如图 17-7(b)所示，视$\triangle ADC$为梅氏三角形，直线BEP为梅氏直线，则有

$$\left.\begin{array}{r}\dfrac{CB}{BD}\cdot\dfrac{DE}{EA}\cdot\dfrac{AP}{PC}=1\\ BC=2BD,\ DE=EA\end{array}\right\}\Rightarrow AP=\frac{1}{2}CP$$

如图 17-7(c)所示，视$\triangle BCP$为梅氏三角形，直线AED为梅氏直线，则有

$$\left.\begin{array}{r}\dfrac{CA}{AP}\cdot\dfrac{PE}{EB}\cdot\dfrac{BD}{DC}=1\\ AC=3AP,\ BD=DC\end{array}\right\}\Rightarrow BE=3EP$$

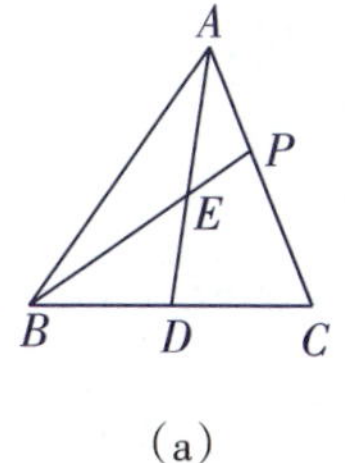

(a)

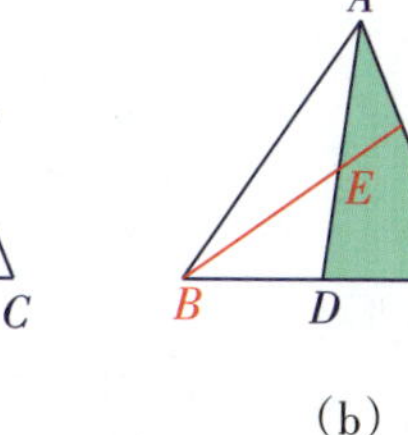

(b)

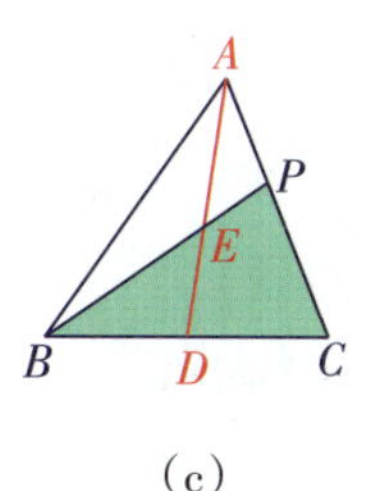

(c)

图 17-7

例 17.4 若两个三角形对应顶点的连线共点，则其对应边的交点共线. 此为笛沙格定理.

如图 17-8 所示，$\triangle ABC$ 与 $\triangle A'B'C'$ 的对应顶点的连线 AA'、BB'、CC' 交于 S；对应边 BC 与 $B'C'$、AC 与 $A'C'$、AB 与 $A'B'$ 分别交于 P、Q、R，则 P、Q、R 共线.

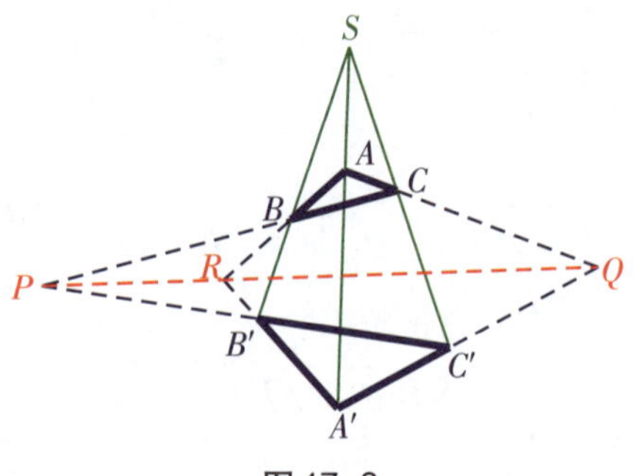

图 17-8

证明 如图 17-8 所示，因为直线 $PB'C'$ 截 $\triangle SBC$，由梅氏定理，有

$$\frac{BP}{PC}\cdot\frac{CC'}{C'S}\cdot\frac{SB'}{B'B}=1$$

同理，直线 $QC'A'$ 截 $\triangle SCA$，有

$$\frac{CQ}{QA}\cdot\frac{AA'}{A'S}\cdot\frac{SC'}{C'C}=1$$

直线 $RB'A'$ 截 $\triangle SAB$，有

$$\frac{AR}{RB}\cdot\frac{BB'}{B'S}\cdot\frac{SA'}{A'A}=1$$

三式相乘，得

$$\frac{BP}{PC}\cdot\frac{CQ}{QA}\cdot\frac{AR}{RB}=1$$

将 $\triangle ABC$ 看成梅氏三角形，得 P、Q、R 三点共线.

笛沙格是一位自学成才的法国数学家，是最具独创精神的著名学者之一. 笛沙格当过陆军军官，后成为工程师和建筑师. 他很重视知识的应用，关心改进艺术家、工程师乃至石匠的教育和技艺，曾专门写过几何在泥瓦工、石工方面应用的书，还曾在巴黎免费给人们讲课. 笛沙格导入了无穷远点、无穷远线的概念，视平行线在无穷远处相交，将直线看成具有无穷大半径的圆. 他的工作被后人称为几何学的一个新分支——射影几何学的开端.

例 17.5 完全四边形(两两相交又没有三线共点的四条直线及它们的六个交点所构成的图形)的三条对角线的中点共线(牛顿线).

如图 17-9 所示，完全四边形 $ABCA'C'B'$ 的三条对角线 AA'、BB'、CC' 的中点分别为 D、E、F，则 D、E、F 共线.

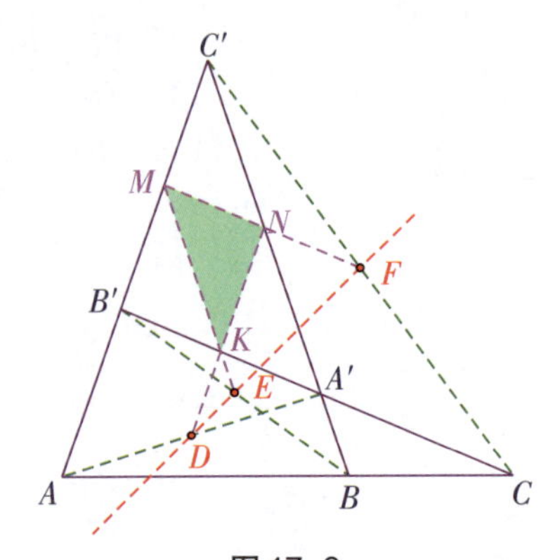

图 17-9

证明 设M、N、K分别为$\triangle A'B'C'$三边$B'C'$、$C'A'$、$A'B'$的中点，则ME为$\triangle B'BC'$的中位线，必过点K；同理ND为$\triangle A'AC'$的中位线，必过点K，MF为$\triangle B'CC'$的中位线，必过点N. 由平行线性质有

$$\frac{B'A}{AC'}=\frac{KD}{DN},\frac{C'B}{BA'}=\frac{ME}{EK},\frac{A'C}{CB'}=\frac{NF}{FM}$$

直线ABC截$\triangle A'B'C'$，由梅氏定理，有

$$\frac{B'A}{AC'}\cdot\frac{C'B}{BA'}\cdot\frac{A'C}{CB'}=1$$

将前面的等式分别代入，得

$$\frac{KD}{DN}\cdot\frac{NF}{FM}\cdot\frac{ME}{EK}=1$$

将$\triangle MKN$看成梅氏三角形，由梅涅劳斯定理的逆定理，得D、E、F三点共线.

此结论是牛顿于1685年发现的，故将此线称为牛顿线. 1810年，大数学家高斯也独立发现并证明了此定理.

例 17.6 （1978年全国高中数学联赛二试题）梯形的两对角线的交点与两腰延长线的交点的连线必平分梯形的上底和下底.

如图17-10所示，在梯形$ABCD$中，$AB/\!/CD$，对角线AC、BD交于点N，两腰延长线交于点M. 直线MN交DC于点F，交AB于点E，则$DF=FC$，$AE=EB$.

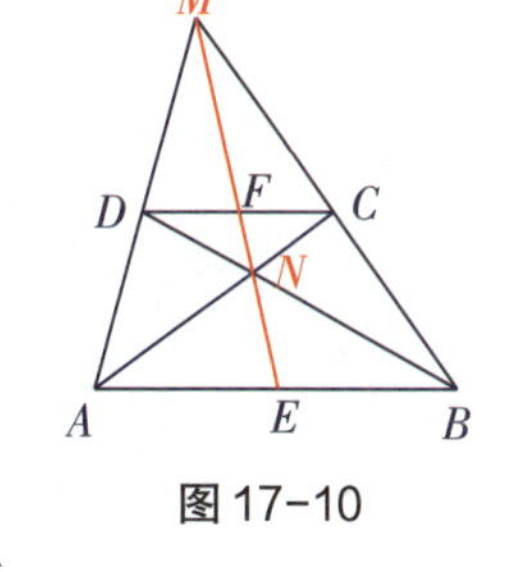

图17-10

证明 因为AC、BD、ME交于一点N，由塞瓦定理，有

$$\frac{AE}{EB}\cdot\frac{BC}{CM}\cdot\frac{MD}{DA}=1$$

因为$AB/\!/CD$，所以$\frac{MD}{DA}=\frac{CM}{BC}$，故$\frac{AE}{EB}=1$，即$AE=EB$.

又因为$\frac{DF}{AE}=\frac{FC}{EB}$，$AE=EB$，所以$DF=FC$.

此即梯形的斯坦纳定理，由德国数学家斯坦纳首先提出. 通过这一结论，可以得出仅用两把直尺就可以作出线段的中点，请读者思考.

例 17.7 设点D、E、F分别为$\triangle ABC$内切圆或旁切圆在边BC、CA、AB所在直线上的切点，则AD、BE、CF共点.

证明 如图17-11所示，由切线长定理，有$AE=AF$，$BD=BF$，$CE=CD$，因此有

$$\frac{AF}{FB}\cdot\frac{BD}{DC}\cdot\frac{CE}{EA}=1$$

由塞瓦定理，可知AD、BE、CF交于一点.

这个点被称为葛尔刚点，由法国数学家葛尔刚发现.

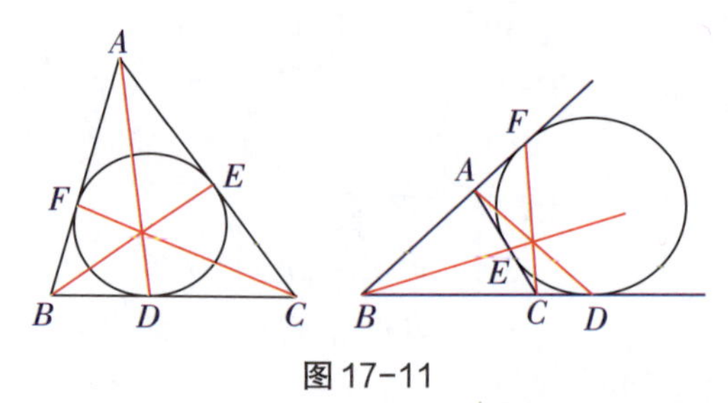

图 17-11

例 17.8 如图 17-12 所示，一圆与$\triangle ABC$三边BC、CA、AB分别相交于点D、G，E、H，K、F，如果AD、BE、CF三线共点，那么AG、BH、CK三线也共点.

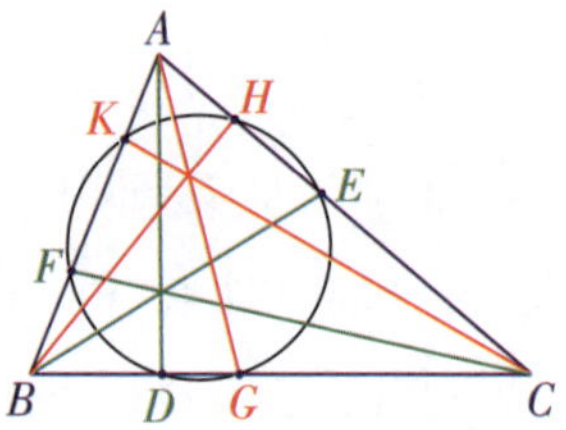

图 17-12

证明 因为AD、BE、CF三线共点，由塞瓦定理，有

$$\frac{AF}{FB}\cdot\frac{BD}{DC}\cdot\frac{CE}{EA}=1$$

又由圆幂定理，有$AF\cdot KA=AH\cdot EA$.

即$\frac{AF}{EA}=\frac{AH}{KA}$. 同理，有$\frac{BD}{FB}=\frac{BK}{GB}$，$\frac{CE}{DC}=\frac{CG}{HC}$. 代入上式，整理得

$$\frac{AH}{HC}\cdot\frac{CG}{GB}\cdot\frac{BK}{KA}=1$$

由塞瓦定理，得AG、BH、CK三线共点.

三、定理的推广

1. 梅涅劳斯定理的推广

定理 17.1 一直线l截凸n边形$A_1A_2\cdots A_n$的边$A_1A_2, A_2A_3, \cdots, A_nA_1$或其延长线（不过顶点$A_i$于点$B_1, B_2, \cdots, B_n$），则

$$\frac{A_1B_1}{B_1A_2}\cdot\frac{A_2B_2}{B_2A_3}\cdot\cdots\cdot\frac{A_nB_n}{B_nA_1}=1$$

证明 如图 17-13 所示，连接$A_1A_3, A_1A_4, \cdots, A_1A_{n-1}$，设与$l$的交点分别为$C_1, C_2, \cdots, C_{n-3}$，则有

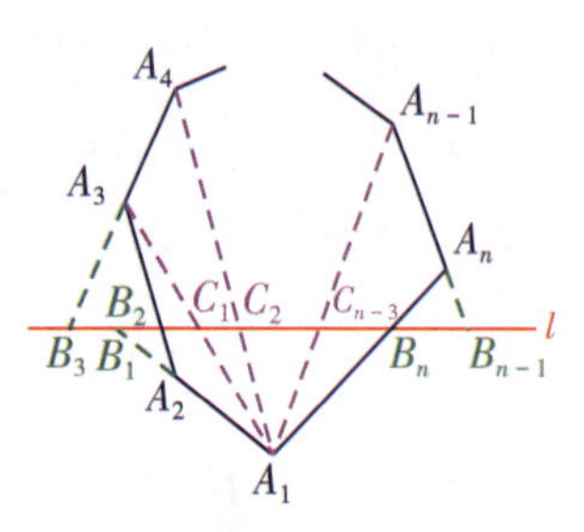

图 17-13

$$\frac{A_1B_1}{B_1A_2}\cdot\frac{A_2B_2}{B_2A_3}\cdot\frac{A_3C_1}{C_1A_1}=1$$

$$\frac{A_1C_1}{C_1A_3}\cdot\frac{A_3B_3}{B_3A_4}\cdot\frac{A_4C_2}{C_2A_1}=1$$

$$\cdots$$

$$\frac{A_1B_{n-3}}{B_{n-3}A_{n-1}}\cdot\frac{A_{n-1}B_{n-1}}{B_{n-1}A_n}\cdot\frac{A_nC_n}{C_nA_1}=1$$

将上面诸式两边分别相乘即得

$$\frac{A_1B_1}{B_1A_2}\cdot\frac{A_2B_2}{B_2A_3}\cdot\cdots\cdot\frac{A_nB_n}{B_nA_1}=1$$

顺便指出，当$n>3$时，上述定理的逆命题不成立，即

若 $\frac{A_1B_1}{B_1A_2}\cdot\frac{A_2B_2}{B_2A_3}\cdot\cdots\cdot\frac{A_nB_n}{B_nA_1}=1$，则 B_1，B_2，…，B_n（当$n\geqslant 4$时）不一定共线．现举一四边形作为反例．如图17-14所示，有$A_1C_1/\!/C_2A_4/\!/A_2A_3$，从而有

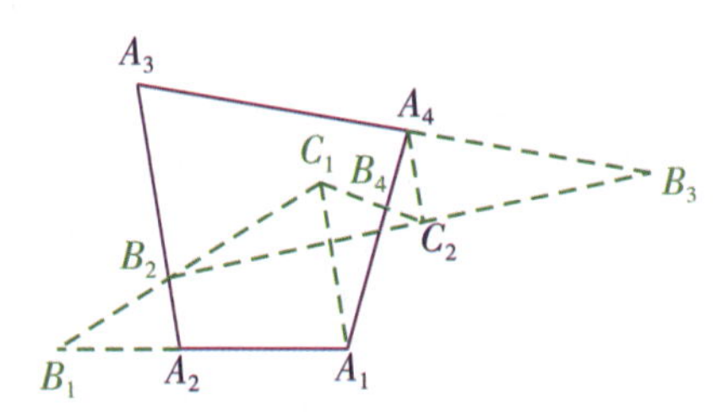

图17-14

$$\frac{A_1B_1}{B_1A_2}=\frac{A_1C_1}{A_2B_2},\frac{A_4B_4}{B_4A_1}=\frac{A_4C_2}{A_1C_1},\frac{A_3B_3}{B_3A_4}=\frac{A_3B_2}{A_4C_2}$$

将三式两边分别相乘，有

$$\frac{A_1B_1}{B_1A_2}\cdot\frac{A_2B_2}{B_2A_3}\cdot\frac{A_3B_3}{B_3A_4}\cdot\frac{A_4B_4}{B_4A_1}=1$$

但显然B_1、B_2、B_3、B_4不共线．

在梅氏定理中，如果我们引入有向线段的概念，如图17-1所示，规定BC为正向，D为BC延长线上的一点，则$BD>0$，$BC<0$，因此梅氏定理的结论应为

$$\frac{AF}{FB}\cdot\frac{BD}{DC}\cdot\frac{CE}{EA}=-1$$

在这种规定下，我们又有下面的定理．

定理17.2　设D、E、F为$\triangle ABC$三边或其延长线上的三点，且

$$\frac{AF}{FB}=\lambda_1,\frac{BD}{DC}=\lambda_2,\frac{CE}{EA}=\lambda_3$$

则

$$\frac{S_{\triangle DEF}}{S_{\triangle ABC}}=\frac{1+\lambda_1\lambda_2\lambda_3}{(1+\lambda_1)(1+\lambda_2)(1+\lambda_3)}$$

证明 如图17-15所示，因为

$$\frac{S_{\triangle ABD}}{S_{\triangle BDF}}=\frac{BF+FA}{BF}=1+\lambda_1,\frac{S_{\triangle ABC}}{S_{\triangle ABD}}=\frac{BD+DC}{DB}=1+\frac{1}{\lambda_2}$$

所以，$S_{\triangle BDF}=\frac{1}{1+\lambda_1}S_{\triangle ABD}=\frac{\lambda_2}{(1+\lambda_1)(1+\lambda_2)}S_{\triangle ABC}$.

同理

$$S_{\triangle CDE}=\frac{\lambda_3}{(1+\lambda_2)(1+\lambda_3)}S_{\triangle ABC}$$

$$S_{\triangle AEF}=\frac{\lambda_1}{(1+\lambda_1)(1+\lambda_3)}S_{\triangle ABC}$$

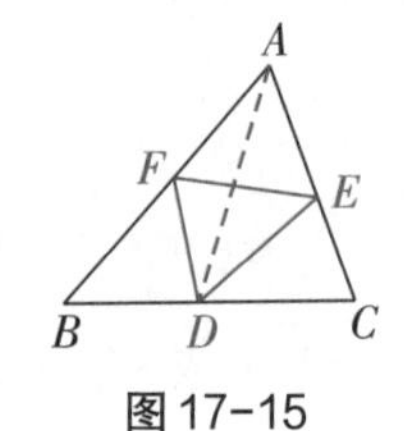

图17-15

所以

$$\begin{aligned}S_{\triangle DEF}&=\left\{1-\left[\frac{\lambda_2}{(1+\lambda_1)(1+\lambda_2)}+\frac{\lambda_3}{(1+\lambda_2)(1+\lambda_3)}+\frac{\lambda_1}{(1+\lambda_1)(1+\lambda_3)}\right]\right\}S_{\triangle ABC}\\&=\frac{1+\lambda_1\lambda_2\lambda_3}{(1+\lambda_1)(1+\lambda_2)(1+\lambda_3)}S_{\triangle ABC}\end{aligned}$$

$$\frac{S_{\triangle DEF}}{S_{\triangle ABC}}=\frac{1+\lambda_1\lambda_2\lambda_3}{(1+\lambda_1)(1+\lambda_2)(1+\lambda_3)}$$

此定理还可用解析法证明.

显然，当D、E、F共线时，如图17-15所示，有$S_{\triangle DEF}=0$，故有$1+\lambda_1\lambda_2\lambda_3=0\Rightarrow\lambda_1\lambda_2\lambda_3=-1$，即为梅涅劳斯定理.

向空间推广，有以下定理.

定理17.3 一平面截空间四边形$A_1A_2A_3A_4$四边A_1A_2、A_2A_3、A_3A_4、A_4A_1分别于B_1、B_2、B_3、B_4，则

$$\frac{A_1B_1}{B_1A_2}\cdot\frac{A_2B_2}{B_2A_3}\cdot\frac{A_3B_3}{B_3A_4}\cdot\frac{A_4B_4}{B_4A_1}=1$$

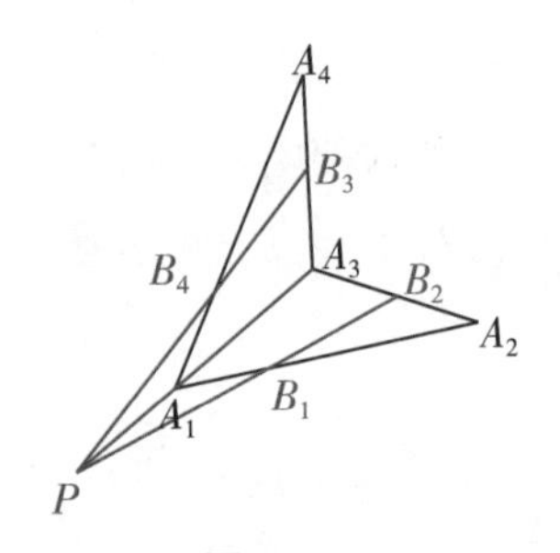

图17-16

证明 如图17-16所示，若$B_1B_2/\!/A_1A_3$，则A_1A_3平行于B_1B_2、B_3B_4所确定的平面，故必有$A_1A_3/\!/B_3B_4$，显然上式成立.

若B_1B_2不平行于A_1A_3，可设A_1A_3与B_1B_2、

B_3B_4所在的平面交于P,则有

$$\frac{A_1B_1}{B_1A_2}\cdot\frac{A_2B_2}{B_2A_3}\cdot\frac{A_3P}{PA_1}=1$$

$$\frac{A_3B_3}{B_3A_4}\cdot\frac{A_4B_4}{B_4A_1}\cdot\frac{A_1P}{PA_3}=1$$

两式相乘,即得

$$\frac{A_1B_1}{B_1A_2}\cdot\frac{A_2B_2}{B_2A_3}\cdot\frac{A_3B_3}{B_3A_4}\cdot\frac{A_4B_4}{B_4A_1}=1$$

反之,还可证明如下定理.

定理 17.4 若B_1、B_2、B_3、B_4分别为空间四边形$A_1A_2A_3A_4$四边A_1A_2、A_2A_3、A_3A_4、A_4A_1(或其延长线)上的点,且

$$\frac{A_1B_1}{B_1A_2}\cdot\frac{A_2B_2}{B_2A_3}\cdot\frac{A_3B_3}{B_3A_4}\cdot\frac{A_4B_4}{B_4A_1}=1$$

则B_1、B_2、B_3、B_4共面.

证明 如图17-16所示,若$B_1B_2/\!/A_1A_3$,则

$$\frac{A_1B_1}{B_1A_2}=\frac{B_2A_3}{A_2B_2}$$

又

$$\frac{A_1B_1}{B_1A_2}\cdot\frac{A_2B_2}{B_2A_3}\cdot\frac{A_3B_3}{B_3A_4}\cdot\frac{A_4B_4}{B_4A_1}=1$$

所以

$$\frac{A_3B_3}{B_3A_4}\cdot\frac{A_4B_4}{B_4A_1}=1$$

所以,$B_4B_3/\!/A_1A_3$,从而B_1、B_2、B_3、B_4共面;若B_1B_2不平行于A_1A_3,设交于P,则有

$$\frac{A_1B_1}{B_1A_2}\cdot\frac{A_2B_2}{B_2A_3}\cdot\frac{A_3P}{PA_1}=1$$

又

$$\frac{A_1B_1}{B_1A_2}\cdot\frac{A_2B_2}{B_2A_3}\cdot\frac{A_3B_3}{B_3A_4}\cdot\frac{A_4B_4}{B_4A_1}=1$$

所以

$$\frac{A_3B_3}{B_3A_4}\cdot\frac{A_4B_4}{B_4A_1}\cdot\frac{A_1P}{PA_3}=1$$

从而B_3、B_4、P共线，因此B_2B_1与B_3B_4交于P，B_1、B_2、B_3、B_4共面.

最后我们给出梅氏定理向球面三角形的一个推广，它是梅涅劳斯的《球面学》第三篇的第一个定理.

定理 17.5 设ABC为球面三角形，一圆弧与ABC三边或其延长线分别交于D、E、F(图17-17)，则

$$\frac{\sin\overset{\frown}{AF}}{\sin\overset{\frown}{FB}}\cdot\frac{\sin\overset{\frown}{BD}}{\sin\overset{\frown}{DC}}\cdot\frac{\sin\overset{\frown}{CE}}{\sin\overset{\frown}{EA}}=1.$$

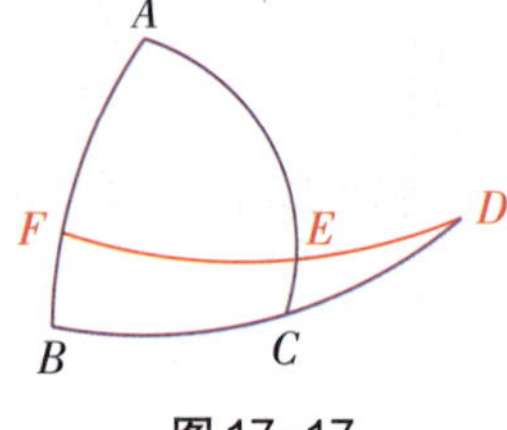

图 17-17

该定理的证明超出本书范围，略.

2. 塞瓦定理的推广

定理 17.6 D、E、F分别为$\triangle ABC$三边BC、CA、AB上的点，AD与AB、AC的夹角分别为α_1、α_2，BE与BC、BA的夹角分别为β_1、β_2，CF与CA、CB的夹角分别为γ_1、γ_2. 若AD、BE、CF平行或共点，则

$$\frac{\sin\alpha_1}{\sin\alpha_2}\cdot\frac{\sin\beta_1}{\sin\beta_2}\cdot\frac{\sin\gamma_1}{\sin\gamma_2}=1$$

证明 如图17-18所示，由塞瓦定理及正弦定理，有

$$\frac{AF}{FB}\cdot\frac{BD}{DC}\cdot\frac{CE}{EA}=\frac{\frac{CA}{\sin\gamma}\sin\gamma_1\frac{AB}{\sin\alpha}\sin\alpha_1\frac{BC}{\sin\beta}\sin\beta_1}{\frac{BC}{\sin\gamma}\sin\gamma_2\frac{CA}{\sin\alpha}\sin\alpha_2\frac{AB}{\sin\beta}\sin\beta_2}=\frac{\sin\alpha_1\sin\beta_1\sin\gamma_1}{\sin\alpha_2\sin\beta_2\sin\gamma_2}=1$$

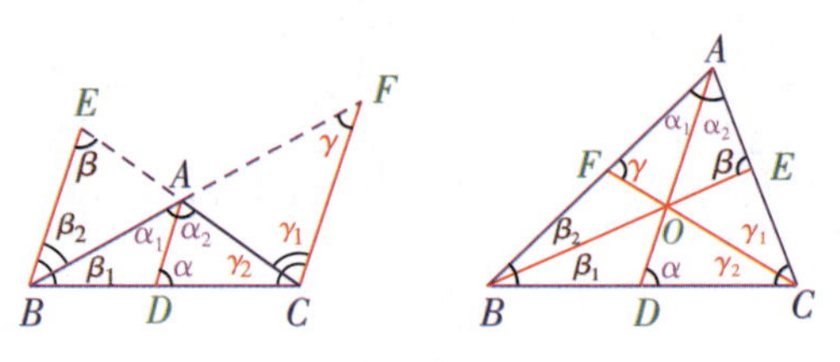

图 17-18

故定理17.6与塞瓦定理是等价的，所以还有逆命题成立.

定理 17.7 若D、E、F分别为$\triangle ABC$三边BC、CA、AB上的点，AD与AB、AC

的夹角分别为α_1、α_2，BE与BC、BA的夹角分别为β_1、β_2，CF与CA、CB的夹角分别为γ_1、γ_2. 若$\dfrac{\sin\alpha_1\sin\beta_1\sin\gamma_1}{\sin\alpha_2\sin\beta_2\sin\gamma_2}=1$，则$AD$、$BE$、$CF$平行或共点.

此定理的证明留给读者.

定理 17.8 若D、E、F分别为$\triangle ABC$三边BC、CA、AB上的点，$\dfrac{AF}{FB}=\lambda_1$，$\dfrac{BD}{DC}=\lambda_2$，$\dfrac{CE}{EA}=\lambda_3$，AD、BE、CF相交得$\triangle PQR$(图 17-19)，则

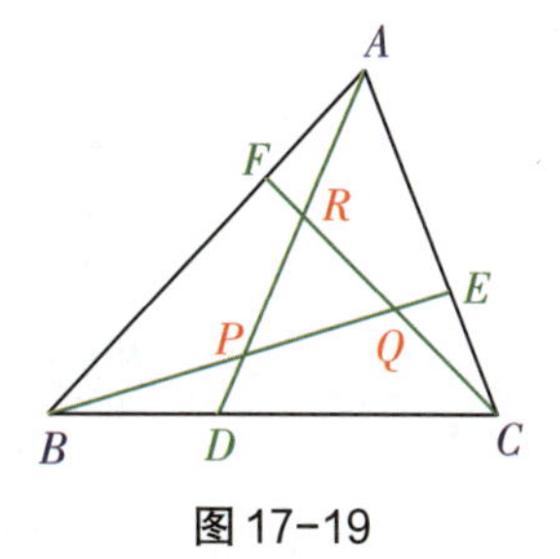

图 17-19

$$\frac{S_{\triangle PQR}}{S_{\triangle ABC}}=\frac{(\lambda_1\lambda_2\lambda_3-1)^2}{(1+\lambda_1+\lambda_1\lambda_2)(1+\lambda_2+\lambda_2\lambda_3)(1+\lambda_3+\lambda_3\lambda_1)}$$

证明 因为直线CRF截$\triangle ABD$，由梅涅劳斯定理，有

$$\frac{AR}{RD}\cdot\frac{DC}{CB}\cdot\frac{BF}{FA}=1$$

$$\Rightarrow\frac{AR}{RD}\cdot\frac{1}{1+\lambda_2}\cdot\frac{1}{\lambda_1}=1$$

$$\Rightarrow\frac{AR}{RD}=\lambda_1(1+\lambda_2)$$

$$\Rightarrow\frac{AR}{AD}=\frac{\lambda_1(1+\lambda_2)}{1+\lambda_1+\lambda_1\lambda_2}$$

所以

$$\begin{aligned}S_{\triangle ARC}&=\frac{\lambda_1(1+\lambda_2)}{1+\lambda_1+\lambda_1\lambda_2}S_{\triangle ADC}\\&=\frac{\lambda_1(1+\lambda_2)}{1+\lambda_1+\lambda_1\lambda_2}\cdot\frac{1}{1+\lambda_2}\cdot S_{\triangle ABC}\\&=\frac{\lambda_1}{1+\lambda_1+\lambda_1\lambda_2}S_{\triangle ABC}\end{aligned}$$

同理有

$$S_{\triangle ABP}=\frac{\lambda_2}{1+\lambda_2+\lambda_2\lambda_3}S_{\triangle ABC},S_{\triangle BCQ}=\frac{\lambda_3}{1+\lambda_3+\lambda_3\lambda_1}S_{\triangle ABC}$$

从而

$$S_{\triangle PQR}=\left[1-\left(\frac{\lambda_1}{1+\lambda_1+\lambda_1\lambda_2}+\frac{\lambda_2}{1+\lambda_2+\lambda_2\lambda_3}+\frac{\lambda_3}{1+\lambda_3+\lambda_3\lambda_1}\right)\right]S_{\triangle ABC}$$
$$=\frac{(1-\lambda_1\lambda_2\lambda_3)^2}{(1+\lambda_1+\lambda_1\lambda_2)(1+\lambda_2+\lambda_2\lambda_3)(1+\lambda_3+\lambda_3\lambda_1)}S_{\triangle ABC}$$

所以

$$\frac{S_{\triangle PQR}}{S_{\triangle ABC}}=\frac{(1-\lambda_1\lambda_2\lambda_3)^2}{(1+\lambda_1+\lambda_1\lambda_2)(1+\lambda_2+\lambda_2\lambda_3)(1+\lambda_3+\lambda_3\lambda_1)}$$

显然，当AD、BE、CF交于一点时，有$S_{\triangle PQR}=0$，故有$\lambda_1\lambda_2\lambda_3=1$，即为塞瓦定理（三线共点的情形）；反之，由$\lambda_1\lambda_2\lambda_3=1$（因$AD$、$BE$、$CF$必两两相交），又导出$S_{\triangle PQR}=0$，即三线共点.

综合与实践

（1）如图 17-20 所示，直线HF交四边形$ABCD$四边或其延长线于点E、F、G、H，若$AD=2AH$，求$\frac{AE}{EB}\cdot\frac{BF}{FC}\cdot\frac{CG}{GD}$的值.

（2）如图 17-21 所示，$\triangle ABC$的三个旁切圆分别与边BC、CA、AB相切于点D、E、F，试证AD、BE、CF共点.

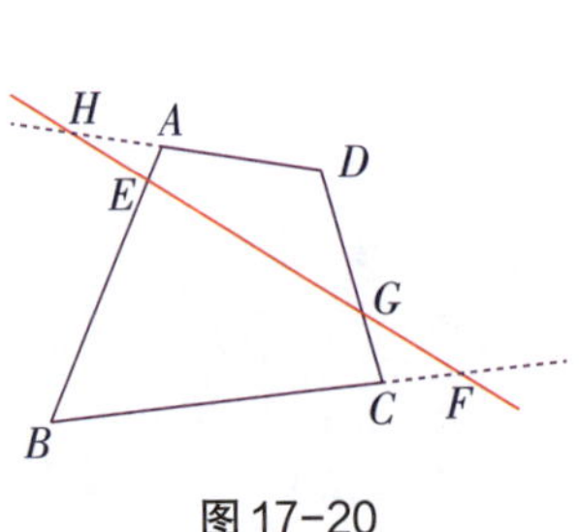
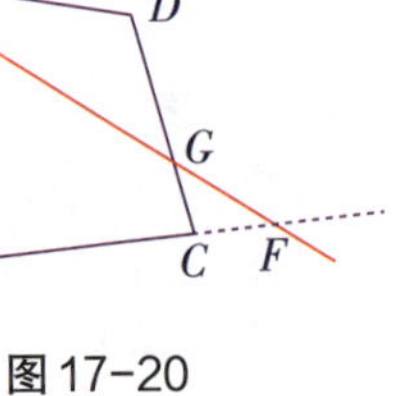

图 17-20

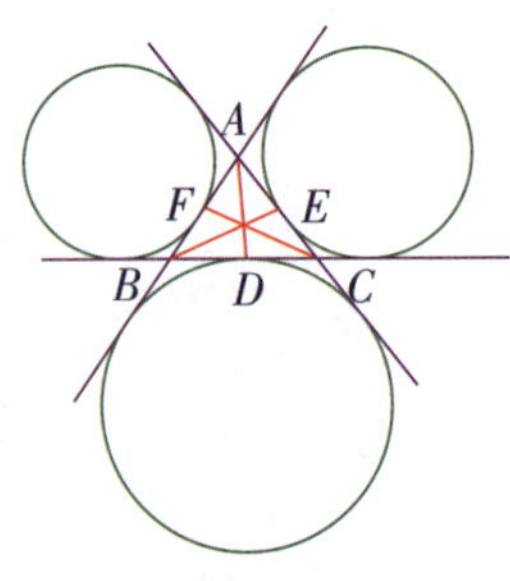

图 17-21

第18章

18

最美是圆

古希腊毕达哥拉斯学派认为:“一切立体图形中最美的是球形,一切平面图形中最美的是圆形.”17世纪的数学家布龙克尔说:“圆是第一个最简单、最完美的图形.”圆的完美来自于中心对称,无论处于哪个位置,它都具有同一形状,给人以匀称、和谐、简洁的美感. 德国数学家克雷尔说:“像三角形这样简单的图形也有如此无穷无尽的数学内涵.”而对圆来说,应该是“有过之而无不及”.

在周长给定的封闭图形中,圆所围的面积最大.

黑格尔有“以哲学比圆”之说. 现代学者钱钟书云:“窃尝谓形之浑简完备,无过于圆.”许多著名的圆形建筑表明了人们对它的喜爱(图18-1).

天坛——现存最大的古代祭天建筑,与地坛(方形)形成“天圆地方”

惊艳千年的万神殿

中国天眼

福建土楼

广州圆大厦

图18-1

一、圆的位置关系

1. 两圆的位置关系

“圆与圆”的位置关系与“点与圆”“直线与圆”的位置关系一脉相承,主要是抓住“半径”“距离”等数量关系. 借用半数轴可以形象地记住这一结论.

设两圆半径分别为R和$r(R>r)$，圆心距为d，那么有如下结论.

（1）两圆内含$\Leftrightarrow d<R-r$.

（2）两圆内切$\Leftrightarrow d=R-r$.

（3）两圆相交$\Leftrightarrow R-r<d<R+r$.

（4）两圆外切$\Leftrightarrow d=R+r$.

（5）两圆外离$\Leftrightarrow d>R+r$.

把圆心距d看成一个变量，两圆的5种位置关系如图18-2所示.

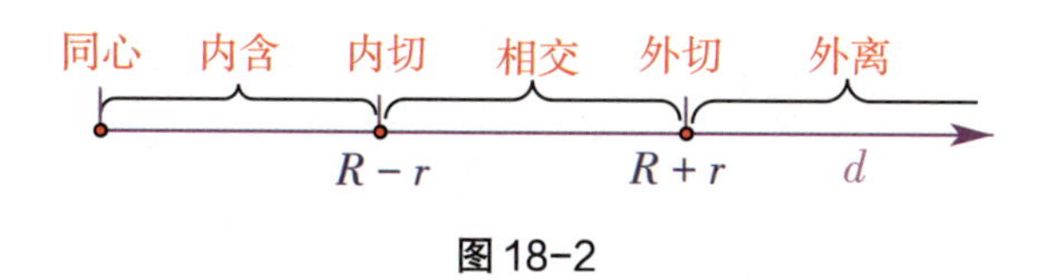

图18-2

2. 三圆的位置关系

这是一个很有趣的分类问题，日本寺阪英孝将三圆的位置关系分为49类，浙江大学的沈康身教授将其分为51类，北京师范大学的梁绍鸿教授将其分为47类．下面做一探讨.

如果将相离（内含、外离）、相切（内切、外切）、相交分别用L、Q、J表示，则三圆的位置关系共有10种，每种情况如表18-1所示.

表18-1　三圆的位置关系

类别	每种情况
LLL	
LLJ	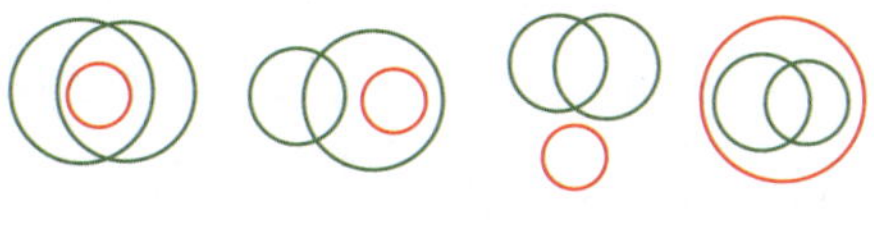
LLQ	
LJJ	

续表

类别	每种情况
LJQ	
LQQ	
QQQ	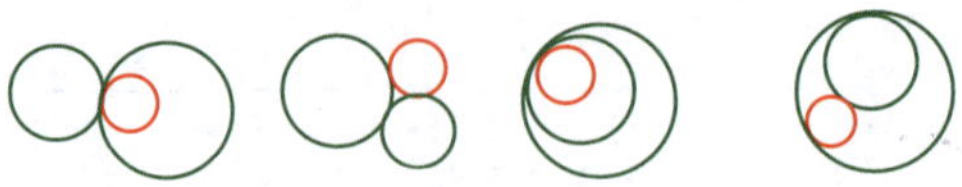
JQQ	
JJQ	
JJJ	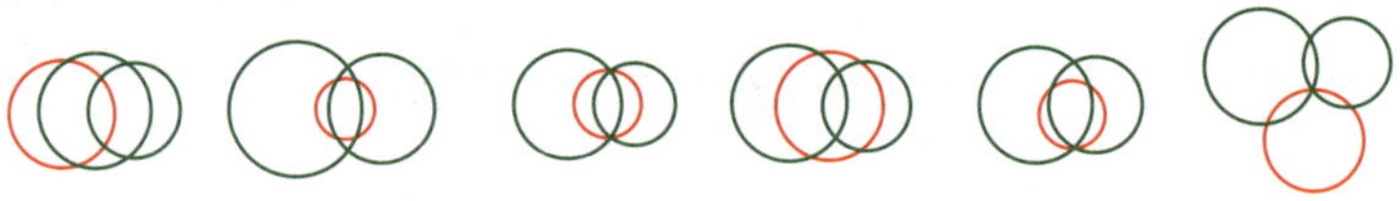

二、与圆有关的角

与圆有关的角有圆内角、圆周角、圆心角、圆外角、弦切角.

将一个圆周分成360等分,每一等分叫作1度的弧.

有了弧的度数,与圆有关的角都可以建立与弧的关系.

圆内角的度数等于角两边所在直线所夹两段弧的度数和的一半.

如图18-3所示,有

$$\angle APB = \angle EDB \overset{m}{=} \frac{1}{2}\overset{\frown}{BAE} \overset{m}{=} \frac{1}{2}(\overset{\frown}{AB} + \overset{\frown}{AE}) \overset{m}{=} \frac{1}{2}(\overset{\frown}{AB} + \overset{\frown}{CD})$$

圆心角是特殊的圆内角.

圆外角的度数等于它所截两条弧的度数之差的一半.

如图 18-4(a)所示,有

$$\angle P=\angle ECD\overset{m}{=}\frac{1}{2}\widehat{DE}\overset{m}{=}\frac{1}{2}(\widehat{DB}-\widehat{BE})\overset{m}{=}\frac{1}{2}(\widehat{DB}-\widehat{AC})$$

由此可得

弦切角等于所夹弧的度数的一半.

如图 18-4(b)所示,$\angle DCE\overset{m}{=}\frac{1}{2}\widehat{CE}$.

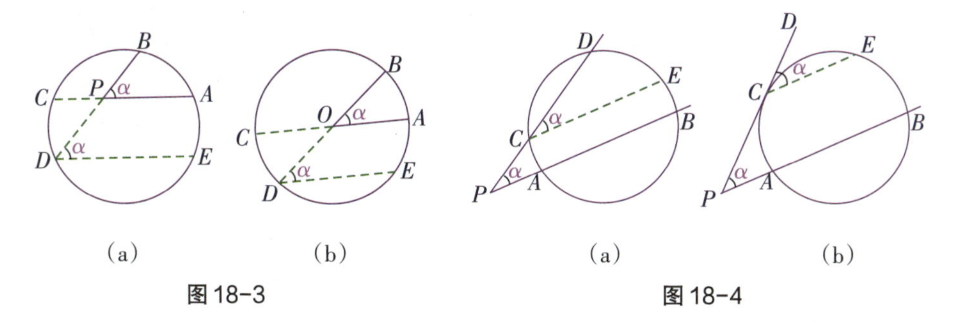

图 18-3　　　　图 18-4

三、圆与正多边形

1. 圆与正多边形各量之间的关系

把圆 $n(n\geqslant 3)$ 等分,依次连接各分点所得的多边形是这个圆的内接正 n 边形.

经过各分点作圆的切线,以相邻切线的交点为顶点的多边形是这个圆的外切正多边形.

任何正多边形都有一个外接圆和一个内切圆.

如图 18-5 所示,设 n 为边数,a 为边长,R 为外接圆半径,r 为内切圆半径,α 为圆心角$\left(\alpha=\frac{360^\circ}{n}\right)$,$S$ 为多边形的面积,则各量之间的关系如表 18-2 所示.

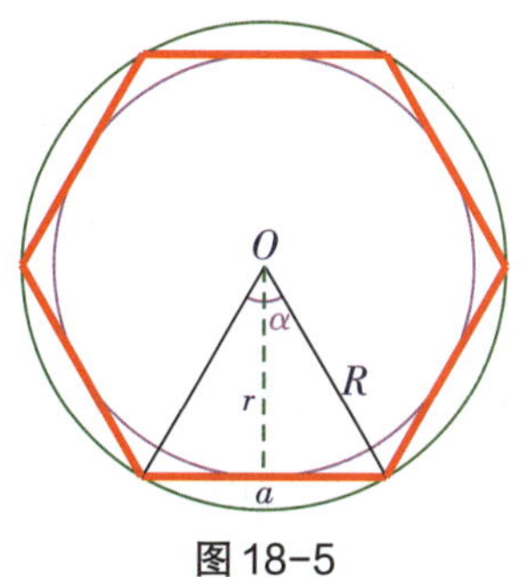

图 18-5

表 18-2　圆与正多边形各量之间的关系

图形	边长 a	外接圆半径 R	内切圆半径 r	面积 S
正三角形	$\sqrt{3}R$	$\frac{\sqrt{3}}{3}a$	$\frac{\sqrt{3}}{6}a$	$\frac{\sqrt{3}}{4}a^2$ 或 $\frac{3\sqrt{3}}{4}R^2$ 或 $3\sqrt{3}r^2$

图形	边长a	外接圆半径R	内切圆半径r	面积S
正方形	$\sqrt{2}\,R$	$\frac{\sqrt{2}}{2}a$	$\frac{1}{2}a$	a^2或$2R^2$或$4r^2$
正五边形	$\frac{1}{2}\sqrt{10-2\sqrt{5}}\,R$	$\frac{1}{2}\sqrt{\frac{10+2\sqrt{5}}{5}}\,a$	$\frac{1}{2}\sqrt{\frac{5+2\sqrt{5}}{5}}\,a$	$\frac{1}{4}\sqrt{25+10\sqrt{5}}\,a^2$
正六边形	R	a	$\frac{\sqrt{3}}{2}a$	$\frac{3\sqrt{3}}{2}a^2$或$\frac{3\sqrt{3}}{2}R^2$或$2\sqrt{3}\,r^2$
正n边形	$2R\sin\frac{\alpha}{2}$	$\frac{a}{2\sin\frac{\alpha}{2}}$	$\frac{a}{2}\cot\frac{\alpha}{2}$	$\frac{n}{2}R^2\sin\alpha$或$nr^2\tan\frac{\alpha}{2}$

2. 圆与正多边形嵌套

如图18-6所示，画一个半径为1英寸(约2.54厘米)的圆，然后用一个外切等边三角形包围这个圆，再用一个外接圆包围这个等边三角形，接下来用外切正方形包围第二个圆，继续用第三个圆(外接)包围正方形，然后用一个外切正五边形包围第三个圆……每次将正多边形的边数加一，无限继续“外接”“外切”这个过程，这样整个图形的大小会不断增长.

图18-6

你可能会想到，只要有足够的空间做下去，这个圆套的半径会越来越大，大到比地球半径还大，甚至比太阳系半径还大!

让你意想不到的是:这个嵌套永远不会比太阳系半径大，也永远不会比地球半径大，甚至不会比成人自行车的轮子大.

数学家卡斯纳和纽曼在20世纪40年代首次报告了这个不断变大的圆半径R的值，因为过程开始时，圆的尺寸增长较快，但后面增长速度会逐渐减慢. 他们说："R约等于12."直到1964年发表的一篇德国论文中也还在说R的值是12.

1965年，数学家克里斯多夫·鲍肯普发表了一篇论文，报告R真正的值是8.7000．目前所知道的R的17位正确值为8.7000366252081945⋯．

四、圆幂定理

相交弦定理 过圆内一点引两条弦，各弦被这点所分成的两线段的积相等.

切割线定理 从圆外一点向圆引切线和割线，切线长是这点到割线与圆的交点的两条线段长的比例中项.

割线定理 从圆外一点向圆引两条割线，则这一点到每条割线与圆的交点的两条线段的积相等.

上述三个定理统称为圆幂定理，它们的发现至今已有2000多年的历史．其中相交弦定理和切割线定理被欧几里得编入他的《几何原本》中.

它们有下面的统一形式.

圆幂定理 过一定点作两条直线与定圆相交，则定点到每条直线与圆的交点的两条线段的积相等.

即它们的积为定值．这里我们把相切看作相交的特殊情况，切点看作两交点的重合．若定点到圆心的距离为d，圆半径为r，则定值为d^2-r^2.

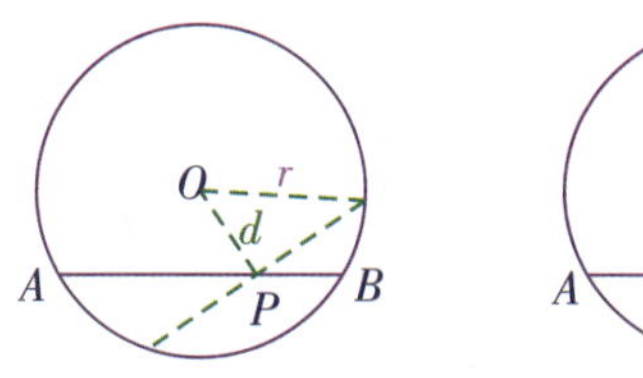

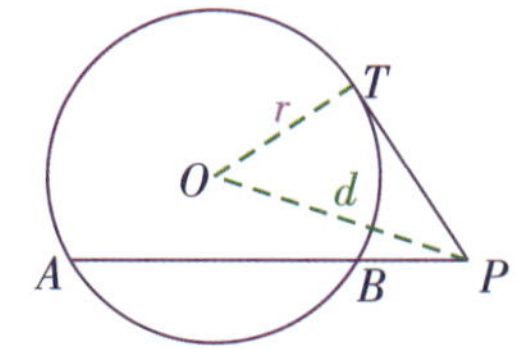

图18-7

如图18-7所示，当定点P在圆内时，$d^2-r^2<0$.

当定点P在圆上时，$d^2-r^2=0$.

当定点P在圆外时，$d^2-r^2>0$.

d^2-r^2称为定点对圆的幂."幂"这个概念是德国数学家斯坦纳最先引用的．点对圆的幂是"圆几何学"的一个重要概念，圆幂定理是"圆几何学"的一个基本定理.

下面就相交弦定理和割线定理给予证明.

证明　如图 18-8 所示,连接 AC、BD,则 $\angle PAC=\angle PDB$,又 $\angle APC=\angle BPD$,所以

$$\triangle PAC\backsim\triangle PDB\Rightarrow\frac{PA}{PC}=\frac{PD}{PB}$$

即 $PA\cdot PB=PC\cdot PD$. 命题得证.

如果我们连接 PO,交 $\odot O$ 于 E、F,则有

$$\begin{aligned}PA\cdot PB&=PC\cdot PD=PE\cdot FP\\&=\begin{cases}(r-d)(r+d)=r^2-d^2=\left(\dfrac{MN}{2}\right)^2\ (P\text{在圆内时})\\(d-r)(d+r)=d^2-r^2=PT^2\ (P\text{在圆外时})\end{cases}\end{aligned}$$

这即是我们提到的结论.

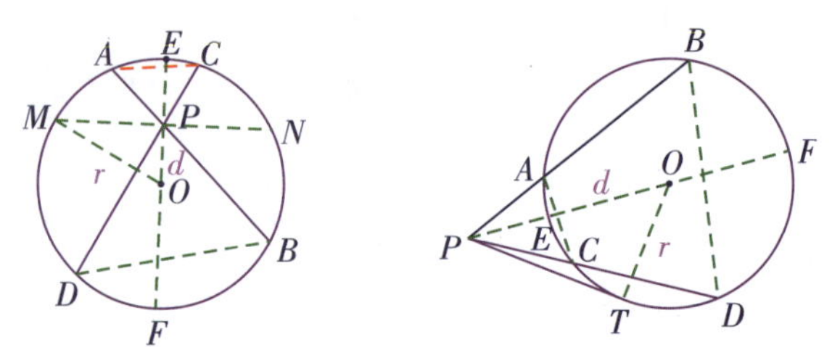

图 18-8

最后指出,圆幂定理的逆命题也是成立的,这是证四点共圆常用的依据.

圆幂定理的逆定理　若 AB、CD 相交于点 P,且 $PA\cdot PB=PC\cdot PD$,则 A、B、C、D 四点共圆,如图 18-9(a)所示.

特别地,如图 18-9(b)所示,当 C、D 两点重合为 T 时,则有以下定理.

切割线定理的逆定理　若 AB、TP 交于点 P,且 $PA\cdot PB=PT^2$,则 PT 切 $\triangle ABT$ 的外接圆于点 T.

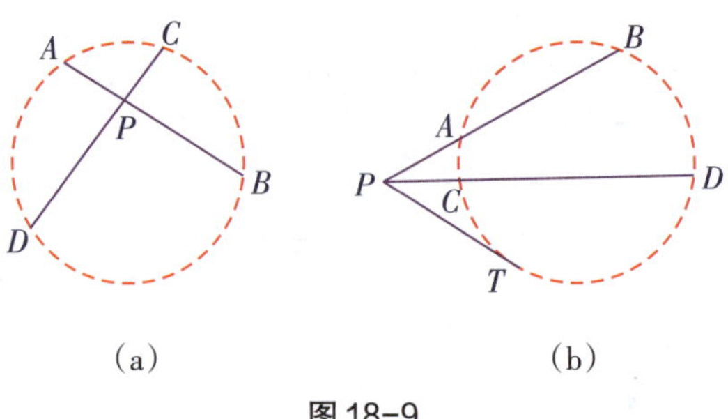

(a)　　(b)

图 18-9

五、涉圆趣题

(1)不计算,写结果.

①如图18-10所示,大正方形是小正方形面积的几倍?

②如图18-11所示,大三角形是小三角形面积的几倍?

(2)如图18-12所示,桌上紧挨着两个同样大小的2023年“兔年纪念硬币”,其中一个固定不动,另一个沿着固定硬币的外缘无滑动地滚动一周后,滚动的硬币自转了几周?

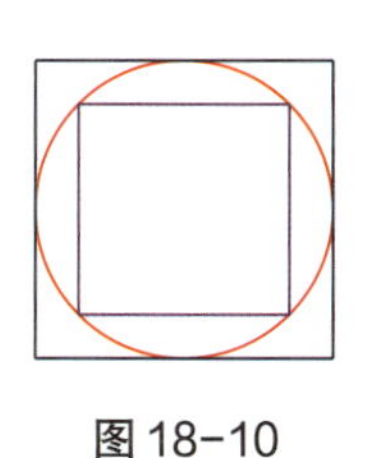

图18-10

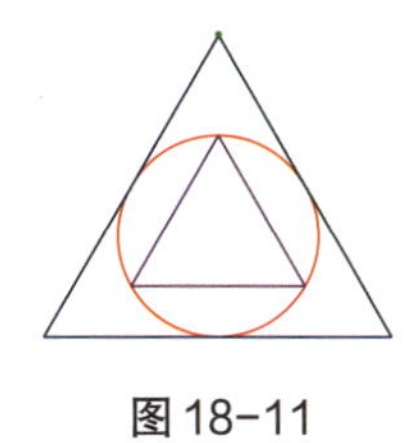

图18-11

图18-12

(3)如图18-13所示,一个半径为r的大圆用一些半径为$\frac{1}{2}r$的小圆去覆盖,至少要用几个小圆才能将大圆盖住?

(4)(亚里士多德悖论)如图18-14所示,轮子上有两个同心圆,轮子滚动了一周,大圆从点A移动到点B,小圆从点C移动到点D. 由于$AB=CD$,由此可得大小圆周一样长?

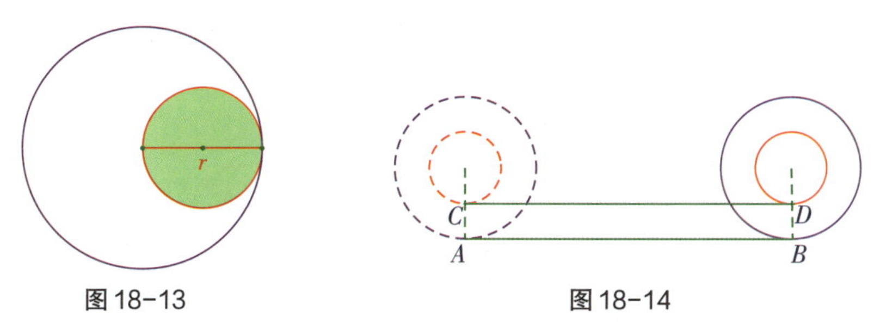

图18-13　　图18-14

(5)如图18-15所示,OO_1是同心圆小圆的半径,大圆的弦AB过点O_1且垂直于半径OO_1,则由同心圆构成的圆环(绿色部分)的面积等于以AB为直径的圆的面积.

(6)(伽利略问题)尺规作二同心圆,将圆面积三等分.

这是17世纪伽利略研究过的问题,如图18-16所示,以半径OA为直径作半圆,过OA的三等分点B、C,分别作OA的垂线交半圆于点D、E,分别以OE、OD为半径作二同心圆三等分圆面积.

由$OD^2=OB\cdot OA=\frac{2}{3}OA^2$,$OE^2=OC\cdot OA=\frac{1}{3}OA^2$,结论显然.

一石激起千层浪,后继者除了给出三等分的多种解法,还设计出n等分圆面积作图题,下面挑选部分供大家欣赏,如图18-17所示.

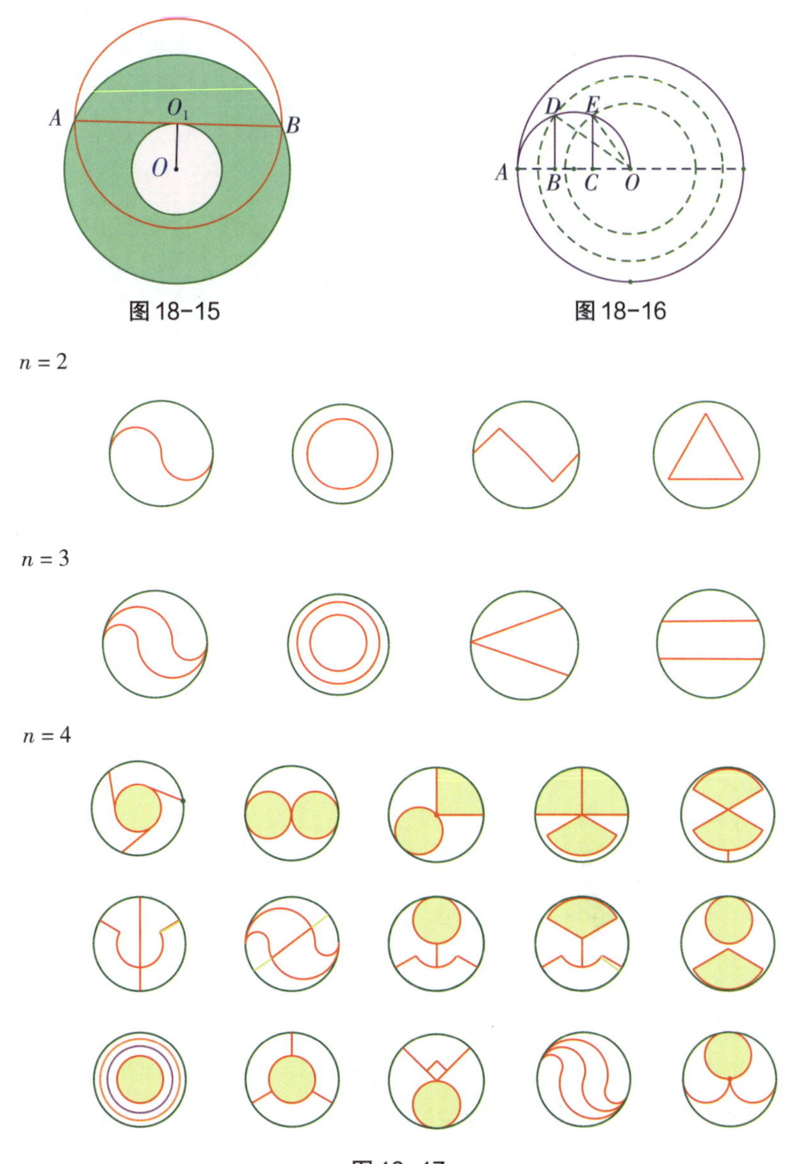

图18-17

著名特级教师任勇说,这是一个很好的“题根”. 他就$n=4$的情形,通过一节课,引导初二学生找到100多种分法(见任勇著《你能成为最好的数学老师》第240页). 学生通过直线、曲线、动静结合、不全等分割、基本图形组合等,同时考虑哪些可以通过尺规作图解决，思维层次一步步递进，收到了丰硕的成果！任老师借这一内容打造出一节精彩的“极品课”！

六、借助圆解释基本不等式

如图18-18所示，作线段$AP=a$，在AP上作点B，使$BP=b$，以AB为直径作$\odot O$，过点P作$\odot O$的切线PC，C为切点．过点C作$CD\perp AP$于D，D为垂足．过点O作$OE\perp AP$交$\odot O$于E，连接EP．易得

$$EP=\sqrt{\frac{a^2+b^2}{2}},OP=\frac{a+b}{2},CP=\sqrt{ab},DP=\frac{2}{\frac{1}{a}+\frac{1}{b}}$$

因为$DP\leqslant CP\leqslant OP\leqslant EP$，所以有

$$\frac{2}{\frac{1}{a}+\frac{1}{b}}\leqslant\sqrt{ab}\leqslant\frac{a+b}{2}\leqslant\sqrt{\frac{a^2+b^2}{2}}$$

显然，当$a=b$时，上述不等式链中的等号均成立．（在第22章中还将看到这一不等式的另一几何证明）

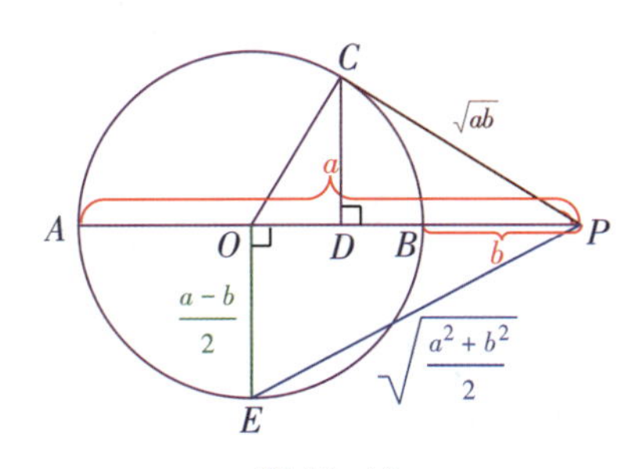

图18-18

七、涉圆名题

1. 阿波罗尼斯问题

作一个圆与3个已知圆相切．

这是古希腊阿波罗尼斯感兴趣的一个问题．假定这3个圆不共轴（若共轴，除非相切，否则无解），此题最多有8个解，如图18-19所示．

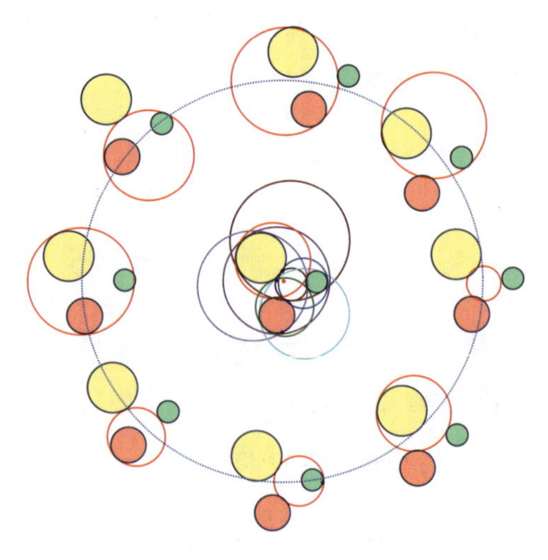

图 18-19

2. 阿基米德折弦定理

阿基米德折弦定理 如图 18-20 所示，AB、BC 是 $\odot O$ 的两条弦，点 P 是 $\overset{\frown}{ABC}$ 的中点，若 $AB > BC$，则从点 P 向 AB 所作垂线的垂足 Q 必为折线 ABC 的中点，即 $AQ = QB + BC$.

显然，当 $BC = 0$ 时，即为垂径定理.

阿基米德折弦定理有如下推论.

推论 1 A、B、C 为圆上三点，若点 P 为 $\overset{\frown}{ABC}$ 的中点，则 $AB \cdot BC = PA^2 - PB^2$.

推论 2 若点 P 为圆周角 $\angle ABC$ 所对弧的中点，则 $AB \cdot BC = PB^2 - PA^2$.

3. 托勒密定理

托勒密定理 圆内接四边形的两组对边乘积之和等于两对角线的乘积.

如图 18-21 所示，四边形 $ABCD$ 内接于圆，则有

$$AB \cdot CD + AD \cdot BC = AC \cdot BD$$

推论（三弦定理） 如图 18-22 所示，A 是圆上任意一点，AB、AC、AD 是该圆上顺次的三条弦，则

$$AC\sin\angle BAD = AB\sin\angle CAD + AD\sin\angle CAB$$

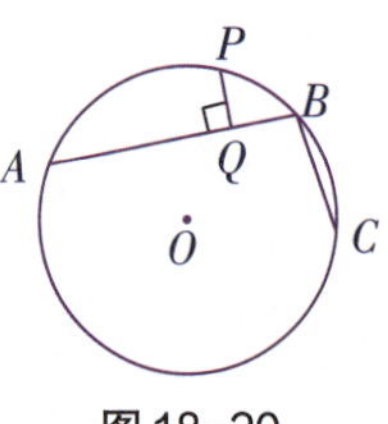

图 18-20

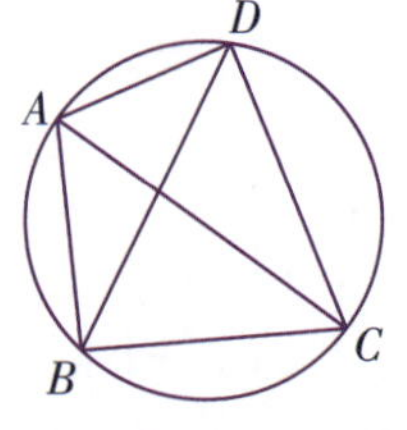

图 18-21

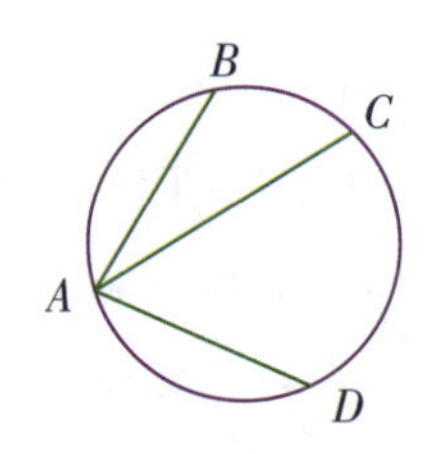

图 18-22

在托勒密定理中，应用正弦定理将BD、DC、BC换掉即可．

4. 西姆松定理

西姆松定理 如图18-23所示，点P为$\triangle ABC$外接圆上任意一点，过点P分别作$\triangle ABC$三边所在直线BC、AC、AB的垂线，垂足分别为D、E、F，则点D、E、F三点共线(西姆松线)．

推论1 如图18-24所示，H为$\triangle ABC$的垂心，则PH被直线EF(西姆松线)所平分，且这个平分点在$\triangle ABC$的九点圆上．

推论2 如图18-25所示，点P关于$\triangle ABC$三边BC、AC、AB的对称点分别为P_1、P_2、P_3，H为$\triangle ABC$的垂心，则P_1、P_2、P_3、H四点共线．

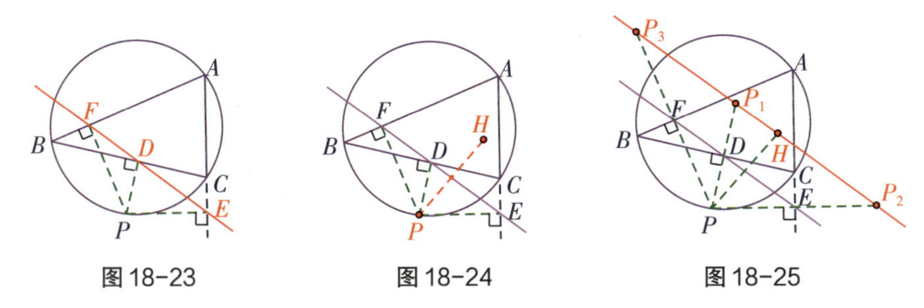

图18-23　　图18-24　　图18-25

罗伯特·西姆松是英国数学家．但是，要想从他的著作中发掘出上述定理却是徒劳的．据麦凯考证，西姆松线实际上是1797年由瓦拉斯发现的，由于法国几何学家塞尔瓦一句不经意的话："下面的定理，我认为属于西姆松"，便造成了误会．后来彭赛列在他关于射影几何的著作中重说了这句话，于是使错误沿袭至今．

西姆松定理有许多有趣的性质和推理，下面仅举两例．

性质1 设PP'是$\triangle ABC$外接圆$\odot O$的直径，则点P和P'的西姆松线相互垂直，且交点在$\triangle ABC$的九点圆上(图18-26)．

性质2 $\triangle ABC$外接圆上所有点的西姆松线包络出一条三尖点的内摆线．且三角形的三边与这个内摆线相切(图18-27)．

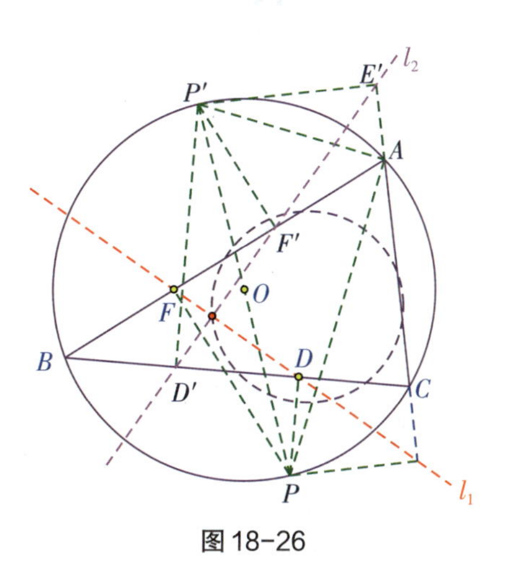

图18-26

5. 眼球定理

如图 18-28 所示，已知两圆$\odot O_1$、$\odot O_2$，过圆心 O_1、O_2 分别作另一个圆的切线，切线与$\odot O_1$、$\odot O_2$的交点分别为 A、B 和 C、D，则 $AB=CD$.

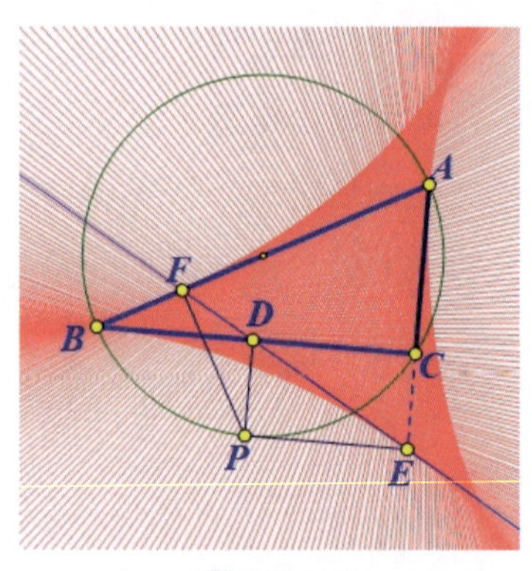

图 18-27

6. 蒙日三圆定理

如图 18-29 所示，三个大小不一的圆中，任意两圆的两条公切线分别交于点 D、E、F，则 D、E、F 共线.

蒙日为法国数学家. 他是画法几何学的创立者，他的《画法几何学》出版后流传各国，成为画法几何学的奠基之作和经典教本.

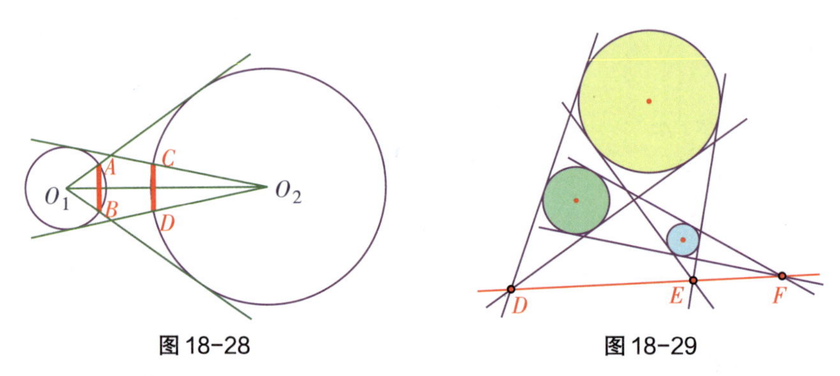

图 18-28　　图 18-29

7. 等内切圆定理

如图 18-30 所示，若等高的三角形有相等的内切圆，则组合等高三角形也有另外相等的内切圆.

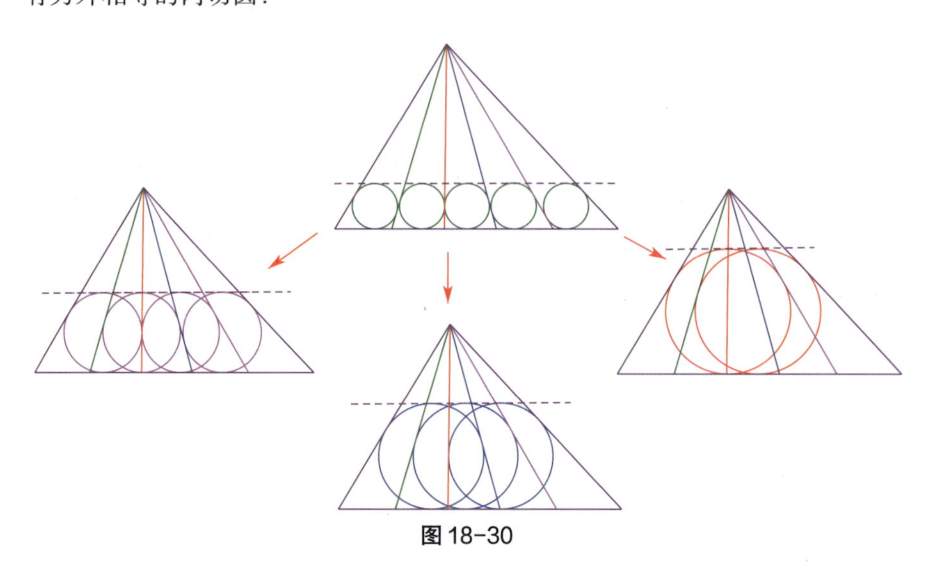

图 18-30

8. 约翰逊定理

如图 18-31 所示，经过同一点的三个等圆之间的另外三个交点，均在另一个等圆上.

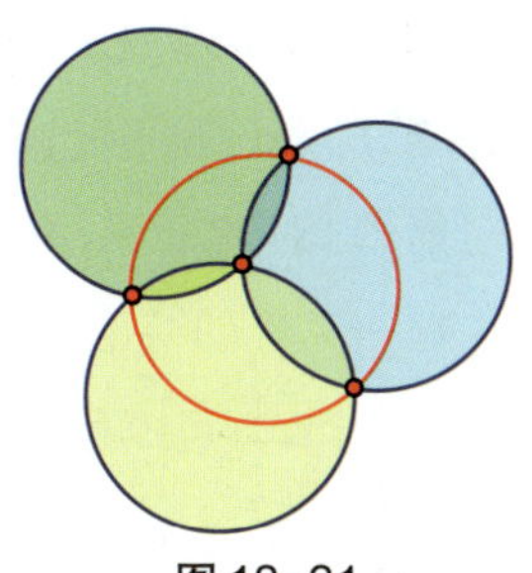
图 18-31

此结论于1916年被数学家约翰逊发现.

9. 七圆定理

如图 18-32(a)所示，两圆内切，再依次在大圆内围绕小圆画五个圆，与相邻的圆两两相切，则相对切点的连线共点.

当其中三个圆的半径无穷大时，圆变成直线，构成三角形的三条边，结论仍成立——相对切点的连线共点，如图 18-32(b)所示.

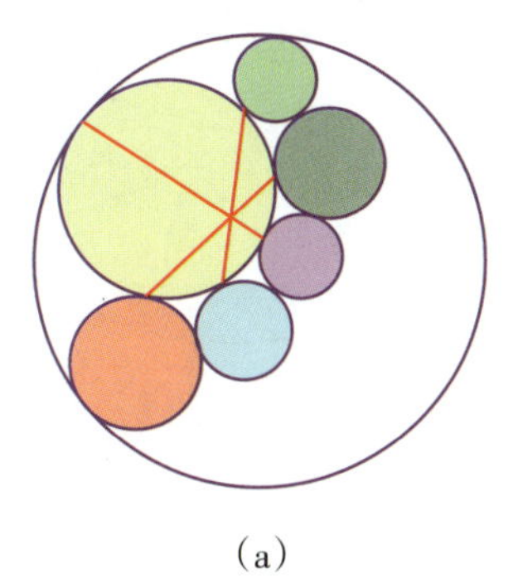
(a)

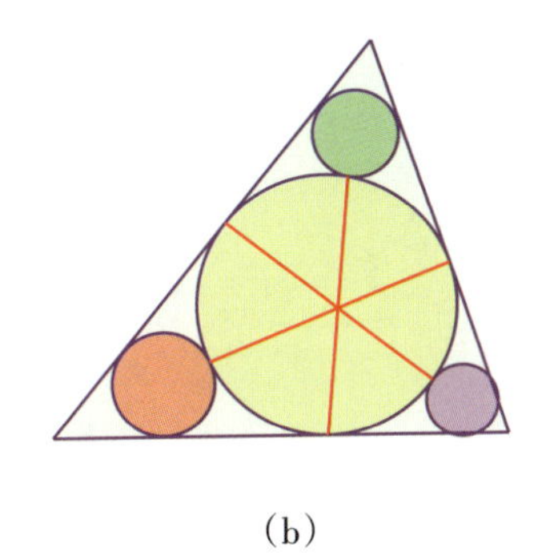
(b)

图 18-32

10. 六圆链

如图 18-33 所示，在三角形内，依次画六个圆，均与三角形的两边相切，从第二个圆开始，每个圆与前一个圆相切，则第六个圆必与第一个圆相切. 即依次循环，组成一圆链.

11. 斯坦纳圆链

如图 18-34 所示，两圆内含，围绕小圆依次画圆，均与大圆、小圆相切，且与相邻的圆也相切，则最后一个圆与第一个圆相切. 这一结论可以推广到三维空间，即将圆改为球，有类似结论，见第 23 章索迪六球定理.

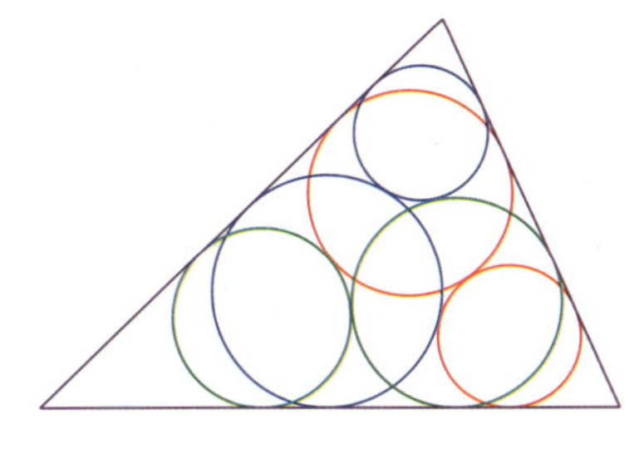
图 18-33

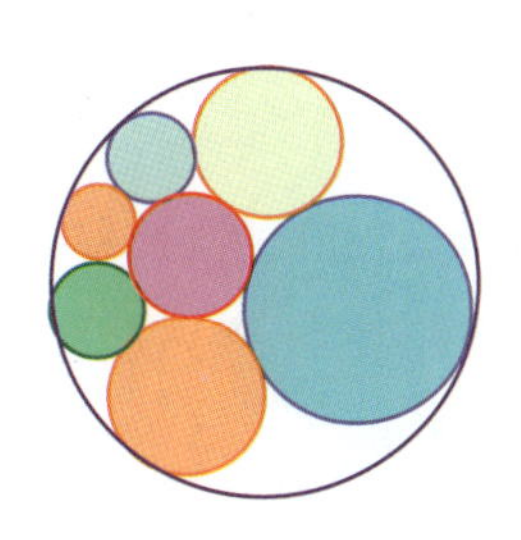
图 18-34

12. 日本神庙塔壁圆问题

若一个凸n边形内接于圆，被对角线分割成$n-2$个三角形，则不论采取哪种分割，这些三角形的内切圆半径之和都相等.

如图18-35所示，有$r_1+r_2+r_3+r_4=R_1+R_2+R_3+R_4$.

这一优美的结论，据说是在日本神庙的塔壁上发现的.

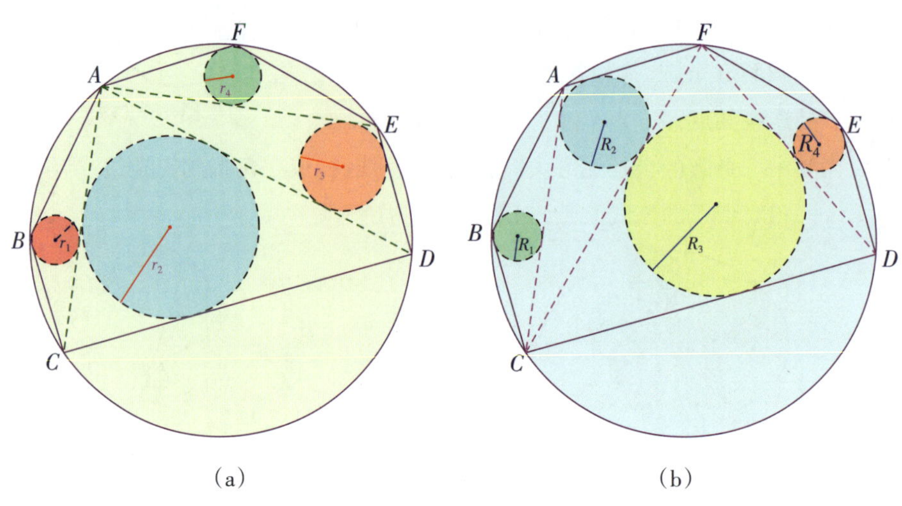

图18-35

13. 莫比乌斯定理

如图18-36所示，过两圆交点A分别作两条直线交两圆于点C、D和点E、F，EC、DF交于点P，则$\angle P$为定值.

此定理由德国数学家莫比乌斯提出.

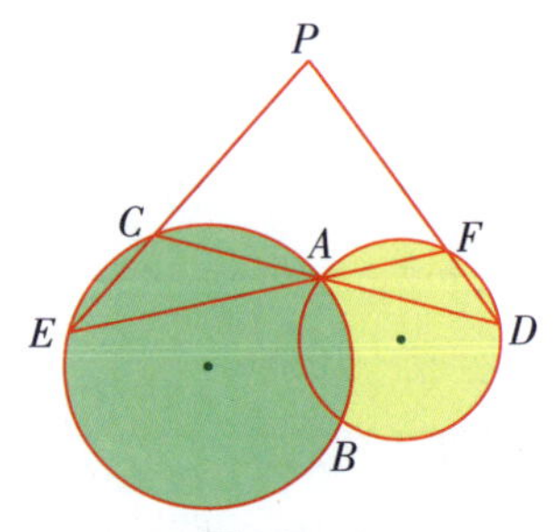

图18-36

14. 密克定理

如图18-37所示，五边形$ABCDE$的五边延长形成$\triangle ABG$、$\triangle BCH$、$\triangle CDK$、$\triangle DEL$、$\triangle EAF$，它们的外接圆两两相交，则异于顶点的五个交点P、Q、R、S、T共圆.

上述五点所在的圆被称为密克圆. 1838年，奥古斯特·密克发表了他的这一研究成果.

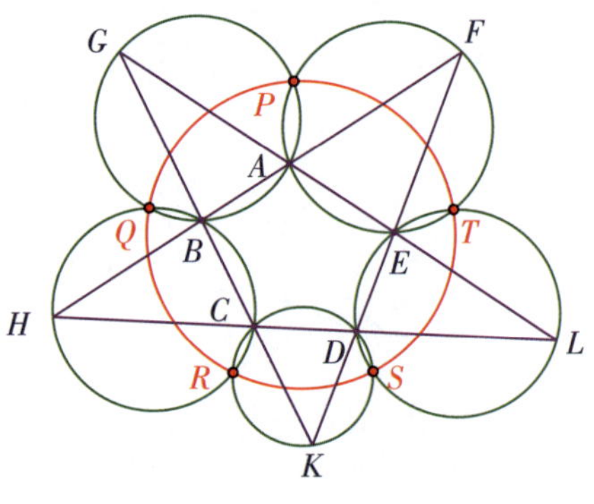

图18-37

15. 皮匠刀形问题

在阿基米德的专著《引理集》中，专门讨论了“皮匠刀形问题”．如图18-38(a)所示，半圆直径上一点将直径分为两段，再分别以这两段为直径在半圆内作半圆，三个半圆构成的图形（图中黄色部分）如“皮匠刀”，故阿基米德叫它“皮匠刀形问题”．它有许多引人入胜的结论被各国大中学校写入教材，也有专著论述．下面给出其中的一部分内容．

(1)如图18-38(a)所示，从A到B沿“皮匠刀形”边缘的两条路径相等，即$C_1 = C_2 + C_3 = \pi(r_1 + r_2)$.

(2)如图18-38(b)所示，作两半圆的内公切线CD交大半圆于点D，则以CD为直径的圆的面积与“皮匠刀形”的面积相等．

(3)如图18-38(c)所示，作两半圆的外公切线EF，则$EF = CD$，且EF与CD相互平分，即四边形$DECF$为矩形．

(4)如图18-38(d)所示，点A、E、D共线，点D、F、B共线．

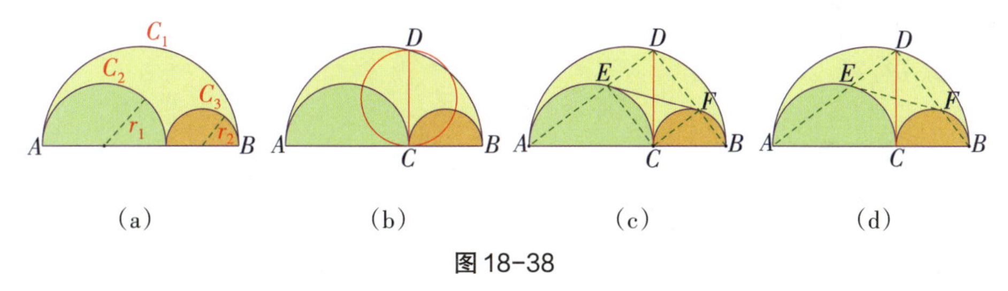

图18-38

(5)如图18-39(a)所示，在“皮匠刀形”内，作$\odot O_1$与两个半圆相切，与CD相切；作$\odot O_2$与两个半圆相切，与CD相切，则$\odot O_1$与$\odot O_2$的面积相等（等圆）．

(6)如图18-39(b)所示，$\odot O_1$与左边半圆的内公切线l_1过点B，$\odot O_2$与右边半圆的内公切线l_2过点A.

(7)如图18-39(c)所示，切点A、C、H、G四点共圆，切点B、C、N、M四点共圆，切点A、E、F、B四点共圆．

500年后，帕普斯还证明了以下内容．

(8)如图18-39(d)所示，“皮匠刀形”内有圆列$O_1O_2O_3\cdots$，其中$\odot O_1$与大半圆内切，与两个小半圆外切；$\odot O_2$与大半圆内切，与左边的小半圆及$\odot O_1$外切……．如果$\odot O_1$，$\odot O_2$，$\odot O_3$，…的直径分别为d_1，d_2，d_3，…，它们的圆心到AB的距离为h_n，则$h_n = nd_n$.

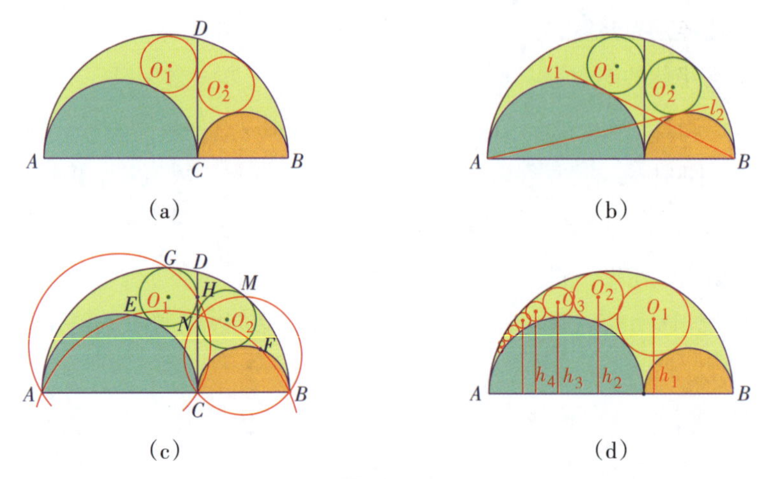

图 18-39

(9)图 18-39(d)中的圆列的圆心 $O_1, O_2, O_3, \cdots$ 在一个椭圆上.

八、滚动的圆

1. 圆在直线上滚动

当一个圆在直线上滚动时,圆上的一个固定点会画出一条迷人的曲线,这条曲线叫作摆线,也叫作旋轮线(图 18-40).

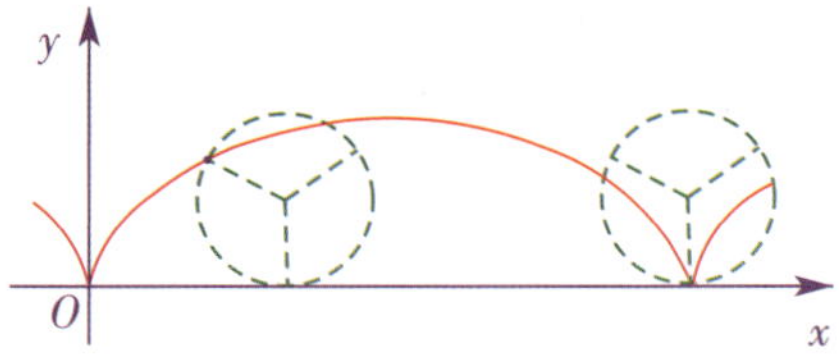

y
O
x

图 18-40

伽利略发现:当圆滚动一周时(第一拱),其摆线的长度等于旋转圆直径的 4 倍. 弧线下的面积,是旋转圆面积的 3 倍.

图 18-41 所示是圆在直线上滚动时,圆上、圆内、圆外点的运动轨迹.

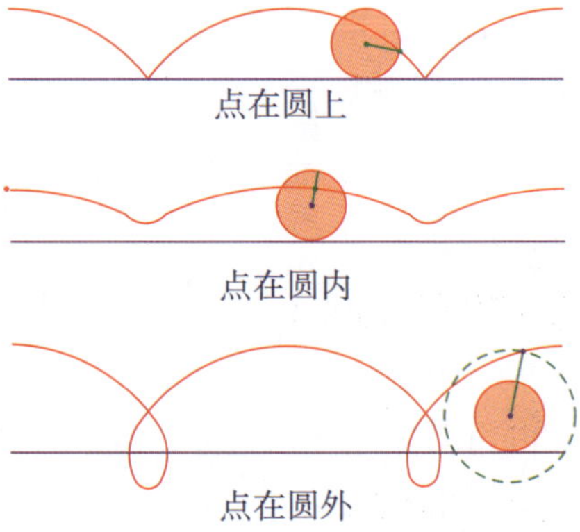

点在圆上

点在圆内

点在圆外

图 18-41

摆线最先由博尔斯于 1501 年提出,伽利略、梅森、罗贝瓦尔、帕斯卡都对此有深入研究,雅各布·伯努利证明它是最速降线. 荷兰的惠更斯 1673 年指出其等时性,可在摆钟设计上应用,故称摆线.

2. 圆在圆内滚动

当一个圆在一个定圆内无滑动地滚动时,动圆上一固定点画出的曲线称为内摆线.

设定圆半径为R，动圆半径为r，$R=k\cdot r$，当k取不同的值时，就可以得到不同的内摆线（图 18-42）.

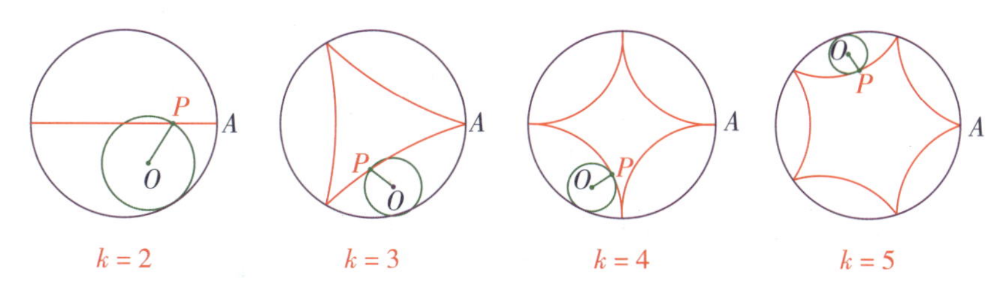

图 18-42

上面仅考虑了k取整数的情形，除了整数，k还可以取有理数、无理数.

3. 圆在圆外滚动

当一个圆在一个定圆外无滑动地滚动时，动圆上一固定点画出的曲线称为外摆线. 同样，对于$R=k\cdot r$，当k取不同的值（整数、有理数、无理数）时，就可以得到不同的外摆线（图 18-43）.

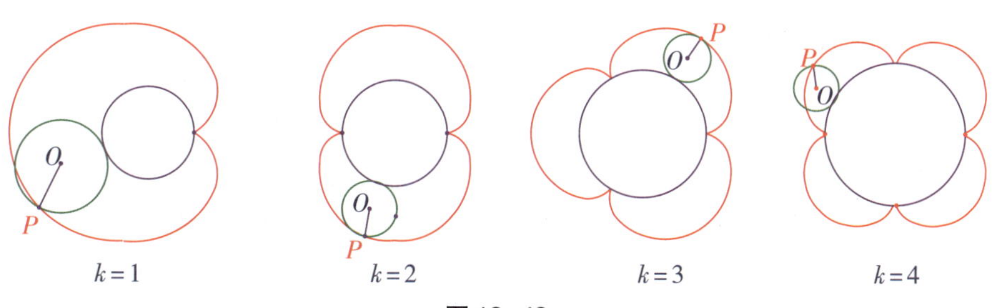

图 18-43

数学智力玩具“繁花曲线规”就是根据摆线原理设计的，图 18-44 所示是“繁花曲线规”所画的美丽图案.

图 18-44

摆线组合构成的图案如图18-45所示.

图 18-45

圆的内容极其丰富,第23章还会做更深入的讨论.

综合与实践

(1)有人收集了3个古怪的瓶子,它们的瓶口形状分别如图18-46(a)、(b)、(c)所示,现需要设计一个瓶塞,对3个瓶子都适用,请设计.

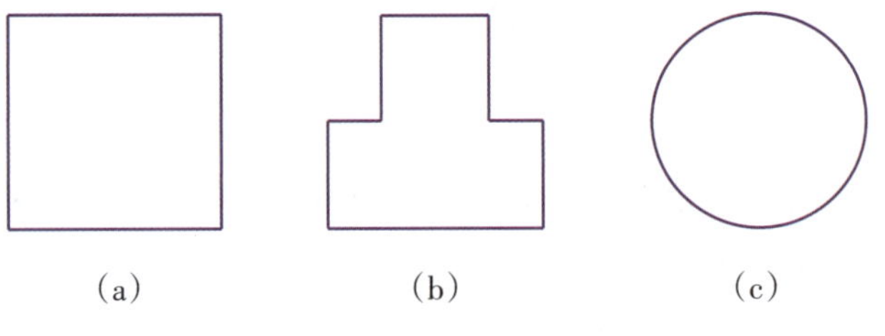

图 18-46

(2)如图18-47(a)所示,设P为正$\triangle ABC$内一点,由P分别向三边作垂线,垂足分别为D、E、F,则$\triangle ABC$被分成6个直角三角形,设这些直角三角形的内切圆半径依次为r_1、r_2、r_3、r_4、r_5、r_6,试证

$$r_1+r_3+r_5=r_2+r_4+r_6$$

(3)如图18-47(b)所示,设P为正$\triangle ABC$内一点,由P分别向三边作垂线PX、PY、PW,在$\triangle ABC$外部作$\odot O_1$,使其与直线AB、BC、PW都相切,类似地,作出其他5个圆,设这6个圆的半径依次为r_1、r_2、r_3、r_4、r_5、r_6,是否仍有$r_1+r_3+r_5=r_2+r_4+r_6$?

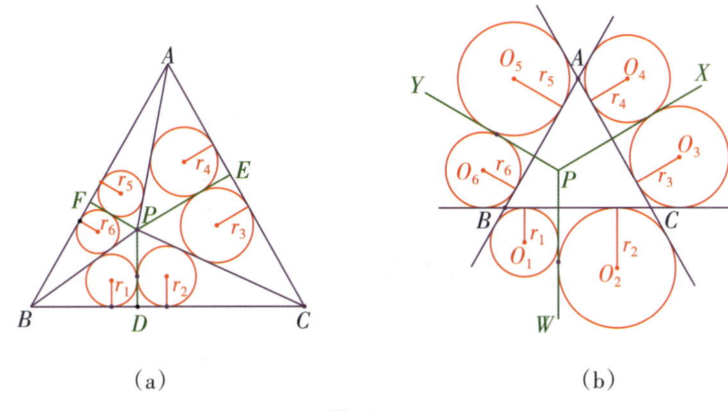

图 18-47

(4)图 18-48 所示是大小相等的 8 个圆,7 个绿色的圆两两相切,红色的圆绕着绿色的 7 个圆的边缘滚动一周,请问红色的圆自身转动了多少圈?请通过计算得出结论.

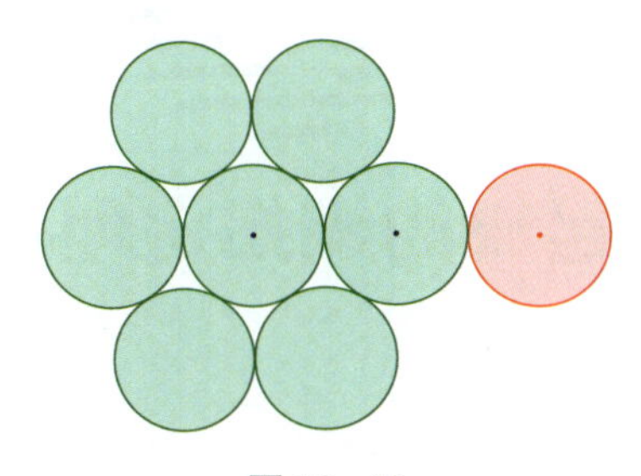

图 18-48

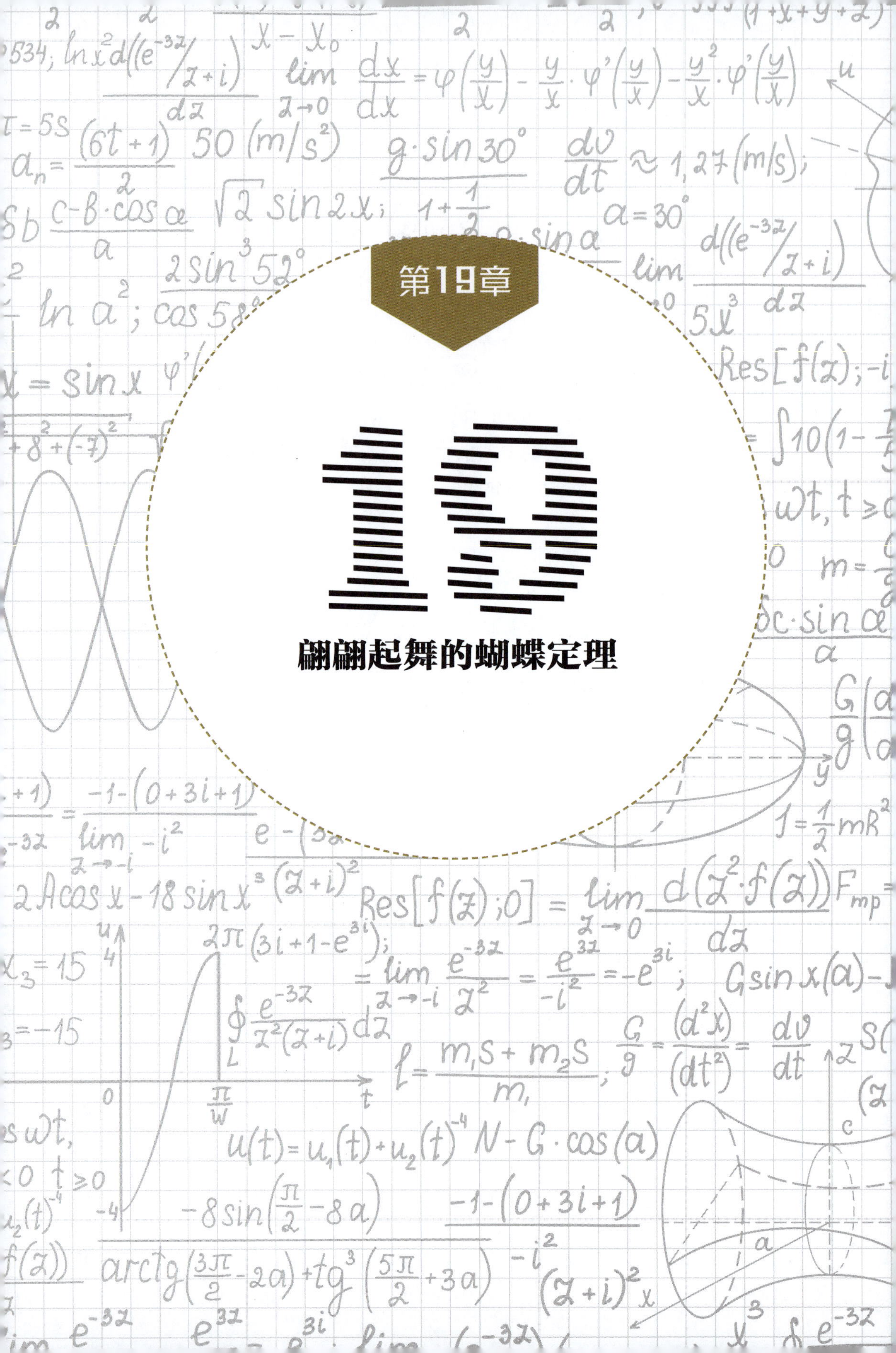

第19章

19

翩翩起舞的蝴蝶定理

由四条线段(其中两条相交)可以构成一个“蝶形”的两个共顶点的三角形(图19-1),它是一个基本图形,在一些复杂的图形中,如在三角形、四边形、圆中,时常会出现这个基本图形.它就像一只翩翩起舞的蝴蝶,栖止不定,变化多端.在一些特定的条件下,由这个基本图形(或构造这个基本图形)就可以得出一些美妙的结论,它们被称为蝴蝶定理.

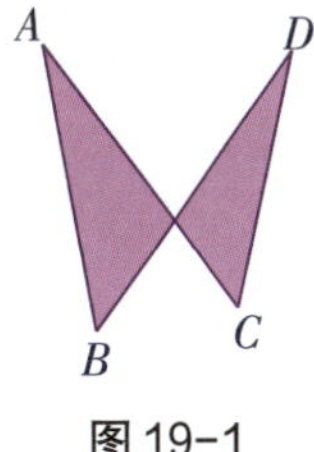

图19-1

一、梯形中的蝴蝶定理

定理19.1 如图19-2所示,已知梯形$ABCD$,$AD/\!/BC$,则两条对角线与两腰构成$\triangle ABM$和$\triangle DCM$,设它们的面积分别为S_1、S_2,则$S_1=S_2$.

证明 由等底等高,可知$S_{\triangle ABC}=S_{\triangle DBC}$,两边同时减去公共部分$\triangle MBC$,即得$S_1=S_2$.

定理19.2 如图19-3所示,已知梯形$ABCD$,$AD/\!/BC$,则两条对角线相交构成的四个三角形,面积分别为S_1、S_2、S_3、S_4,则$S_1\cdot S_2=S_3\cdot S_4$.

证明 根据等高的三角形的面积比等于底的比,有

$$\frac{S_1}{S_3}=\frac{S_4}{S_2}=\frac{BM}{MD}$$

即得$S_1\cdot S_2=S_3\cdot S_4$.

定理19.3 如图19-4所示,已知梯形$ABCD$,$AD/\!/BC$,过两条对角线交点M作$PQ/\!/BC$交AB于点P,交DC于点Q,则$PM=MQ$.

证明 因为$PQ/\!/BC$,所以$\frac{PM}{BC}=\frac{AP}{AB}$,$\frac{MQ}{BC}=\frac{DQ}{DC}$,$\frac{AP}{AB}=\frac{DQ}{DC}$.

所以有$\frac{PM}{BC}=\frac{MQ}{BC}$,$PM=MQ$.

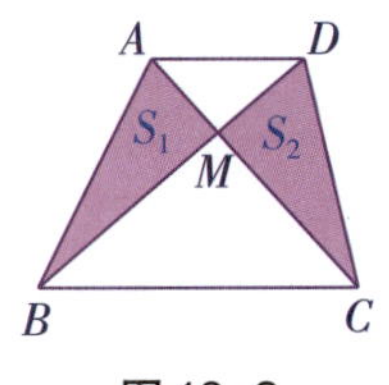

图19-2

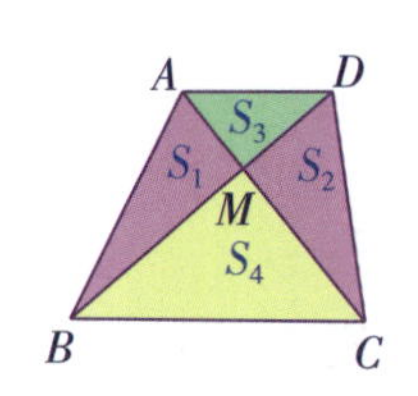

图19-3

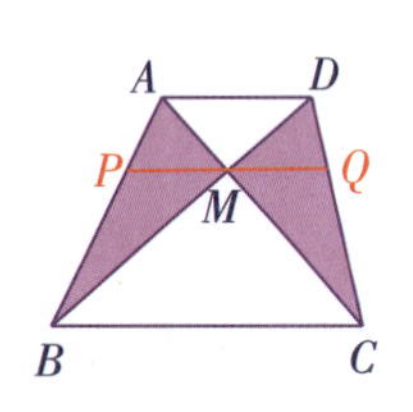

图19-4

二、角上的蝴蝶定理

定理 19.4 设A、B分别为$\angle S$两边上的两点，过线段AB的中点M，任作两条直线分别交$\angle S$的两边于C、D和E、F，连接CF、ED分别交AB(或延长线)于P、Q(图 19-5)，则$PM = MQ$.

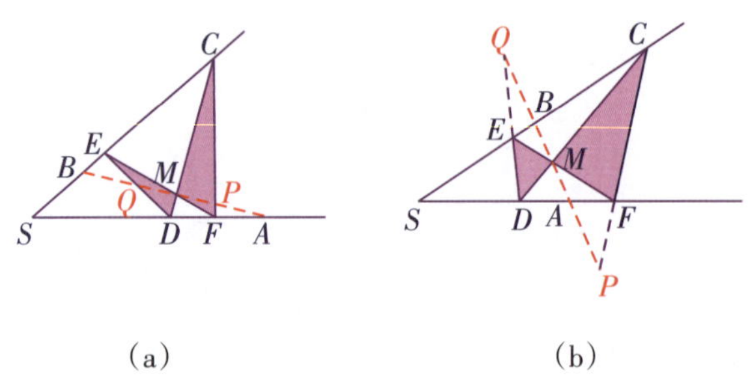

图 19-5

证明 如图 19-5(a)所示，分别将$\triangle MAD$、$\triangle MBC$、$\triangle SCD$、$\triangle SAB$看成梅氏三角形，直线CPF、DQE、EMF、EMF看成对应的梅氏直线，则有

$$\frac{MP}{PA}\cdot\frac{AF}{FD}\cdot\frac{DC}{CM}=1$$

$$\frac{MD}{DC}\cdot\frac{CE}{EB}\cdot\frac{BQ}{QM}=1$$

$$\frac{SE}{EC}\cdot\frac{CM}{MD}\cdot\frac{DF}{FS}=1$$

$$\frac{SF}{FA}\cdot\frac{AM}{MB}\cdot\frac{BE}{ES}=1$$

四式相乘，化简得

$$\frac{MP}{PA}\cdot\frac{AM}{MB}\cdot\frac{BQ}{QM}=1$$

由$AM = MB$，得

$$\frac{AP}{PM}=\frac{BQ}{QM}\Rightarrow\frac{AP+PM}{PM}=\frac{BQ+QM}{QM}\Rightarrow\frac{AM}{PM}=\frac{BM}{QM}\Rightarrow PM=QM$$

同理可证图 19-5(b)的情形.

三、筝形上的蝴蝶定理

筝形：如果在凸四边形$ABCD$中，$AB = BC$且$CD = AD$，则四边形$ABCD$为筝形. 其中AC叫作筝形的横架，BD叫作筝形的中线.

定理 19.5 如果四边形 $ABCD$ 是以 BD 为中线的筝形，过其对角线交点 M 作两直线分别与 AB、CD 交于 E、F，与 AD、BC 交于 G、H，连接 EG、HF 分别交 AC 于 P、Q，则 $MP = MQ$.

证明 如图 19-6 所示，设 $MA = MC = a$，$MP = x$，$MQ = y$，则有

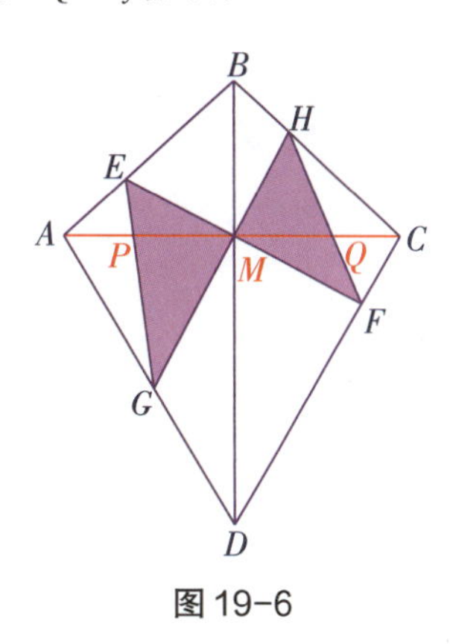

图 19-6

$$\begin{aligned}\frac{x}{a-x}\cdot\frac{a-y}{y} &= \frac{MP}{AP}\cdot\frac{CQ}{MQ} = \frac{S_{\triangle MEG}}{S_{\triangle AEG}}\cdot\frac{S_{\triangle CHF}}{S_{\triangle MHF}}\\ &= \frac{ME}{MF}\cdot\frac{MG}{MH}\cdot\frac{CH\cdot CF}{AE\cdot AG}\\ &= \frac{S_{\triangle AEC}}{S_{\triangle AFC}}\cdot\frac{S_{\triangle AGC}}{S_{\triangle AHC}}\cdot\frac{CH\cdot CF}{AE\cdot AG}\\ &= \frac{S_{\triangle AEC}}{S_{\triangle AHC}}\cdot\frac{S_{\triangle AGC}}{S_{\triangle AFC}}\cdot\frac{CH\cdot CF}{AE\cdot AG}\\ &= \frac{AE\cdot AC}{CH\cdot AC}\cdot\frac{AG\cdot AC}{CF\cdot AC}\cdot\frac{CH\cdot CF}{AE\cdot AG}\\ &= 1\end{aligned}$$

即有 $x(a-y) = y(a-x) \Rightarrow ax = ay \Rightarrow x = y$. 即 $MP = MQ$.

该定理曾作为 1990 年全国数学冬令营选拔赛试题.

四、一般四边形上的蝴蝶定理

定理 19.6 如果四边形 $ABCD$ 的对角线 AC、BD 交于 AC 的中点 M，过 M 作两直线分别与 AB、CD 交于 E、F，与 AD、BC 交于 G、H，连接 EG、HF 分别交 AC 于 P、Q，则 $MP = MQ$.

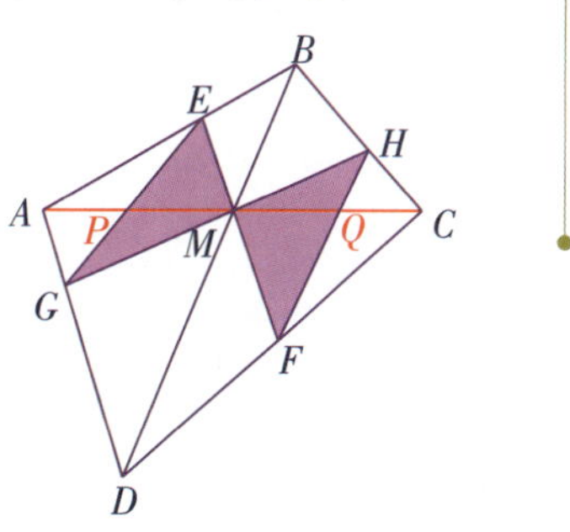

图 19-7

证明 如图 19-7 所示，设 $MA = MC = a$，$MP = x$，$MQ = y$，则有

$$\begin{aligned}\frac{x}{a-x}\cdot\frac{a-y}{y} &= \frac{MP}{AP}\cdot\frac{CQ}{MQ} = \frac{S_{\triangle MEG}}{S_{\triangle AEG}}\cdot\frac{S_{\triangle CHF}}{S_{\triangle MHF}}\\ &= \frac{S_{\triangle MEG}}{S_{\triangle MHF}}\cdot\frac{S_{\triangle CHF}}{S_{\triangle CBD}}\cdot\frac{S_{\triangle CBD}}{S_{\triangle ABD}}\cdot\frac{S_{\triangle ABD}}{S_{\triangle AEG}}\\ &= \frac{ME\cdot MG}{MH\cdot MF}\cdot\frac{CH\cdot CF}{AE\cdot AG}\cdot\frac{MC}{AM}\cdot\frac{AB\cdot AD}{AE\cdot AG}\\ &= \frac{ME}{MF}\cdot\frac{MG}{MH}\cdot\frac{CH}{CB}\cdot\frac{CF}{CD}\cdot\frac{AB}{AE}\cdot\frac{AD}{AG}\\ &= \frac{S_{\triangle ACE}}{S_{\triangle ACF}}\cdot\frac{S_{\triangle ACG}}{S_{\triangle ACH}}\cdot\frac{S_{\triangle ACH}}{S_{\triangle ACB}}\cdot\frac{S_{\triangle ACF}}{S_{\triangle ACD}}\cdot\frac{S_{\triangle ACB}}{S_{\triangle ACE}}\cdot\frac{S_{\triangle ACD}}{S_{\triangle ACG}} = 1\end{aligned}$$

即有$x(a-y)=y(a-x) \Rightarrow ax=ay \Rightarrow x=y$. 即$MP=MQ$.

定理 19.7 设M是四边形$ABCD$对角线的交点,过M作两直线分别与AB、CD交于E、F,与AD、BC交于G、H,连接EG、HF分别交AC于P、Q,则

$$\frac{MP}{AP} \cdot \frac{CQ}{MQ}=\frac{MC}{MA} \text{或} \frac{1}{MP}-\frac{1}{MQ}=\frac{1}{MA}-\frac{1}{MC}$$

证明 如图 19-8(a)所示,则有

$$\begin{aligned}
\frac{MP}{AP} \cdot \frac{CQ}{MQ} &= \frac{S_{\triangle MEG}}{S_{\triangle AEG}} \cdot \frac{S_{\triangle CHF}}{S_{\triangle MHF}} \\
&= \frac{S_{\triangle MEG}}{S_{\triangle MHF}} \cdot \frac{S_{\triangle CHF}}{S_{\triangle CBD}} \cdot \frac{S_{\triangle CBD}}{S_{\triangle ABD}} \cdot \frac{S_{\triangle ABD}}{S_{\triangle AEG}} \\
&= \frac{ME \cdot MG}{MH \cdot MF} \cdot \frac{CH \cdot CF}{AE \cdot AG} \cdot \frac{MC}{MA} \cdot \frac{AB \cdot AD}{AE \cdot AG} \\
&= \frac{ME}{MF} \cdot \frac{MG}{MH} \cdot \frac{CH}{CB} \cdot \frac{CF}{CD} \cdot \frac{AB}{AE} \cdot \frac{AD}{AG} \cdot \frac{MC}{MA} \\
&= \frac{S_{\triangle ACE}}{S_{\triangle ACF}} \cdot \frac{S_{\triangle ACG}}{S_{\triangle ACH}} \cdot \frac{S_{\triangle ACH}}{S_{\triangle ACB}} \cdot \frac{S_{\triangle ACF}}{S_{\triangle ACD}} \cdot \frac{S_{\triangle ACB}}{S_{\triangle ACE}} \cdot \frac{S_{\triangle ACD}}{S_{\triangle ACG}} \cdot \frac{MC}{MA} \\
&= \frac{MC}{MA}
\end{aligned}$$

需要指出的是,此结论对于凸四边形[图 19-8(a)]、凹四边形[图 19-8(b)]和折四边形[图 19-8(c)]都是成立的,其证明可一字不改地写出. 而且若$MA=MC$,则有$MP=MQ$.

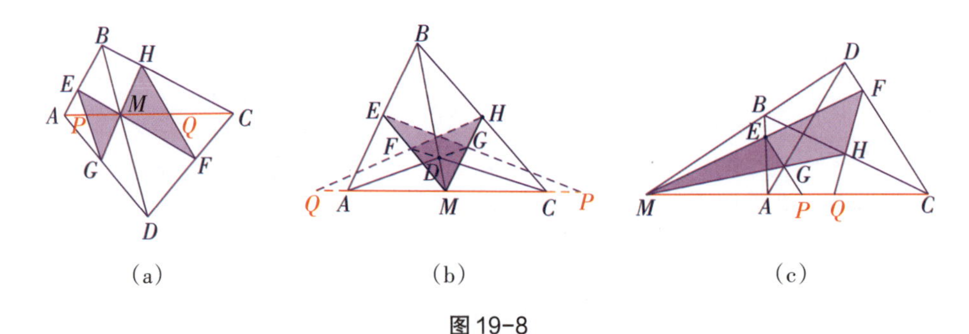

图 19-8

定理 19.8 设M是四边形$WXYZ$对角线的交点(图 19-9),AC过点M,交WX于点A,交YZ于点C,过M作直线分别与WZ、XY交于E、F,连接WF、EY分别交AC于P、Q,则

$$\frac{MP}{AP} \cdot \frac{CQ}{MQ}=\frac{MC}{MA} \text{或} \frac{1}{MP}-\frac{1}{MQ}=\frac{1}{MA}-\frac{1}{MC}$$

定理 19.9 设M是四边形$WXYZ$对角线的交点(图 19-10),AC过点M,交

WX 于点 A，交 YZ 于点 C，过 M 作两直线分别与 WZ、XY 交于 E、F 和 H、G，连接 EG、HF 分别交 AC 于 P、Q，则

$$\frac{MP}{AP}\cdot\frac{CQ}{MQ}=\frac{MC}{MA} \text{或} \frac{1}{MP}-\frac{1}{MQ}=\frac{1}{MA}-\frac{1}{MC}$$

定理 19.10 设 M 是四边形 $WXYZ$ 对角线的交点（图 19-11），AC 过点 M，交 WX 于点 A，交 YZ 于点 C，过 M 作直线与 WX、YZ 分别交于 E、F，过 M 作直线与 WZ、XY 分别交于 H、G，连接 EG、HF 分别交 AC 于 P、Q，则

$$\frac{MP}{AP}\cdot\frac{CQ}{MQ}=\frac{MC}{MA} \text{或} \frac{1}{MP}-\frac{1}{MQ}=\frac{1}{MA}-\frac{1}{MC}$$

显然，上述结论，当 $MA=MC$ 时，均有 $MP=MQ$.

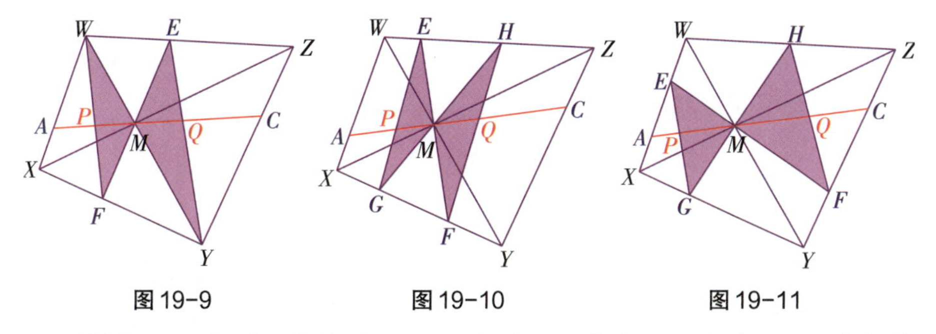

图 19-9　　图 19-10　　图 19-11

从图 19-12 中可以看到，定理 19.8、定理 19.9、定理 19.10 与定理 19.7 之间的关系，证明留给读者.

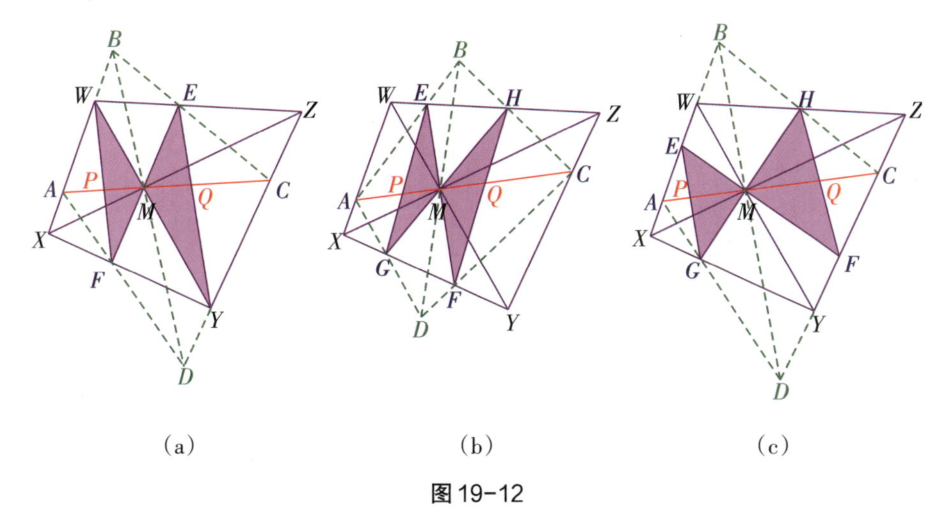

(a)　　(b)　　(c)

图 19-12

张景中院士说："四边形蝴蝶定理比圆内蝴蝶定理的内容更丰富，变化更多. 因为圆一定是凸的，但四边形还有凹的和星形的."

五、圆上的蝴蝶定理

定理 19.11 如图 19-13 所示，过圆的弦 AB 的中点 M 引任意两弦 CD 和 EF，连接 CF 和 ED 分别交 AB 于 P、Q，则 $PM = MQ$.

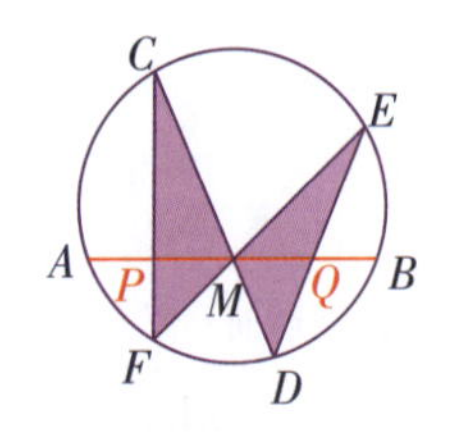

图 19-13

这一问题最先出现在 1815 年英国一本很知名的杂志《女士与绅士日记》的问题征解栏上. 第一个证明由一位叫霍纳的英国人于同一年给出，但十分烦琐. 由于它的美丽图形和所包含的深刻意义，引起了人们广泛的兴趣. 但在 1972 年以前，人们都把它看成一个著名的几何难题，因为在这之前，所给出的证明都比较复杂，或者并非初等. 难怪 1972 年艾维斯在他的《几何概观》中写道："如果限用高中几何知识的话，这的确是一个棘手的问题."

1973 年，一位叫斯特温的中学教师给出了一个漂亮的初等证明. 1983 年，中国科学技术大学的单墫博士给出了一个简洁的解析证明. 1964 年，美国第 24 届大学生数学竞赛曾以此定理作为竞赛题.

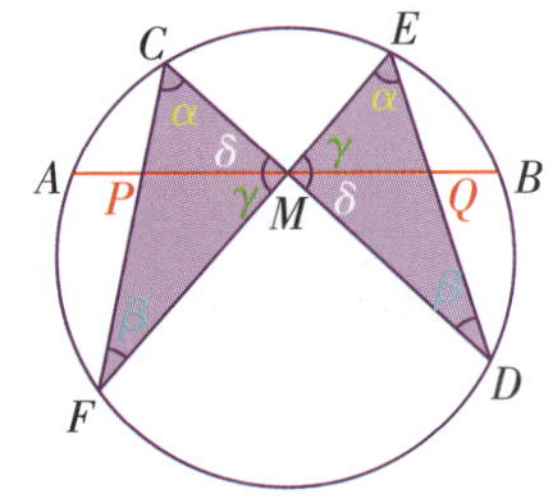

图 19-14

下面的证法 1 是斯特温给出的.

证法 1 （构造恒等式法）由图 19-14 可知，有四对相等的角 α、β、γ、δ，若设 $PM = x$，$MQ = y$，$AM = MB = a$，则有

$$\frac{S_{\triangle CMP}}{S_{\triangle QEM}} \cdot \frac{S_{\triangle QEM}}{S_{\triangle PFM}} \cdot \frac{S_{\triangle PFM}}{S_{\triangle QMD}} \cdot \frac{S_{\triangle QMD}}{S_{\triangle CMP}} = 1$$

即

$$\frac{CM \cdot CP\sin\alpha}{EM \cdot EQ\sin\alpha} \cdot \frac{EM \cdot MQ\sin\gamma}{FM \cdot PM\sin\gamma} \cdot \frac{FP \cdot FM\sin\beta}{DM \cdot DQ\sin\beta} \cdot \frac{MQ \cdot DM\sin\delta}{PM \cdot CM\sin\delta} = 1$$

化简得

$$CP \cdot FP \cdot MQ^2 = EQ \cdot DQ \cdot PM^2$$

由相交弦定理，可知

$$CP \cdot FP = AP \cdot PB = (a - x)(a + x) = a^2 - x^2$$

$$EQ \cdot DQ = AQ \cdot QB = (a + y)(a - y) = a^2 - y^2$$

所以有

$$(a^2 - x^2)y^2 = (a^2 - y^2)x^2 \Rightarrow x^2 = y^2$$

因为x、y都大于0，上式仅在$x=y$时成立，即是

$$PM=MQ$$

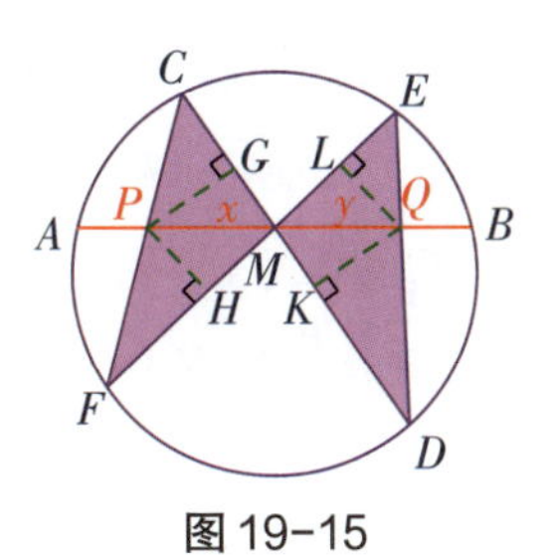

图 19-15

证法 2 （计算法）如图 19-15 所示，过点P作$PH\perp EF$，$PG\perp CD$，H、G为垂足，过点Q作$QK\perp CD$，$QL\perp EF$，K、L为垂足，其他同上所设.

则有

$$\frac{x}{y}=\frac{PG}{QK}=\frac{PH}{QL}$$

从而

$$\frac{x^2}{y^2}=\frac{PG\cdot PH}{QK\cdot QL}=\frac{PG}{QL}\cdot\frac{PH}{QK}$$

但

$$\frac{PG}{QL}=\frac{CP}{EQ},\frac{PH}{QK}=\frac{PF}{QD}$$

故有

$$\frac{x^2}{y^2}=\frac{CP\cdot PF}{EQ\cdot QD}=\frac{AP\cdot PB}{AQ\cdot QB}$$

$$=\frac{(a-x)(a+x)}{(a+y)(a-y)}=\frac{a^2-x^2}{a^2-y^2}$$

于是$x=y$，即$PM=QM$.

证法2是加拿大的考塞特教授给出的.

下面是一个漂亮的解析证法，它是单墫博士给出的.

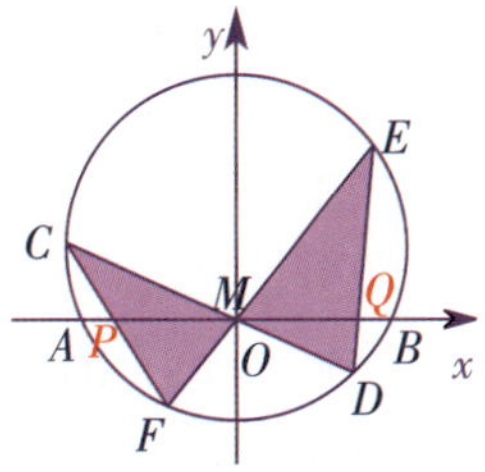

图 19-16

证法 3 （解析法）建立图 19-16 所示的坐标系，则圆的方程为

$$x^2+(y+m)^2=R^2$$

直线CD的方程为$y=k_1x$，直线EF的方程为$y=k_2x$.

由于圆和两相交直线组成的二次曲线系为

$$\mu[x^2+(y+m)^2-R^2]+\lambda(y-k_1x)(y-k_2x)=0$$

令$y=0$，知点P和点Q的横坐标满足二次方程

$$(\mu+\lambda k_1k_2)x^2+\mu(m^2-R^2)=0$$

由于一次项系数为0，所以两根x_1与x_2之和为0．即$x_1=-x_2$，所以$PM=QM$.

定理 19.12 过圆的弦AB的中点M任意引弦CD和EF，连接CE和DF分别交AB的延长线于Q、P，则$PM = QM$.

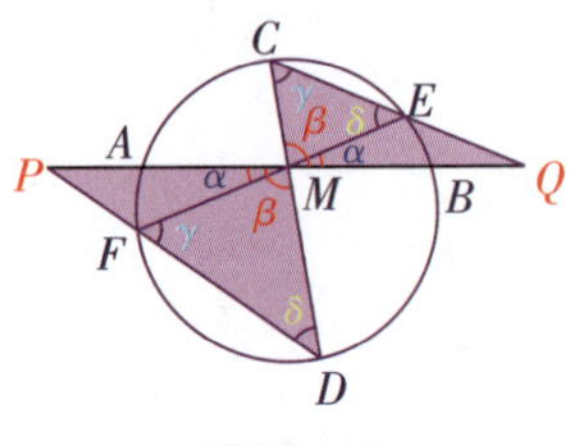

图 19-17

证明 如图 19-17 所示，有

$$\frac{S_{\triangle MEQ}}{S_{\triangle MFP}} \cdot \frac{S_{\triangle MFP}}{S_{\triangle MCQ}} \cdot \frac{S_{\triangle MCQ}}{S_{\triangle MDP}} \cdot \frac{S_{\triangle MDP}}{S_{\triangle MEQ}} = 1$$

即

$$\frac{ME \cdot MQ\sin\alpha}{MF \cdot MP\sin\alpha} \cdot \frac{MF \cdot PF\sin\gamma}{CM \cdot CQ\sin\gamma} \cdot \frac{MC \cdot MQ\sin\beta}{MP \cdot MD\sin\beta} \cdot \frac{DM \cdot DP\sin\delta}{EM \cdot EQ\sin\delta} = 1$$

化简得

$$MQ^2 \cdot PF \cdot DP = MP^2 \cdot CQ \cdot EQ$$

设$PM = x$, $MQ = y$, $AM = MB = a$，则由割线定理，有

$$PF \cdot PD = PA \cdot PB = x^2 - a^2$$

同理，$QC \cdot QE = y^2 - a^2$，得

$$y^2(x^2 - a^2) = x^2(y^2 - a^2)$$

因x、y均大于0，故有$x = y$，即$PM = QM$.

若将AB移到圆外，则有以下定理.

定理 19.13 AB为$\odot O$外一直线，$OM \perp AB$于M，过M任作两条割线CD、EF，CF与ED分别与AB交于P、Q，则$PM = QM$.

略证 如图 19-18 所示，作E关于OM的对称点E'，连接$E'M$、$E'P$、$E'C$，易证$\triangle QEM \cong \triangle PE'M$，从而得$PM = QM$.

对中点M进行推广，可得以下定理.

定理 19.14 如图 19-19 所示，设AB为$\odot O$内一条弦，过AB上一点M任作两弦CD、EF，设CF、ED分别交AB于P、Q，并设$AM = a$, $BM = b$, $PM = x$, $QM = y$，则

$$\frac{1}{a} - \frac{1}{b} = \frac{1}{x} - \frac{1}{y}$$

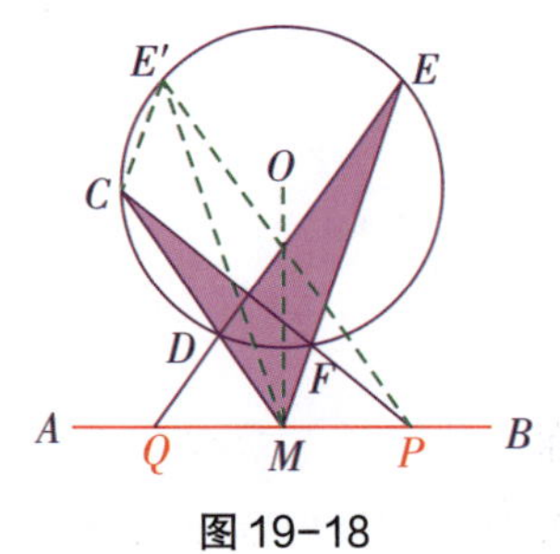

图 19-18

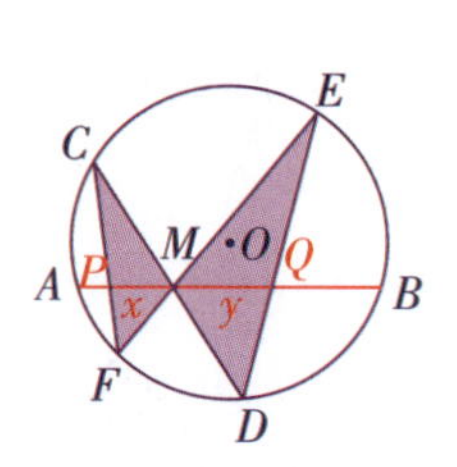

图 19-19

证明 由证法1中的等式有

$$CP \cdot FP \cdot MQ^2 = EQ \cdot DQ \cdot PM^2$$

从而有

$$(a-x)(b+x)y^2=(a+y)(b-y)x^2$$

展开化简得

$$\frac{1}{a}-\frac{1}{b}=\frac{1}{x}-\frac{1}{y}$$

显然，当M为AB的中点时，$a=b$，有$x=y$，即为蝴蝶定理. 此结论最先由美国的坎迪给出，故有书称其为坎迪定理.

将弦CD、EF的交点移至AB外，还有以下定理.

定理19.15 M为圆内弦AB的中点，过圆内一点G引两条弦CD和EF，分别交AB于H、K，使$HM=MK$，连接CF和ED，分别交AB于P、Q，那么$PM=MQ$.

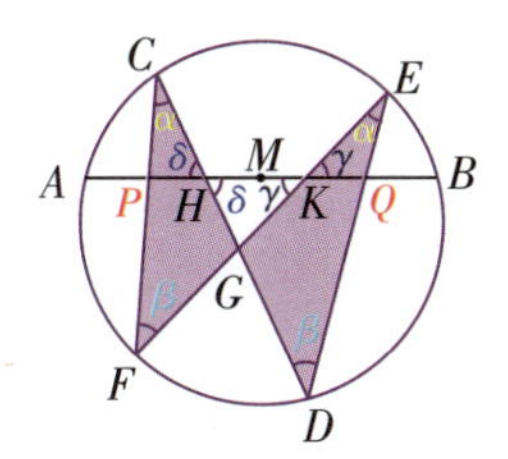

图19-20

证明 如图19-20所示，设$PM=x$，$MQ=y$，$AM=MB=a$，$HM=MK=b$，仿证法1有

$$\frac{CH\cdot CP\sin\alpha}{EK\cdot EQ\sin\alpha}\cdot\frac{EK\cdot KQ\sin\gamma}{PK\cdot KF\sin\gamma}\cdot\frac{FP\cdot FK\sin\beta}{DQ\cdot DH\sin\beta}\cdot\frac{HQ\cdot HD\sin\delta}{HC\cdot HP\sin\delta}=1$$

化简得$CP\cdot KQ\cdot FP\cdot HQ=EQ\cdot PK\cdot DQ\cdot HP$.

所以有$CP\cdot FP\cdot(y^2-b^2)=EQ\cdot DQ\cdot(x^2-b^2)$.

又

$$CP\cdot FP=(a-x)(a+x)=a^2-x^2$$

$$EQ\cdot DQ=(a+y)(a-y)=a^2-y^2$$

所以

$$(a^2-x^2)(y^2-b^2)=(a^2-y^2)(x^2-b^2)$$

展开化简得

$$y^2(a^2-b^2)=x^2(a^2-b^2)$$

因为$x>0$，$y>0$，$a^2-b^2\neq0$，故$x=y$，即有

$$PM=MQ$$

六、圆锥曲线上的蝴蝶定理

定理19.16 如图19-21所示，AB是椭圆上平行于长轴的一条弦，M是AB的中点，过M作椭圆的任意两弦CD和EF，连接CF和ED分别交AB于P、Q，则

$PM=MQ$.

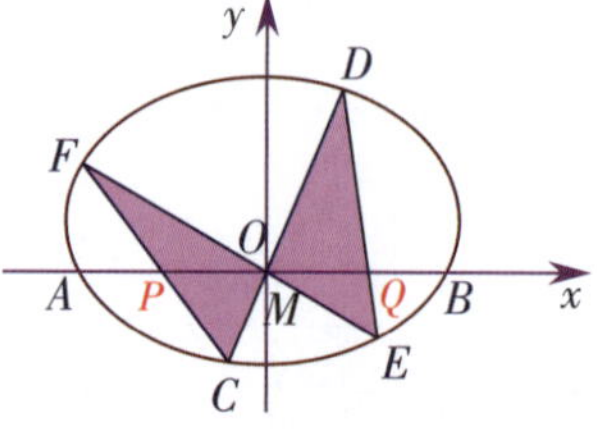

图 19-21

证明 建立图19-21所示的坐标系,设CD、EF的方程分别为$y=k_1x$、$y=k_2x(k_1\neq k_2)$,椭圆方程为$\dfrac{x^2}{a^2}+\dfrac{(y-m)^2}{b^2}=1(m<0)$. 点$C(x_1,y_1)$,$D(x_2,y_2)$,$E(x_3,y_3)$,$F(x_4,y_4)$,$P(s,0)$,$Q(t,0)$. 由点$C$、$P$、$F$共线,可得$\dfrac{x_1-s}{x_4-s}=\dfrac{k_1x_1}{k_4x_4}$,解得$s=\dfrac{x_1x_4(k_1-k_2)}{k_1x_1-k_2x_4}$. 同理,由$E$、$Q$、$D$共线,得$t=\dfrac{x_2x_3(k_1-k_2)}{k_1x_2-k_2x_3}$.

由联立方程$\begin{cases}y=k_1x\\ \dfrac{x^2}{a^2}+\dfrac{(y-m)^2}{b^2}=1\end{cases}$,得$(a^2k_1^2+b^2)x^2-2a^2k_1mx+a^2(m^2-b^2)=0$.

所以有$x_1+x_2=\dfrac{2a^2k_1m}{a^2k_1^2+b^2}$,$x_1x_2=\dfrac{a^2(m^2-b^2)}{a^2k_1^2+b^2}$. 同理,有

$$x_3+x_4=\frac{2a^2k_2m}{a^2k_2^2+b^2},x_3x_4=\frac{a^2(m^2-b^2)}{a^2k_2^2+b^2}$$

所以,由$\dfrac{k_1x_1x_2}{x_1+x_2}=\dfrac{k_2x_3x_4}{x_3+x_4}$,得$x_2x_3(k_1x_1-k_2x_4)=-x_1x_4(k_1x_2-k_2x_3)$,故$\dfrac{x_1x_4(k_1-k_2)}{k_1x_1-k_2x_4}+\dfrac{x_2x_3(k_1-k_2)}{k_1x_2-k_2x_3}=0$.

又$k_1\neq k_2$,所以$s+t=0$,即$MP=MQ$. 类似地,还有以下定理.

定理 19.17 如图19-22所示,M是抛物线的弦AB的中点,过M作抛物线的任意两弦CD和EF,连接ED和CF分别交AB于P、Q,则$PM=MQ$.

定理 19.18 如图19-23所示,AB是双曲线平行于x轴的一条弦,M是AB的中点,过点M作双曲线的任意两弦CD和EF,连接CE和FD分别交AB于P、Q,则$PM=MQ$.

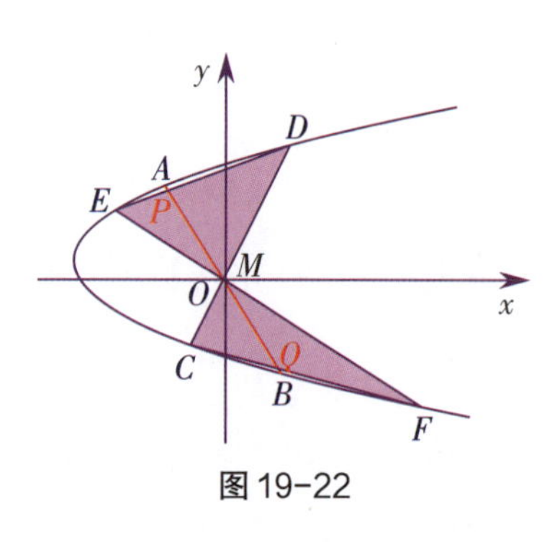

图 19-22

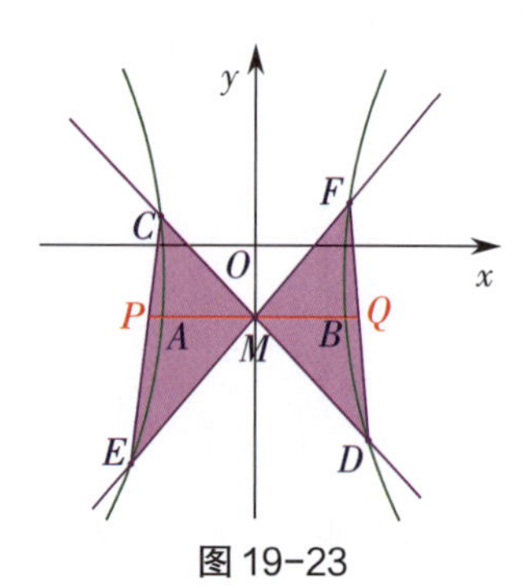

图 19-23

更一般地，有以下定理.

定理 19.19 设M为圆锥曲线Γ的弦AB上一点，过M任作两弦CD、EF、过C、F、D、E的任一圆锥曲线与AB交于P、Q，设$AM=a$，$BM=b$，$MP=p$，$MQ=q$，则

$$\frac{1}{a}-\frac{1}{b}=\frac{1}{p}-\frac{1}{q}$$

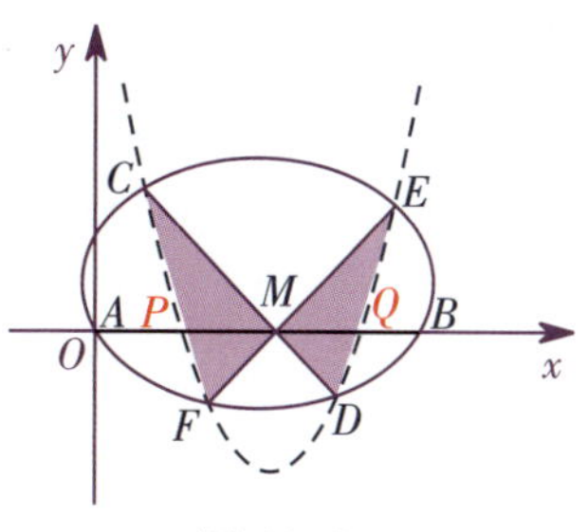

图 19-24

下面给出定理19.19的证明，定理19.17、定理19.18的证明可以对应写出，这里略去.

证明 建立图19-24所示的坐标系，则M、B的坐标分别为$(a,0)$、$(a+b,0)$；圆锥曲线Γ，直线CD、EF的方程分别为

$$\Gamma: x^2+cxy+dy^2-(a+b)x+ey=0$$

$$CD: y=k_1(x-a)$$

$$EF: y=k_2(x-a)$$

从而过点C、D、E、F的二次曲线束方程为

$$x^2+cxy+dy^2-(a+b)x+ey+\lambda(k_1x-y-k_1a)\cdot(k_2x-y-k_2a)=0$$

设P、Q两点的横坐标分别为x_1、x_2，则x_1、x_2应满足方程

$$x^2-(a+b)x+\lambda(k_1x-k_1a)(k_2x-k_2a)=0$$

即

$$(1+\lambda k_1k_2)x^2-(a+b+2\lambda ak_1k_2)x+k_1k_2a^2\lambda=0$$

因此

$$\begin{aligned}\frac{1}{p}-\frac{1}{q}&=\frac{1}{a-x_1}-\frac{1}{x_2-a}=\frac{1}{a-x_1}+\frac{1}{a-x_2}\\&=\frac{2a-(x_1+x_2)}{a^2-(x_1+x_2)a+x_1x_2}\\&=\frac{2a-\dfrac{a+b+2\lambda ak_1k_2}{1+\lambda k_1k_2}}{a^2-\dfrac{a+b+2\lambda ak_1k_2}{1+\lambda k_1k_2}a+\dfrac{k_1k_2a^2\lambda}{1+\lambda k_1k_2}}\\&=\frac{2a-(a+b)}{a^2-(a+b)a}=\frac{1}{a}-\frac{1}{b}\end{aligned}$$

特别地，当M为AB的中点时，有$MP=MQ$.

综合与实践

从圆上的蝴蝶定理我们看到，这只“蝴蝶”可以在定弦(AB)的中点(定理19.11)、非中点(定理19.14)，甚至弦外(定理19.15)、圆外(定理19.13)，而对四边形情形，我们只讨论了“蝴蝶”在对角线(或对边)交点的情形(定理19.6~定理19.10)．若“蝴蝶”不在对角线交点，如图19-25所示，点M在BD上(不在对角线交点O)，情况如何呢？请探讨．

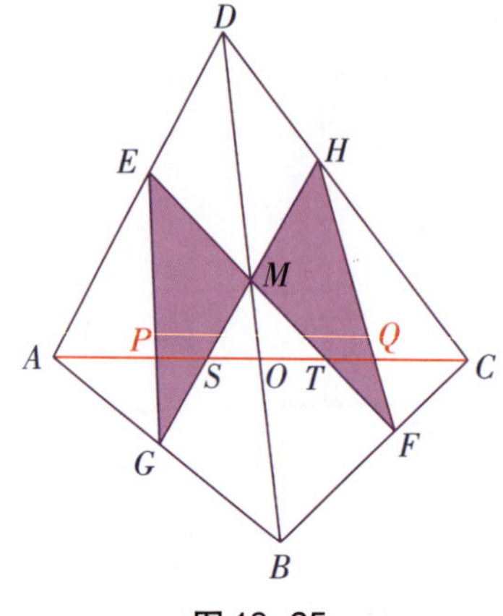

图19-25

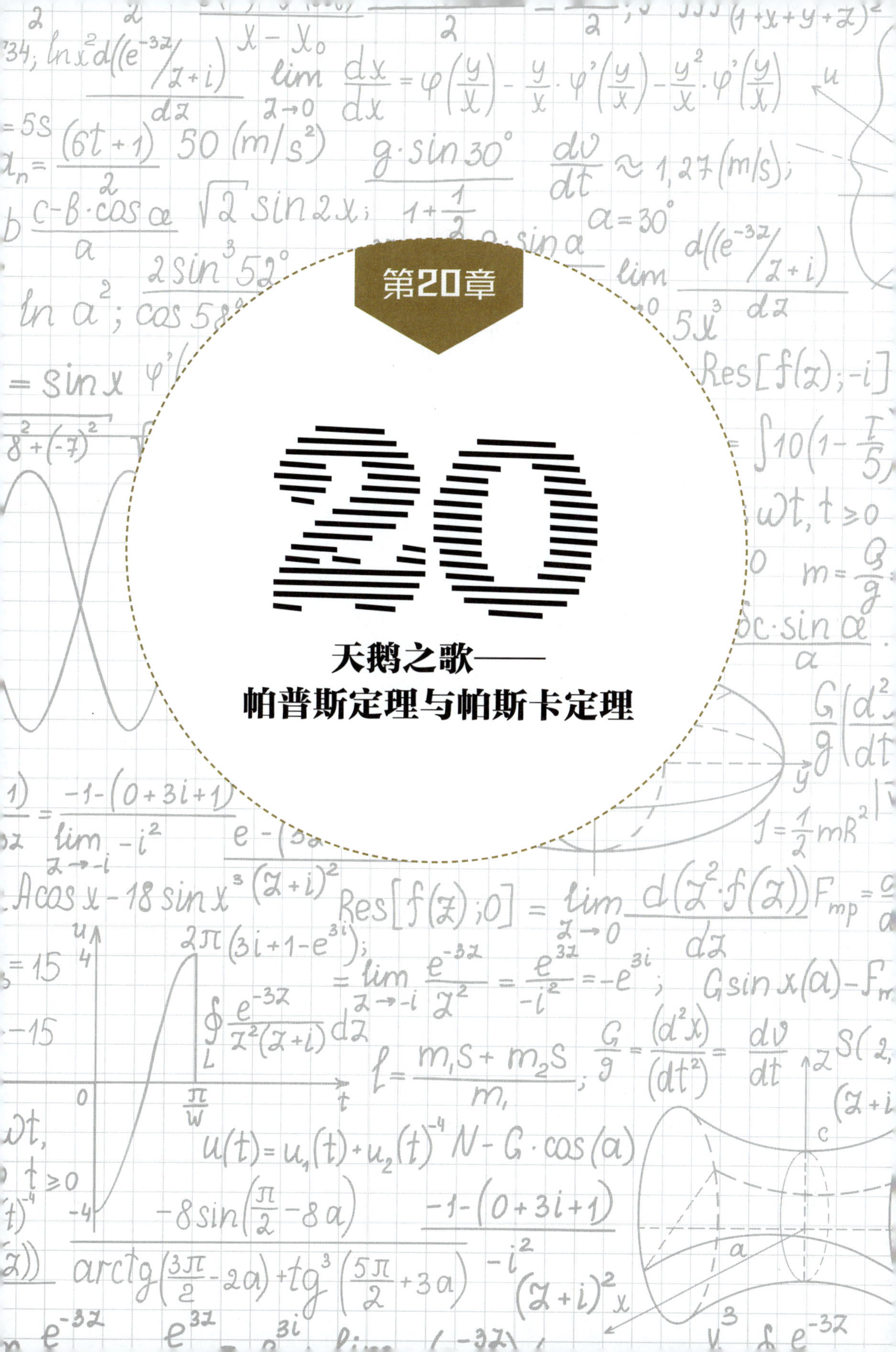

第20章

天鹅之歌——帕普斯定理与帕斯卡定理

传说天鹅临死前必鸣动听之歌，人们便以之比喻歌唱家之绝唱或作曲家之绝作.

帕普斯是古希腊亚历山大里亚学派的最后一位富有创造性的大几何学家，著有《数学汇编》八卷，其中第四卷提出了勾股定理的一个推广（见第8章）和皮匠刀形问题的推广（见第18章），第五卷还研究了有趣的“蜂巢问题”. 亚历山大后期，由于欧氏几何排斥其他科学方法，故步自封，逐渐失去了活力. 大约从公元一世纪起，古希腊几何开始衰落，是帕普斯掀起了高潮后的最后一朵浪花，古希腊几何宣告进入尾声，因此国外把《数学汇编》称为“天鹅之歌”. 帕普斯的“天鹅之歌”的金曲，就是以他名字命名的帕普斯定理，这一定理是他的《数学汇编》第七卷的命题139.

一、帕普斯定理

帕普斯定理 如图20-1所示，设A、C、E是一直线上三点，B、F、D是另一直线上三点，如果AB、CD、EF分别与DE、FA、BC相交，则三个交点P、M、N共线.

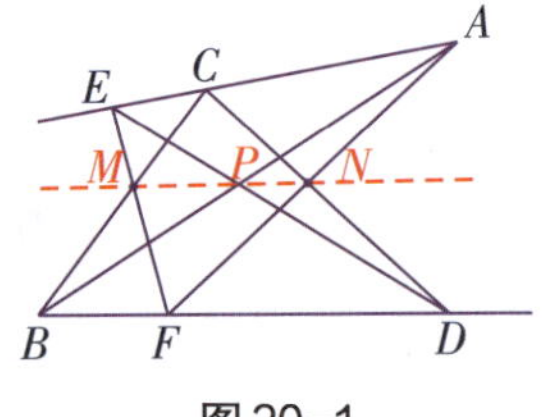

图20-1

帕普斯定理的重要意义不在于它拉上了古希腊几何的帷幕，而在于它发展出一门崭新的几何学——近代射影几何. 它的这一结论还引起牛顿和笛卡儿的兴趣. 马克思·德恩说，这个图形是“射影几何的第一个架构”，它“标志着几何学史上的一个事件”.

二、16岁天才少年发现的定理

在帕普斯定理出现的1300多年后，法国著名数学家帕斯卡在1639年给出了一个惊人的结论，这就是帕斯卡定理.

帕斯卡定理 圆锥曲线内接六边形$ABCDEF$（无须为凸六边形）相对的边AB和DE、BC和EF、CD和FA（或延长线）的交点P、M、N共线（图20-2）.

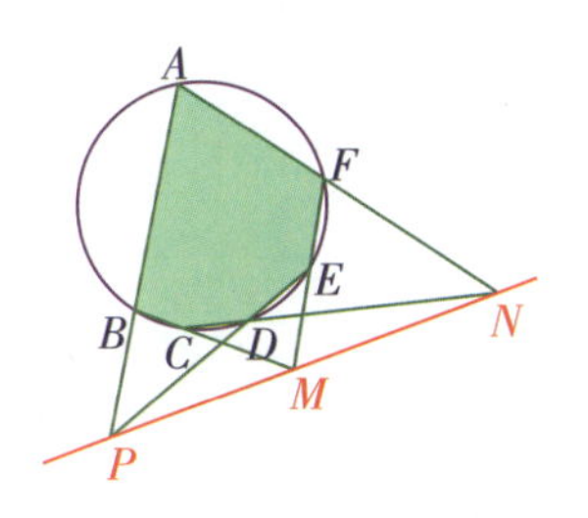

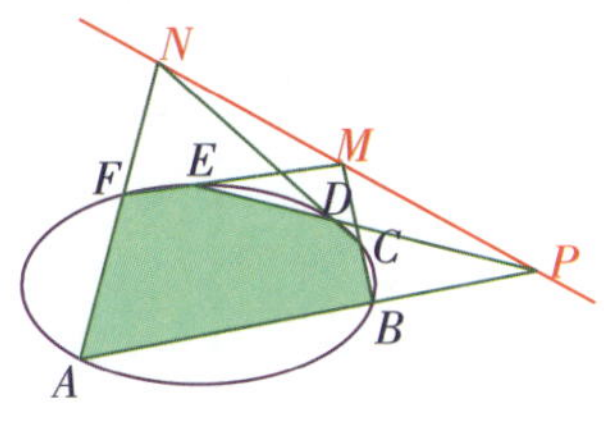

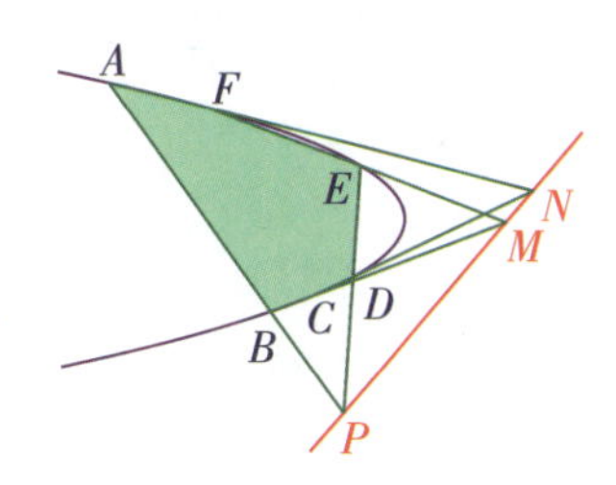

图 20-2

图 20-3

帕斯卡(图 20-3)生于法国,他不仅是一位天才的数学家,还是物理学家和哲学家,他的散文《思想录》和《致外省人信札》都是经典文学作品.上述定理载于这位天才学者 16 岁时的著作《圆锥曲线论》中,帕斯卡的传记作者断定,仅此一个定理,就足以使帕斯卡作为第一流的数学家和学者扬名于世.

帕斯卡在他的《论几何学精神》中写道:

研究真理有三个目的:第一,追求真理时,发现真理;第二,已知真理时,求得论证;第三,探讨真理时,辨伪识真.

帕斯卡虽然 39 岁就早逝,但他在数学和物理学方面为人类留下了丰富的精神遗产. 图 20-4 所示是为纪念这位天才的数学家而发行的纪念邮票和明信片.

图 20-4

帕斯卡也有一段尴尬趣事,据说他拒绝负数,他认为:“0 减去 4 是胡说八道.”他的密友阿尔诺德帮腔道:“(-1):1 = 1:(-1),即较小数:较大数 = 较大数:较小数,荒唐!”

三、证明与推广

1. 帕普斯定理的证明

如图20-5所示,设AB、CD交于W,AB、EF交于V,FE、DC的延长线交于U. 把梅氏定理用于$\triangle UVW$,因它有5条截线DE、AF、BC、AC、BF,故有

$$\frac{VP}{PW}\cdot\frac{WD}{DU}\cdot\frac{UE}{EV}=1$$

$$\frac{VA}{AW}\cdot\frac{WN}{NU}\cdot\frac{UF}{FV}=1$$

$$\frac{VB}{BW}\cdot\frac{WC}{CU}\cdot\frac{UM}{MV}=1$$

$$\frac{VA}{AW}\cdot\frac{WC}{CU}\cdot\frac{UE}{EV}=1$$

$$\frac{VB}{BW}\cdot\frac{WD}{DU}\cdot\frac{UF}{FV}=1$$

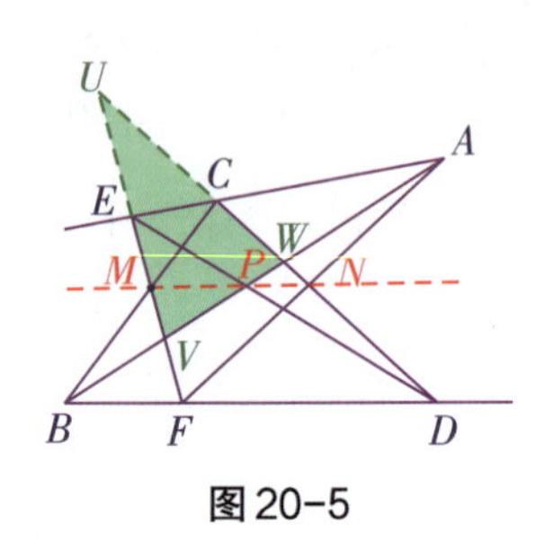

图20-5

把前三式相乘再除以后两式的乘积,化简得

$$\frac{VP}{PW}\cdot\frac{WN}{NU}\cdot\frac{UM}{MV}=1$$

故P、M、N共线.

2. 帕斯卡定理的证明

1639年,帕斯卡16岁写成的关于圆锥曲线的著作,莱布尼茨见到过,但不幸失传. 1640年,帕斯卡发表的论文《略论圆锥曲线》中又提出了帕斯卡定理. 有人说,它是自古希腊阿波罗尼斯以来关于圆锥曲线最重要的成果.

帕斯卡的证明思路是:先证明圆内接六边形命题成立,然后再推广到其他圆锥曲线.

对于圆内接六边形的情形,下面是一个用到梅氏定理的证明.

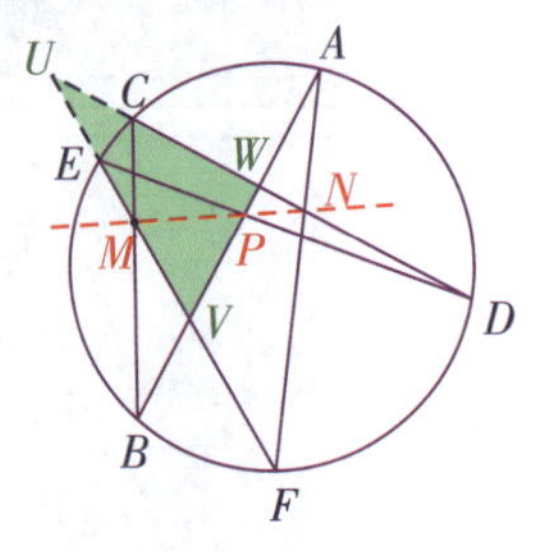

图20-6

证明 如图20-6所示,因为直线DE、AF、BC分别截$\triangle UVW$,由梅氏定理,有

$$\frac{VP}{PW}\cdot\frac{WD}{DU}\cdot\frac{UE}{EV}=1$$
$$\frac{VA}{AW}\cdot\frac{WN}{NU}\cdot\frac{UF}{FV}=1$$
$$\frac{VB}{BW}\cdot\frac{WC}{CU}\cdot\frac{UM}{MV}=1$$

将以上三式相乘，再由圆幂定理，有

$$\frac{WD}{DU}\cdot\frac{UE}{EV}\cdot\frac{VA}{AW}\cdot\frac{UF}{FV}\cdot\frac{VB}{BW}\cdot\frac{WC}{CU}=\frac{UE\cdot UF}{UC\cdot UD}\cdot\frac{VA\cdot VB}{EV\cdot FV}\cdot\frac{WC\cdot WD}{AW\cdot BW}=1$$

所以

$$\frac{VP}{PW}\cdot\frac{WN}{NU}\cdot\frac{UM}{MV}=1$$

故P、M、N共线.

点P、M、N所在的直线通常称为帕斯卡线，由于圆上6个已知点，通过改变次序可以组成$\frac{6!}{12}=60$个六角形（不一定是凸六角形），这60个六角形决定60条帕斯卡线，它们形成一个十分有趣的构图.

如图20-7(a)所示，当用不同的平面截圆锥，分别可以得到圆、椭圆、抛物线和双曲线. 如图20-7(b)所示，设底面圆内接六边形各顶点为斜面上圆锥曲线上相应各点的映射；底面上汇交于一点的直线，为截面上相应的汇交于一点的直线的映射. 这样，就把对圆成立的定理拓展到对一般圆锥曲线也成立.

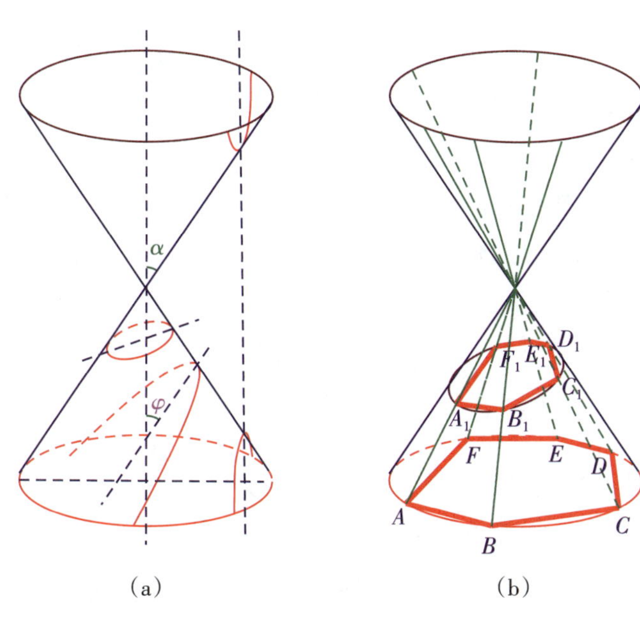

图20-7

3. 特例与拓展

首先我们考虑定理的特殊情况．当圆内接六边形的某两个相邻顶点重合时，则过这两个点的边变为切线，六边形变为五边形，这时有以下定理．

定理 20.1 内接于圆的五边形某个顶点的切线与该顶点对边的交点在其余两对不相邻边交点的连线上(图 20-8)．

当有两对相邻顶点重合时，六边形退化为四边形，这时有以下定理．

定理 20.2 圆内接四边形两对对边的交点及相对顶点切线的交点三点共线(图 20-9)．

当有三对相邻顶点重合时，六边形退化为三角形，这时有以下定理．

定理 20.3 作圆内接三角形三顶点的切线分别与对边相交，则三交点共线(图 20-10)．

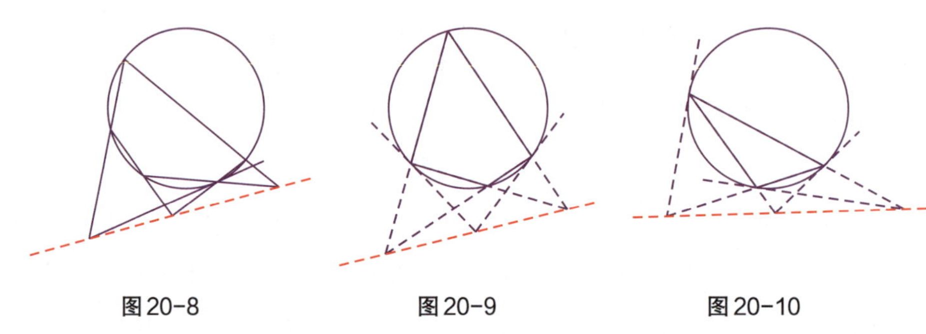

图 20-8　　图 20-9　　图 20-10

布赖肯里奇和麦克劳林还独自证明了帕斯卡定理的逆命题也成立，即有以下定理．

定理 20.4 若一六边形的三对对边的三个交点共线，则六边形的六个顶点在同一圆锥曲线上．

与帕斯卡定理对偶的是布里昂雄定理．

定理 20.5(布里昂雄定理) 如果一个六边形外切于圆，则六边形对应顶点的三条连线相交于一点(图 20-11)．

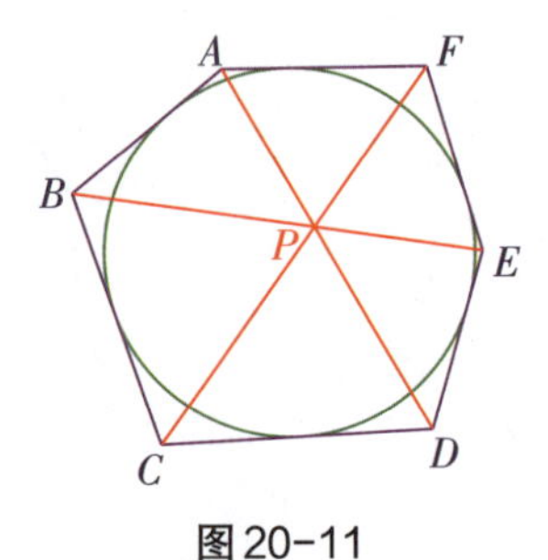

图 20-11

同样，此定理不限于圆，对任何圆锥曲线都适用．

四、帕斯卡三角形

1653年，帕斯卡在《论算术三角形》一书中对“帕斯卡三角形”(图20-12，我国称之为“杨辉三角”或“贾宪三角”)做了深入探讨. 这个简单的数字排列竟与代数、数论、概率、组合数学有着神奇的联系，由它可以发现太多的衍生关系及组合模式.

这里我们看它另一个神奇的地方. 在图20-12中，如果我们将奇数的正方形涂成红色，偶数的正方形涂成白色，图20-13所示是涂到第32行时的结果.

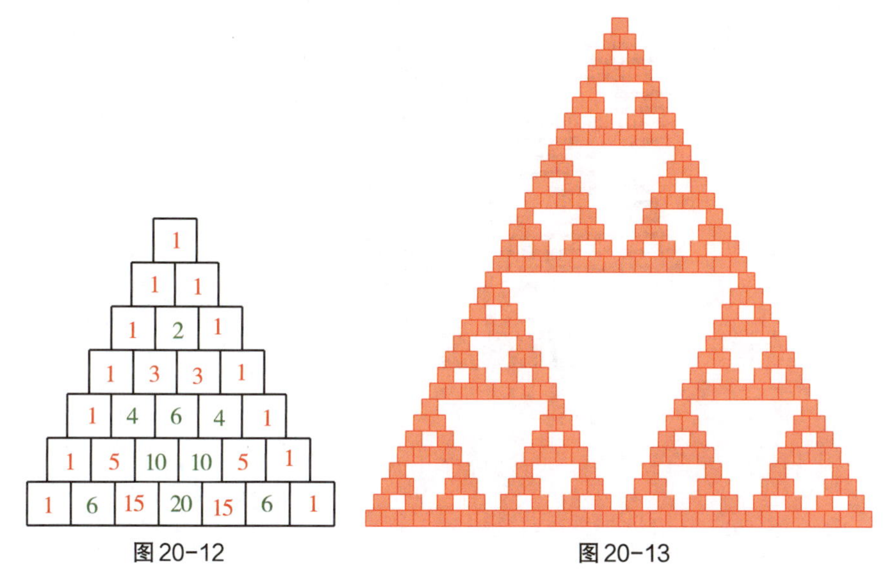

图20-12　　图20-13

这不正是谢尔宾斯基三角形(参见第24章)吗?! 是不是很神奇!

综合与实践

(1)仿照本章内容，写出布里昂雄定理(定理20.5)的各种特例.

(2)通过查阅资料，写一篇介绍谢尔宾斯基三角形的文章.

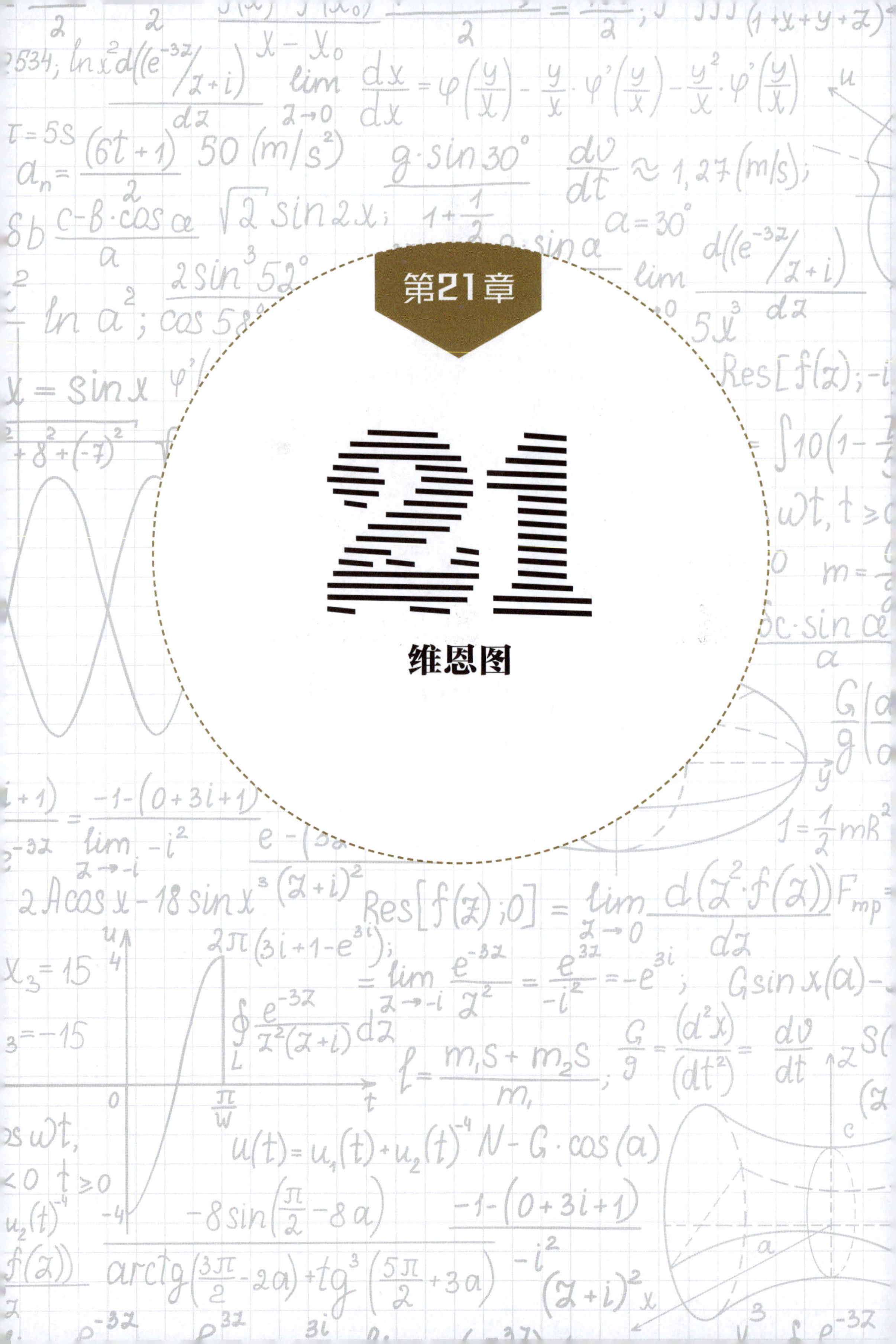

第21章

21

维恩图

约翰·维恩是19世纪英国的逻辑学家(图21–1),1880年他在《论命题和推理的图表化和机械化表现》(*On the Diagrammatic and Mechanical Representation of Propositions and Reasonings*)一文中首次采用固定位置的交叉环形式再加上阴影来表示逻辑问题,这一表示方法不仅让许多复杂的逻辑问题变得直观清晰,而且还被应用于数学学科中,尤其是被应用于集合的图形表示中. 20世纪中叶,维恩图(也称为文氏图)被引入中学课堂,从而为大众所熟知. 图21–2所示是剑桥大学冈维尔与凯斯学院礼堂里的维恩图,表示的是三个集合,它是麦克拉弗蒂的作品,下层窗户图案用于纪念统计学家费希尔.

图21–1

图21–2

一、集合之间的关系

我们知道鲤鱼是一种鱼,用集合的语言可以说鲤鱼所构成的集合是鱼这个集合的子集;如果用维恩图来表示,可以用小圆表示鲤鱼的集合,用大圆表示鱼的集合,小圆在大圆中表示每条鲤鱼都是鱼. 这就是鲤鱼和鱼这两个集合之间的包含关系,如图21–3所示.

如果我们将偶数集合和素数集合分别用两个圆表示,那么这两个圆会有重叠的部分,其中的数是2,因为2既是偶数,又是素数,如图21–4所示.

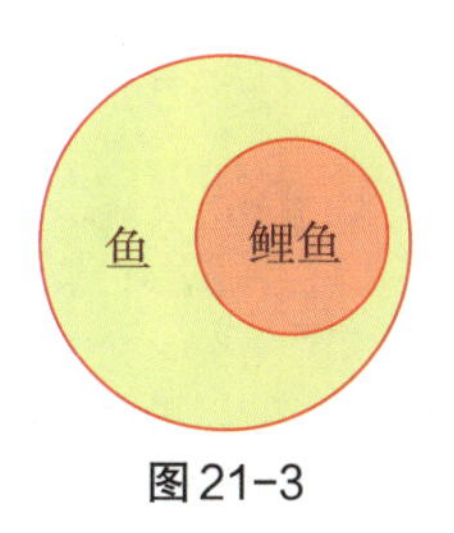

图21–3

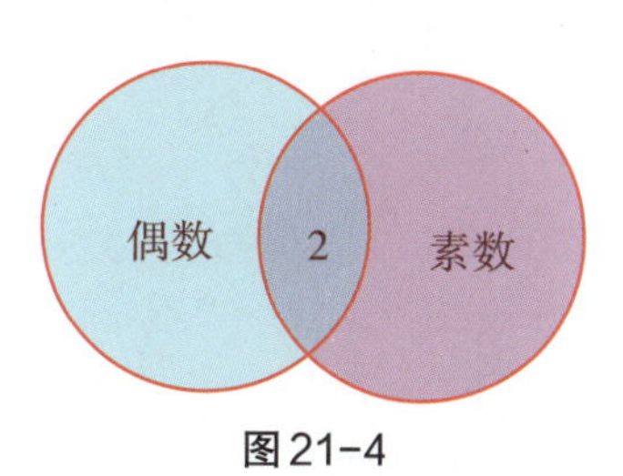

图21–4

二、集合的运算与运算律

用维恩图可以非常直观地表示集合的并集、交集、补集、差集.

定义 21.1 由所有属于集合 A 或属于集合 B 的元素构成的集合，称为集合 A 与集合 B 的并集，记为 $A\cup B$（图 21–5）.

定义 21.2 由既属于集合 A 又属于集合 B 的元素构成的集合，称为集合 A 与集合 B 的交集，记为 $A\cap B$（图 21–6）.

定义 21.3 设 I 是全集，A 是 I 的子集，那么由 I 中所有不在 A 中的元素构成的集合称为 A 在全集 I 中的补集，记为 $\overline{A}$（图 21–7）.

定义 21.4 将属于集合 A 但不属于集合 B 的所有元素构成的集合称为集合 A 与集合 B 的差集，记为 $A\backslash B$（图 21–8）.

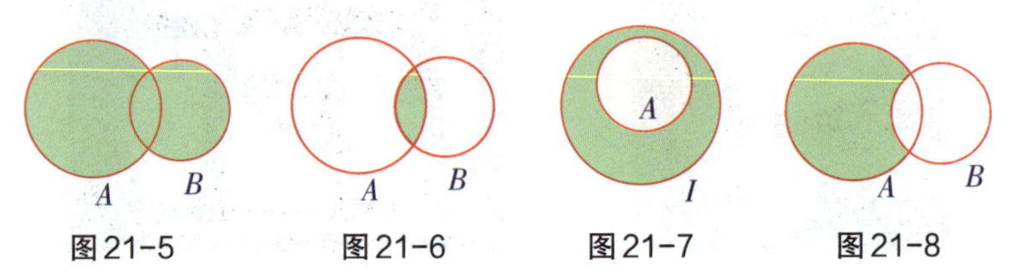

图 21–5　图 21–6　图 21–7　图 21–8

集合的运算满足许多运算律，例如，交换律、结合律、幂等律、补余律，这些运算律可以用维恩图来验证. 例如，集合的交运算和并运算满足分配律.

分配律 1　$A\cap(B\cup C)=(A\cap B)\cup(A\cap C)$.

分配律 2　$A\cup(B\cap C)=(A\cup B)\cap(A\cup C)$.

我们要说明上述两个等式，可以先画出 3 个集合的维恩图，标出式子两端集合所代表的区域，根据交、并运算定义，其中：

$A\cap(B\cup C)$、$(A\cap B)\cup(A\cap C)$ 都代表图 21–9 中的绿色部分，所以分配律 1 成立；

$A\cup(B\cap C)$、$(A\cup B)\cap(A\cup C)$ 都代表图 21–10 中的绿色部分，所以分配律 2 成立.

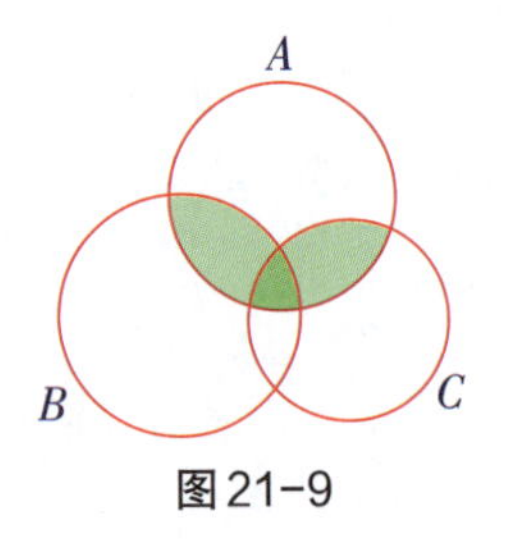

图 21–9

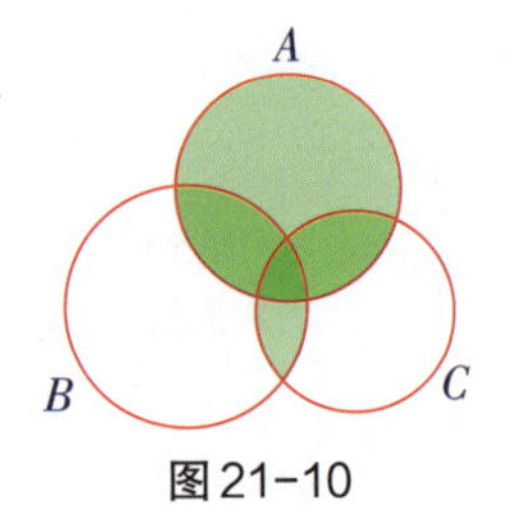

图 21–10

三、容斥原理

我们用$|A|$表示集合A的元素个数,则有容斥原理:

$|A\cup B|=|A|+|B|-|A\cap B|$;

$|A\cup B\cup C|=|A|+|B|+|C|-|A\cap B|-|B\cap C|-|C\cap A|+|A\cap B\cap C|$.

可以利用维恩图来证明容斥原理,我们以3个集合为例(图21-11).

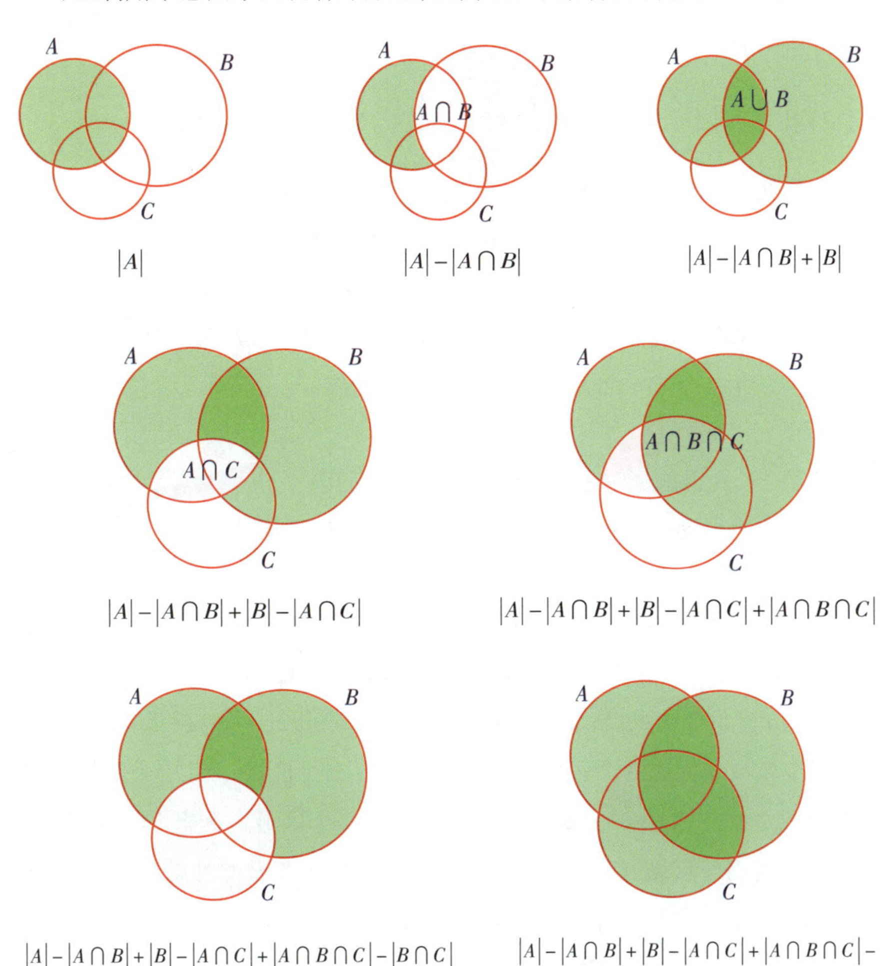

图21-11

例21.1 在1到2025这些正整数中,不是2、3、5这3个数的倍数的数有多少个?

我们假设集合A、B、C分别表示1到2025中2的倍数、3的倍数、5的倍数构成的集合,那么可知$|A|=1012$,$|B|=675$,$|C|=405$. $A\cap B$表示其中6的倍数,

$B \cap C$ 表示其中15的倍数，$C \cap A$ 表示其中10的倍数，那么 $|A \cap B| = 337$，$|B \cap C| = 135$，$|C \cap A| = 202$. $A \cap B \cap C$ 表示其中30的倍数，那么 $|A \cap B \cap C| = 67$.

那么，2、3、5这3个数中某个数的倍数的数构成的集合是 $A \cup B \cup C$，

$$\begin{aligned}|A \cup B \cup C| &= |A| + |B| + |C| - |A \cap B| - |B \cap C| - |C \cap A| + |A \cap B \cap C| \\ &= 1012 + 675 + 405 - 337 - 135 - 202 + 67 = 1485\end{aligned}$$

不是2、3、5这3个数的倍数的数有 $2025 - 1485 = 540$（个）.

四、四个集合的维恩图

我们知道，$n(n \leqslant 3)$ 个集合的维恩图都可以用圆来表示.

问题1　图21-12中的4个圆能否表示4个集合的维恩图？

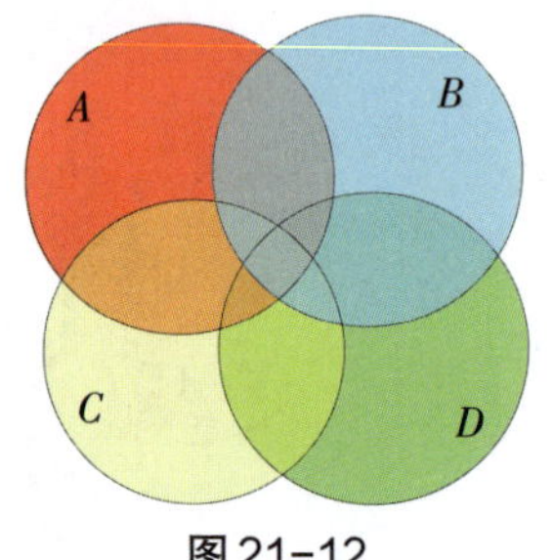

图21-12

这里属于 A、D 但不属于 B、C 的元素构成的集合和属于 B、C 但不属于 A、D 的元素构成的集合都没有表示，所以图21-12无法表示4个集合的维恩图.

问题2　是否能通过移动圆的位置并改变其中圆的大小来得到4个集合的维恩图呢？

可以证明这也是做不到的. 4个集合的维恩图要将平面划分成 $2^4 = 16$ 个区域. 而 n 个圆最多将平面划分成 $n^2 - n + 2$ 个区域，这是因为一个圆可以将平面分成两个区域，每增加一个圆最多与前 $n - 1$ 个圆有 $2(n - 1)$ 个交点，新加入的圆被这些交点分成 $2(n - 1)$ 段弧，每段弧将原来的一个区域划分成两个区域，共增加了 $2(n - 1)$ 个区域，所以 n 个圆最多将平面划分成 $2 + 2 + 4 + \cdots + 2(n - 1) = n^2 - n + 2$ 个区域. 因此，4个圆最多将平面划分成14个区域，所以不可能用4个圆表示4个集合的维恩图.

这里不能表示的原因是圆划分区域是二次函数，而维恩图需要的区域数为指数函数，所以当 n 比较大时，圆无法表示 n 个集合的维恩图. 但如果将圆改为椭圆，那么4个椭圆可以表示4个集合的维恩图（图21-13），并且也可以用椭圆来表示5个集合的维恩图（图21-14），这个图形是维恩图研究的开拓者格林鲍姆在1975年时绘出的.

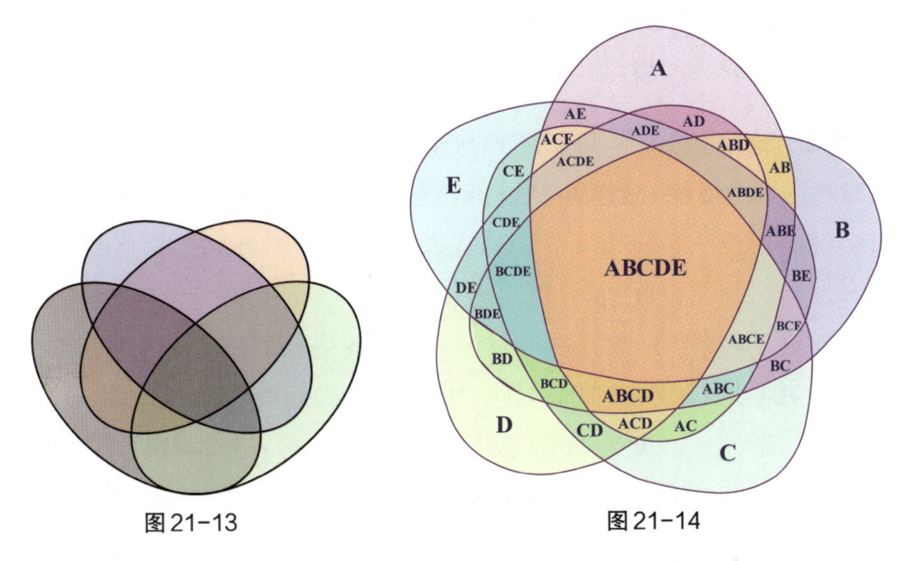

图21-13　　　　图21-14

圆不可行但椭圆可行的原因就在于两个椭圆最多可以有4个交点，故可以划分的区域更多，但是同样由于增长速度的问题，对于$n \geqslant 6$的情形，椭圆也不可行，这时就需要更加不“对称”的图形，图21-15和图21-16所示分别是6个集合和7个集合的维恩图.

图21-15

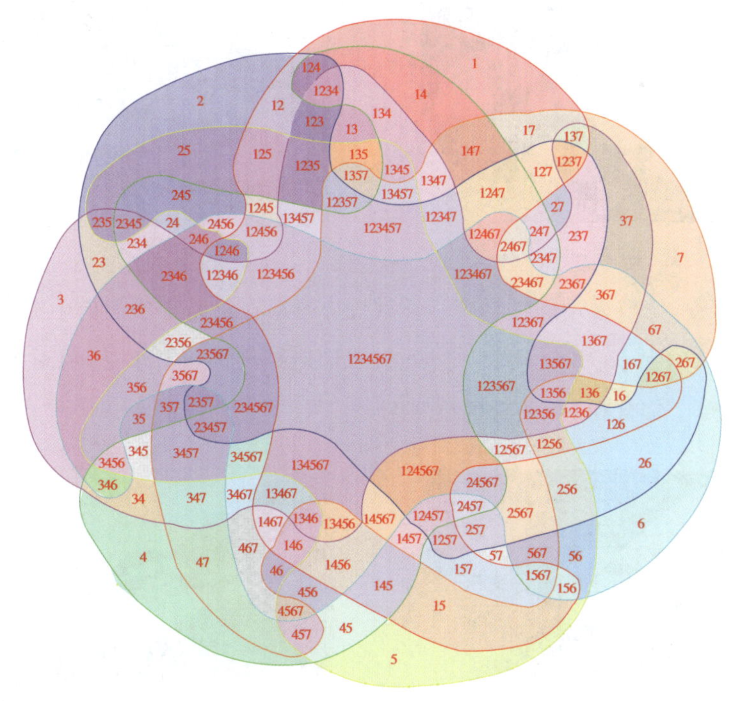

图21-16

五、丰富多彩的维恩图

前面讨论的维恩图中，每个集合的形状都是相同的，它们也可以有不同的姿态，爱德华-维恩图就是这样的图形．我们先用长方形表示全集，然后将它分成上下两个相同的长方形表示第1个集合和它的补集；再将它分成左右两个相同的长方形，表示第2个集合和它的补集；接着用中心处的圆表示第3个集合，这样便得到了3个集合的爱德华-维恩图．然后在圆上添加一条曲线表示新的集合，这条曲线的某些部分在圆外，某些部分在圆内，呈哑铃状，这样我们就得到了4个集合的爱德华-维恩图．以此类推，我们可以得到更多集合的爱德华-维恩图，这些曲线因为像齿轮的形状，所以被称为“心灵的嵌齿轮”（图21-17~图21-20）．

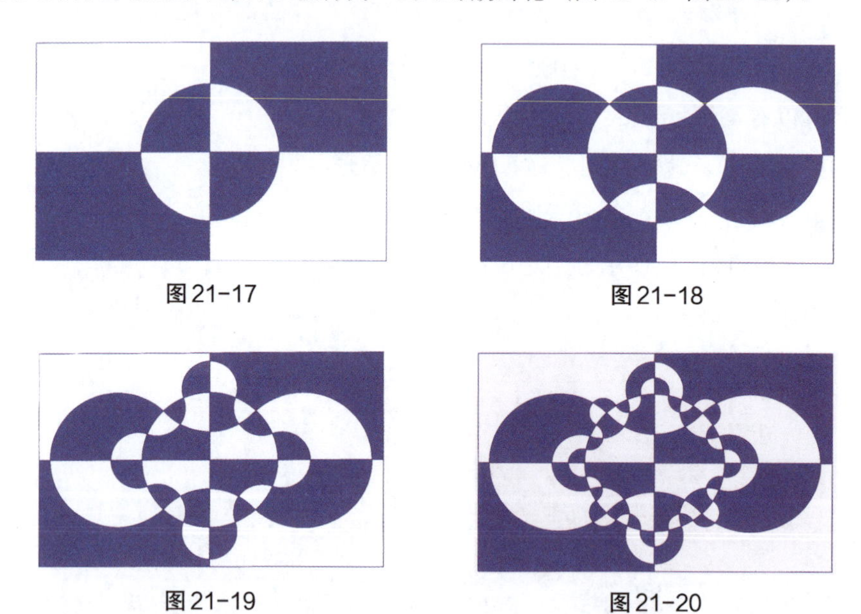

图21-17　　图21-18

图21-19　　图21-20

1988年，伦敦大学的生物统计学教授史密斯在给爱德华的信中提到，可以用余弦函数$y=\cos(2^{n-2}x)/2^{n-2}(n\geqslant 2)$来构造维恩图，图21-21和图21-22所示分别是4个集合和5个集合的维恩图．

图21-21

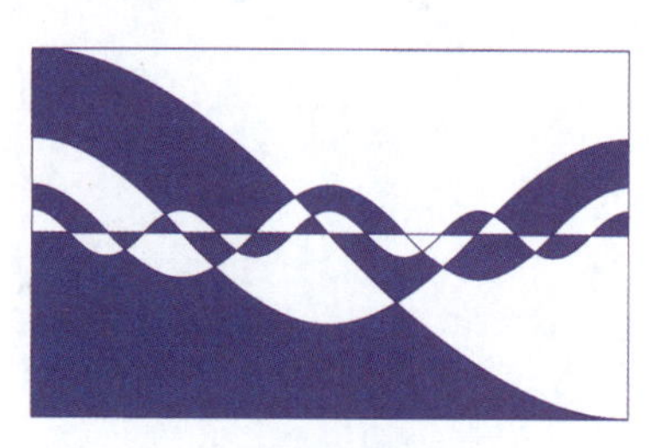

图21-22

1992年，爱德华在格林鲍姆的影响下，得到了具有旋转对称性的维恩图，如图21-23所示，其中含有7个集合．将它染色后我们可以得到一幅非常精美的图形，如图21-24所示，它被命名为“阿德莱德”(Adelaide)．

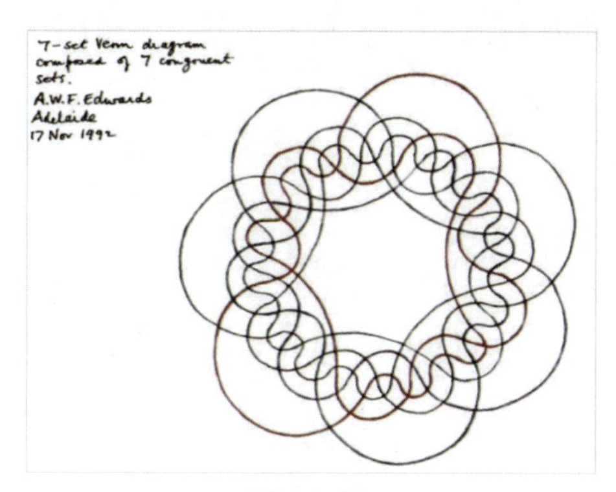

图21-23

卡莱格·玛玛卡尼和弗兰克·卢斯科发现了第一个由11个集合构成的旋转对称的维恩图，它被称作Newroz，如图21-25所示．

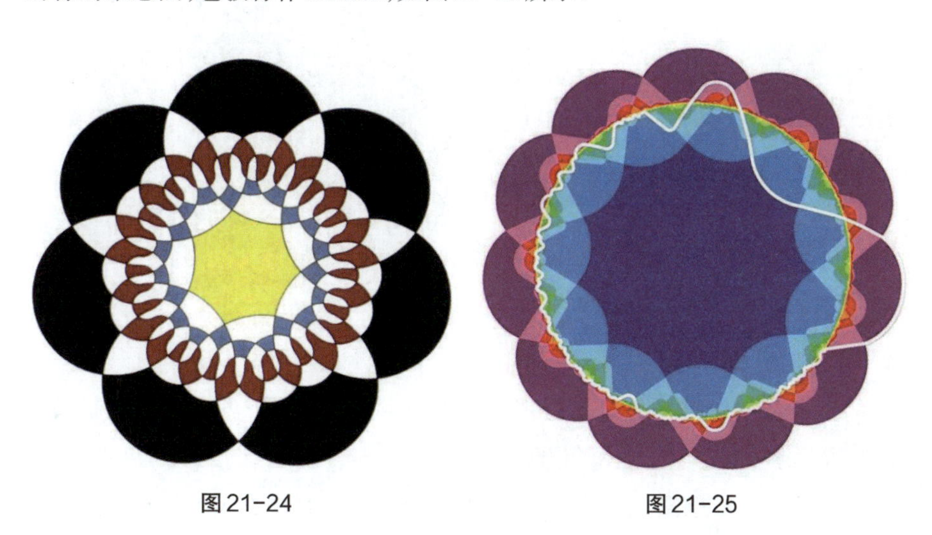

图21-24　　图21-25

六、维恩图的应用

维恩图在日常生活中有很多应用，例如，可以理清很多复杂集合之间的关系，图21-26告诉我们哪些食物既是蔬菜，也是水果．图21-27所示是希腊字母、拉丁字母和西里尔(俄语)字母的维恩图，从中可以很清楚地知道哪些字母是两种或三种语言所共有的，通过这些可以了解到这些文字的渊源．图21-28所示是流感患者中不同症状的患者人数，这可以作为医生分析病情、诊断开药的依据．

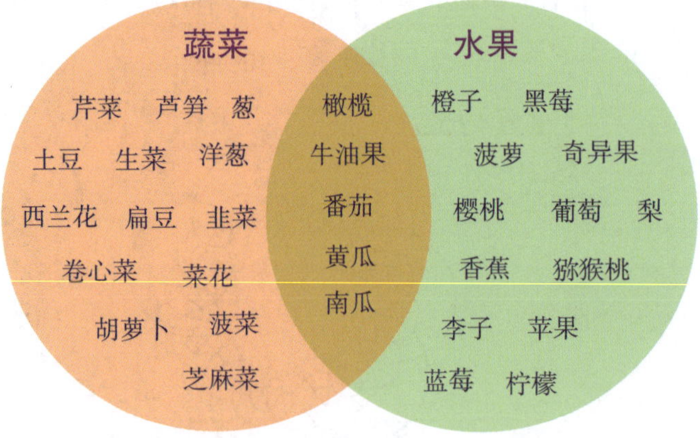

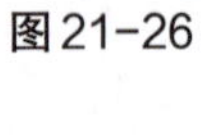
图21-26

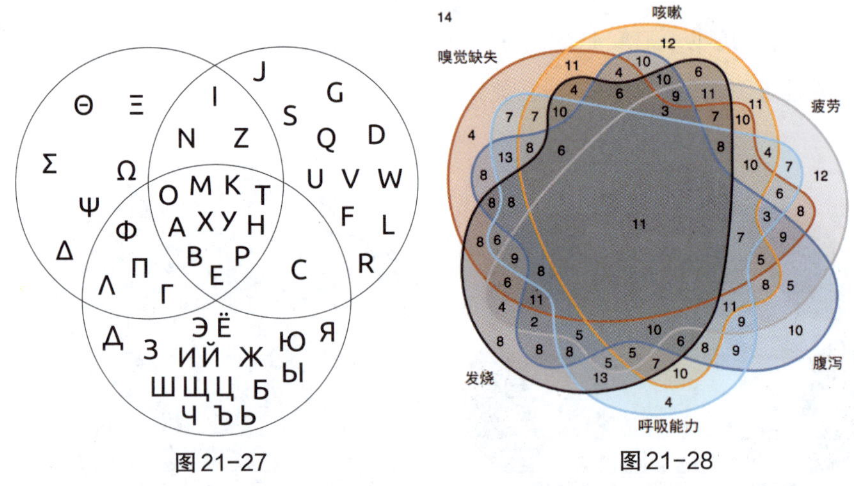

图21-27　　　图21-28

n个集合的维恩图将全域分成了2^n个区域，这些区域可以用二进制来表示，每位数字1表示属于这个集合，0表示不属于这个集合，图21-29所示是4个集合的爱德华-维恩图（去掉了中间圆的那个集合），其中右半侧的长方形表示第1个集合，上半部分表示第2个集合，哑铃状图形表示第3个集合，而中间的十字状图形表示第4个集合．

这里的每个区域都可以用4位的二进制数表示（图21-29），我们可以画一条路径（图21-29中的圆）穿过所有集合最后回到初始位置，根据上面的定义可知，每次经过一个集合的边界，这个集合所对应的二进位都会从0变成1（进入该集合）或从1变成0（离开该集合），其他位置的数字都不发生改变，这样得到的编码被称为格雷码．这种编码的优点在于每次只需变动1个数字就可以经过所有可能的二进制数，避免了改变多个数字可能出现的错误，并且每个数只经过一次．反过来，如果有这样的格雷码（图 21-30），我们可以用曲线来捕获每位上的 1，那么这时这些曲线也就构成了相应的维恩图．

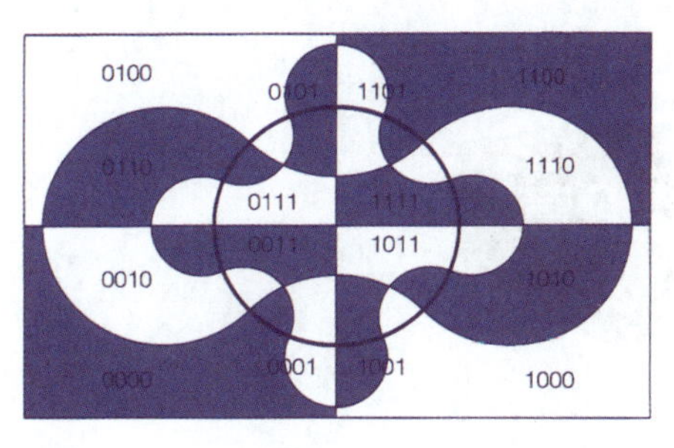

图 21-29

000
001
011
010
110
111
101
100

图 21-30

综合与实践

（1）试用维恩图验证集合的德·摩根定律：

$\overline{A \cup B} = \overline{A} \cap \overline{B}$；

$\overline{A \cap B} = \overline{A} \cup \overline{B}$．

（2）试证当 $n \geqslant 6$ 时，无法用 n 个椭圆表示 n 个集合的维恩图．

第22章 不等式的几何表示

美国的基思·德夫林教授曾说过，数学的语言是化无形为可见. 例如，很多代数不等式就可以化为几何图形，这样不等式两边的大小关系就更加清晰直观了.

一、基本不等式

对于任意正实数a、b，我们称$\frac{a+b}{2}$为它们的算术平均数，$\sqrt{ab}$为它们的几何平均数，它们之间的大小关系可以通过基本不等式$\frac{a+b}{2} \geqslant \sqrt{ab}$来刻画. 这个不等式可以通过将右边的$\sqrt{ab}$移到左边得到$\frac{1}{2}(a+b-2\sqrt{ab}) \geqslant 0$，然后配方可得$\frac{1}{2}(\sqrt{a}-\sqrt{b})^2 \geqslant 0$，因为平方数一定是非负数，并且以上每步都可逆，这样我们就证明了基本不等式，其中等号当$a=b$时成立.

基本不等式也可以通过几何方法来证明. 例如，我们可以构造两个等腰直角三角形，它们的直角边分别为$\sqrt{a}$、$\sqrt{b}$（图22-1），这两个等腰直角三角形的面积之和为$\frac{a+b}{2}$. 可以看到，这两个三角形可以拼成一个矩形和左上角的小等腰直角三角形，这个矩形的长和宽分别为$\sqrt{a}$和$\sqrt{b}$，所以它的面积为$\sqrt{ab}$. 因为两个等腰直角三角形能够覆盖这个矩形，所以它们的面积之和应不小于矩形的面积，从而可得$\frac{a+b}{2} \geqslant \sqrt{ab}$. 从几何角度来看，不等式更加直观，并且我们可以清晰地看到不等式两边的差异，如上面的方法就告诉我们两边之差是左上角小的直角三角形的面积. 如果不等式要取等号，那么就需要原先的两个等腰直角三角形恰好拼成一个正方形.

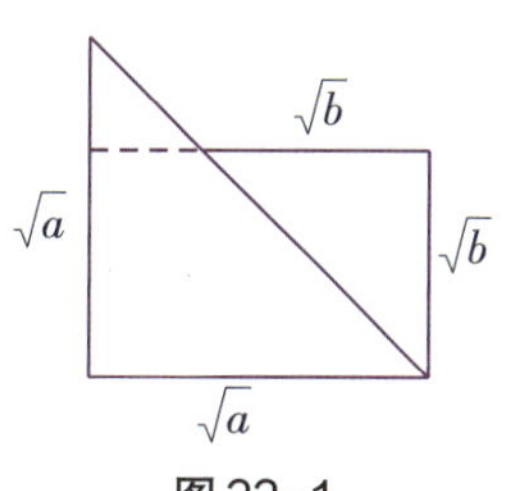

图22-1

类似地，我们可将上述方法推广到3个数的情形. 设有正实数a、b、c，那么$\frac{1}{3}(a^3+b^3+c^3) \geqslant abc$，这里不等式左边表示$a^3$、$b^3$、$c^3$的算术平均数，右边表示它们的几何平均数. 不妨假设$a \geqslant b \geqslant c$，构造棱长为$a$的正方体$ABCD\text{-}PQRS$（图22-2），那么$P\text{-}ABCD$就是底面是正方形的四棱锥，它的底面边长为$a$，高也为$a$，根据棱锥的体积公式可知$V_{P\text{-}ABCD}=\frac{1}{3}S_{\text{正方形}ABCD} \cdot PA=\frac{1}{3}a^3$. 在棱$PS$上取

点A_1，使$PA_1=b$，过A_1作平面平行于正方形$SDCR$，交PD、PC、PR于B_1、C_1、D_1，这样我们就得到了四棱锥$P\text{-}A_1B_1C_1D_1$，它的底面是边长为b的正方形，高也为b，体积为$\frac{1}{3}b^3$．在棱PQ上取点A_2，使$PA_2=c$，过A_2作平面平行于正方形$QBCR$，交PR、PC、PB于B_2、C_2、D_2，这样我们就得到了四棱锥$P\text{-}A_2B_2C_2D_2$，它的底面是边长为c的正方形，高也为c，体积为$\frac{1}{3}c^3$．

我们将这3个四棱锥以外的部分剥去，得到的几何体的体积为$\frac{1}{3}(a^3+b^3+c^3)$（图22-3），可以看到这个几何体包含以PA、PA_1、PA_2为棱的长方体，这个长方体的体积为abc，这样我们便得到了不等式$\frac{1}{3}(a^3+b^3+c^3)\geqslant abc$．

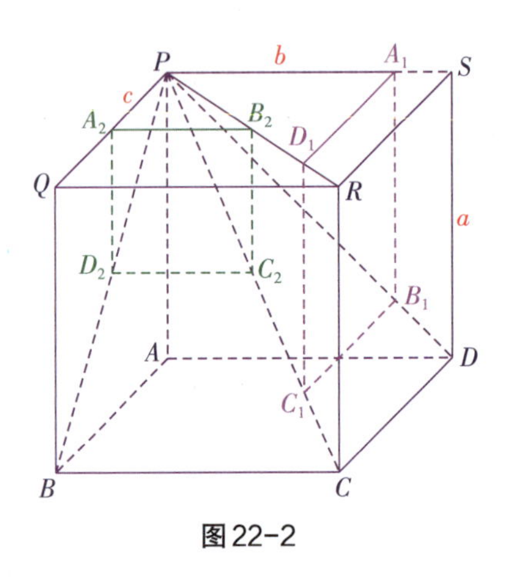

图22-2

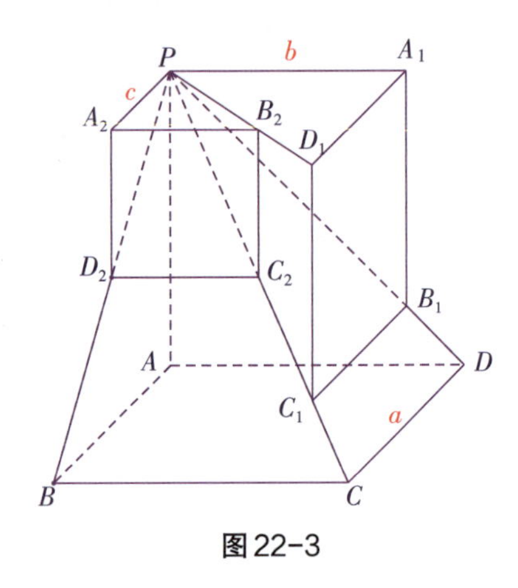

图22-3

二、柯西不等式

已知平面向量$\boldsymbol{a}=(a_1,a_2)$，$\boldsymbol{b}=(b_1,b_2)$，$\boldsymbol{a}\cdot\boldsymbol{b}=|\boldsymbol{a}|\cdot|\boldsymbol{b}|\cdot\cos\theta$，因为$|\cos\theta|\leqslant 1$，所以$|\boldsymbol{a}\cdot\boldsymbol{b}|\leqslant|\boldsymbol{a}||\boldsymbol{b}|$，用坐标表示就是$(a_1b_1+a_2b_2)^2\leqslant(a_1^2+a_2^2)(b_1^2+b_2^2)$，这个不等式被称为柯西不等式．

不妨设$a_1,a_2,b_1,b_2>0$，如图22-4所示，将图22-4(a)中的直角三角形

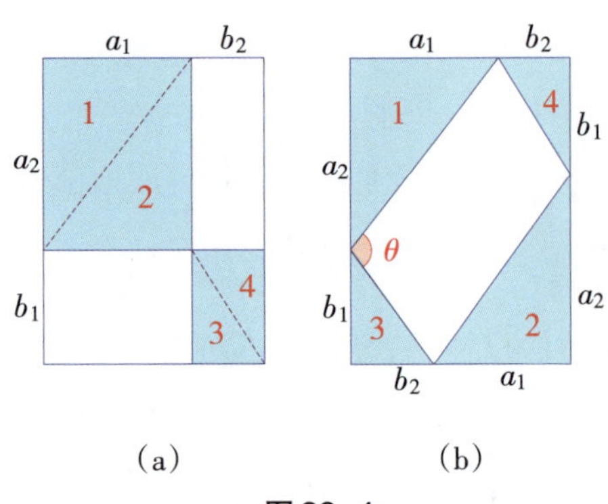

图22-4

2、3、4适当平移即得图22-4(b)，两个大矩形的面积均为$(a_1+b_2)(a_2+b_1)$，则白色部分的面积应该相等. 其中图22-4(a)中的两个白色矩形的面积之和为$a_1b_1+a_2b_2$，图22-4(b)中的白色平行四边形的面积为$\sqrt{a_1^2+a_2^2}\cdot\sqrt{b_1^2+b_2^2}\cdot\sin\theta$，因此有$a_1b_1+a_2b_2=\sqrt{a_1^2+a_2^2}\cdot\sqrt{b_1^2+b_2^2}\cdot\sin\theta$，因为$\sin\theta\leqslant 1$，可知柯西不等式

$$a_1b_1+a_2b_2\leqslant\sqrt{a_1^2+a_2^2}\cdot\sqrt{b_1^2+b_2^2}$$

成立. 并且等号当$\theta=\frac{\pi}{2}$时成立. 也就是说，图22-4中的直角三角形是相似的，可知$\frac{a_1}{b_1}=\frac{a_2}{b_2}$，即当$\boldsymbol{a}$与$\boldsymbol{b}$平行时等号成立.

柯西不等式也可以利用帕普斯在《数学汇编》第四卷中的结果来证明(参见104页).

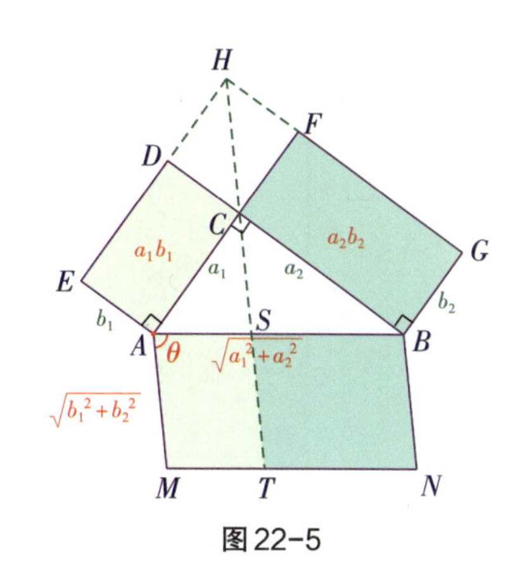

图22-5

如图22-5所示，直角△ABC是以a_1、a_2为直角边的三角形. 矩形$ACDE$的边$AE=b_1$，矩形$BCFG$的边$BG=b_2$，由帕普斯定理，有

$$S_{\square AMNB}=S_{\text{矩形}ACDE}+S_{\text{矩形}BCFG}$$

得

$$a_1b_1+a_2b_2=\sqrt{a_1^2+a_2^2}\cdot\sqrt{b_1^2+b_2^2}\cdot\sin\theta$$

即有

$$a_1b_1+a_2b_2\leqslant\sqrt{a_1^2+a_2^2}\cdot\sqrt{b_1^2+b_2^2}$$

上述结论也可以推广到n个数的情形，得到一般形式的柯西不等式:

$$(a_1b_1+a_2b_2+\cdots+a_nb_n)^2\leqslant(a_1^2+a_2^2+\cdots+a_n^2)(b_1^2+b_2^2+\cdots+b_n^2)$$

三、闵可夫斯基不等式

若$a_i,b_i>0(i=1,2,\cdots,n)$，则

$$\sqrt{(a_1+a_2+\cdots+a_n)^2+(b_1+b_2+\cdots+b_n)^2}\leqslant\sqrt{a_1^2+b_1^2}+\sqrt{a_2^2+b_2^2}+\cdots+\sqrt{a_n^2+b_n^2}$$

如图22-6所示，仅考虑a_i、b_i非负的情形，其他情形类似可得，设

$\overrightarrow{OA_1}=(a_1,b_1),\overrightarrow{A_1A_2}=(a_2,b_2),\cdots,\overrightarrow{A_{n-1}A_n}=(a_n,b_n),\overrightarrow{OA_1}+\overrightarrow{A_1A_2}+\cdots+\overrightarrow{A_{n-1}A_n}=\overrightarrow{OA_n}$

所以，$\left|\overrightarrow{OA_1}\right|+\left|\overrightarrow{A_1A_2}\right|+\cdots+\left|\overrightarrow{A_{n-1}A_n}\right|\geqslant\left|\overrightarrow{OA_n}\right|$，等号当且仅当$\overrightarrow{OA_1},\overrightarrow{A_1A_2},\cdots,\overrightarrow{A_{n-1}A_n}$同向时成立．

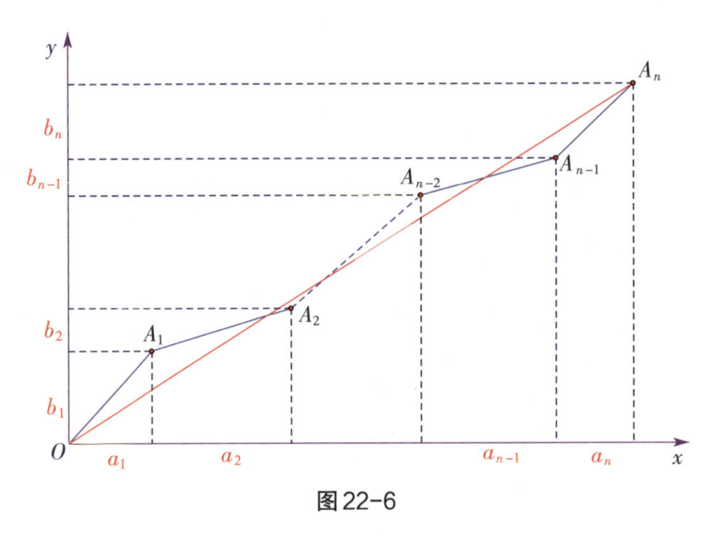

图 22-6

四、糖水不等式

设a、b、c、d是4个正实数，如果$\frac{a}{b}<\frac{c}{d}$，那么$\frac{a}{b}<\frac{a+c}{b+d}<\frac{c}{d}$.

假设现有两份糖水，一份b升水含a克糖，一份d升水含c克糖，后者浓度比前者高，将二者混合后是$b+d$升水含$a+c$克糖，它的浓度应该介于原来两个浓度之间，所以上面的不等式称为糖水不等式．

糖水不等式也可以通过几何方法来证明，如图22-7所示，我们可以构造两个直角三角形，它们的直角边长分别为a和b，c和d，那么它们的斜边的斜率分别为$\frac{a}{b}$、$\frac{c}{d}$，因为$\frac{a}{b}<\frac{c}{d}$，所以后者的斜边比前者更加陡峭．在图22-7中还有一个大直角三角形，它的直角边分别为$a+c$和$b+d$，它的斜边的斜率为$\frac{a+c}{b+d}$，从图中可以看到这条斜边的斜率应该介于两个小直角三角形斜边的斜率之间．也就是说，比原来陡峭的斜边更平缓一些，比原

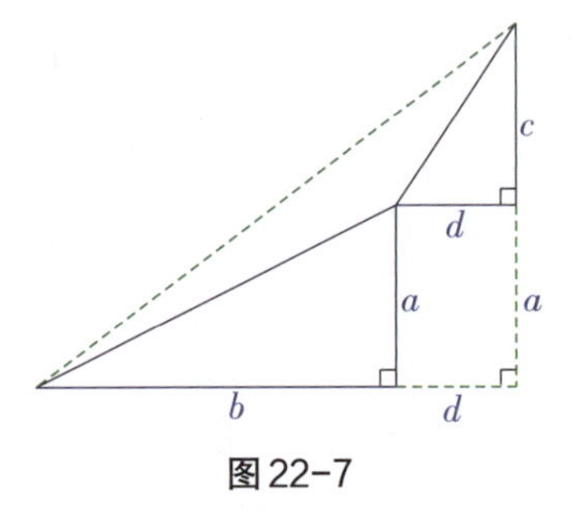

图 22-7

来平缓的斜边更陡峭一些，这样就可以得到糖水不等式$\frac{a}{b}<\frac{a+c}{b+d}<\frac{c}{d}$.

五、排序不等式和切比雪夫不等式

1. 排序不等式

4个非负实数a、b、c、d满足$a\leqslant b$，$c\leqslant d$，那么$ad+bc\leqslant ac+bd$.

上式可以通过移项因式分解为$(a-b)(d-c)\leqslant 0$，所以该不等式成立．我们也可以通过几何方法来证明，例如，$ad+bc$表示图22-8(a)中的两个矩形面积之和，$ac+bd$表示图22-8(b)中的两个矩形面积之和，因为$a\leqslant b$，$c\leqslant d$，所以左边两个矩形包含于右边两个矩形，故左边两个矩形的面积之和小于右边两个矩形的面积之和，并且它们之差就是中间上方的小矩形，它的面积就是$(b-a)(d-c)$.

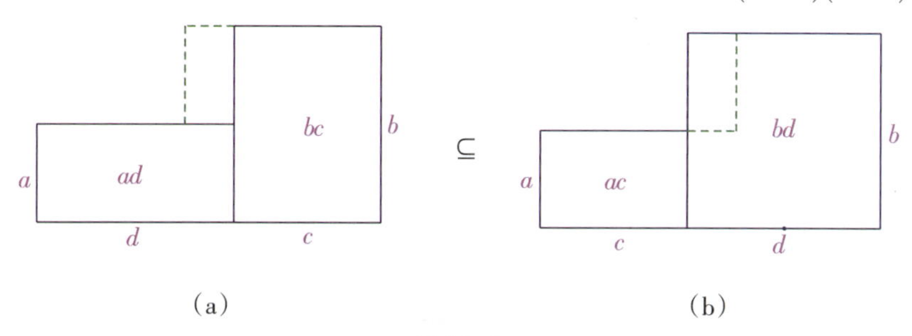

图22-8

我们也可以利用三角形的面积来证明排序不等式，如图22-9所示，可以在直角坐标系中令$A(a,0)$、$B(b,0)$、$C(0,c)$、$D(0,d)$，那么$S_{\triangle AOD}+S_{\triangle BOC}=\frac{1}{2}(ad+bc)$，$S_{\triangle AOC}+S_{\triangle BOD}=\frac{1}{2}(ac+bd)$，要证$ad+bc\leqslant ac+bd$，也就是要证明$S_{\triangle AOD}+S_{\triangle BOC}\leqslant S_{\triangle AOC}+S_{\triangle BOD}$，去掉公共部分，也就是要证明$S_{\triangle ABC}\leqslant S_{\triangle ABD}$，因为$d>c$，所以成立．

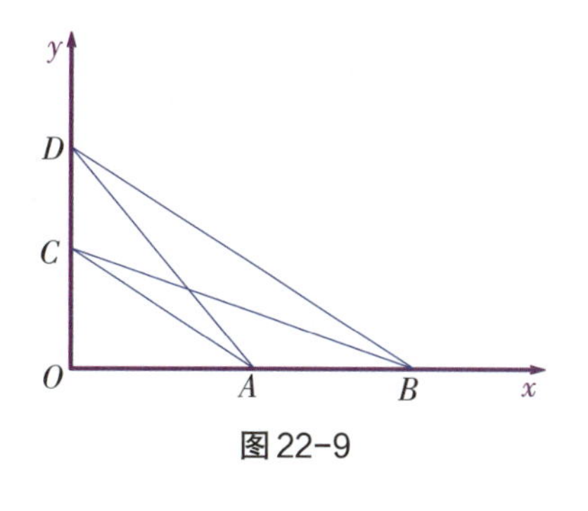

图22-9

通过上面的不等式可以推广到更一般的排序不等式：设有两组数$x_1\leqslant x_2\leqslant\cdots\leqslant x_n$，$y_1\leqslant y_2\leqslant\cdots\leqslant y_n$，$z_1,z_2,\cdots,z_n$是$y_1,y_2,\cdots,y_n$的一种排列，那么

$$x_1y_n+x_2y_{n-1}+\cdots+x_ny_1\leqslant x_1z_1+x_2z_2+\cdots+x_nz_n\leqslant x_1y_1+x_2y_2+\cdots+x_ny_n$$

上式右边被称为顺序和，左边被称为逆序和，而中间被称为乱序和．这个不等式可以通过$n=2$时的排序不等式不断进行调整得到．

2. 切比雪夫不等式

若$0 \leqslant x_1 \leqslant x_2 \leqslant \cdots \leqslant x_n, 0 \leqslant y_1 \leqslant y_2 \leqslant \cdots \leqslant y_n$,则

$$n(x_1y_n + x_2y_{n-1} + \cdots + x_ny_1) \leqslant (x_1 + x_2 + \cdots + x_n)(y_1 + y_2 + \cdots + y_n) \leqslant n(x_1y_1 + x_2y_2 + \cdots + x_ny_n)$$

切比雪夫不等式是排序不等式的一个推广,也可以用排序不等式证明. 下面我们用几何方法证明右边的不等号(左边的不等号类似可得).

如图22-10所示,我们构造矩形,它的长为$x_1 + x_2 + \cdots + x_n$,宽为$y_1 + y_2 + \cdots + y_n$,设$i < j$,则$x_i \leqslant x_j, y_i \leqslant y_j$,故$x_jy_i + x_iy_j$为蓝框中左上角(粉色)矩形和右下角(绿色)矩形的面积之和,$x_iy_i + x_jy_j$为蓝框中左下角矩形和右上角大矩形的面积之和. 将左上角(粉色)矩形分成两部分分别平移到左下角和右上角,右下角(绿色)矩形平移到右上角,显然有$x_jy_i + x_iy_j \leqslant x_iy_i + x_jy_j$,然后不断这样调整即可得到切比雪夫不等式.

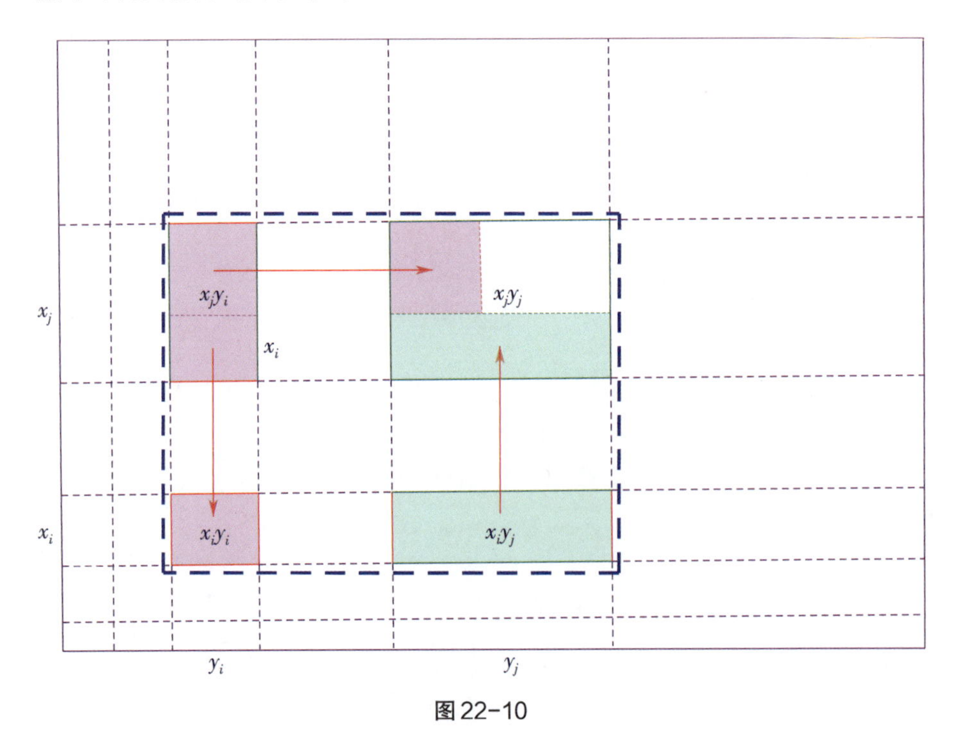

图22-10

下面再用另一种方法证明切比雪夫不等式. 为简便不妨设$n = 4$,如图22-11所示,大矩形的面积为$(x_1 + x_2 + x_3 + x_4)(y_1 + y_2 + y_3 + y_4)$,第一行有4个小矩形,它们的面积分别为$x_1y_1$、$x_2y_2$、$x_3y_3$、$x_4y_4$,第二行也有4个小矩形,它们的面积分别为$x_2y_2$、$x_3y_3$、$x_4y_4$、$x_1y_1$,第三行和第四行也是类似的,并且这些矩形可以覆盖整个大矩形,所以它们的面积之和不小于大矩形的面积,这样就可以得到

不等式：

$$(x_1+x_2+x_3+x_4)(y_1+y_2+y_3+y_4)\leqslant 4(x_1y_1+x_2y_2+x_3y_3+x_4y_4)$$

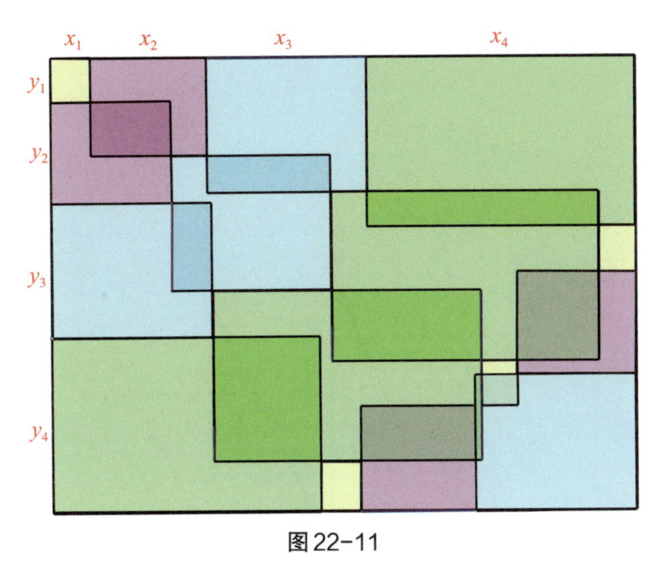

图 22-11

对于一般的n，我们也可以构造类似的大矩形，每行从左向右有n个矩形，第一行这些矩形的面积分别为$x_1y_1, x_2y_2, \cdots, x_ny_n$，第二行这些矩形的面积分别为$x_2y_2, x_3y_3, \cdots, x_1y_1$，……，第$n$行这些矩形的面积分别为$x_ny_n, x_1y_1, \cdots, x_{n-1}y_{n-1}$，这些小矩形能够将大矩形完全覆盖，所以面积总和不小于大矩形的面积，故有切比雪夫不等式

$$(x_1+x_2+\cdots+x_n)(y_1+y_2+\cdots+y_n)\leqslant n(x_1y_1+x_2y_2+\cdots+x_ny_n)$$

成立.

六、均值不等式

均值不等式 设$a, b>0$，那么$\dfrac{2ab}{a+b}\leqslant\sqrt{ab}\leqslant\dfrac{a+b}{2}\leqslant\sqrt{\dfrac{a^2+b^2}{2}}$.

在基本不等式这节，我们已经知道算术平均数和几何平均数的大小关系，这里$\dfrac{2ab}{a+b}$称为a、b的调和平均数，$\sqrt{\dfrac{a^2+b^2}{2}}$称为$a$、$b$的平方平均数. 第18章曾给出过一个均值不等式的几何证明，下面是另一个几何证明.

如图22-12所示，以AB为直径作半圆，C是AB上的点，$AC=a$，$CB=b$. 分别过点O、C作AB的垂线交半圆于点E、D，过点C作$CF\parallel OD$，作$DF\perp CF$，作点

C关于点O的对称点G,连接GE,易得$OE=OD=\frac{a+b}{2}$,$CD=\sqrt{ab}$,$CF=\frac{2ab}{a+b}$,$EG=\sqrt{\frac{a^2+b^2}{2}}$,根据直角三角形的斜边大于直角边,即得

$$\frac{2ab}{a+b}\leqslant\sqrt{ab}\leqslant\frac{a+b}{2}\leqslant\sqrt{\frac{a^2+b^2}{2}}$$

等号当$a=b$时成立.

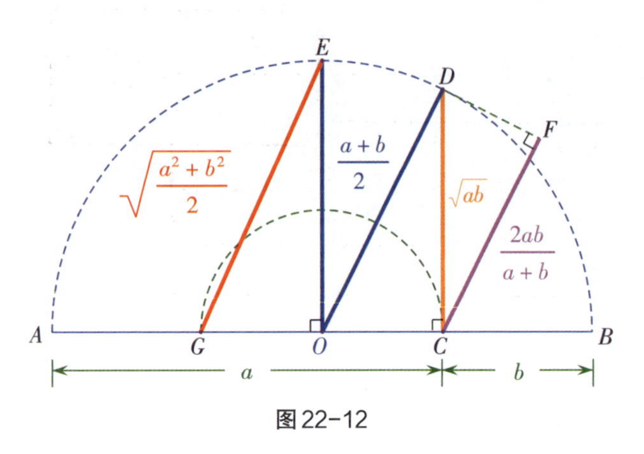

图22-12

七、对数不等式

在研究极值点偏离时,对数不等式是非常重要的工具.

对数不等式　如果$b>a>0$,那么$\frac{a+b}{2}>\frac{b-a}{\ln b-\ln a}>\sqrt{ab}$.

在直角坐标系中画出$y=\frac{1}{x}$的图像,那么由x轴和$x=a,x=b,y=\frac{1}{x}$所围成的面积为$\ln b-\ln a$. 我们过双曲线上的点$\left(\frac{a+b}{2},\frac{2}{a+b}\right)$作切线[图22-13(a)],这时可以得到一个直角梯形,它的面积小于$\ln b-\ln a$,且和虚线勾勒的矩形面积相同,矩形的面积为$(b-a)\cdot\frac{2}{a+b}$,所以$\ln b-\ln a>(b-a)\cdot\frac{2}{a+b}\Rightarrow\frac{a+b}{2}>\frac{b-a}{\ln b-\ln a}$.

连接双曲线上的$\left(\sqrt{ab},\frac{1}{\sqrt{ab}}\right)$和$\left(a,\frac{1}{a}\right)$,$\left(b,\frac{1}{b}\right)$[图22-13(b)],那么可以得到

两个直角梯形,它们的面积分别为$\frac{1}{2}(\sqrt{ab}-a)\left(\frac{1}{a}+\frac{1}{\sqrt{ab}}\right)=\frac{ab-a^2}{2a\sqrt{ab}}=\frac{b-a}{2\sqrt{ab}}$和$\frac{1}{2}(b-\sqrt{ab})\left(\frac{1}{b}+\frac{1}{\sqrt{ab}}\right)=\frac{b^2-ab}{2b\sqrt{ab}}=\frac{b-a}{2\sqrt{ab}}$,它们的面积之和应大于$x$轴和$x=a,x=b,y=\frac{1}{x}$所围成的面积,所以$\frac{b-a}{\sqrt{ab}}>\ln b-\ln a\Rightarrow\frac{b-a}{\ln b-\ln a}>\sqrt{ab}$.

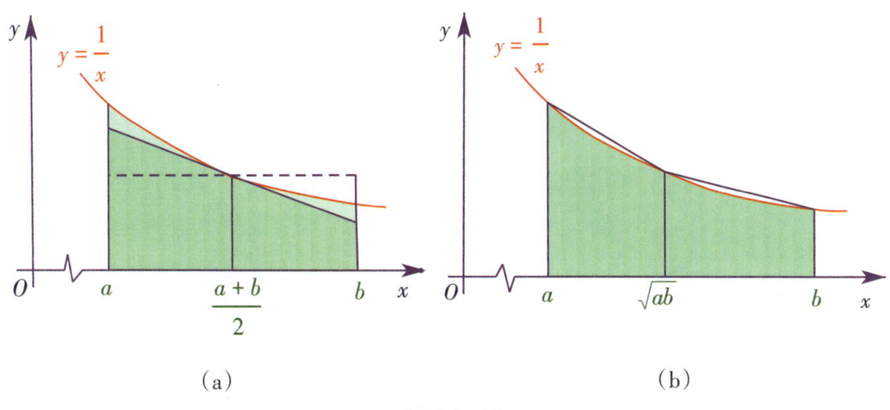

图22-13

八、约当不等式

约当不等式　当$0\leqslant x\leqslant\frac{\pi}{2}$时,$\frac{2x}{\pi}\leqslant\sin x\leqslant x$.

设在单位圆O中,$\angle POA=x$,如图22-14所示,作PM垂直AO于M,以M为圆心,PM为半径作圆,交$\odot O$于点Q,交OA延长线于B,$OB=OM+MP\geqslant OP=OA$,所以

$$\overset{\frown}{PBQ}\geqslant\overset{\frown}{PAQ}\geqslant PQ\Rightarrow\pi\sin x\geqslant 2x\geqslant 2\sin x$$

$$\Rightarrow\frac{2x}{\pi}\leqslant\sin x\leqslant x$$

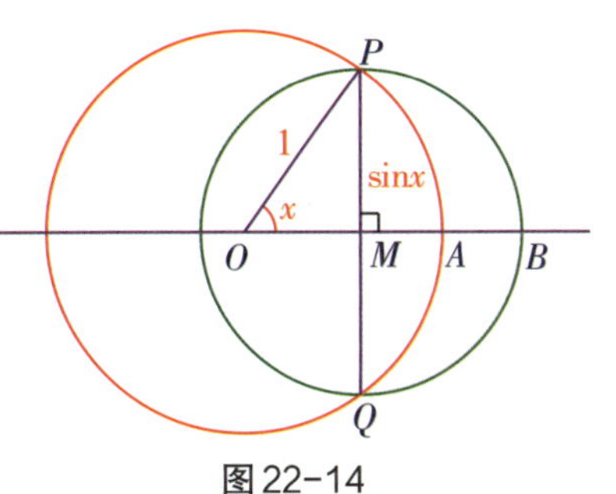

图22-14

九、阿里斯塔克不等式

阿里斯塔克不等式　若$0<\beta<\alpha<\frac{\pi}{2}$,则$\frac{\sin\alpha}{\sin\beta}<\frac{\alpha}{\beta}<\frac{\tan\alpha}{\tan\beta}$.

如图22-15所示，可以画出正弦函数和正切函数的图像，并且我们知道正弦函数的图像是上凸的，正切函数的图像是下凸的，然后作两条直线$y=\frac{\sin\beta}{\beta}x$和$y=\frac{\tan\beta}{\beta}x$，分别和正弦函数与正切函数交于$(\beta,\sin\beta)$、$(\beta,\tan\beta)$. 由于正弦函数的图像是上凸的，所以$\sin\alpha<\frac{\sin\beta}{\beta}\cdot\alpha\Rightarrow\frac{\sin\alpha}{\sin\beta}<\frac{\alpha}{\beta}$，又因为正切函数的图像是下凸的，所以$\tan\alpha>\frac{\tan\beta}{\beta}\cdot\alpha\Rightarrow\frac{\alpha}{\beta}<\frac{\tan\alpha}{\tan\beta}$，这样我们就利用函数图像的方法证明了阿里斯塔克不等式.

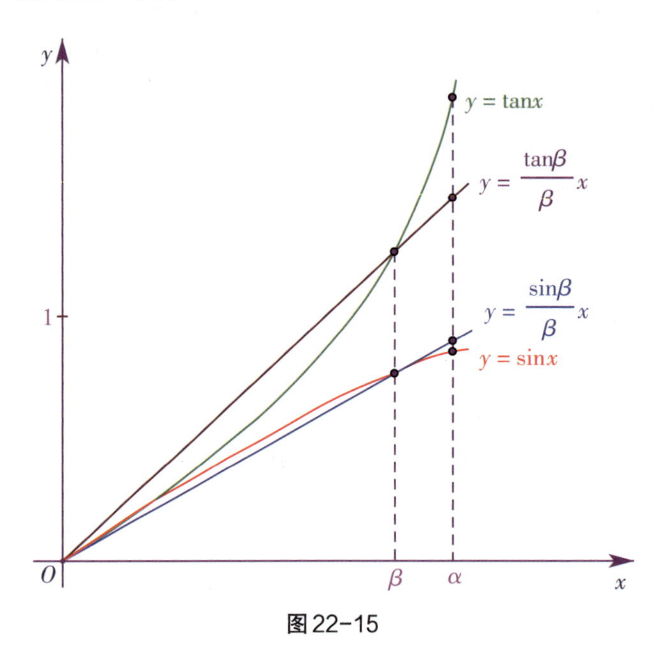

图22-15

十、舒尔不等式

舒尔不等式 对于非负实数x、y、z和正数r，有

$$x^r(x-y)(x-z)+y^r(y-z)(y-x)+z^r(z-x)(z-y)\geqslant 0$$

不妨设$x\geqslant y\geqslant z$，则原不等式可化为

$$x^r(x-y)(x-z)+z^r(z-x)(z-y)\geqslant y^r(y-z)(x-y)$$

两端都是非负数. 如图22-16所示，建立空间直角坐标系，如图在三条坐标轴上标出x、y、z，x、y、z，x^r、y^r、z^r，这样左边第一项表示最高的红色长方体的体积，左

边第二项表示最矮的绿色长方体的体积,右边的项表示紫色长方体的体积,所以可知不等式成立.

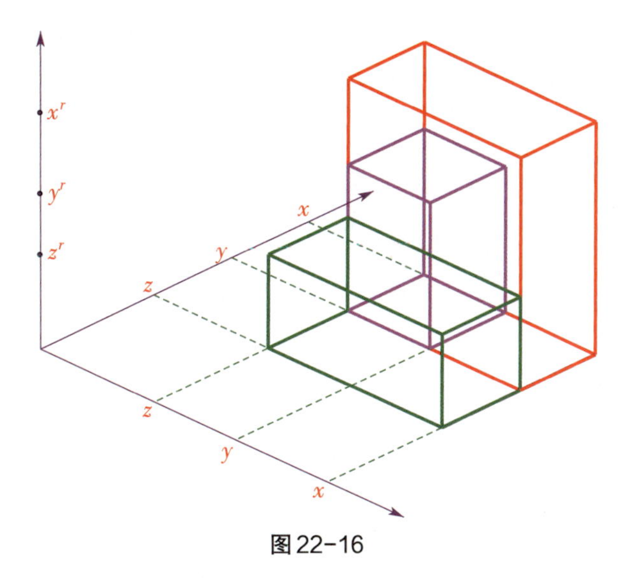

图22-16

最后我们可以总结出用几何方法证明不等式有如下5种方法.

(1)折线段长大于等于直线段长(如闵可夫斯基不等式、约当不等式).

(2)图形割补的想法(如均值不等式、切比雪夫不等式、舒尔不等式).

(3)利用垂直、平行等几何关系构成的不等关系(如柯西不等式).

(4)利用平移、旋转、对称等几何变换构成的不等关系(如费马点问题).

(5)利用函数图像法(如阿里斯塔克不等式、对数不等式).

综合与实践

(1)如图22-17所示,利用几何方法证明古哈不等式:当 $a \geqslant 0, p \geqslant q > 0, x \geqslant y > 0$ 时,$[(p+1)x+a] \cdot [(q+1)y+a] \leqslant (px+y+a)(x+qy+a)$.

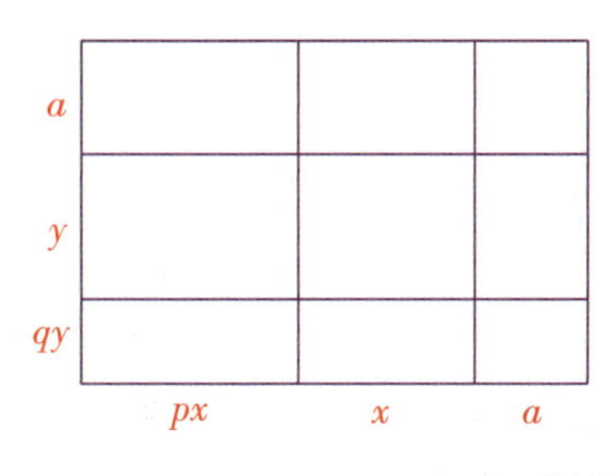

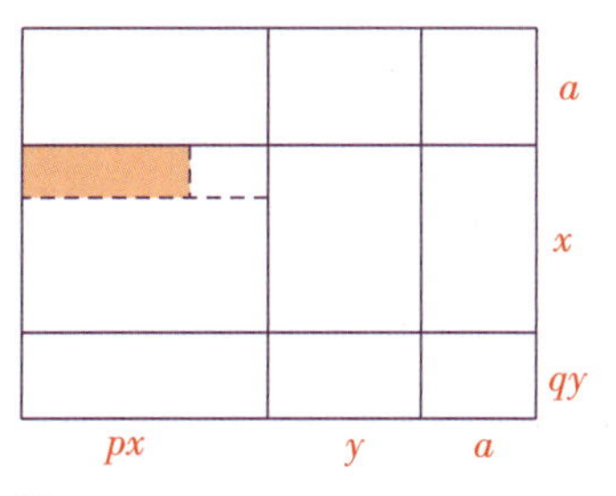

图22-17

(2)利用几何方法证明贝尔曼不等式:设$a_1, a_2, \cdots, a_n \geqslant 0, b_1, b_2, \cdots, b_n \geqslant 0$,如果$a_1^2 - a_2^2 - \cdots - a_n^2 > 0, b_1^2 - b_2^2 - \cdots - b_n^2 > 0$,那么

$$\sqrt{a_1^2 - a_2^2 - \cdots - a_n^2} + \sqrt{b_1^2 - b_2^2 - \cdots - b_n^2} \leqslant \sqrt{(a_1 + b_1)^2 - (a_2 + b_2)^2 - \cdots - (a_n + b_n)^2}$$

(3)利用几何方法证明你所知道的其他不等式.

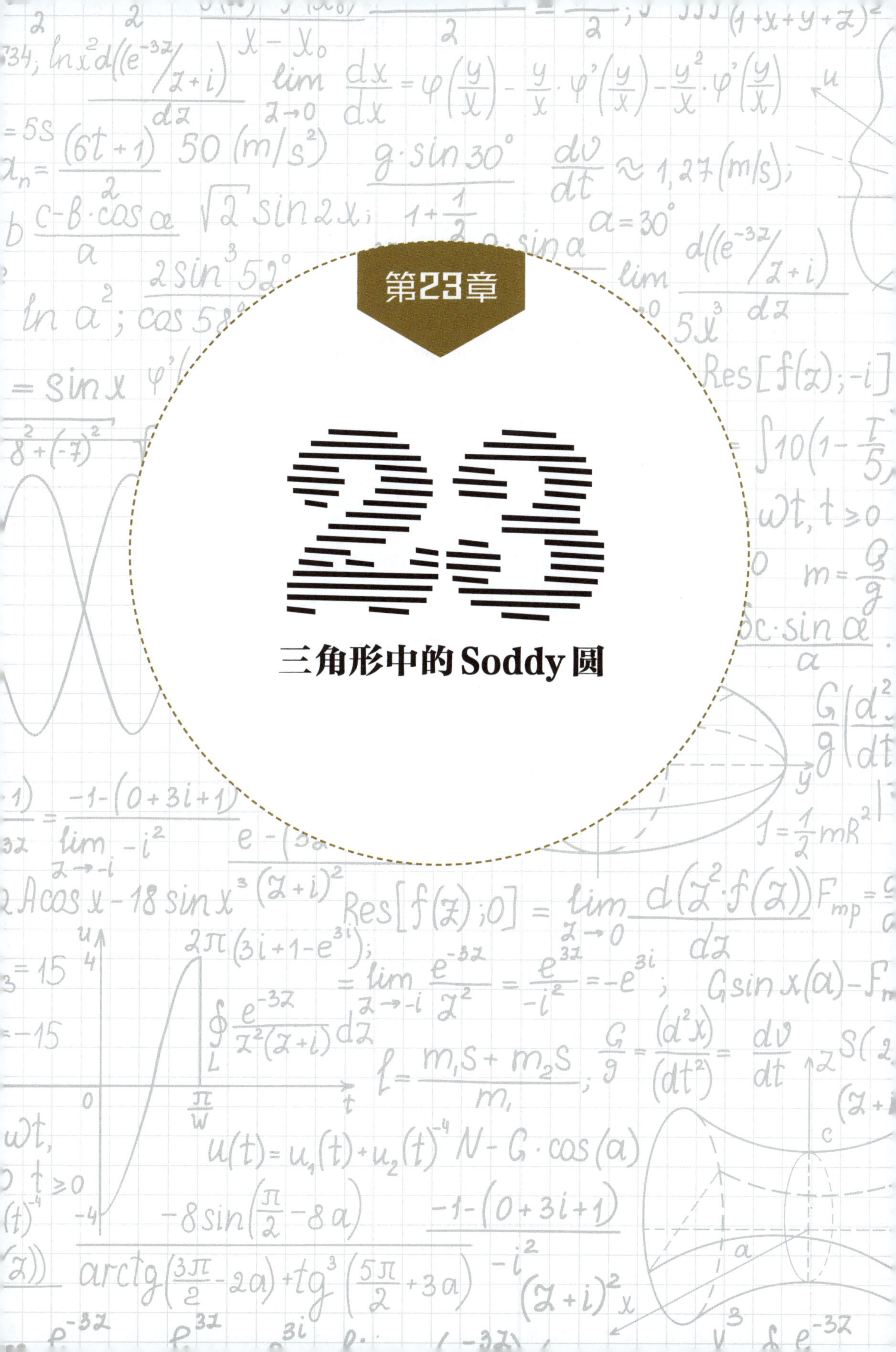

第23章

三角形中的Soddy圆

平面几何中有很多与圆有关的问题，如九点圆、斯俾克圆、夫尔曼圆、塔克圆、布洛卡圆、纽堡圆、阿波罗尼斯圆、舒特圆等，它们不仅丰富了平面几何这座花园，还使我们领略到数学的创造力和生命力．圆是人类最早认识的几何图形（太阳、轮子），也是最和谐的几何图形，时至今日人们仍在不断地发现新的圆和圆的性质．

一、三角形的Soddy点和Soddy圆

定义23.1 已知$\triangle ABC$，则存在三个分别以三角形的顶点为圆心并互相外切的圆．这些圆为$\odot A$、$\odot B$、$\odot C$，它们的半径分别为$p-a$、$p-b$、$p-c$，其中$p=\frac{1}{2}(a+b+c)$．$\triangle ABC$的Soddy圆是指与这三个圆都相外切或都相内切的两个圆，都相外切的圆称为内Soddy圆，圆心称为内Soddy点（S）；都相内切的圆称为外Soddy圆，圆心称为外Soddy点（S'）．内Soddy圆和外Soddy圆统称为Soddy圆，内Soddy点和外Soddy点统称为Soddy点（图23-1）．

根据Soddy点的定义，可知$SA-SB=b-a$，$SB-SC=c-b$，$SC-SA=a-c$及$S'A-S'B=a-b$，$S'B-S'C=b-c$，$S'C-S'A=c-a$，所以Soddy点在三条双曲线上．

性质23.1 $\triangle ABC$的内Soddy点与外Soddy点分别是以A、B为焦点过C的双曲线，以B、C为焦点过A的双曲线，以C、A为焦点过B的双曲线，这三条双曲线的两个公共点（图23-2）．

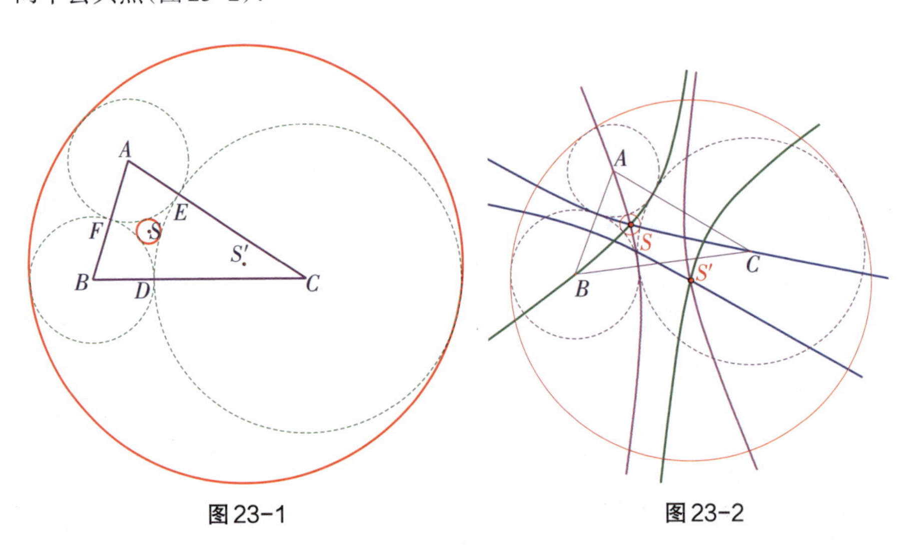

图23-1　　图23-2

$\triangle ABC$的外Soddy点S'并不总是存在，当两两外切的$\odot A$、$\odot B$、$\odot C$其中一圆半径过小时，不可能作出与该三圆均内切的圆，此时满足的点S'不存在．当$\odot A$、$\odot B$、$\odot C$与同一条直线相切时为临界情况(图23-3)，设$\odot A$、$\odot B$、$\odot C$的半径分别为r_1、r_2、$r_3(r_1 \leqslant r_2 \leqslant r_3)$，由勾股定理可知$RS^2 = AB^2 - (BR - AS)^2 = (r_1 + r_2)^2 - (r_2 - r_1)^2 = 4r_1r_2$，所以$RS = 2\sqrt{r_1r_2}$．同理，$SQ = 2\sqrt{r_1r_3}$，再由勾股定理可知$RQ^2 + (CQ - BR)^2 = BC^2$，即$(2\sqrt{r_1r_2} + 2\sqrt{r_1r_3})^2 + (r_3 - r_2)^2 = (r_3 + r_2)^2$，化简后可得$\sqrt{r_1r_2} + \sqrt{r_1r_3} = \sqrt{r_2r_3}$，即$\frac{1}{\sqrt{r_1}} = \frac{1}{\sqrt{r_2}} + \frac{1}{\sqrt{r_3}}$．所以，只有当$\frac{1}{\sqrt{r_1}} < \frac{1}{\sqrt{r_2}} + \frac{1}{\sqrt{r_3}}$时存在外Soddy圆，而当$\frac{1}{\sqrt{r_1}} > \frac{1}{\sqrt{r_2}} + \frac{1}{\sqrt{r_3}}$时，$\odot A$会落入$\odot B$、$\odot C$间的“缝隙”中，此时与$\odot B$、$\odot C$内切的圆不会和$\odot A$相切．

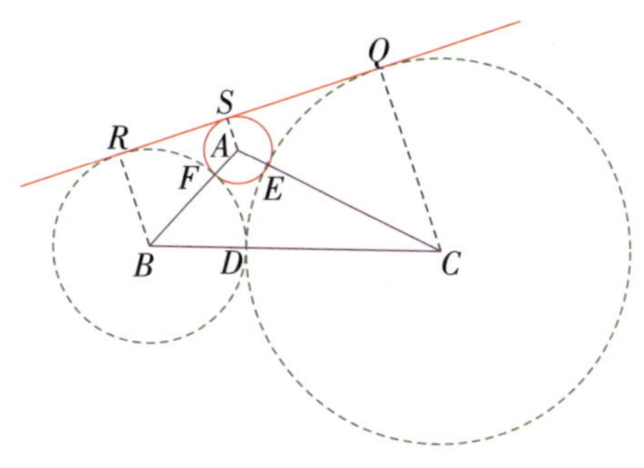

图23-3

性质23.2 设$\odot A$、$\odot B$、$\odot C$的半径分别为r_1、r_2、r_3，则

内Soddy圆必存在，内Soddy圆的半径为

$$r_4 = \frac{r_1r_2r_3}{r_2r_3 + r_3r_1 + r_1r_2 + 2\sqrt{r_1r_2r_3(r_1 + r_2 + r_3)}}$$

外Soddy圆若存在，外Soddy圆的半径为

$$R_4 = \frac{r_1r_2r_3}{-r_2r_3 - r_3r_1 - r_1r_2 + 2\sqrt{r_1r_2r_3(r_1 + r_2 + r_3)}}$$

为计算Soddy圆的半径，我们来证明如下引理．

引理 设平面上四点A、B、C、D之间的距离是$BC = a$，$CA = b$，$AB = c$，$AD = d$，$BD = e$，$CD = f$，设

$$X_1 = (ad)^2(-a^2 + b^2 + c^2 - d^2 + e^2 + f^2)$$
$$X_2 = (be)^2(a^2 - b^2 + c^2 + d^2 - e^2 + f^2)$$
$$X_3 = (cf)^2(a^2 + b^2 - c^2 + d^2 + e^2 - f^2)$$
$$Y = (abc)^2 + (aef)^2 + (bdf)^2 + (cde)^2$$

则$X_1 + X_2 + X_3 = Y$．

这个引理是定理12.4(见154页)“六棱求积”公式的退化情况．

证明 由余弦定理可知

$$\cos\angle ADB = \frac{d^2 + e^2 - c^2}{2de} = x$$

$$\cos\angle CDA = \frac{f^2 + d^2 - b^2}{2fd} = y$$

$$\cos\angle BDC = \frac{e^2 + f^2 - a^2}{2ef}$$

因为$\angle BDC = 360° - \angle ADB - \angle CDA$或$\angle BDC = \angle ADB + \angle CDA$,无论哪种情况,由余弦定理可得$e^2 + f^2 - 2ef\left(xy - \sqrt{(1 - x^2)(1 - y^2)}\right) = a^2$,即$e^2 + f^2 - 2efxy - a^2 = -2ef\sqrt{(1 - x^2)(1 - y^2)}$,将等式两边平方后代入$x$、$y$的表达式,即可得$X_1 + X_2 + X_3 = Y$.

我们来计算内Soddy圆的半径,将$a = r_2 + r_3, b = r_3 + r_1, c = r_1 + r_2, d = r_1 + r_4, e = r_2 + r_4, f = r_3 + r_4$代入引理可得

$$[(r_2^2r_3^2 + r_3^2r_1^2 + r_1^2r_2^2) - 2r_1r_2r_3(r_1 + r_2 + r_3)]r_4^2 - 2r_1r_2r_3(r_1r_2 + r_2r_3 + r_3r_1)r_4 + (r_1r_2r_3)^2 = 0$$

故$r_4 = \dfrac{r_1r_2r_3}{r_2r_3 + r_3r_1 + r_1r_2 + 2\sqrt{r_1r_2r_3(r_1 + r_2 + r_3)}}$.

类似地,若计算外Soddy圆的半径,将$a = r_2 + r_3, b = r_3 + r_1, c = r_1 + r_2, d = R_4 - r_1, e = R_4 - r_2, f = R_4 - r_3$代入引理可得

$$[(r_2^2r_3^2 + r_3^2r_1^2 + r_1^2r_2^2) - 2r_1r_2r_3(r_1 + r_2 + r_3)]R_4^2 + 2r_1r_2r_3(r_1r_2 + r_2r_3 + r_3r_1)R_4 + (r_1r_2r_3)^2 = 0$$

故$R_4 = \dfrac{r_1r_2r_3}{-r_2r_3 - r_3r_1 - r_1r_2 + 2\sqrt{r_1r_2r_3(r_1 + r_2 + r_3)}}$.

这两个方程的根互为相反数,所以另一个根需舍去. 从外Soddy圆的半径公式可以得到外Soddy圆存在的另一个不等式,即$r_2r_3 + r_3r_1 + r_1r_2 < 2\sqrt{r_1r_2r_3(r_1 + r_2 + r_3)}$,也可以写成

$$(r_2r_3 + r_3r_1 + r_1r_2)^2 < 4r_1r_2r_3(r_1 + r_2 + r_3)$$

或

$$\left(\frac{1}{r_1} + \frac{1}{r_2} + \frac{1}{r_3}\right)^2 < 4\left(\frac{1}{r_1r_2} + \frac{1}{r_2r_3} + \frac{1}{r_3r_1}\right)$$

内Soddy点必然在三角形内,外Soddy点还可能在三角形外、三角形的边上. 外Soddy点在三角形边上的充要条件是下列三式中有一个成立.

$$R_4 = 2(r_1 + r_2), R_4 = 2(r_2 + r_3), R_4 = 2(r_3 + r_1)$$

性质 23.3 S'是$\triangle ABC$的外Soddy点,则直线$S'A$、$S'B$、AC、BC有一个共切圆(图23-4).

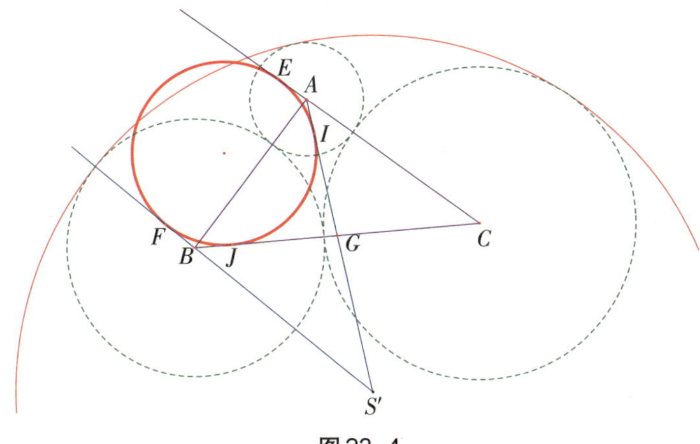

图23-4

证明 先说明$S'A$、$S'B$、AC、BC有一个共切圆的充要条件是$S'A-BC=S'B-AC$.

如图23-4所示,设

$$EA=AI=u,BF=BJ=v,FS'=IS'=x,JC=EC=y$$

$$S'A-BC=S'I+IA-(CJ+JB)=x+u-(y+v)$$

$$S'B-AC=S'F-FB-(EC-EA)=x-v-(y-u)=x+u-(y+v)$$

所以$S'A-BC=S'B-AC$,反之亦然.

对于外Soddy点S',$S'A-BC=r_4-r_1-r_2-r_3=S'B-AC$,所以命题成立.

二、Soddy点和Soddy圆的作图方法

(1)如图23-5所示,作两圆的连心线AB和$\odot C$与$\odot A$、$\odot B$的切点连线DE相交于点P,则P为$\odot A$、$\odot B$的位似中心(可由梅涅劳斯定理得到),可得P在Soddy圆与$\odot C$的根轴上.

(2)过点P作$\odot C$的两条切线,切点为T、Q,同理可得U、V、S、R点.

(3)U、V、T构成内Soddy圆,S、R、Q构成外Soddy圆.

如果DE和AB平行,则作两条与它们平行的$\odot C$的切线得到切点Q、T.

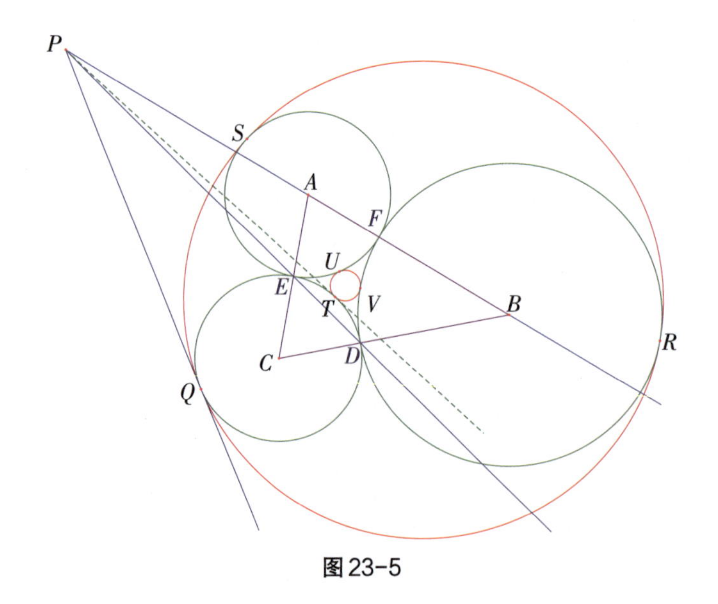

图 23-5

三、Soddy 点的奇妙性质

性质 23.4 过点 S（内 Soddy 点）的三条 Ceva 线刚好把 $\triangle ABC$ 分割成三个圆外切四边形［图 23-6(a)］，将这三个圆分别记为 $\odot I_1$、$\odot I_2$、$\odot I_3$，I 为 $\triangle ABC$ 的内心，自 I 引 $\triangle ABC$ 各边的垂线，则三条垂线分别为 $\odot I_1$、$\odot I_2$、$\odot I_3$ 两两的一条内公切线［图 23-6(b)］.

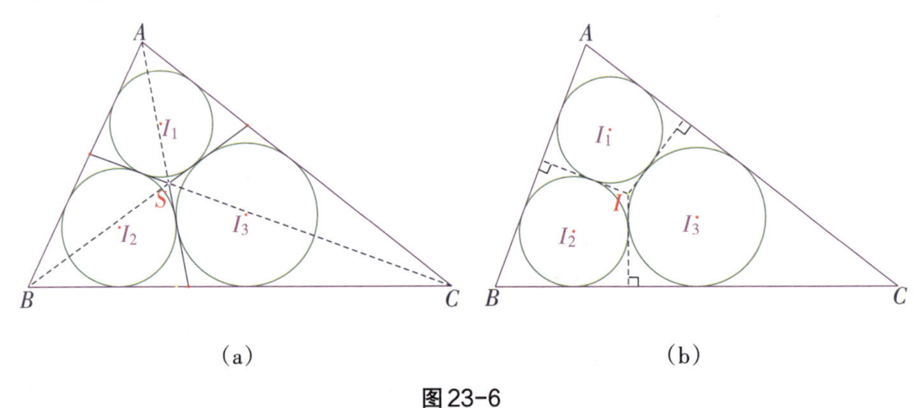

(a) (b)

图 23-6

定义 23.2 $\triangle ABC$ 的内 Soddy 点 S 与外 Soddy 点 S' 的连线为 Soddy 线．以 $\triangle ABC$ 的三个顶点为圆心可作三个圆，其中两个圆外切，且都与第三个圆内切，那么此时存在两个圆分别与这两个圆外切，且都与第三个圆内切，这两个圆圆心的连线 S_1S_1' 也是一条 Soddy 线，同理还有 S_2S_2'、S_3S_3'．所以，$\triangle ABC$ 共有 4 条 Soddy 线（图 23-7）.

外重三角形是指过三角形的每个顶点作对边的平行线所围成的三角形. 外重三角形的垂心是一个重要的特殊点,它在原三角形的Euler线上(外心、重心、垂心所构成的直线).

性质23.5 △ABC的4条Soddy线与Euler线共点(图23-8).

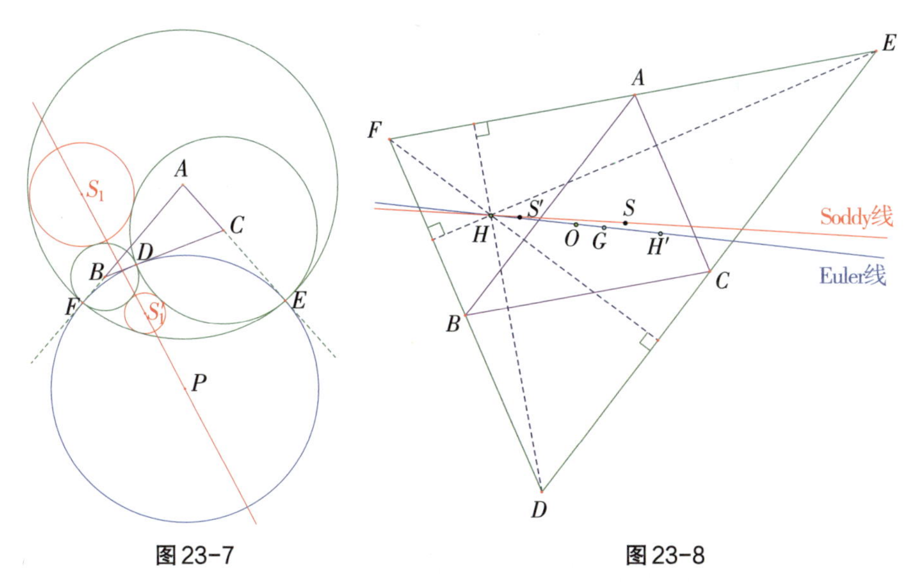

图23-7　　　　图23-8

定义23.3 △ABC的一个旁(内)切圆在三边的切点分别为D、E、F. 连接其中两条边上切点的直线与另一边所在的直线交于一点. 如此得到的三个交点L、M、N共线. 这条直线称为△ABC的Gergonne线. 一个三角形的3个旁切圆、1个内切圆对应4条Gergonne线(图23-9).

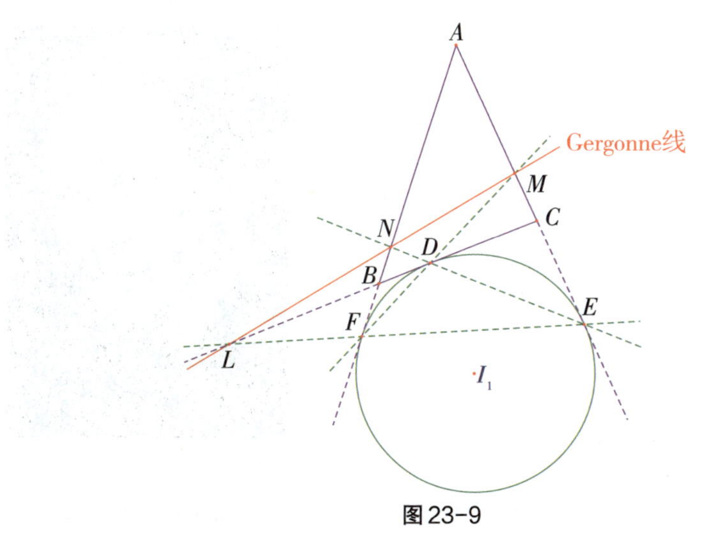

图23-9

性质23.6 每对Soddy圆的根轴是相应的那条Gergonne线. 相应地,Soddy线与Gergonne线互相垂直(图23-10). Soddy线与Gergonne线的交点,称为Fletcher点.

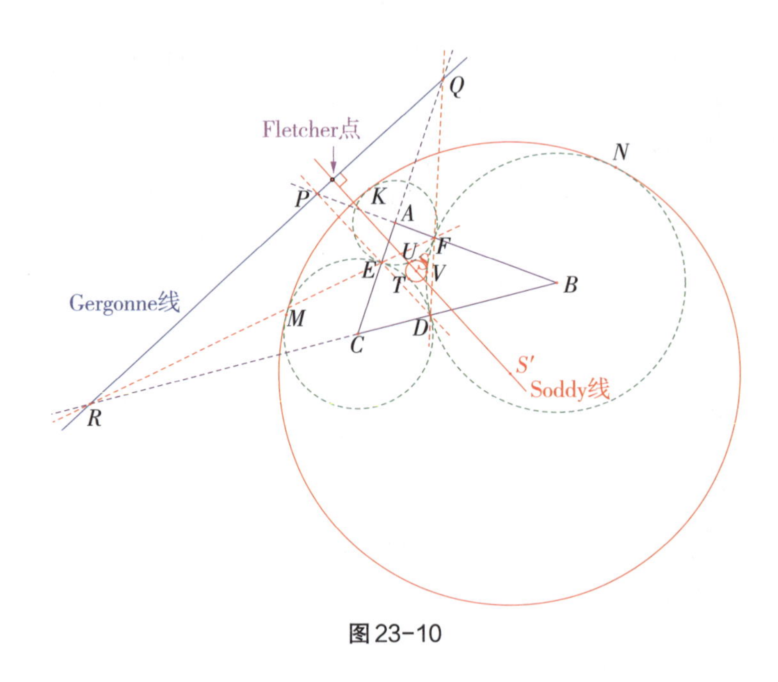

图 23-10

四、三维空间中的Soddy球

Soddy点和Soddy圆是由英国物理学家、化学家弗雷德里克·索迪(图23-11)给出的,他还提出了同位素假说,发现了放射性元素的位移规律,于1921年荣获诺贝尔化学奖. 我们不妨将Soddy点和Soddy圆推广到三维空间中.

图 23-11

定义 23.4 已知四面体$ABCD$,则存在四个分别以四棱锥的顶点为球心并相互外切的球,半径分别为

$$r_1=\frac{1}{3}\left[(AB+AC+AD)-\frac{1}{2}(BC+CD+DB)\right]$$

$$r_2=\frac{1}{3}\left[(BC+BD+BA)-\frac{1}{2}(CD+DA+AC)\right]$$

$$r_3=\frac{1}{3}\left[(CD+CA+CB)-\frac{1}{2}(DA+AB+BD)\right]$$

$$r_4=\frac{1}{3}\left[(DA+DB+DC)-\frac{1}{2}(AB+BC+CA)\right]$$

Soddy球是指与这四个球都相外切或都相内切的两个球,都相外切的球称为内Soddy球,球心称为内Soddy点;都相内切的球称为外Soddy球,球心称为外Soddy点(图23-12).

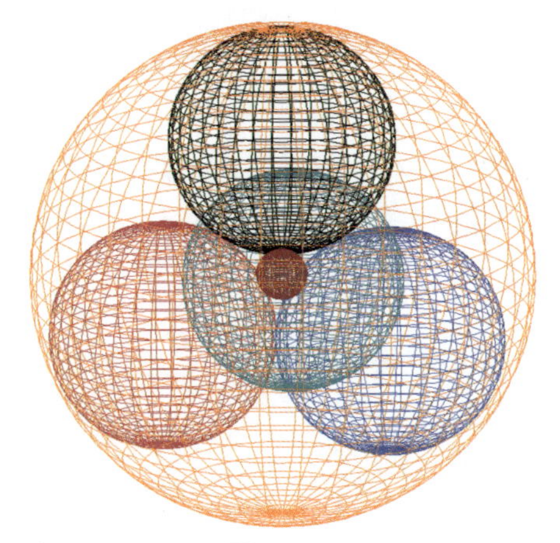

图 23-12

性质 23.7 四面体存在外 Soddy 球的条件是：

$$\left(\frac{1}{r_1}+\frac{1}{r_2}+\frac{1}{r_3}+\frac{1}{r_4}\right)^2<3\left(\frac{1}{r_1r_2}+\frac{1}{r_1r_3}+\frac{1}{r_1r_4}+\frac{1}{r_2r_3}+\frac{1}{r_2r_4}+\frac{1}{r_3r_4}\right)$$

外 Soddy 球若存在，外 Soddy 球的半径为 $R_5=\dfrac{2A}{-B+\sqrt{6AC-3D}}$.

内 Soddy 球必存在，内 Soddy 球的半径为 $r_5=\dfrac{2A}{B+\sqrt{6AC-3D}}$.

其中 $A=r_1r_2r_3r_4$，$B=r_2r_3r_4+r_3r_4r_1+r_4r_1r_2+r_1r_2r_3$，$C=r_1r_2+r_1r_3+r_1r_4+r_2r_3+r_2r_4+r_3r_4$，$D=r_2^2r_3^2r_4^2+r_3^2r_4^2r_1^2+r_4^2r_1^2r_2^2+r_1^2r_2^2r_3^2$.

Soddy 球有着深刻的实际背景，可用于解决机械工程、电气工程中的问题. 化学中的离子键、同位素中的问题都可以用它加以描述. Soddy 还对如下问题给出了非常漂亮的结果.

如图 23-13 所示，球 P 和球 Q 外切，它们与球 O 内切，假设在球 O 内有这样一个球链，它们与前面 3 个球均相切，那么这个球链是否会像斯坦纳圆链（第 18 章）那样闭合，即第一个球和最后一个球相切？

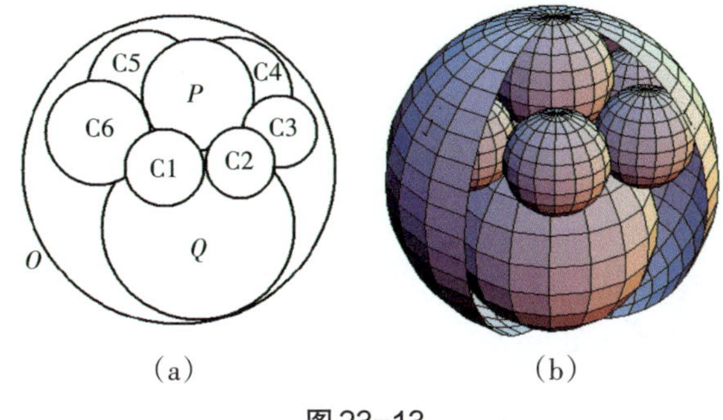

图 23-13

Soddy 证明了确实如此，并且无论第一个球放在什么位置，球链永远包含六个球. 并且六个球的球心和它们的六个切点都位于一个平面上，在这六个球的两侧各存在一个平面与这六个球相切，这个结论被称为索迪六球定理.

(1)过平面上一点P作$\triangle ABC$三边的垂线，三个垂足所构成的圆称为点P关于$\triangle ABC$的垂足圆．如图23-14所示，设S'是$\triangle ABC$的外Soddy点，试证点S'关于$\triangle ABC$的垂足圆与$\triangle ABC$的内切圆相切．

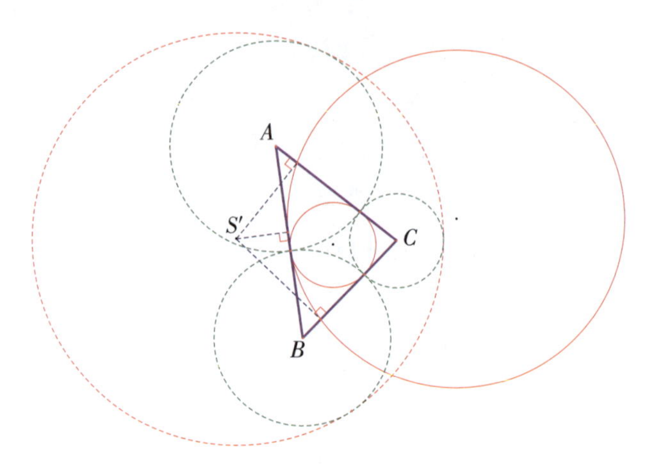

图23-14

(2)Soddy圆和Soddy球的结果也可以用如下定理来刻画．

笛卡儿圆定理 若平面上四个半径为r_1、r_2、r_3、r_4的圆两两相切于不同点，则其半径满足以下结论．

①若四圆两两外切，则

$$\left(\frac{1}{r_1}+\frac{1}{r_2}+\frac{1}{r_3}+\frac{1}{r_4}\right)^2=2\left(\frac{1}{r_1^2}+\frac{1}{r_2^2}+\frac{1}{r_3^2}+\frac{1}{r_4^2}\right)$$

②若半径为r_1、r_2、r_3的圆内切于半径为r_4的大圆中，则

$$\left(\frac{1}{r_1}+\frac{1}{r_2}+\frac{1}{r_3}-\frac{1}{r_4}\right)^2=2\left(\frac{1}{r_1^2}+\frac{1}{r_2^2}+\frac{1}{r_3^2}+\frac{1}{r_4^2}\right)$$

上述结果也可以推广到三维球的情形．如果有五个球两两外切，那么它们的半径满足

$$\left(\frac{1}{r_1}+\frac{1}{r_2}+\frac{1}{r_3}+\frac{1}{r_4}+\frac{1}{r_5}\right)^2=3\left(\frac{1}{r_1^2}+\frac{1}{r_2^2}+\frac{1}{r_3^2}+\frac{1}{r_4^2}+\frac{1}{r_5^2}\right)$$

利用本章内容或笛卡儿圆定理的推广解决如下问题．

空间中有四个球，半径分别为2、2、3、3，每个球均与其他球外切，现有一个小球与这四个球均外切，求小球的半径．

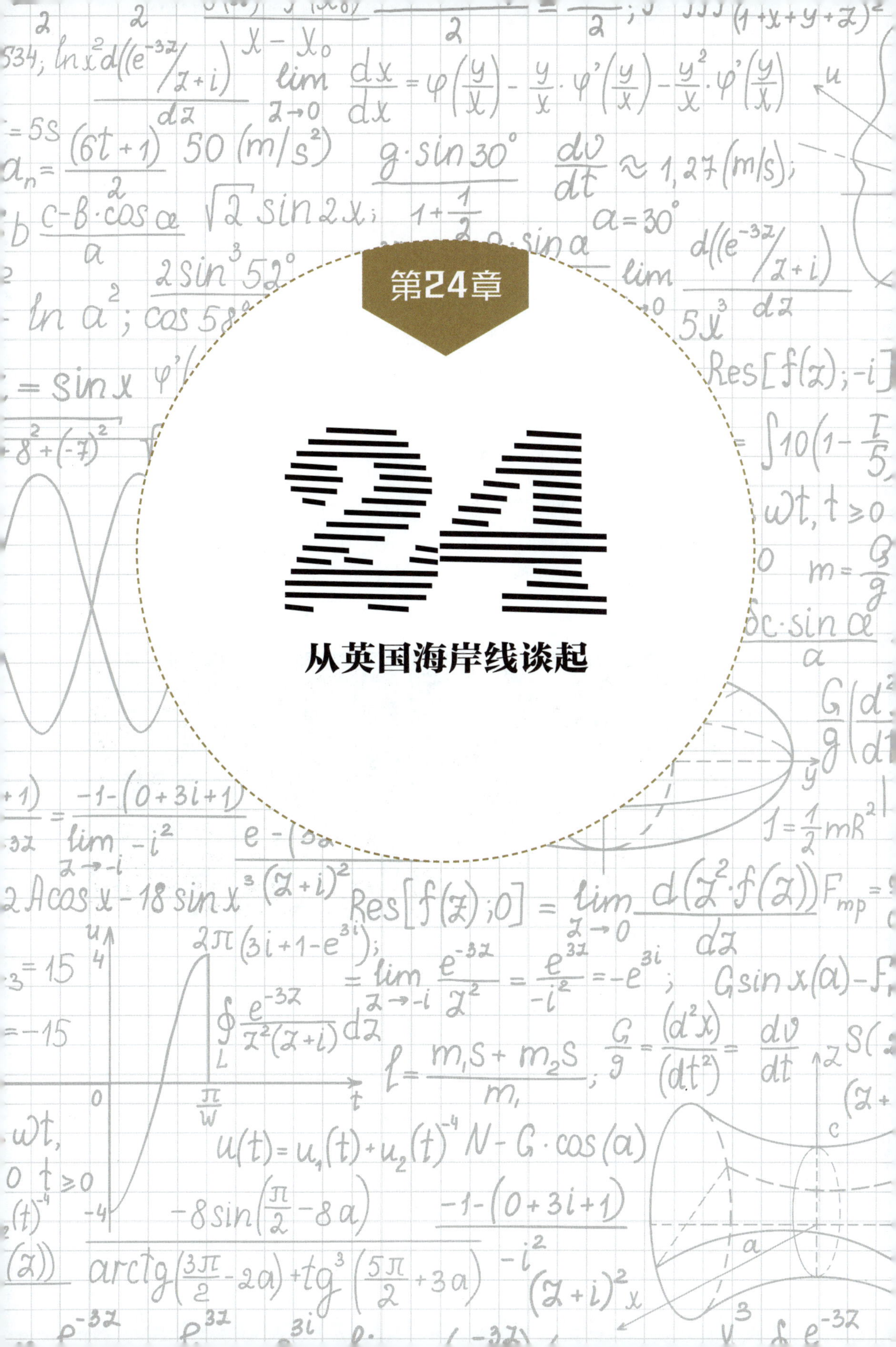

第24章 从英国海岸线谈起

可以相信,明天谁不熟悉分形,谁就不能被认为是科学上的文化人.

——美国物理学家惠勒

在平面几何和立体几何中,我们学习了直线、平面、长方体、球、棱锥、圆柱等图形,这些都是人为定义的理想图形,在自然界中并不存在,所以欧氏几何被许多人称为“冷酷无情”或“枯燥乏味”的. 原因在于它无力描写云彩、山岭、海岸线或树木的形状:地面不是平面,云彩不是球体、山岭不是锥体、海岸线不是圆周、树木不是柱体、闪电更不是沿直线传播的……

一、大自然的几何图形

观察图24-1中的两棵蕨类植物,可以发现如果将其中一片叶子放大,得到的图形和原来整棵植物的形态是基本一致的. 也就是说,这类植物的整体和局部具有某种相似性,我们将它称为自相似性,将具有自相似性的几何图形称为分形.

图24-1

类似的例子还有花椰菜(图24-2)、闪电(图24-3)、山峰(图24-4)、血管(图24-5),它们都具有自相似性,都是分形. 可见,在地理和生物中分形是广泛存在的,而在物理学中,威腾和桑德提出的扩散限制凝聚(Diffusion-limited Aggregation,DLA)模型用以解释烟尘微粒的形成过程(图24-6),尼迈耶尔等提出了电介质击穿模型(Dielectric Breakdown Model,DBM)(图24-7),这两个模型也都是分形.

图 24-2

图 24-3

图 24-4

图 24-5

图 24-6

图 24-7

艺术中也有分形，例如，拉萨布达拉宫壁画中的云彩（图 24-8），葛饰北斋的《神奈川冲浪里》中的浪尖（图 24-9），都具有自相似性，有人认为正是这种性质给画作带来了与其他作品不同的美感．20世纪70年代，巴恩斯将分形图案印到衬衫、时钟等日常生活用品中，大受好评．如今，分形已经广泛应用于室内装饰、平面设计、电影制作等领域．

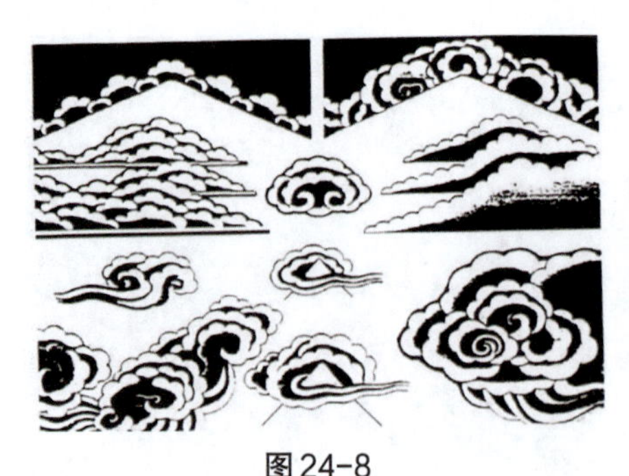

图 24-8

图 24-9

二、英国的海岸线有多长？

1967年，伯努瓦·曼德布洛特（图24-10）在《科学》杂志上发表文章《英国的海岸线有多长？统计自相似和分数维度》（*How Long Is the Coast of Britain? Statistical Self-Similarity and Fractional Dimension*，图24-11），标志着分形几何学的诞生.

曼德布洛特1924年出生于波兰华沙，1936年移居法国巴黎，1948年在加州理工学院获航空学硕士学位，1952年在巴黎大学获数学博士学位. 他曾经是普林斯顿高等研究院数学学院成员，哈佛大学的“数学实践讲座”教授，IBM公司的研究员. 1987年在耶鲁大学担任数学教授，1993年获沃尔夫物理学奖.

图 24-10

How Long Is the Coast of Britain?
Statistical Self-Similarity and Fractional Dimension

Abstract. *Geographical curves are so involved in their detail that their lengths are often infinite or, rather, undefinable. However, many are statistically "self-similar," meaning that each portion can be considered a reduced-scale image of the whole. In that case, the degree of complication can be described by a quantity D that has many properties of a "dimension," though it is fractional; that is, it exceeds the value unity associated with the ordinary, rectifiable, curves.*

Seacoast shapes are examples of highly involved curves such that each of their portion can—in a statistical sense—be considered a reduced-scale image of the whole. This property will be referred to as "statistical self-similarity." To speak of a length for such figures is usually meaningless. Similarly (*1*), "the left bank of the Vistula, when measured with increased precision, would furnish lengths ten, hundred or even thousand times as great as the length read off the school map." More generally, geographical curves can be considered as superpositions of features of widely scattered characteristic size; as ever finer features are taken account of, the measured total length increases, and there is usually no clearcut gap between the realm of geography and details with which geography need not be concerned.

Quantities other than length are thus needed to discriminate between various degrees of complication for a geographical curve. When a curve is self-similar, it is characterized by an exponent of similarity, *D*, which possesses

图 24-11

在曼德布洛特这篇开创性的文章中，他用不同的尺子去测量英国的海岸线，随着尺子越来越精细，海岸线的长度也会越来越长（图24-12，表24-1），并且会趋向于无穷大，这与我们认知中的应趋近于精确值有所不同. 也就是说，用传统几何方法处理这样的问题是行不通的，这就需要引入新的几何方法. 分形几何学的诞生标志着20世纪几何学的第二次飞跃:从整数维到分数维(第一次飞跃是从有限维到无限维).

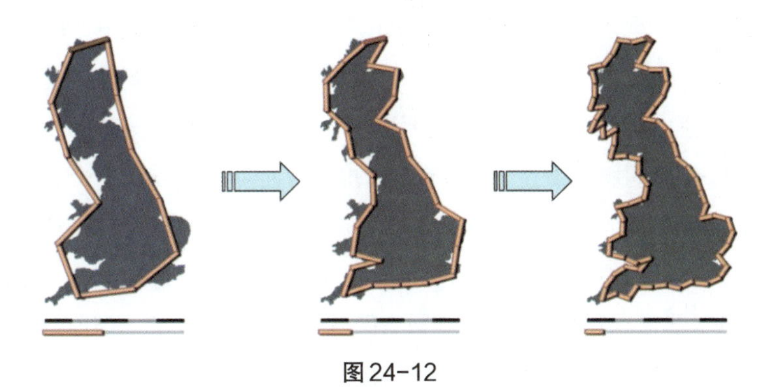

图24-12

表24-1　不同尺子下的海岸线长度

尺子/km	海岸线长度/km	尺子/km	海岸线长度/km
500	2600	54	5770
100	3800	17	8640

1975年,曼德布洛特翻看儿子的拉丁文字典,看到这两个词:frangere(破坏)和fractus(碎裂的),结合fracture(断裂)、fraction(分数)给出了fractal(分形)这个词(既是名词,也是形容词). 20世纪70年代末,fractal传到中国,一时难以定译. 中国科学院物理研究所李荫远院士说,fractal应当译成"分形",郝柏林、张恭庆、朱照宣等科学家表示赞同,于是在中国大陆fractal逐渐定译为"分形",中国台湾地区则译为"碎形".

1975年,曼德布洛特用法文出版了专著《分形对象:形、机遇和维数》,1982年又出版了此书的增补本,改名为《大自然的分形几何学》,图24-13所示是这两本书的英文版. 这两本书都有中译本,为分形在我国的普及起到了重要的推动作用.

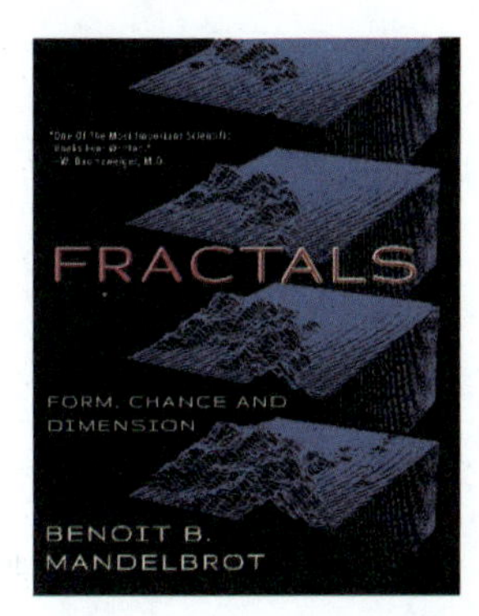

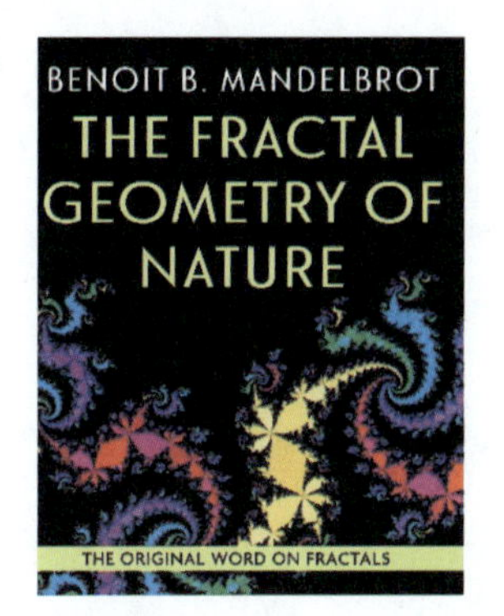

图24-13

三、欧氏几何和分形几何的不同点

欧氏几何是建立在公理之上的逻辑体系．其研究的是在旋转、平移、对称变换下各种不变的量，如角度、长度、面积、体积，其适用范围主要是人造的物体．

分形几何由递归、迭代生成，主要适用于自然界中形态复杂的物体．分形几何不再以分离的眼光看待分形中的点、线、面，而是把它看成一个整体．

由于曼德布洛特思想的超前性，很多人对他的工作并不理解，认为他做的研究并不是数学．但随着分形研究的深入，众多的结果在数学和自然界中得到应用，与混沌理论息息相关，成为非常重要的数学分支，清华大学前数学系主任文志英就从事分形几何的研究．畅销书《黑天鹅》的作者纳西姆·尼古拉斯·塔勒布曾与曼德布洛特有过合作研究，他于曼德布洛特去世后评价其为 A Greek among Romans（罗马人中的希腊人）．

四、生成分形的方法

1. 几何迭代生成分形

我们将一个正三角形的每条边三等分，以中间这条线段为边向外作正三角形，得到一个十二边形，然后对它的每条边三等分，再以中间线段为边向外作正三角形，得到一个四十八边形，不断重复上述操作，可以得到科赫（雪花）曲线（图 24-14），这就是通过几何迭代方法构造分形．

图 24-14

类似的分形还有皮亚诺曲线（图 24-15）、闵可夫斯基香肠（图 24-16）、四方内生树（图 24-17）．

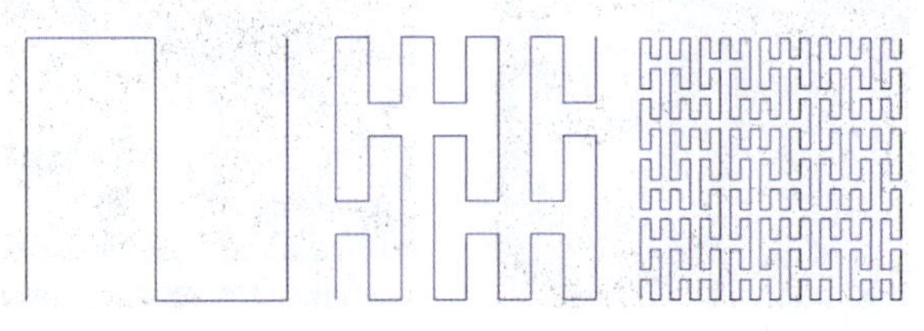

图 24-15

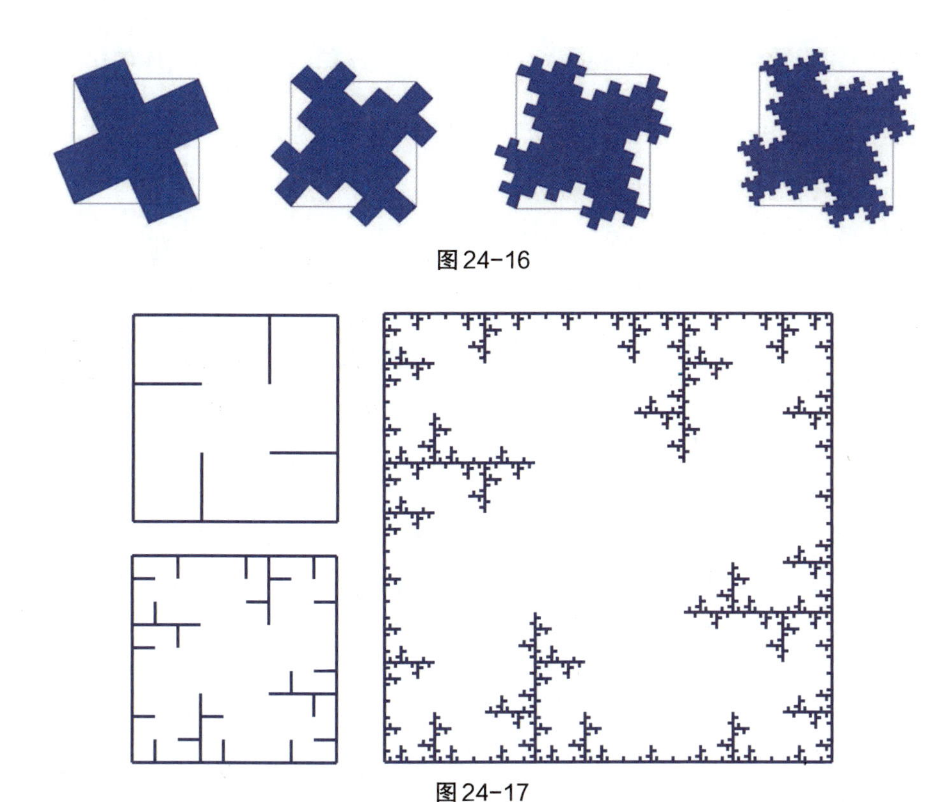

图24-16

图24-17

在集合论中有个非常著名的集合被称为康托尔三分集，它是将长度为1的线段三等分，然后将中间那条线段去掉；再将剩下的两条线段分别三等分，然后分别将中间那条线段去掉，不断重复上述操作，就可以得到康托尔三分集（图24-18）．如将去掉的这些线段如图24-19所示这样排成阶梯，那么这些阶梯水平方向的总长度是1，但是如果一个人站在其中某级台阶上，那么他无法找到离这级台阶最近的上一级台阶或下一级台阶，因为任取一级高于它的台阶，在它和原来的台阶之间必然还有其他台阶．也就是说，既无法一级一级向上走，也无法一级一级向下走，只能停留在原来的台阶上，因此称其为魔鬼的阶梯．

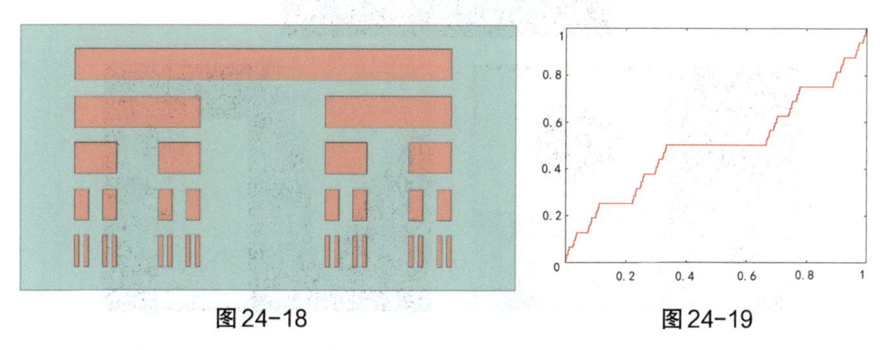

图24-18　　图24-19

19世纪有个非常有名的微积分问题：“是否存在处处连续但处处不可导的

函数?”德国数学家魏尔斯特拉斯给出了肯定的答案，并构造了具体的例子：$f(x)=\sum_{n=0}^{\infty}a^n\cos(b^n\pi x)$，其中$0<a<1$，$b$为奇数，$ab>1+\frac{3}{2}\pi$. 它的图像如图24-20所示，可以看到它的图像是绵延不断的（连续），但在任何地方都不光滑（不可导），也可以说到处都是“毛刺”，并且将它的局部放大后和整体是非常类似的，所以它的图像也是分形.

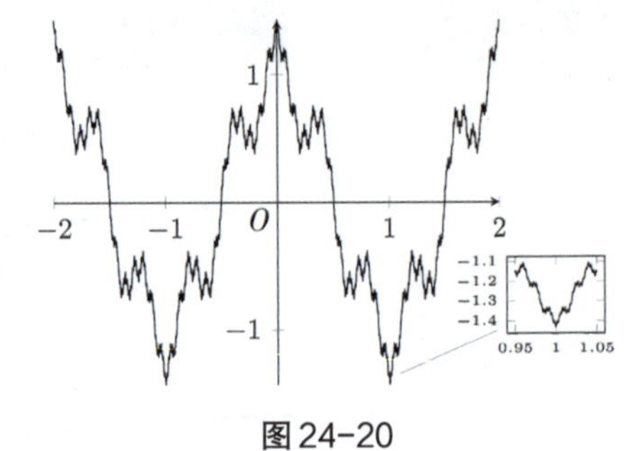

图24-20

2. 复函数迭代生成分形

考虑递推式$z_{k+1}=z_k^2+\mu$，给定复数初值z_0、μ，得到无穷复数数列$\{z_k\}$.

定义24.1 对固定的μ，称$J_\mu=\{z_0|$序列$\{z_k\}$有界$\}$为朱利亚(Julia)集.

定义24.2 对固定的z_0，称$J_{z_0}=\{\mu|$序列$\{z_k\}$有界$\}$为曼德布洛特(Mandelbrot)集.

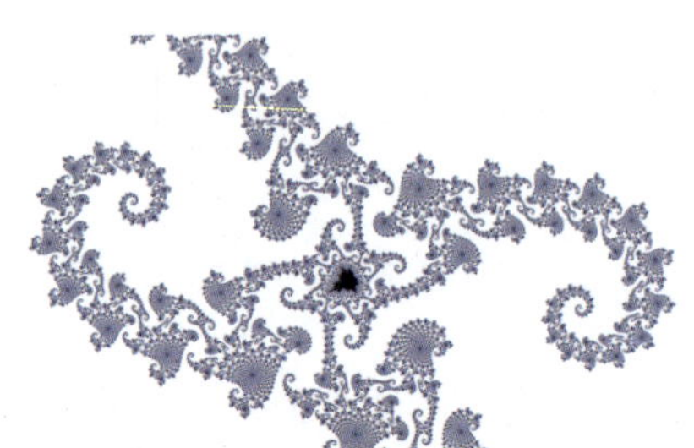

图24-21

图24-21所示的Julia集，将“触角”形状的某部分放大后又可以看到新的“触角”，所以它是分形. 图24-22所示的Mandelbrot集，在“葫芦”形状的前端和中间，分别将其放大后，又可以看到新的“葫芦”，所以它也是分形.

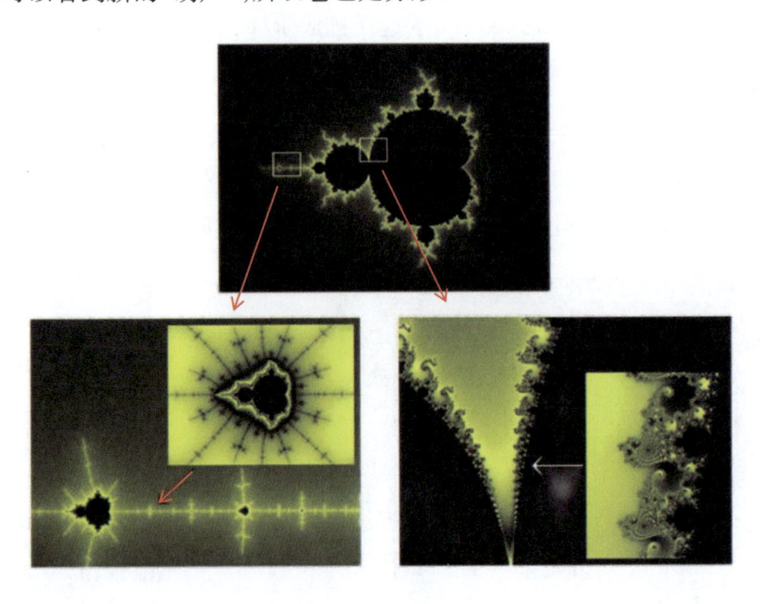

图24-22

朱利亚出生于阿尔及利亚，8岁时第一次进小学就直接入读五年级，很快便成为班上最优秀的学生．18岁的朱利亚获得奖学金到巴黎学习数学，后来法国卷入第一次世界大战中，21岁的朱利亚在一次战斗中，脸部被子弹击中受了重伤，被炸掉了鼻子！多次痛苦的手术未能修补好朱利亚的脸部，他因此一直在脸上挂一个皮套子(图24-23)．但后来他以顽强的毅力潜心研究数学，在医院病房里的几年间完成了他的博士论文．他25岁时在《纯粹数学与应用数学杂志》上发表了描述函数迭代、长达199页的杰作，因此一举成名．

图24-23

Mandelbrot集的某个芽苞上的某个点，对应着参数C的值，当放大这一点的一个尽可能小的邻域时，由于存在无限细节的性质，会得到一个分形图形．这时会发现一个奇异的现象：这个分形图形与以该点为参数的Julia集极其相似．打个比方，Mandelbrot集是一本非常厚的书，而一个Julia集只是其中的一个小节．根据C点在Mandelbrot集中的位置就能预测与之相关的Julia集的外形及大小．Mandelbrot集是一本可以查阅所有Julia集的词典(图24-24，Erik Lindeman绘制)．

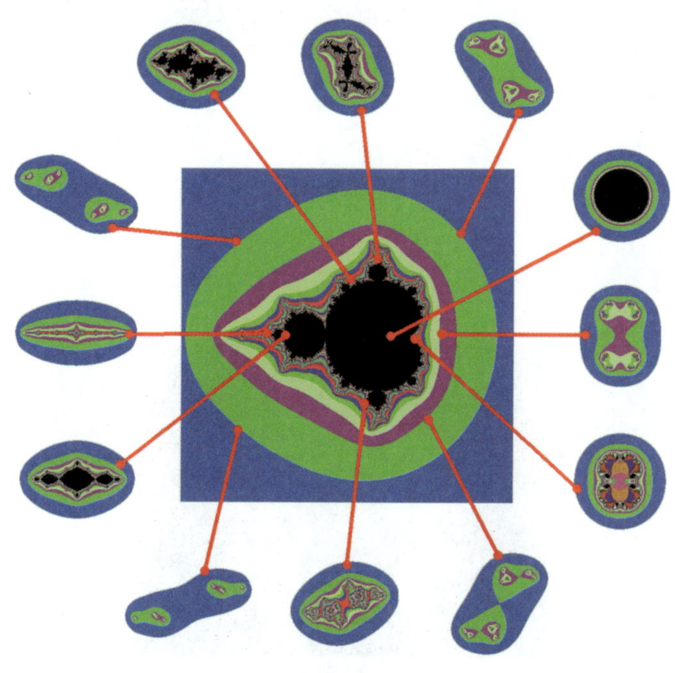

图24-24

3. 牛顿法构造分形

利用牛顿法寻找$f(x)=0$的根：选取初始值x_0，$x_{n+1}=x_n-\dfrac{f(x_n)}{f'(x_n)}$. 那么，$\lim\limits_{n\to\infty}x_n$即为$f(x)$的根(图24–25).

定义 24.3 $z_{n+1}=g(z_n)=z_n-\dfrac{f(z_n)}{f'(z_n)}$，称$A(\omega)=\{z|g^{(k)}(z)\to w,k\to\infty\}$为$f(z)$的根$\omega$的吸引域.

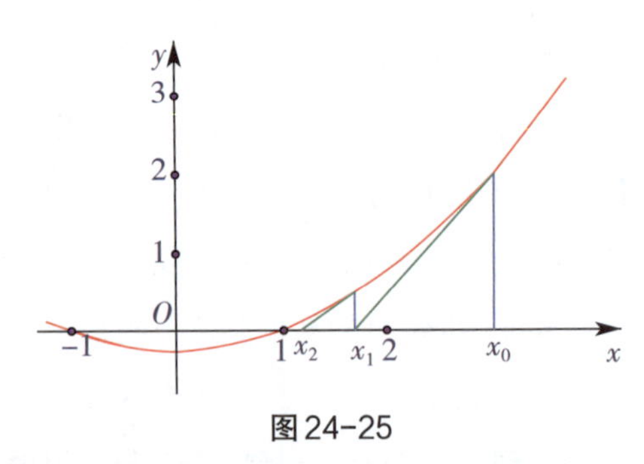

图24–25

图24–26所示是函数$z^3-1=0$的三个根1、$-\dfrac{1}{2}\pm\dfrac{\sqrt{3}}{2}i$的吸引域，图24–27所示是函数$z^4-1=0$的四个根$\pm1$、$\pm i$的吸引域，它们被称为牛顿分形.

图24–26

图24–27

保罗·德比夏尔在研究牛顿分形图形时，把Julia集合的常值μ加进去改变了一下算法，并用同样的方法去估算z，逼近答案，产生了奇特的称为“Nova”的分形图形(图24–28).

图24–28

五、混沌理论中的吸引子

1961年，美国气象学家爱德华·诺顿·洛伦兹（图24-29）利用他的一台计算机，根据他导出的描述气象演变的非线性动力学方程进行长期气象预报的模拟数值计算，探讨准确进行长期天气预报的可能性. 有一次，洛伦兹为了检验上一次的计算结果，决定再算一遍，但他不是从上一次计算时的最初输入的数据开始验算，而是以一个中间结果作为验算的输入数据. 他发现经过一段重复过程后，计算开始偏离上次的结果，甚至与上次的结果大相径庭，如图24-30所示.

图24-29

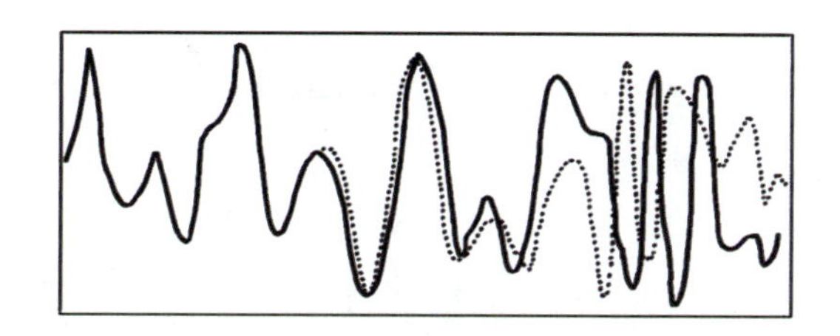

图24-30

后来洛伦兹发现，两次计算的差别只是第二次输入中间数据时将原来的0.506127省略为0.506. 洛伦兹意识到，因为他的方程是非线性的，非线性方程不同于线性方程，线性方程对初值的依赖不敏感，而非线性方程对初值的依赖极其敏感. 正是初始条件的微小误差导致了计算结果的巨大偏离. 由此洛伦兹断言：准确地作出长期天气预报是不可能的. 这是混沌理论的开端，它是20世纪除相对论和量子论外的第三项重要的物理学成果，破除了自牛顿、拉普拉斯以来的决定论，而分形则是对混沌现象中自相似现象的几何描述.

1963年，洛伦兹建立了一套大气对流的数学模型：

$$\begin{cases}\dfrac{\mathrm{d}x}{\mathrm{d}t}=\sigma(y-x)\\[2mm]\dfrac{\mathrm{d}y}{\mathrm{d}t}=x(\rho-y)-z\\[2mm]\dfrac{\mathrm{d}z}{\mathrm{d}t}=xy-\beta z\end{cases}$$

其中x、y、z为位置状态，t为时间，σ、ρ、β为系统参数.

状态点在相空间中运动，最后趋向的极限图形，就叫作该系统的“吸引子”. 吸引子分为经典吸引子和奇异吸引子，经典吸引子包括以下几类(图24-31).

(1)稳定点吸引子：任何一个摆，如果不给它补充能量，最终都会由于摩擦和阻尼而停止.

(2)极限环吸引子：如果摆有能量来源，像手表有发条或电源，不停下来的话，系统的最后状态是一种周期性运动.

(3)极限环面吸引子：设想有一个摆，如果除左右摆动外，在上面加了一个弹簧，就又多了一个上下的振动，这就形成了摆的耦合振荡行为，具有两个振动频率，并且比值为无理数，这样的系统看起来几乎是周期的，却永远不会精确地重复自身，被称作“准周期的”.

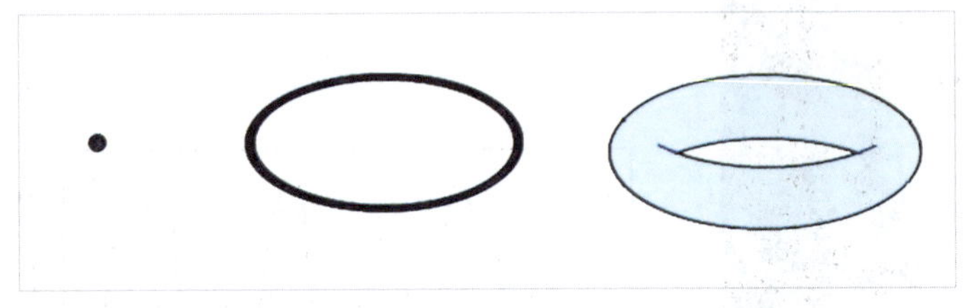

图24-31

除以上几类外的吸引子被称为奇异吸引子. 图24-32所示是洛伦兹(Lorenz)吸引子，它近似2.06维的分形，形状有些像蝴蝶. 我们有时将洛伦兹发现的现象称为蝴蝶效应：北京的一只蝴蝶扇动一下翅膀，就可能导致几天后纽约的一场暴雨. 这个比喻非常形象地描述了微小的初始值的变化，在经过一定时间后会导致意想不到的巨变. 除了洛伦兹吸引子，还有罗斯勒(Rossler)吸引子(图24-33)、托马斯(Thomas)吸引子(图24-34)、哈尔沃森(Halvorsen)吸引子(图24-35)等奇异吸引子，它们都是刻画蝴蝶效应的分形.

图24-32

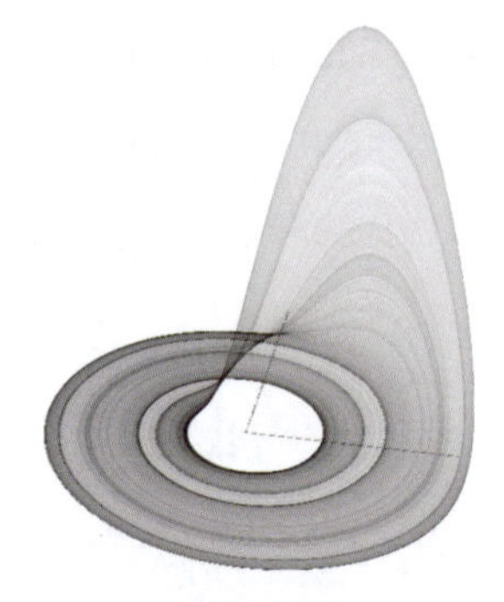

图24-33

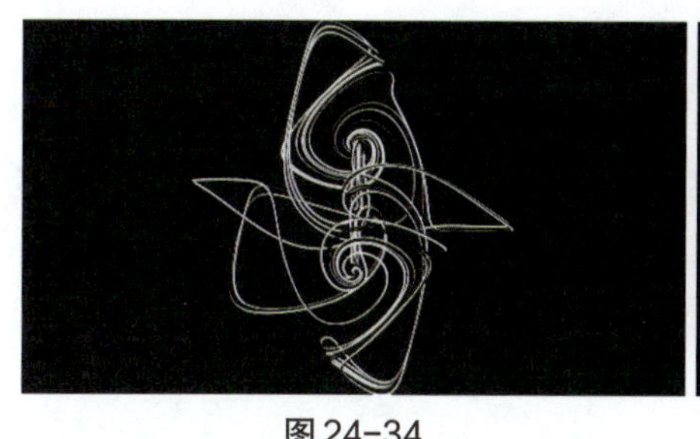

图24-34

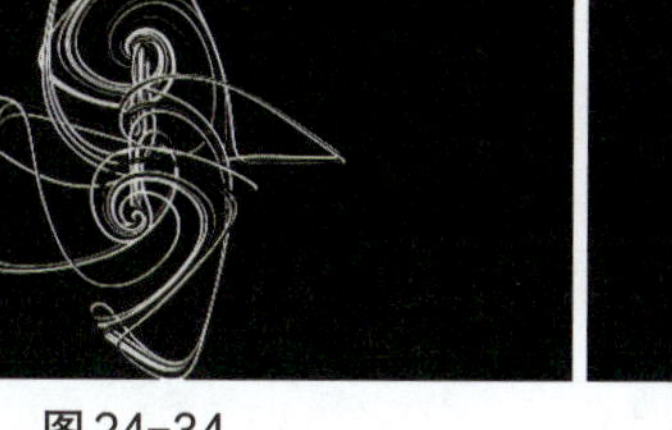

图24-35

六、分形的维数

奇怪的问题:线段的面积是多少？正方形的长度是多少？

第一个问题的答案是0,因为线段的宽度可以认为是0;而第二个问题的答案是无穷大,因为正方形可以分割成无穷多条线段. 这两个问题没有实际意义,因为对于任意线段,面积都是0;任意三角形或四边形,长度都是无穷大,这样的度量方式并没有意义,那么问题出在哪里呢？出在尺子不对,用二维的尺子(面积)去测量一维的图形,得到的结果是0;用一维的尺子(长度)去测量二维的图形,得到的结果是无穷大. 也就是说,要度量图形的大小,就要弄清图形的维数.

定义 24.4 若将几何物体的长度(线度)扩大为原来的r倍,现物体可由N个原物体构成,那么维数d满足$N = r^d$(也可以写成$d = \dfrac{\ln N}{\ln r}$).

例如,单位立方体的边长扩大2倍,变成边长为2的立方体,它可由8个单位立方体构成,所以$8 = 2^3$,也就是说,立方体的维数是3.

我们以科赫曲线的一条边为例(图24-36),如果将它放大3倍,那么可以看到现在的图形由原来的4个图形构成,所以它的维数是$\dfrac{\ln 4}{\ln 3}$.

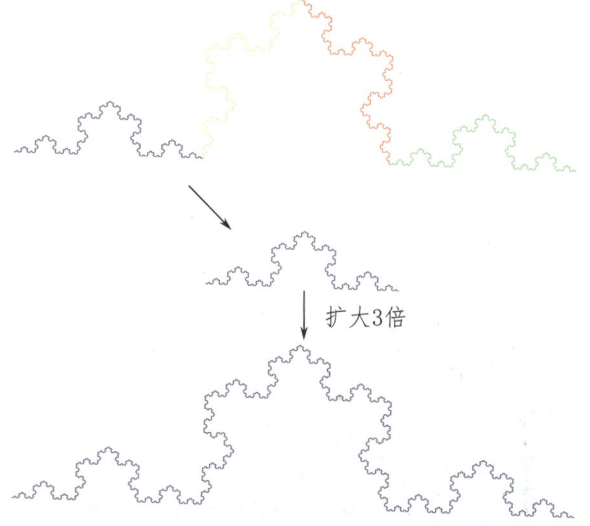

图24-36

将正三角形3条边的中点相连,得到4个小正三角形，将中间的正三角形挖去，然后对剩下的3个小正三角形不断重复上面的操作，这样就得到了谢尔宾斯基三角形(图24–37)，很容易知道做n次操作后会得到3^n个小正三角形．如果假设开始时正三角形的边长为1，那么这些小正三角形的边长为$\frac{1}{2^n}$，这些正三角形的周长总和是$\frac{3^{n+1}}{2^n}$，所以谢尔宾斯基三角形的长度是无穷大；这些正三角形的面积总和是$\frac{\sqrt{3}}{4}\left(\frac{3}{4}\right)^n$，所以谢尔宾斯基三角形的面积是0．根据上面的分析，可知它的维数应在1和2之间，下面我们来求谢尔宾斯基三角形的维数．如果将谢尔宾斯基三角形伸长2倍，那么得到的新图形可由原来的3个图形构成，所以它的维数是$\frac{\ln 3}{\ln 2}$．

图24–37

图24–38所示是谢尔宾斯基地毯，先将它分成9个相同的正方形，然后挖去最中间那个，再对剩下的8个正方形继续上述操作，这样就得到了谢尔宾斯基地毯．如果将它伸长3倍，那么可由原来的8个地毯构成，所以它的维数是$\frac{\ln 8}{\ln 3}$．

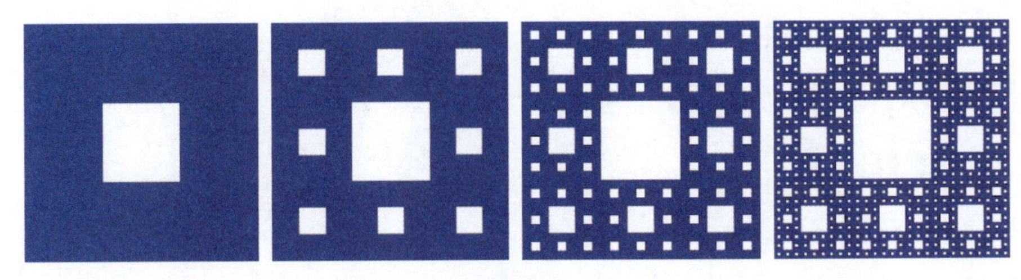

图24–38

类似地,我们可以定义谢尔宾斯基垫片(图24-39)和蒙日海绵(图24-40),它们的维数分别为$\frac{\ln5}{\ln2}$、$\frac{\ln20}{\ln3}$.

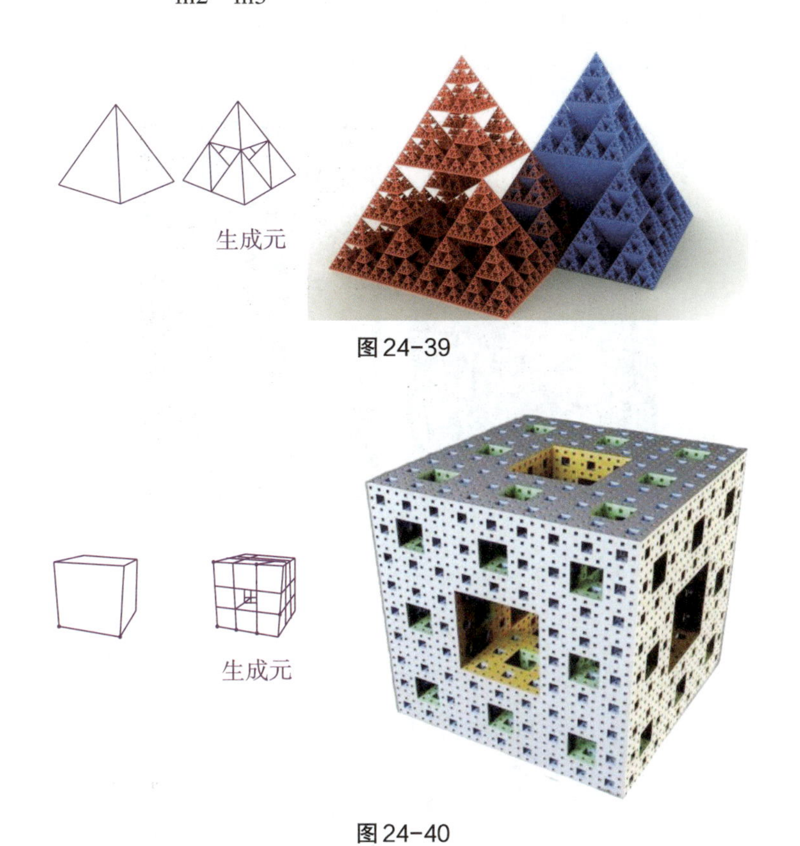

图24-39

图24-40

上述两个图形的维数介于2和3之间,所以它们的表面积应该是无穷大,而体积是0. 也就是说,如果用低维的尺子去测量高维的图形,得到的结果是无穷大;如果用高维的尺子去测量低维的图形,得到的结果是0. 这个性质也可以从代数角度去理解.

例如,考虑有理函数$f(x)=\frac{a_nx^n+a_{n-1}x^{n-1}+\cdots+a_1x+a_0}{b_mx^m+b_{m-1}x^{m-1}+\cdots+b_1x+b_0}$ $(a_n\neq0,b_m\neq0)$,

那么$\lim\limits_{x\to\infty}f(x)=\begin{cases}\infty, n>m\\ \frac{a_n}{b_m}, n=m.\\ 0, n<m\end{cases}$

可将有理函数的分子看成n维的图形,分母看成m维的尺子,除法可以看成度量,此时如果尺子比图形维数低,那么得到无穷大;如果尺子比图形维数高,那么得到0;只有当尺子和图形维数相同时,计算的结果才是有意义的.

七、电影的分形艺术

20世纪80年代初，弗尔聂将分形图形推向好莱坞影视业，主要影片有《星际迷航2：可汗之怒》《最后的星球斗士》(图24-41)．

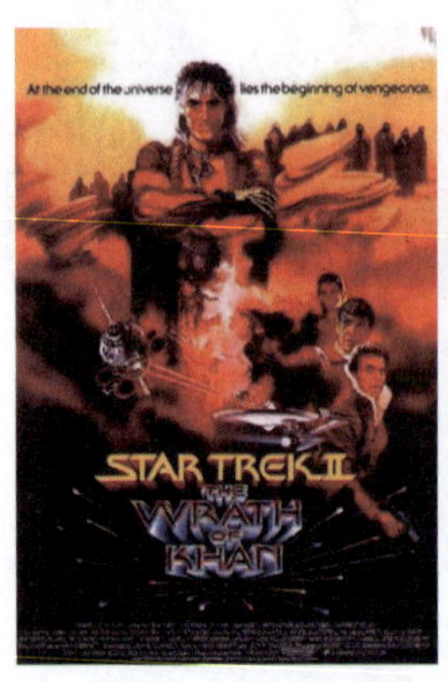

图24-41

1997年，《泰坦尼克号》上映，影片开头，码头上的巨轮启航(图24-42)，仅这一场景便运用了近百处不同的电脑特效，其中就包括分形绘景．特效人员通过数码合成软件将岸上的人群及使用电脑虚拟的天空、海鸥、码头、海水、拖船等结合在一起．数字化模拟非刚性的流体云朵，分形算法是不可或缺的．

图24-42

进入21世纪后，刚体自然景物的数字化绘制，像山脉石头、树木丛林这些都已经不是难题．然而，有许多场景涉及非刚体景物的模拟，比如，火、烟或雪等，这时普通的分形建模已然无法满足需求，粒子系统为分形数字化绘景解决了非刚体景物模拟的难题．例如，《指环王》《星球大战》《冰雪奇缘》等电影(图24-43)中都采用了这项技术．

图 24-43

在2009年的电影《飞屋环游记》中,卡尔和妻子艾丽躺在草坪上,此时的草坪比1995年的电影《玩具总动员1》中的草坪真实感强了很多倍,甚至可以做到随风飘动. 而2010年的电影《玩具总动员3》中的草坪,可以说是栩栩如生(图24-44).

图 24-44

电影《阿凡达》中潘多拉星球的灵魂之树给观众留下了深刻的印象(图24-45),它是纳美人的精神图腾,它比之前任何一部影片中生成的树木都要细致精妙、壮丽秀美,可以说是分形数字绘景技术的里程碑之作.

图 24-45

综合与实践

(1)求康托尔三分集的维数.

(2)用本章第四节的几何迭代方法构造几个分形.

第25章

25

四边形的婆罗摩笈多公式

我们知道，给定三条线段 a、b、$c(a \leqslant b \leqslant c)$，那么它们能够构成三角形的充要条件是 $a+b>c$，在满足这个不等式的情况下，三角形是唯一确定的，并且可以根据海伦-秦九韶公式来求出它的面积. 而对于四边形来说，即使确定所有边的长度，它的形状、面积也无法完全确定. 例如，伸缩门中的平行四边形在开关门时边长保持不变(图 25-1)，但它的形状等会发生改变，本章我们就来探究四边形中的相关问题.

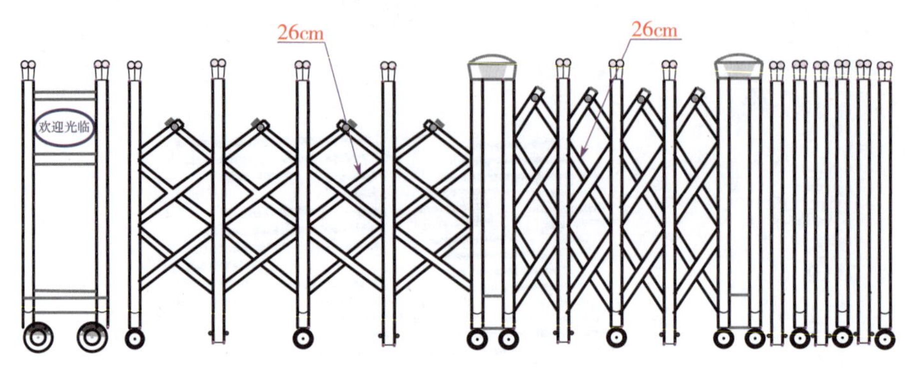

图 25-1

一、四条线段何时能够构成四边形?

如果现在考虑四条线段 a、b、c、$d(a \leqslant b \leqslant c \leqslant d)$，那么它们能够构成四边形的充要条件是 $a+b+c>d$. 根据折线段长大于直线段长，可知 $a+b+c>d$ 是必要条件，下面说明充分性. 先取线段 $AD=d$，然后分别以 A、D 为圆心，a、c 为半径作圆(图 25-2)，如果这两个圆相离($d>a+c$)，那么这两个圆上点的距离的取值范围在 $[d-a-c, d+a+c]$ 内，所以必有两点距离是 b；如果这两个圆相切或相交($d \leqslant a+c$)，那么这两个圆上点的距离的取值范围是 $[0, d+a+c]$，所以必有两点距离是 b. 将这两个点取为 B、C，那么我们就可以得到四条边长为 a、b、c、d 的四边形 $ABCD$. 从构造方法可以看到，如将 B 在圆弧上做微小的移动，仍能在另一个圆上找到满足 $BC=b$ 的点 B，所以这样的四边形有无穷多个.

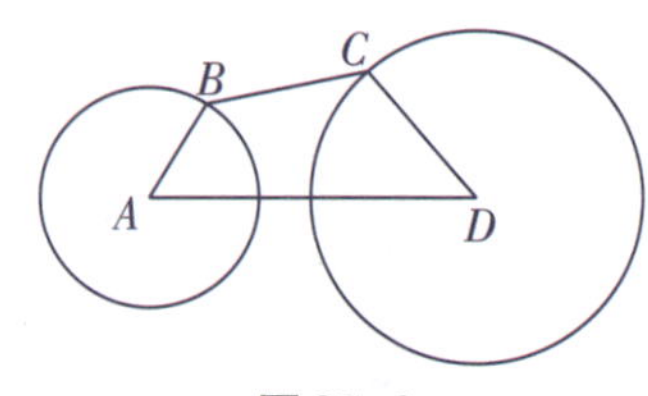

图 25-2

二、四条边长确定的四边形何时面积最大？

如图 25-3 所示，设四边形 $ABCD$ 的四条边 $AB = a, BC = b, CD = c, DA = d$，连接对角线 AC.

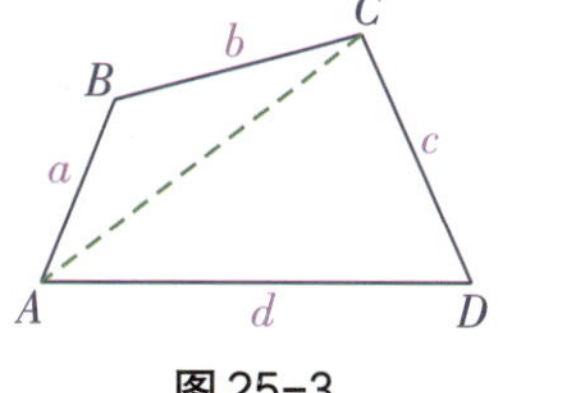

图 25-3

在$\triangle ABC$中，由余弦定理可知

$$AC^2 = a^2 + b^2 - 2ab\cos B \quad ①$$

在$\triangle ACD$中，由余弦定理可知

$$AC^2 = c^2 + d^2 - 2cd\cos D \quad ②$$

由①、②可得

$$2ab\cos B - 2cd\cos D = a^2 + b^2 - c^2 - d^2 \quad ③$$

$$S_{四边形ABCD} = S_{\triangle ABC} + S_{\triangle ACD} = \frac{1}{2}ab\sin B + \frac{1}{2}cd\sin D \quad ④$$

由③、④可得

$$\begin{aligned}(4S_{四边形ABCD})^2 + (a^2 + b^2 - c^2 - d^2)^2 &= 4(ab\sin B + cd\sin D)^2 + 4(ab\cos B - cd\cos D)^2 \\ &= 4(a^2b^2 + c^2d^2) + 8abcd(\sin B\sin D - \cos B\cos D) \\ &= 4(a^2b^2 + c^2d^2) - 8abcd\cos(B + D)\end{aligned} \quad ⑤$$

这里 a、b、c、d 已经确定，$S_{四边形ABCD}$ 要取最大值，等式右边的 $\cos(B + D)$ 取最小值 -1，此时 $B + D = \pi$，也就是说，四边形 $ABCD$ 是圆内接四边形时面积最大．此时

$$(4S_{四边形ABCD})^2 + (a^2 + b^2 - c^2 - d^2) = 4(a^2b^2 + c^2d^2) + 8abcd = 4(ab + cd)^2$$

$$\begin{aligned}(4S_{四边形ABCD})^2 &= 4(ab + cd)^2 - (a^2 + b^2 - c^2 - d^2)^2 \\ &= (2ab + 2cd + c^2 + d^2 - a^2 - b^2)(2ab + 2cd - c^2 - d^2 + a^2 + b^2) \\ &= [(c + d)^2 - (a - b)^2][(a + b)^2 - (c - d)^2] \\ &= (-a + b + c + d)(a - b + c + d)(a + b - c + d)(a + b + c - d)\end{aligned}$$

设四边形 $ABCD$ 的半周长 $p = \frac{1}{2}(a + b + c + d)$，那么

$$(4S_{四边形ABCD})^2 = (2p - 2a)(2p - 2b)(2p - 2c)(2p - 2d)$$

即

$$S_{四边形ABCD} = \sqrt{(p - a)(p - b)(p - c)(p - d)}$$

这个公式被称为婆罗摩笈多面积公式，是由印度数学家婆罗摩笈多（图 25-4）给出的，他是印度印多尔北部乌贾因地方人，这里是印度的数学和天文学活动的三个

图 25-4

中心之一. 他提出了负数的概念,用小点或小圈记在数字上以表示负数,并给出了负数的运算法则. 他还几乎解出了佩尔方程,只是不为他国所知.

如果我们令 $d = 0$,那么这时顶点 D 和 A 重合,四边形 $ABCD$ 就退化为三角形 ABC,此时婆罗摩笈多面积公式就变成了秦九韶的"三斜求积"公式(海伦公式):

$$S_{\triangle ABC} = \sqrt{p(p-a)(p-b)(p-c)}$$

婆罗摩笈多还计算了四边形 $ABCD$ 是圆内接四边形时对角线的长度,由③可知

$$2(ab+cd)\cos B = a^2+b^2-c^2-d^2, \cos B = \frac{a^2+b^2-c^2-d^2}{2(ab+cd)}$$

$$AC^2 = a^2+b^2-2ab\cos B = a^2+b^2-2ab\cdot\frac{a^2+b^2-c^2-d^2}{2(ab+cd)}$$

$$= \frac{cd(a^2+b^2)+ab(c^2+d^2)}{ab+cd} = \frac{(ac+bd)(ad+bc)}{ab+cd}$$

所以

$$AC = \frac{\sqrt{(ab+cd)(ac+bd)(ad+bc)}}{ab+cd}$$

同理

$$BD = \frac{\sqrt{(ab+cd)(ac+bd)(ad+bc)}}{ad+bc}$$

这里我们可以看到 $AC\cdot BD = ac+bd = AB\cdot CD + AD\cdot BC$,这就是托勒密定理.

同时,我们也可以得到四边形 $ABCD$ 的外接圆半径 R,由 $\cos B = \frac{a^2+b^2-c^2-d^2}{2(ab+cd)}$ 可得

$$\sin B = \sqrt{1-\cos^2 B} = \sqrt{1-\frac{(a^2+b^2-c^2-d^2)^2}{4(ab+cd)^2}}$$

$$= \frac{\sqrt{4(ab+cd)^2-(a^2+b^2-c^2-d^2)^2}}{2(ab+cd)}$$

$$= \frac{2\sqrt{(p-a)(p-b)(p-c)(p-d)}}{ab+cd}$$

在 $\triangle ABC$ 中,由正弦定理可知, $R = \frac{AC}{2\sin B} = \frac{\sqrt{(ab+cd)(ac+bd)(ad+bc)}}{4\sqrt{(p-a)(p-b)(p-c)(p-d)}}$.

下面我们用相似形来证明婆罗摩笈多面积公式.

容易验证，当圆内接四边形是矩形时，面积公式成立，所以只需考虑有一组对边不平行的情形．不妨设 AD、BC 不平行，如图 25-5 所示，设 DA、CB 延长线交于 E，那么 $\triangle EAB \backsim \triangle ECD$，设 $AE = e$，$BE = f$，根据相似关系可知 $\frac{EC}{EA} = \frac{ED}{EB} = \frac{CD}{AB}$，即 $\frac{b+f}{e} = \frac{d+e}{f} = \frac{c}{a}$，由合比可知

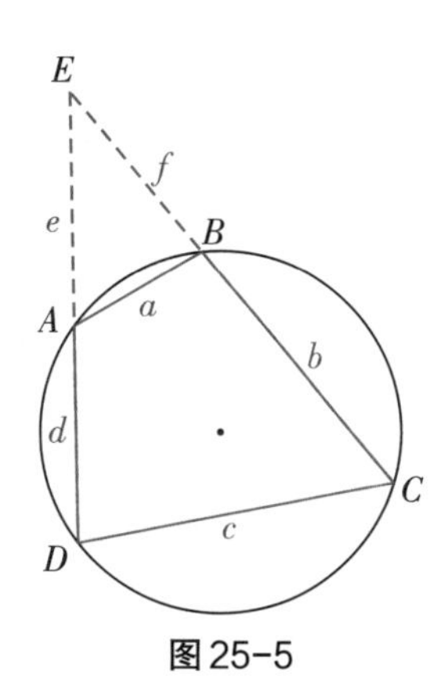

图 25-5

$$\frac{b+f+e}{e} = \frac{d+e+f}{f} = \frac{c+a}{a} \qquad ⑥$$

由差比可知

$$\frac{b+f-e}{e} = \frac{d+e-f}{f} = \frac{c-a}{a} \qquad ⑦$$

由相似三角形的面积之比等于相似比的平方：$\frac{S_{\triangle ECD}}{S_{\triangle EAB}} = \frac{c^2}{a^2}$，利用差比可得

$$\frac{S_{四边形ABCD}}{S_{\triangle EAB}} = \frac{S_{\triangle ECD} - S_{\triangle EAB}}{S_{\triangle EAB}} = \frac{c^2 - a^2}{a^2}$$

$$\begin{aligned} S_{四边形ABCD} &= \frac{c^2 - a^2}{a^2} \cdot S_{\triangle EAB} \\ &= \frac{c^2 - a^2}{a^2} \sqrt{\left(\frac{e+a+f}{2}\right)\left(\frac{a+f-e}{2}\right)\left(\frac{f+e-a}{2}\right)\left(\frac{e+a-f}{2}\right)} \\ &= \sqrt{\left(\frac{e+a+f}{2}\right)\left(\frac{c-a}{a}\right)\left(\frac{a+f-e}{2}\right)\left(\frac{c+a}{a}\right)\left(\frac{f+e-a}{2}\right)\left(\frac{c-a}{a}\right)\left(\frac{e+a-f}{2}\right)\left(\frac{c+a}{a}\right)} \end{aligned}$$

根据⑥、⑦的比例关系

$$(e+a+f)\left(\frac{c-a}{a}\right) = (b+f-e) + (c-a) + (d+e-f) = b+c+d-a$$

$$(a+f-e)\left(\frac{c+a}{a}\right) = (c+a) + (d+e+f) - (b+f+e) = a-b+c+d$$

$$(f+e-a)\left(\frac{c-a}{a}\right) = (d+e-f) + (b+e-f) - (c-a) = a+b-c+d$$

$$(e+a-f)\left(\frac{c+a}{a}\right) = (b+f+e) + (c+a) - (d+e+f) = a+b+c-d$$

将上面四个式子代入可得

$$S_{\text{四边形}ABCD} = \sqrt{\frac{1}{16}(-a+b+c+d)(a-b+c+d)(a+b-c+d)(a+b+c-d)}$$
$$= \sqrt{(p-a)(p-b)(p-c)(p-d)}$$

三、布雷特施奈德公式

在几何学中,布雷特施奈德公式是任意四边形的面积公式,由德国的数学家布雷特施奈德所发现.

布雷特施奈德公式 在四边形 $ABCD$ 中,若 $AB = a, BC = b, CD = c, DA = d, p = \frac{1}{2}(a+b+c+d)$, 则

$$S_{\text{四边形}ABCD} = \sqrt{(p-a)(p-b)(p-c)(p-d) - abcd\cos^2\left(\frac{B+D}{2}\right)}$$

证明 由⑤并利用半角公式可知

$$(4S_{\text{四边形}ABCD})^2 + (a^2+b^2-c^2-d^2)^2 = 4(a^2b^2+c^2d^2) - 8abcd\cos(B+D)$$
$$= 4(ab+cd)^2 - 16abcd\cos^2\left(\frac{B+D}{2}\right)$$

移项可得

$$(4S_{\text{四边形}ABCD})^2 = 4(ab+cd)^2 - (a^2+b^2-c^2-d^2)^2 - 16abcd\cos^2\left(\frac{B+D}{2}\right)$$
$$= (a^2+b^2+2ab-c^2-d^2+2cd)(c^2+d^2+2cd-a^2-b^2+2ab) - 16abcd\cos^2\left(\frac{B+D}{2}\right)$$
$$= [(a+b)^2-(c-d)^2][(c+d)^2-(a-b)^2] - 16abcd\cos^2\left(\frac{B+D}{2}\right)$$
$$= (a+b-c+d)(a+b+c-d)(a-b+c+d)(-a+b+c+d) - 16abcd\cos^2\left(\frac{B+D}{2}\right)$$

所以, $S_{\text{四边形}ABCD} = \sqrt{(p-a)(p-b)(p-c)(p-d) - abcd\cos^2\left(\frac{B+D}{2}\right)}$.

其中 $B+D$ 也可以替换为 $A+C$.

可以看到,当 $B+D=\pi$ 时,布雷特施奈德公式就是婆罗摩笈多面积公式.

推论 (1)若四边形$ABCD$有内切圆,那么$S_{\text{四边形}ABCD}=\sqrt{abcd}\sin\left(\dfrac{B+D}{2}\right)$.

(2)若四边形$ABCD$有内切圆和外接圆,那么$S_{\text{四边形}ABCD}=\sqrt{abcd}$.

证明 (1)四边形$ABCD$有内切圆,所以$p=a+c=b+d$,由布雷特施奈德公式可知

$$S_{\text{四边形}ABCD}=\sqrt{abcd-abcd\cos^2\left(\frac{B+D}{2}\right)}=\sqrt{abcd}\sin\left(\frac{B+D}{2}\right)$$

(2)由(1)和$\sin\left(\dfrac{B+D}{2}\right)=1$可知,$S_{\text{四边形}ABCD}=\sqrt{abcd}$.

下面我们来看布雷特施奈德公式的另一种形式.

四边形$ABCD$的四条边$AB=a,BC=b,CD=c,DA=d$,对角线$AC=e$,$BD=f$,则$S_{\text{四边形}ABCD}=\dfrac{1}{4}\sqrt{4e^2f^2-(a^2-b^2+c^2-d^2)^2}$.

如图25-6所示,设AC与BD交于点O,$\angle AOB=\theta$,$AO=u$,$BO=v$,$CO=s$,$DO=t$,由余弦定理可知

$$a^2=u^2+v^2-2uv\cos\theta,b^2=v^2+s^2-2vs\cos(\pi-\theta)=v^2+s^2+2vs\cos\theta$$

$$c^2=s^2+t^2-2st\cos\theta,d^2=t^2+u^2-2tu\cos(\pi-\theta)=t^2+u^2+2tu\cos\theta$$

$$a^2-b^2+c^2-d^2=-2(uv+vs+st+tu)\cos\theta=-2(u+s)(v+t)\cos\theta=-2ef\cos\theta$$

$$\begin{aligned}S_{\text{四边形}ABCD}&=S_{\triangle AOB}+S_{\triangle BOC}+S_{\triangle COD}+S_{\triangle DOA}\\&=\frac{1}{2}uv\sin\theta+\frac{1}{2}vs\sin(\pi-\theta)+\frac{1}{2}st\sin\theta+\frac{1}{2}tu\sin(\pi-\theta)\\&=\frac{1}{2}(uv+vs+st+tu)\sin\theta=\frac{1}{2}(u+s)(v+t)\sin\theta=\frac{1}{2}ef\sin\theta\\&=\frac{1}{2}ef\sqrt{1-\cos^2\theta}=\frac{1}{4}\sqrt{4e^2f^2-(2ef\cos\theta)^2}\\&=\frac{1}{4}\sqrt{4e^2f^2-(a^2-b^2+c^2-d^2)^2}\end{aligned}$$

前面讨论了四边形的情形,如果是$n(n\geqslant 5)$边形的情形呢?

不妨设有n条线段,它们的长度是$a_1\leqslant a_2\leqslant\cdots\leqslant a_n$,这$n$条线段可以构成$n$边形的充要条件是$a_1+a_2+\cdots+a_{n-1}>a_n$.

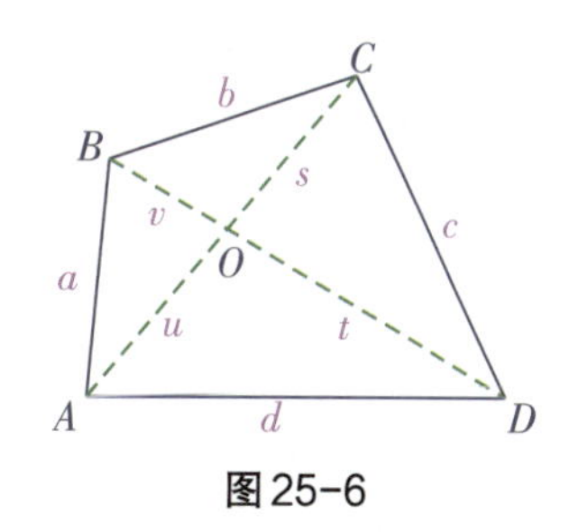

图25-6

假设有这样n条线段,那么在由它们构成的所有n边形中,面积最大的是哪个?

(这里我们假定这些n边形的面积的最大值是存在的)根据四边形时的结

论可以证明，只有当n边形是圆内接多边形时，它的面积取最大值.

为方便讨论，我们假设$n=10$，如图25-7所示，有四个点A_1、A_4、A_6、A_9不共圆，我们保持四边形$A_1A_2A_3A_4$、$\triangle A_4A_5A_6$、四边形$A_6A_7A_8A_9$、$\triangle A_9A_{10}A_1$不变，中间的四边形$A_1A_4A_6A_9$在保持边长不变的前提下，可以变为一个圆内接四边形. 那么，当它的面积变大，而其他部分面积不变时，整个多边形的面积就增大了，所以原来的多边形不可能是面积最大的，只能当n边形是圆内接多边形时，它的面积取最大值.

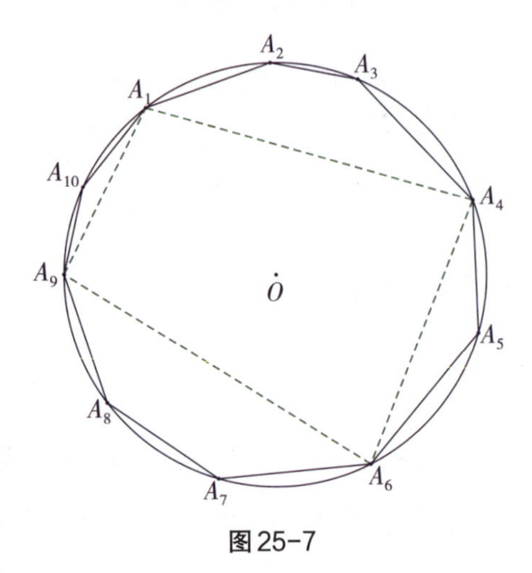

图25-7

综合与实践

(1)本章讨论面积公式时，线段的排列顺序对结果是否有影响？

(2)四边形$ABCD$的四条边$AB=a, BC=b, CD=c, DA=d$，设AC与BD交于点O，$\angle AOB=\theta, \theta\neq\frac{\pi}{2}$，求证$S_{\text{四边形}ABCD}=\frac{1}{4}(-a^2+b^2-c^2+d^2)\tan\theta$.

(3)四边形$ABCD$的四条边$AB=a, BC=b, CD=c, DA=d$，对角线$AC=e, BD=f$，求证$a^2c^2+b^2d^2=e^2f^2+2abcd\cos(A+C)$.

(4)如果四边形的四条边长确定，它的面积是否有最小值？

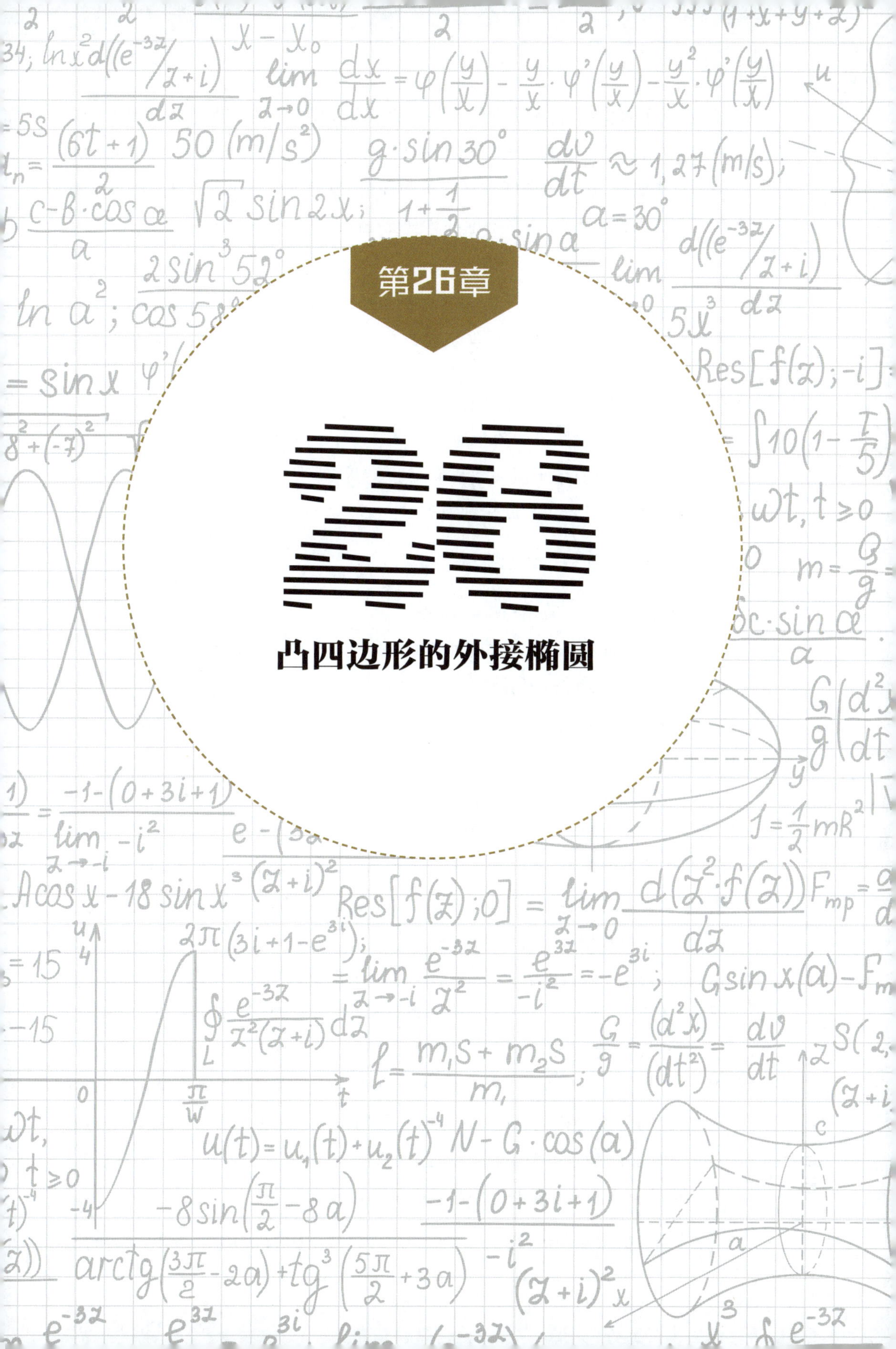

第26章

26

凸四边形的外接椭圆

公元前4世纪，古希腊数学家梅内克缪斯在研究倍立方问题时发现了圆锥曲线，他用垂直于母线的平面去截取顶角分别为锐角、直角、钝角的三种圆锥，得到三种曲线，这三种曲线现在被称为椭圆、抛物线和双曲线．这三种曲线有许多非常优美的性质，很多结论都具有统一性．

一、圆锥曲线的定义

下面我们来用现代语言说明圆锥曲线的定义．设圆锥的顶角为2θ，若用与旋转轴垂直的平面去截圆锥，得到的图形是圆；若用与旋转轴夹角$\alpha \in \left(\theta, \frac{\pi}{2}\right)$的平面截圆锥（图26-1），得到的图形是椭圆；若用与旋转轴夹角$\alpha = \theta$的平面截圆锥（此时平面和母线平行），得到的图形是抛物线；若用与旋转轴夹角$\alpha \in (0, \theta)$的平面截圆锥，得到的图形是双曲线．（以上平面均不经过圆锥顶点）

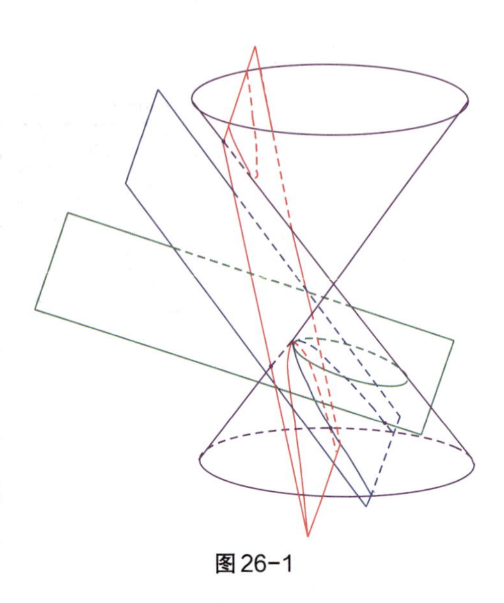

图26-1

下面我们以椭圆的情形为例，在圆锥内可以放入一个大球，如图26-2所示，位于截面的下方，然后逐步放气（它始终与圆锥相切），可使它与截面相切，设切点为F_1．在圆锥内还可以放入一个小球，位于截面的上方，然后逐步充气（它始终与圆锥相切），可使它与截面相切，设切点为F_2．这两个球被称为丹德林双球，它们和圆锥的公共部分是两个圆，圆锥中位于这两个圆中间的部分是圆台．任取截面上一点P，P和圆锥顶点S的连线与两球和圆锥的公共圆交于M、N，PN、PF_1是下方球的切线，所以$PF_1 = PN$．同理，$PF_2 = PM$，所以$PF_1 + PF_2 = PN + PM = MN$，$MN$是中间圆台的母线长，是一个定值，也就是说，$P$点到$F_1$、$F_2$的距离之和是定值，所以截面是椭圆．类似地，如果用与旋转轴不垂直的平面去截圆柱，得到的图形也是椭圆（图26-3）．

椭圆也可以通过圆进行伸缩变换后得到，如图26-4所示，将圆$x^2 + y^2 = a^2$沿着y轴方向压缩$\frac{b}{a}$倍，设圆上任意一点A的坐标是$(a\cos\theta, a\sin\theta)$，压缩后的点

M的坐标是$(a\cos\theta, b\sin\theta)$，所以得到的图形是椭圆$\frac{x^2}{a^2}+\frac{y^2}{b^2}=1$．类似地，将圆$x^2+y^2=b^2$沿着$x$轴方向伸长$\frac{a}{b}$倍，也可以得到椭圆$\frac{x^2}{a^2}+\frac{y^2}{b^2}=1$，并且可知此时椭圆的面积是$\pi ab$（在后面的讨论中，我们将圆视作椭圆的特殊情况）．

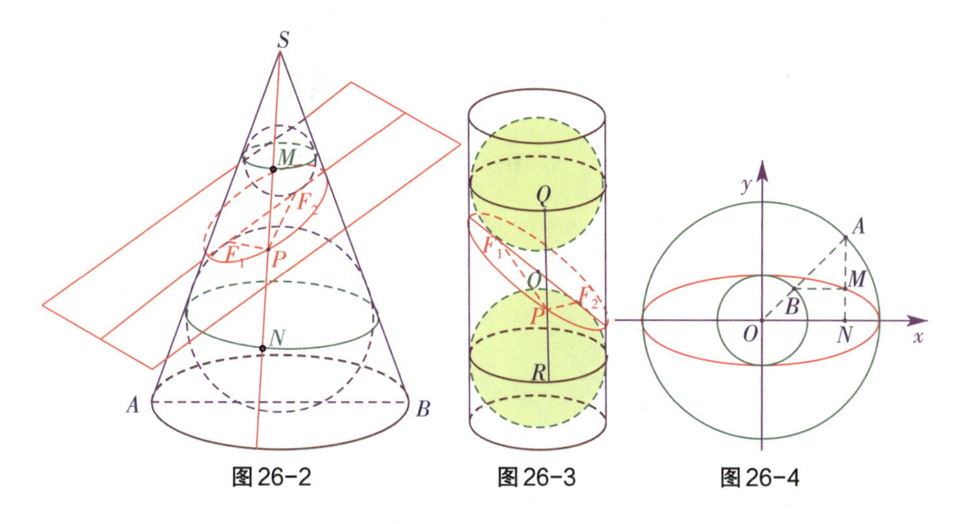

图26-2　图26-3　图26-4

二、四边形外接椭圆的覆盖区域

任意椭圆的内接四边形是凸四边形，反之，任意凸四边形均存在外接椭圆．这是因为可以先将四边形拉伸为一个圆内接四边形，然后压缩回原来的四边形，此时圆就变成椭圆．

因为拉伸的方向可以不同，所以凸四边形的外接椭圆有无穷多个，此时要确定一个椭圆就必须需要第5个点．例如，如果这个四边形是矩形，那么过它的4个顶点的椭圆所覆盖的区域是图26-5所示的绿色部分，通过平行投影的方法可以得到过平行四边形4个顶点的椭圆所覆盖的也是两组平行线之间、四边形外部的区域．

接着我们来观察更一般的情形，有一组对边平行的梯形，过梯形的4个顶点有一条抛物线，这个梯形的外接椭圆覆盖的区域是抛物线内且不在上下底之间的区域和抛物线外且在上下底之间的区域，即图26-6所示的绿色部分．如果是一般的凸四边形，即没有一组对边平行的凸四边形，那么过它的4个顶点有两条抛物线，此时它的外接椭圆覆盖的区域是位于其中一条抛物线内且在另一条抛物线外的区域，即图26-7所示的绿色部分．

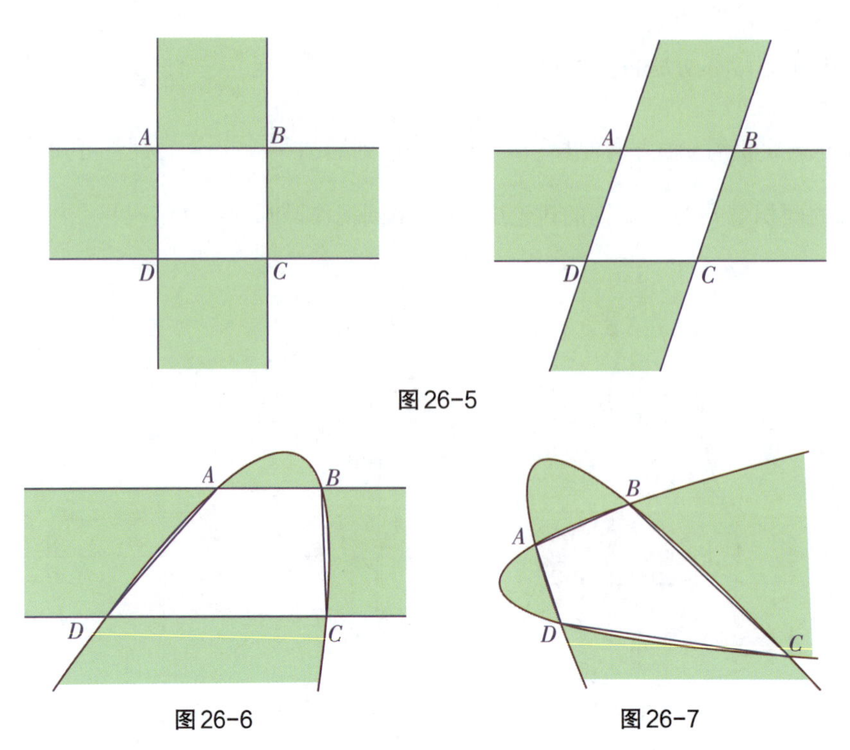

图 26-5

图 26-6　　图 26-7

如果将上述几幅图中的平行线视作“退化的抛物线”，那么过凸四边形4个顶点的两条抛物线和四边形将平面分成若干个区域；如果第5个点位于绿色部分，那么这个点和原来的4个顶点共椭圆；如果第5个点位于抛物线上，那么这个点和原来的4个顶点共抛物线；如果第5个点位于其他区域呢？想必你能猜到，这时这个点和原来的4个顶点共双曲线，可能4个顶点中的2个位于双曲线的一支上，另外2个位于双曲线的另一支上，也可能全部位于双曲线的一支上，如图26-8所示，但不可能出现3个在一支上、1个在另一支上的情形.

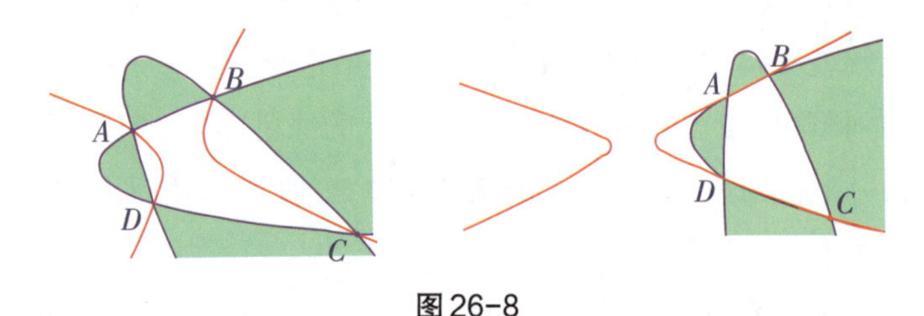

图 26-8

下面对凸四边形和平面上第5个点构成的圆锥曲线做一个总结.

定理 26.1　如图26-9所示，过凸四边形的4个顶点存在两条抛物线.

(1)绿色区域内的点和4个顶点共椭圆.

(2)黄色和橙色部分的点和4个顶点共双曲线，黄色部分所得双曲线两支上各有2个顶点，橙色部分所得双曲线有一支上有4个顶点，如果点位于四边形的对角线或边所在直线上，那么此时的双曲线退化为两条相交直线．

(3)抛物线上的点和原来的4个顶点共抛物线．

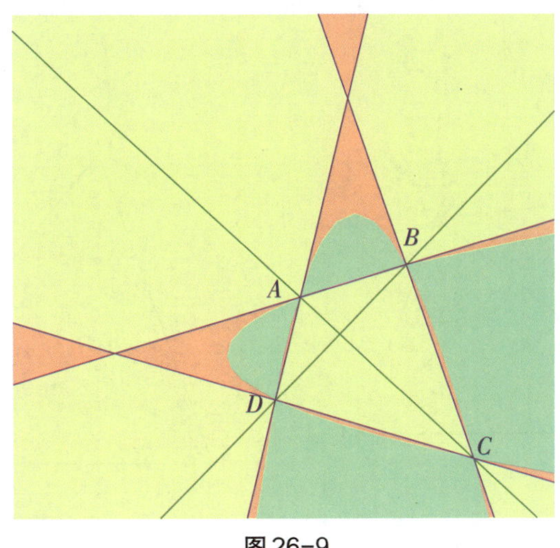

图26-9

三、凸四边形外接椭圆的中心的轨迹

对于平行四边形来说，其外接椭圆(双曲线)的中心必定是这个平行四边形的中心．

对于等腰梯形来说，其外接椭圆(双曲线)的中心必在其上下底中点的连线(该等腰梯形的对称轴)上，而任意一个梯形都可以通过平行射影投影成一个等腰梯形，所以其外接椭圆(双曲线)的中心也必在其上下底中点的连线上．综上所述，对于梯形来说，其外接椭圆(双曲线)的中心必在其上下底中点的连线上．

那么，对于一般凸四边形来说，其外接椭圆(双曲线)的中心的轨迹是什么呢?

下面先介绍一下九点曲线．

设A、B、C、P是平面上的任意四点，则这四点两两连线的三个交点(这三点称为四点形的“对角点”或“对边点”)，以及四条边及对角线的六个中点，这九个点必在同一圆锥曲线上，这条圆锥曲线可称为该四点形的九点曲线．九点曲线总是有心二次曲线，只能取椭圆和双曲线两种，具体取决于这四个点是凹的还是凸的，并且其中心恰是四点形的“质点重心”．

以下情况是九点曲线的特例．

(1)当四点共圆时,九点曲线恰是等轴双曲线(图26–10).

(2)当P是$\triangle ABC$的垂心时,九点曲线恰是圆,即为“九点圆”(图26–11).

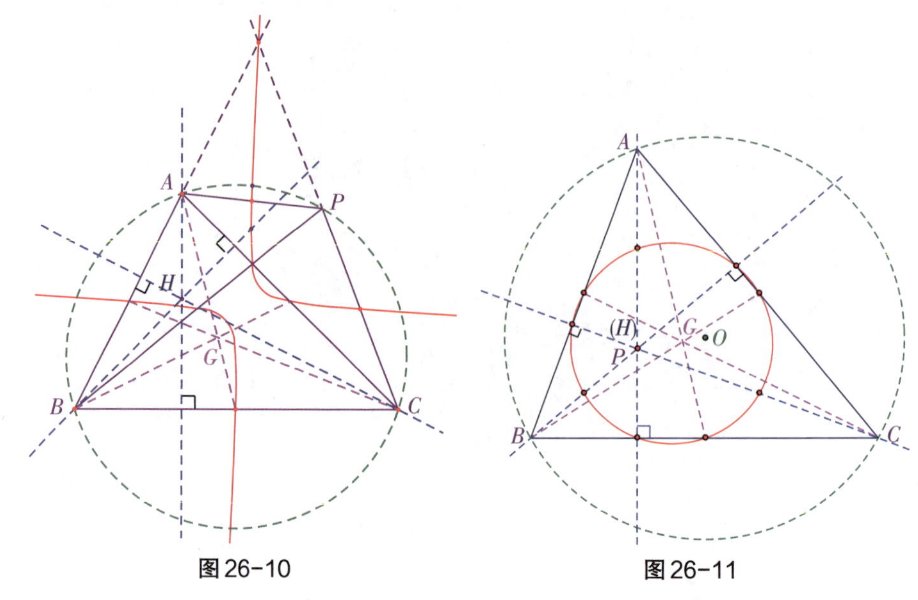

图26–10　　图26–11

定理26.2　凸四边形外接圆锥曲线中心的轨迹是该凸四边形的九点曲线(双曲线). 其中外接椭圆中心的轨迹是九点曲线的一支,外接双曲线中心的轨迹是九点曲线的另一支(图26–12).

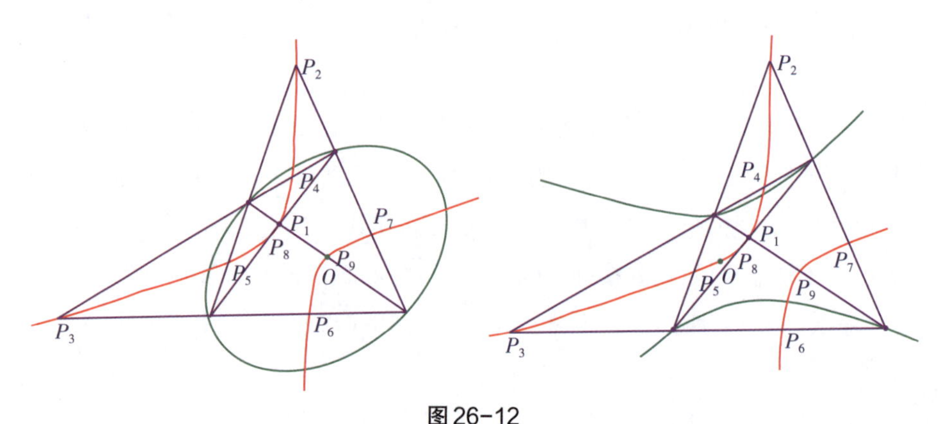

图26–12

由定理26.2,我们还可以得到以下推论.

推论　一般凸四边形两条外接抛物线的对称轴分别与该凸四边形的九点曲线(双曲线)的两条渐近线互相平行(图26–13).

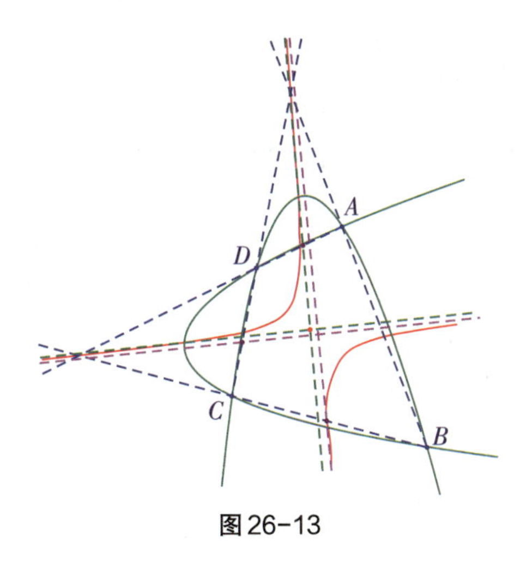

图 26-13

四、椭圆内接(外切)特殊四边形的性质

椭圆的内接平行四边形的对角线交点是椭圆的中心,且有如下性质.

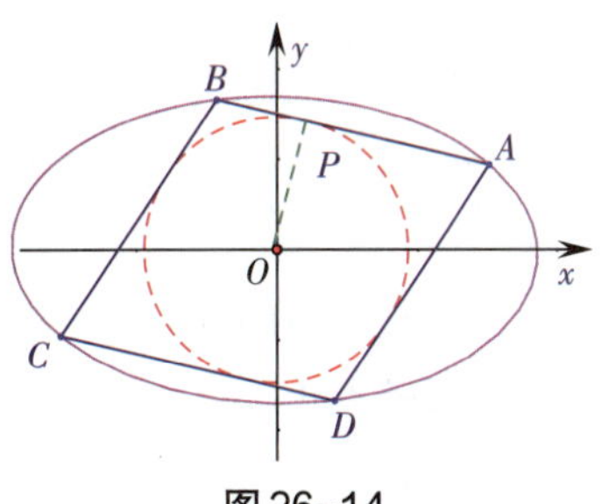

图 26-14

定理 26.3 一个椭圆的任意内接菱形必有相同的内切圆.

设椭圆方程为 $\frac{x^2}{a^2}+\frac{y^2}{b^2}=1$,四边形 $ABCD$ 是它的任意内接菱形(图 26-14),则 $\angle AOB=\frac{\pi}{2}$,$A(|OA|\cos\theta,|OA|\sin\theta)$,那么 $B(-|OB|\sin\theta,|OB|\cos\theta)$,这两个点都位于椭圆上,所以

$$\frac{|OA|^2\cos^2\theta}{a^2}+\frac{|OA|^2\sin^2\theta}{b^2}=1\Rightarrow\frac{\cos^2\theta}{a^2}+\frac{\sin^2\theta}{b^2}=\frac{1}{|OA|^2}\quad①$$

$$\frac{|OB|^2\sin^2\theta}{a^2}+\frac{|OB|^2\cos^2\theta}{b^2}=1\Rightarrow\frac{\sin^2\theta}{a^2}+\frac{\cos^2\theta}{b^2}=\frac{1}{|OB|^2}\quad②$$

① + ②可得 $\frac{1}{a^2}+\frac{1}{b^2}=\frac{1}{|OA|^2}+\frac{1}{|OB|^2}$,设 $OP\perp AB$ 于点 P,由勾股定理可知 $|AB|^2=|OB|^2+|OA|^2$,等式两边同时除以 $(2S_{\triangle AOB})^2$,可得 $\frac{1}{|OP|^2}=\frac{1}{|OA|^2}+\frac{1}{|OB|^2}=\frac{1}{a^2}+\frac{1}{b^2}$,所以内切圆半径 $|OP|$ 是定值,等于 $\frac{ab}{\sqrt{a^2+b^2}}$.

类似地，在双曲线$\frac{x^2}{a^2}-\frac{y^2}{b^2}=1(a<b)$上有两点$A$、$B$（图26-15），如果$\angle AOB=\frac{\pi}{2}$，设$OH\perp AB$于点$H$，那么$\frac{1}{|OH|^2}=\frac{1}{|OA|^2}+\frac{1}{|OB|^2}=\frac{1}{a^2}-\frac{1}{b^2}$，也就是说，如果菱形的4个顶点都在双曲线上，那么它的内切圆半径是定值$\frac{ab}{\sqrt{b^2-a^2}}$.

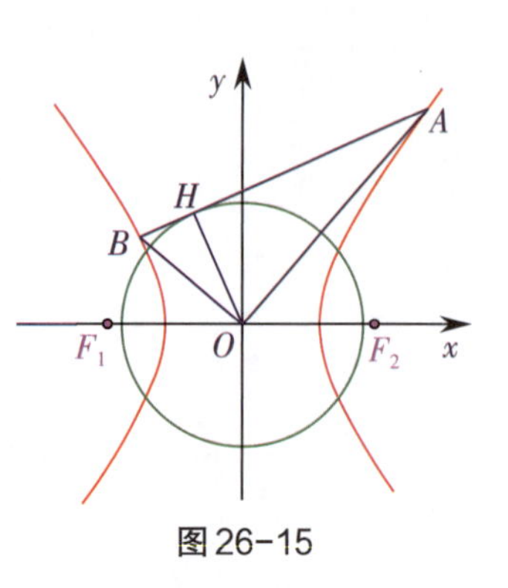

图26-15

定理26.4　一个椭圆的外切矩形的顶点在一个定圆上.

如图26-16所示，设椭圆$\frac{x^2}{a^2}+\frac{y^2}{b^2}=1$的外切矩形为$ABCD$，从点$A$作椭圆的两条切线$AB$、$AD$，这两条切线相互垂直，设$AB$的斜率为$k(k\neq 0)$，则$AD$的斜率为$-\frac{1}{k}$，那么$AB$的方程为

$$y=kx\pm\sqrt{a^2k^2+b^2}\Rightarrow(y-kx)^2=a^2k^2+b^2 \tag{③}$$

AD的方程为

$$y=-\frac{1}{k}x\pm\sqrt{a^2\left(-\frac{1}{k}\right)^2+b^2}\Rightarrow(ky+x)^2=a^2+b^2k^2 \tag{④}$$

③+④可得$(1+k^2)(x^2+y^2)=(1+k^2)(a^2+b^2)$，所以$A$在圆$x^2+y^2=a^2+b^2$上.

如果矩形的边平行于坐标轴，那么4个顶点的坐标为$(\pm a,\pm b)$，也在圆$x^2+y^2=a^2+b^2$上，所以椭圆的外切矩形的4个顶点都在圆$x^2+y^2=a^2+b^2$上，这个圆被称为蒙日圆.

类似地，如图26-17所示，在双曲线$\frac{x^2}{a^2}-\frac{y^2}{b^2}=1(a>b)$外，如果一点$P$可以作双曲线的两条切线$PA$、$PB$，并且$PA$、$PB$相互垂直，那么点$P$在定圆$x^2+y^2=a^2-b^2$上.

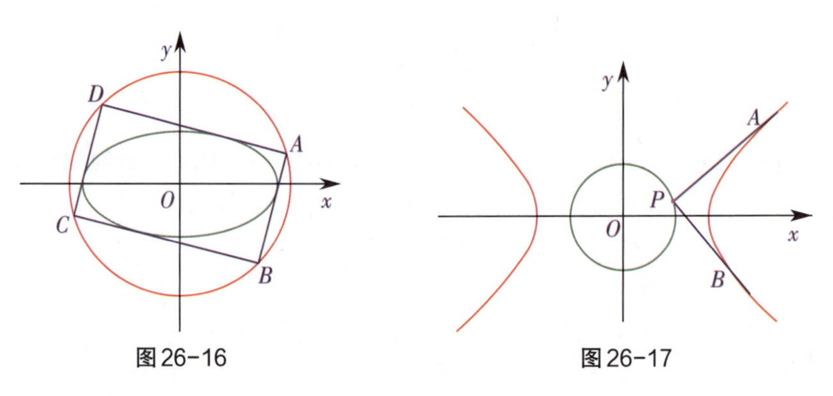

图26-16　　图26-17

上述结果也可以推广到三维空间，如一个椭球$\frac{x^2}{a^2}+\frac{y^2}{b^2}+\frac{z^2}{c^2}=1$，如果从空间中的某个点可以作3个两两垂直的平面与椭球相切，那么这个点在球面$x^2+y^2+z^2=a^2+b^2+c^2$上.

综合与实践

若椭圆$\frac{x^2}{4}+\frac{y^2}{3}=1$内接凸四边形$ABCD$的两条对角线互相垂直，且交点为椭圆的右焦点$F$.

(1)F在AB、BC、CD、DA上的投影分别为P、Q、R、S，试证P、Q、R、S在定圆上(图26-18).

(提示：定圆方程为$(7x-4)^2+(7y)^2=72$)

(2)试证四边形$ABCD$与某个定椭圆相切(图26-19).

(提示：可以利用椭圆的光学性质，定椭圆的方程为$\frac{49}{72}\left(x-\frac{4}{7}\right)^2+\frac{7}{9}y^2=1$)

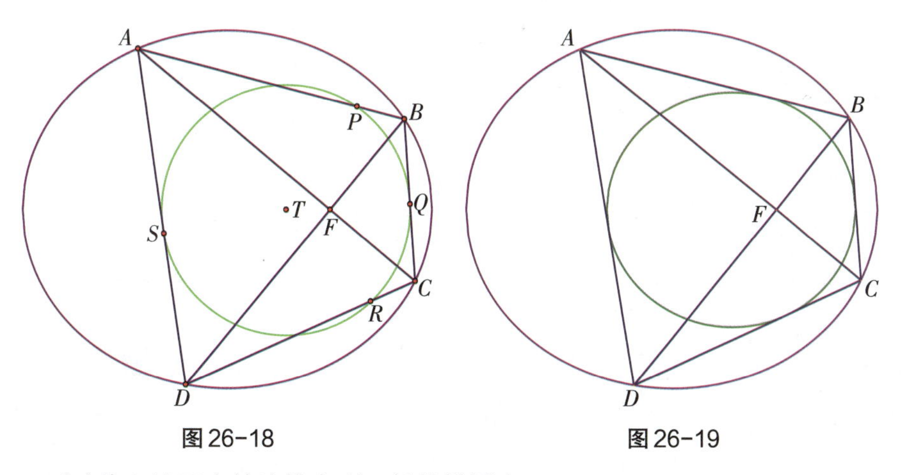

图26-18　　图26-19

(3)将上述两个结论推广到一般的椭圆中.

第27章

27

全等分割与希尔伯特第三问题

第5章我们对图形分割与拼合做过初步探讨，平面图形的分割与拼合也可以推广到三维空间．1900年，希尔伯特在第二届巴黎国际数学家大会上提出了23个数学问题，对20世纪的数学产生了深远影响，其中第3个问题就是关于三维空间中的全等分割问题．

一、全等分割和全等拼补

定义27.1 如果用一定的方式把一个图形剖分成有限部分，拼成另一个图形，则这两个图形称为全等分割．

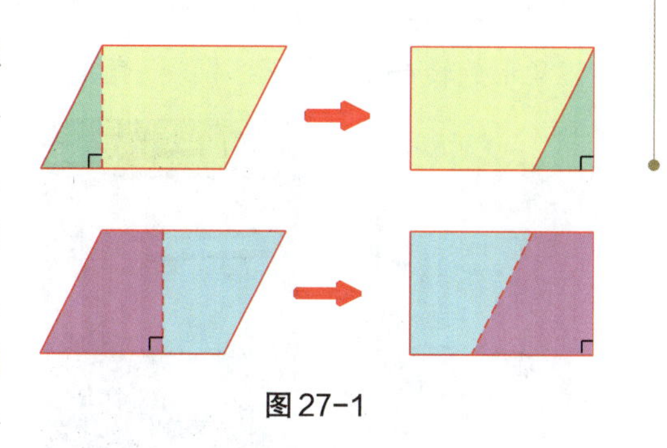
图27-1

如果两个图形是全等分割的，那么它们的面积相等，如图27-1所示．我们在求平行四边形的面积时就用到了全等分割的方法．多边形的全等分割具有自反性、对称性和传递性，所以是一种等价关系．

定义27.2 用一些全等的图形来拼补已知的两个图形，得到的两个图形全等分割，则这两个图形称为全等拼补．

图27-2中的图形P和Q是全等拼补的，两个图形分别拼上P_1'、P_2'和Q_1'、Q_2'得到一个正方形和一个之字形，这两个图形是全等分割的，因为它们都能分成4个全等的小正方形．

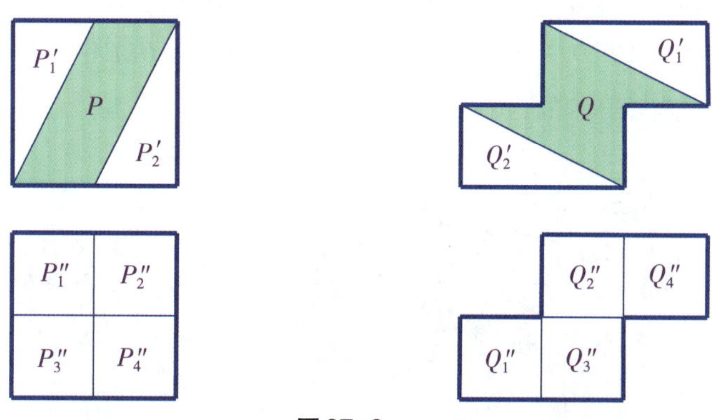

图27-2

定理27.1（鲍耶-盖尔文定理） 如果两个多边形的面积相等，则它们全等分割（全等拼补）．

法卡斯·鲍耶[图27-3(a)]是非欧几何的奠基人之一的亚诺什·鲍耶[图27-3(b)]的父亲，他了解到他儿子工作的创新性，论文《空间的绝对几何学》就是在他的建议下完成的，并作为他的著作《写给好学青年的数学原理》的附录而发表，后得到了数学家高斯的肯定.

鲍耶-盖尔文定理说明面积相等是多边形全等分割的充分条件. 下面我们分4步来证明.

(1)任何一个三角形与一个矩形全等分割. 如图27-4所示，我们可以作出三角形某条在其内部的高，并作出相应的中位线，然后将上述绿色和黄色直角三角形旋转180°，就得到了原三角形全等分割的矩形.

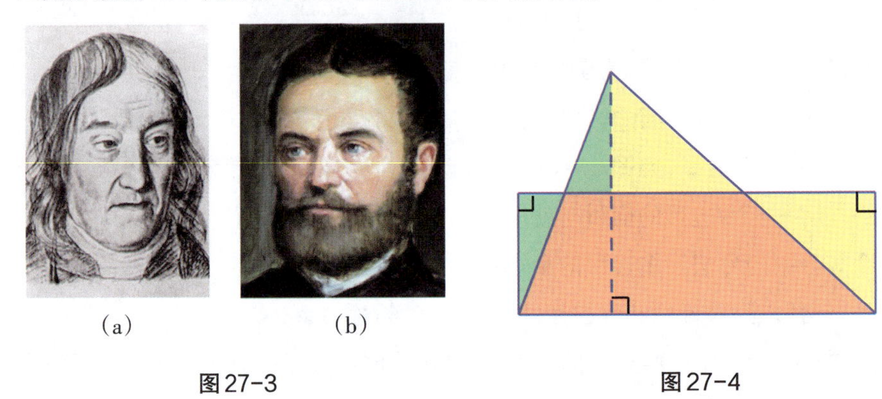

图27-3　　　　图27-4

(2)有公共底边且面积相等的两个平行四边形全等分割. 如图27-5所示，四边形$ABCD$和$ABEF$是两个有公共底边且面积相等的平行四边形，这时C、D、E、F在另一条与AB平行的直线上，然后作出一系列与AD、BC平行且等距的平行线和与AF、BE平行且等距的平行线，这样图中同色的多边形就都是全等的. 可将▱$ABCD$中不同颜色的多边形平移到▱$ABEF$中，可得到这两个平行四边形是全等分割的.

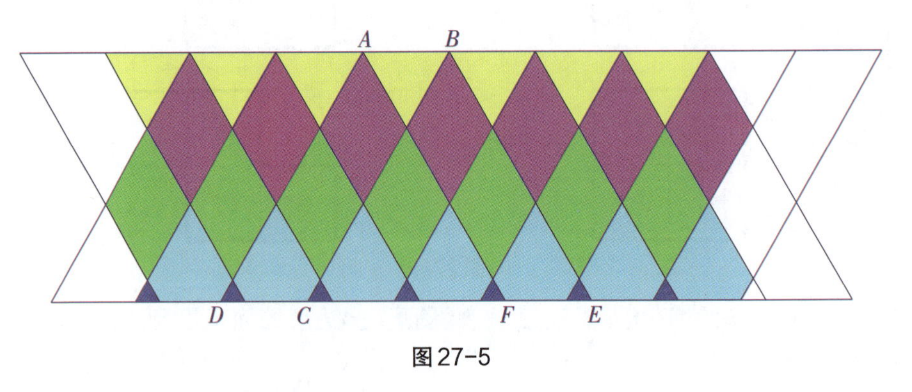

图27-5

(3)面积相等的两个矩形全等分割. 如图27-6所示,四边形$ABCD$、$EFGH$是两个面积相等的矩形,不妨设$AD > EF$,可以作$\square FGLK$,使K、L在直线EH上,并且$LG = AD$,那么此时四边形$FGLK$和$FGHE$是两个有公共底边且面积相等的平行四边形,所以四边形$FGLK$和$FGHE$全等分割,同理四边形$FGLK$和$ABCD$全等分割. 根据全等分割的传递性,可知四边形$ABCD$和$FGHE$全等分割.

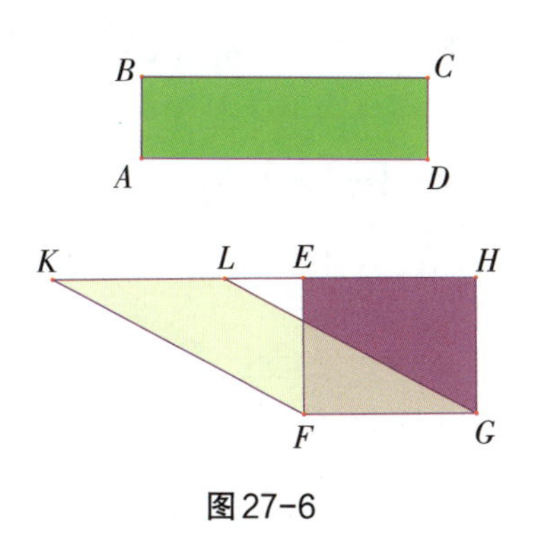

图27-6

(4)任何多边形与一个矩形全等分割. 任何多边形都可以分成若干个三角形,如图27-7所示,由(1)可知每个三角形和一个矩形全等分割;由(3)可知这些矩形可以与有一条固定边长的矩形全等分割,那么这些矩形可以垒成一个大矩形,这样每个多边形都可以和一个与它面积相等且有一条边为定长的矩形全等分割,所以任意两个面积相同的多边形全等分割,这样就得到了鲍耶-盖尔文定理.

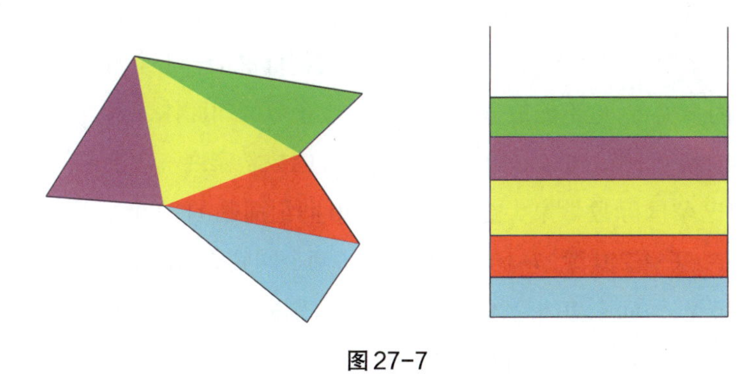
图27-7

1951年,两位数学家哈德威格和格鲁尔将图形划分做了简化,得到如下结果.

定理27.2(哈德威格-格鲁尔定理) 两个面积相等的多边形中的一个,可以剖分成有限个部分,重组成第二个多边形时,使等于它们的部分有对应平行的边.

如果两边在同一条直线上,那么我们将其也视作“平行”. 如杜德尼分割(图27-8,见第5章),就是将一个正三角形分割后,将

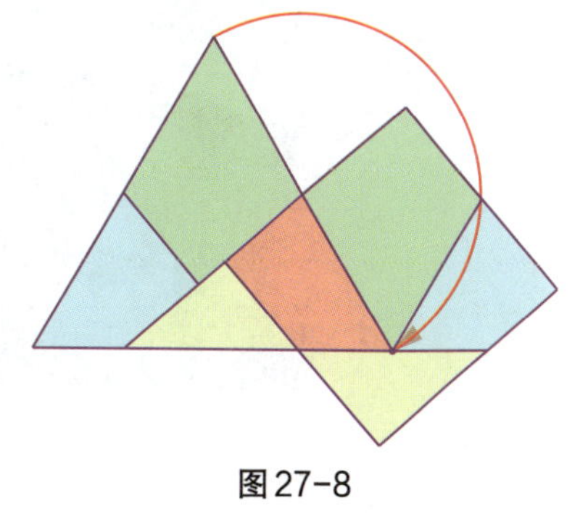
图27-8

它拼为一个与它面积相同的正方形,并且每两个全等的部分都有边平行.

图27-9所示是两种将正五边形分割后拼成正方形的方法,并且每两个全等的部分都有边平行.

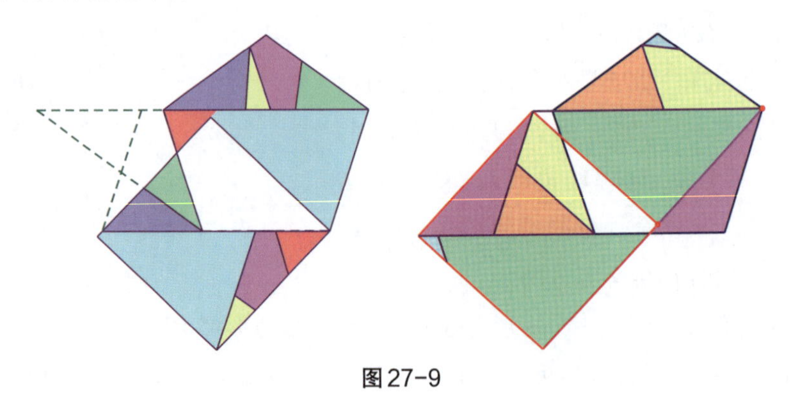

图27-9

二、希尔伯特第三问题

希尔伯特第三问题 两个具有相同底面积和高的四面体,它们不能被分割成两组对应全等的四面体,或者通过任何方式各自拼接若干个对应全等的四面体后得到的多面体,也不能被分割成两组对应全等的四面体.

希尔伯特[图27-10(a)]是20世纪最伟大的数学家之一. 上述问题是他在1900年的巴黎国际数学家大会上提出的20世纪面临的23个数学问题之一. 1900年,马克思·德恩[图27-10(b)]就给出了两个同底等高但不全等分割的四面体. 由此可见,空间多面体除体积外,还需要有别的要素,这个要素就是二面角. 两个全等分割的多面体,需要满足如下条件.

(a)

(b)

图27-10

布里卡德条件 设全等分割的多面体 P 和 Q 分别具有二面角 $\alpha_1, \cdots, \alpha_r$ 及 $\beta_1, \cdots, \beta_s$，则存在正整数 m_i、n_j($i = 1, \cdots, r; j = 1, \cdots, s$)和整数 k，使

$$m_1\alpha_1 + \cdots + m_r\alpha_r = n_1\beta_1 + \cdots + n_s\beta_s + k\pi$$

当 P 和 Q 全等拼补时，上述结果也成立(这里 $\alpha_1, \cdots, \alpha_r$ 角度不同，$\beta_1, \cdots, \beta_s$ 也角度不同)．

利用布里卡德条件可以判定两个多面体是不全等分割的．例如，有两个体积相同的正方体和正四面体(图 27-11)，它们的二面角度数分别为 $\frac{\pi}{2}$ 和 $\arccos\frac{1}{3}$，如果它们全等分割，那么根据布里卡德条件，存在正整数 m_1、n_1 和整数 k，使

$$m_1 \cdot \frac{\pi}{2} = n_1 \cdot \arccos\frac{1}{3} + k\pi$$

将上式两边同时除以 π，可得 $\frac{m_1}{2} = n_1 \cdot \frac{1}{\pi}\arccos\frac{1}{3} + k$，所以 $\frac{m_1 - 2k}{2n_1} = \frac{1}{\pi}\arccos\frac{1}{3}$ 是有理数．

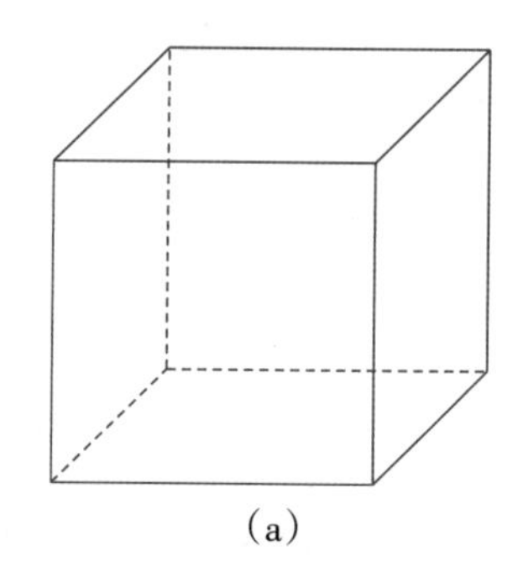
(a)

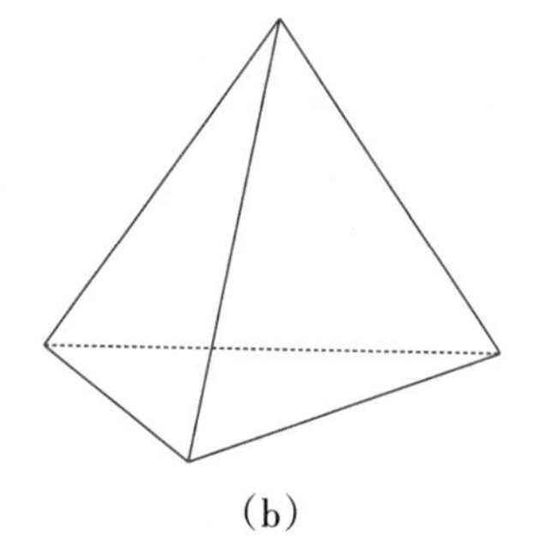
(b)

图 27-11

但根据下面的引理，当 $n = 9$ 时，$\frac{1}{\pi}\arccos\frac{1}{3}$ 是无理数，所以矛盾，那么正方体和正四面体是不全等分割的．

引理 对每个奇数 $n \geqslant 3$，$\frac{1}{\pi}\arccos\left(\frac{1}{\sqrt{n}}\right)$ 是无理数．

下面给出希尔伯特第三问题的例子．在两个相同的正方体 $ABCD-EFGH$ 中分别取四面体 $ABDE$[图 27-12(a)]和 $ABDH$[图 27-12(b)]，这两个四面体同底等高，四面体 $ABDE$ 的二面角度数为 $\frac{\pi}{2}$ 和 $\arccos\frac{1}{\sqrt{3}}$，四面体 $ABDH$ 的二面角度数为 $\frac{\pi}{2}$、$\frac{\pi}{4}$、$\frac{\pi}{3}$．

如果四面体$ABDE$和$ABDH$全等分割,那么根据布里卡德条件,存在正整数m_1、m_2、n_1、n_2、n_3和整数k,使

$$m_1 \cdot \frac{\pi}{2} + m_2 \cdot \arccos \frac{1}{\sqrt{3}} = n_1 \cdot \frac{\pi}{2} + n_2 \cdot \frac{\pi}{4} + n_3 \cdot \frac{\pi}{3} + k\pi$$

成立. 将上式两边同时除以π,可得到$\arccos \frac{1}{\sqrt{3}}$是有理数,这和引理中$n = 3$的情形矛盾,这样我们就得到两个同底等高的四面体,但它们是不全等分割的.

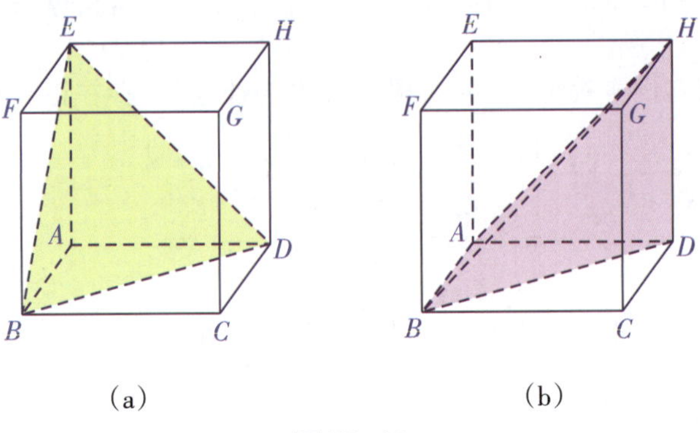

(a) (b)

图27-12

1902年,希尔伯特的学生马克思·德恩给出了两个多面体全等分割的必要条件,即德恩不变量相等.

定义27.3 若函数$f: R \to Q$满足如下两个性质,则称它为d函数.

(1)$f(x_1 + x_2) = f(x_1) + f(x_2), x_1, x_2 \in R$.

(2)$f(\pi) = 0$.

根据定义27.3,可知对任意d函数f和任意$q(q \in Q), f(q\pi) = 0$.

定义27.4 设e是多面体P的棱,令$l(e)$为棱长,$\phi(e)$为棱对应的二面角,f为任意d函数,

$$D_f(P) = \sum_{e \in P} l(e) \cdot f(\phi(e))$$

称$D_f(P)$为多面体P的德恩不变量.

下面我们来解释为什么全等分割关系下,上述德恩不变量的总和是固定的.

定理27.3(德恩-哈德威格定理) f为任意d函数,如果将多面体P分割成$P_1, P_2, \cdots, P_n$,则

$$D_f(P) = D_f(P_1) + D_f(P_2) + \cdots + D_f(P_n)$$

如果将一个多面体进行分割，新的二面角的棱可能是原来多面体的棱[图27-13(a)]，也可能在原来多面体的某个面上[图27-13(b)]，还可能在原来的多面体内[图27-13(c)].

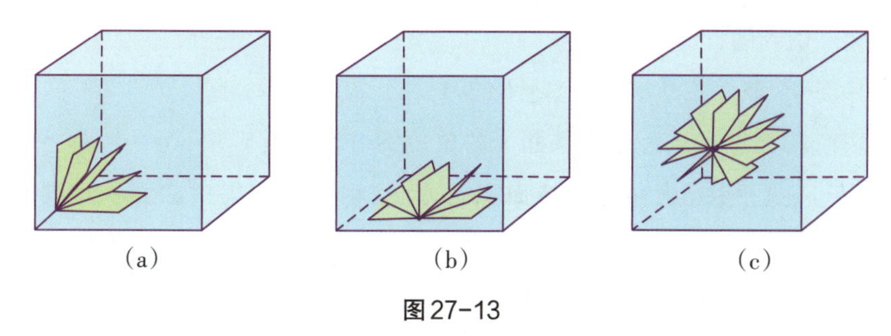

图27-13

如果是第一种情况，那么根据d函数的性质(1)，可知德恩不变量的总和是不变的；如果是第二种情况，那么根据d函数的性质(2)，可知德恩不变量的总和是不变的；如果是第三种情况，因为$f(2\pi)=2f(\pi)=0$，可知德恩不变量的总和也是不变的. 综上可知，德恩不变量在分割后等于所有多面体德恩不变量的总和.

上述定理说明，如果P和Q全等分割，那么$D_f(P)=D_f(Q)$.

1965年，希尔德证明了体积和德恩不变量均相同的两个多面体全等分割.

定理27.4(希尔德定理) 多面体P和Q的体积相同，若对任意d函数f，均有$D_f(P)=D_f(Q)$，则P和Q全等分割.

下面以前面给出的体积相同且底面相同的四面体$ABDH$和正三棱柱为例，四面体$ABDH$的所有二面角度数为$\frac{\pi}{2}$、$\frac{\pi}{4}$、$\frac{\pi}{3}$，正三棱柱的所有二面角度数为$\frac{\pi}{2}$、$\frac{\pi}{3}$，所以这两个多面体的德恩不变量都是0，故它们是全等分割的，分割方式如图27-14所示.

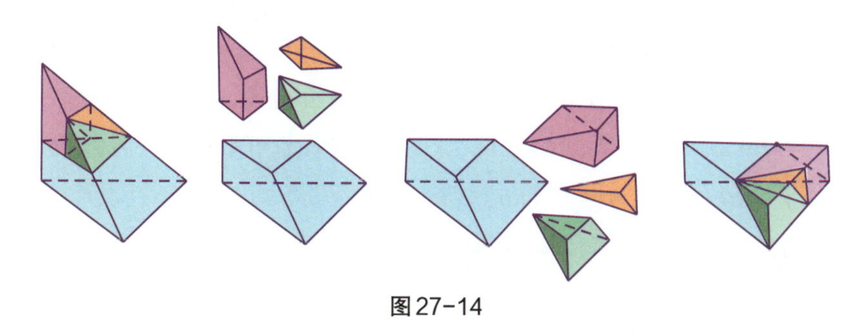

图27-14

三、巴拿赫-塔斯基分球怪论

古希腊三大几何作图问题中的一个是化圆为方，在19世纪被证明仅用尺规是无法做到的.

1925年，波兰数学家塔斯基［图27-15(a)］提出如下猜想.

塔斯基猜想 是否能将平面上的单位圆分割成有限块，每一块是一个点集，然后通过平移、旋转等保持面积的方法，将这些点集拼成面积相同的正方形？

1989年，匈牙利数学家拉兹科维奇［图27-15(b)］解决了塔斯基猜想，他证明了“先割后补”的“化圆为方”方法是存在的. 美中不足的是，他并没有给出一个实际的方法，只是证明了它的存在性，而且粗略估计需要将圆切成大约10^{50}个点集. 而令人惊异的是，这些点集的面积不是0，而是无法测量它们的面积(不可测集).

(a)

(b)

图27-15

塔斯基猜想与前述全等分割的不同点在于，前者分成的是多边形或多面体，而塔斯基猜想考虑的是分成若干个点集. 这样放宽限制后会得到许多有趣的结果. 此时我们就不能再用常规的几何量去衡量，例如，数学家豪斯多夫［图27-16(a)］证明了在面积为1的球面上去掉任意可数多个点后，都能分成三个子集A、B、C，使A、B、C、$B\cup C$这四个点集是全等的，那么不存在球面上满足有限可加的面积函数，我们称这种函数为测度. 如果存在函数$f(x)$，那么

$$1=f(S^2)=f(A)+f(B)+f(C)=3f(A)\Rightarrow f(A)=\frac{1}{3}$$

$$1=f(S^2)=f(A)+f(B\cup C)=2f(A)\Rightarrow f(A)=\frac{1}{2}$$

A 的面积不可能既是 $\frac{1}{2}$ 又是 $\frac{1}{3}$,所以不存在 S^2 上的测度.

意大利数学家维塔利[图 27-16(b)]构造了一种方法,可以把一个圆拆成若干份之后重新组合,得到两个与其自身同样大小的圆. 先考虑一个单位圆盘,排除圆心,圆盘上的点用极坐标表示. 整个圆盘是由幅角从 0 到 2π 的所有半径构成的. 然后对这些半径进行分类,把所有的半径分成不可数无穷多的类别,并且每一类中有可数无穷多个. 另外,每条半径必须属于且仅属于一个类别(图 27-17).

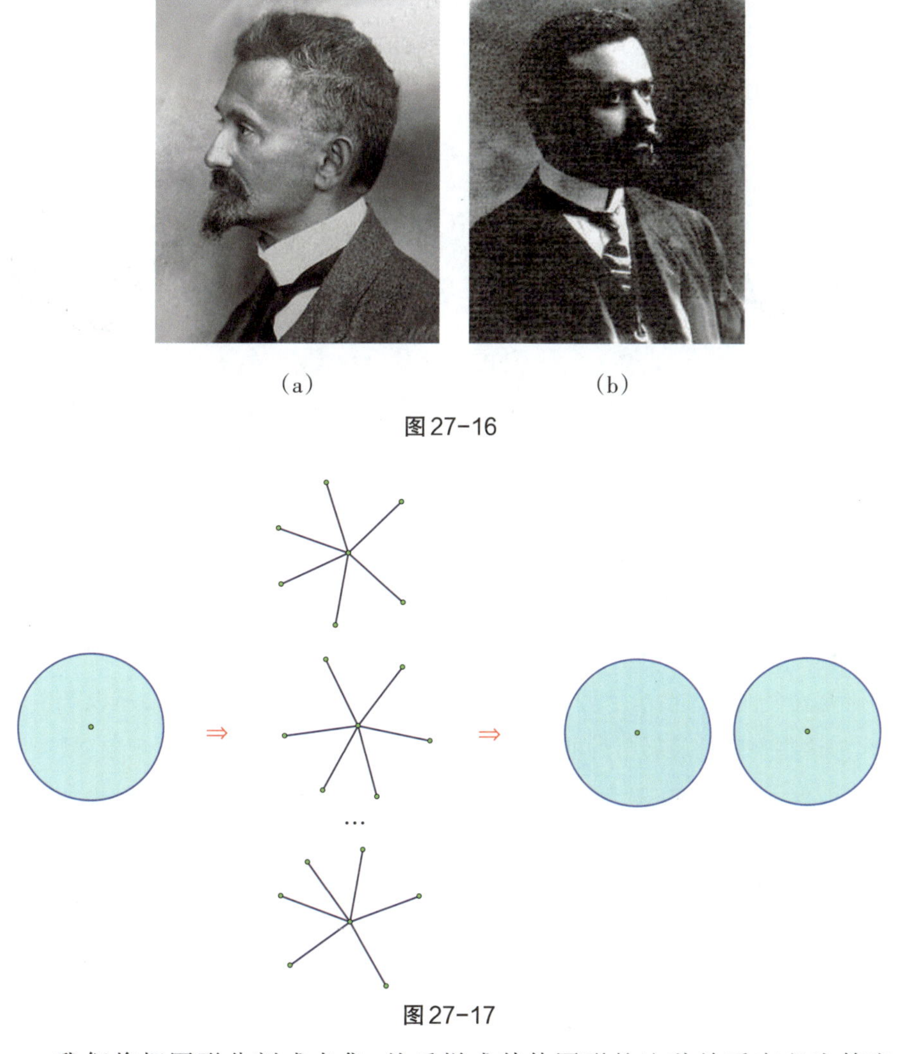

(a) (b)

图 27-16

图 27-17

我们将把图形分割成点集,然后拼成其他图形的这种关系定义为等度分解.

定义 27.5 设 A 和 B 是欧几里得空间的两个子集. 如果它们可以分为有限

个不相交子集的并集，形如$A=\bigcup_{i=1}^{n}A_i$、$B=\bigcup_{i=1}^{n}B_i$，且对任意子集A_i和B_i全等，那么称A和B等度分解.

类似于维塔利构造，在三维情况下有著名的巴拿赫–塔斯基分球怪论. 巴拿赫[图27–19(a)]是著名的波兰数学家，也是利沃夫学派的开创人之一，对泛函分析做出了重要贡献.

定理27.5(巴拿赫–塔斯基分球怪论) 一个球和它自身的两个拷贝是等度分解的.

上述结果是反直觉的，因为全等分割下体积是守恒的，不可能一个球变成两个球，但在等度分解下是可能的(图27–18)，并且这个结论还可以推广到如下更一般的形式.

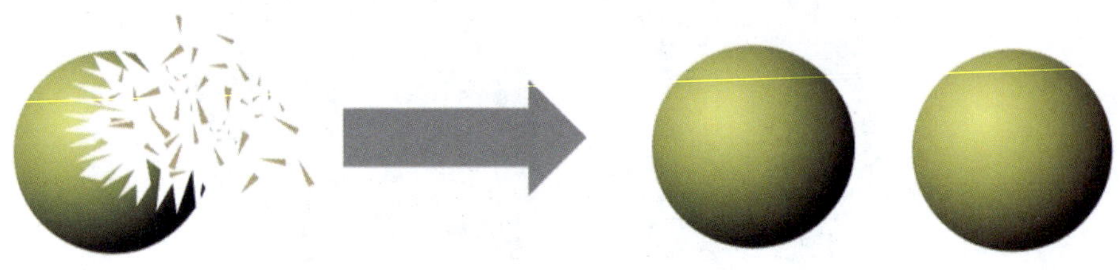

图27–18

定理27.6(巴拿赫–塔斯基定理) 任何三维欧几里得空间中的集合A和B，只要它们小到可以装进一个大球里，又大到可以包住一个小球，那就可以把A划分成有限个子集合，重新组装成集合B. 也就是说，三维欧几里得空间中具有非空内部的有界集合是等度分解的.

罗宾逊[图27–19(b)]在1947年证明一个球只需剖分成5块(其中一块是一个点)，便可重组成两个球，并且不能更少. 冯·诺依曼[图27–19(c)]在1929年研究这个怪论时给出了可均群的概念，他发现三维及以上情形之所以产生怪论，与这些空间的旋转群的非可均性有关. 在物理学中也有类似现象，微观世界中波粒子分解的实验，对基本粒子，分割已不是简单地由一个变成较小的两个，而是由一个可以变成两个甚至多个. 例如，对于π介子来说，每个打碎了的"碎片"都自动长成同样的π介子，一个π介子可以碎裂成几十个低能的π介子.

(a) (b) (c)

图 27-19

综合与实践

(1)判断边长为1的正六边形和三边长分别为$\sqrt{3}$、3、$2\sqrt{3}$的直角三角形是否全等分割.

(2)试证体积相同的正三棱柱和长方体是全等分割的.

第28章

28

堆球问题与开普勒猜想

水果店的店主为了给顾客展示更多的水果,要尽可能提高空间利用率. 人们在实践过程中发现了许多紧凑的放法(图28-1),但是它们是否就是最佳方案呢? 这个问题困扰了数学家400多年.

图28-1

一、开普勒猜想的由来

1594年的一天,英国探险家拉雷[图28-2(a)]爵士在为自己的船队出海远航做着准备工作. 他在检查储备物资时,来到摆放炮弹的位置. 当时的炮弹还是铁球状,他要求助手哈里奥特在炮弹仓里尽可能多装一些. 哈里奥特[图28-2(b)]是英国的一名数学家和天文学家,他按照自己的数学直觉,很快就找到了一种堆积炮弹的方案.

这件事启发哈里奥特联想到另一个有趣的问题:如何堆积一些相同的球体,使它们所占的体积最小? 哈里奥特研究了多种球体堆积的模式,在1597年出版了一本研究球体各种堆积问题的书,并由此发展出早期关于原子论的理论,为晶体结构理论奠定了基础.

1601年,哈里奥特在与德国数学家、天文学家开普勒[图28-2(c)]的通信中提到了这个问题,引起了开普勒的极大兴趣. 在日常生活中,人们广泛采用的装箱方法是将上层球体安放在下层球体的凹陷处. 球体堆积最节省空间体积的方式应该也是这样的,这也是一种化学晶体中原子的排列形式. 它的特点是,在一个小的局部内,每个球体都和其余12个球相切,这种堆积方式称为面心立方堆积[图28-3(a)]. 除此之外,还有六方密排堆积[图28-3(b)],这两种堆积方式本质上是相同的,只是观察视角不同.

(a) (b)

(c)

图28-2

(a)

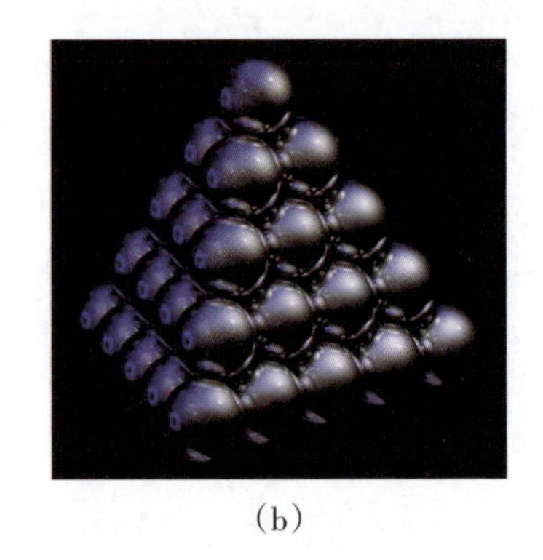

(b)

图 28-3

1606年,开普勒写信告诉哈里奥特他对这个问题的猜想,这个猜想被称为开普勒猜想. 1611年,开普勒出版了一本24页的小册子《六角雪花》,他用明确的数学语言概括了这个猜想,如果正方体的容积为L,球的半径为r,球装入箱子的数量为N,可以定义球的堆积密度为$\dfrac{\frac{4}{3}\pi r^3 N}{L}$. 如图28-4(a)所示,可以构造边长为2的正方体,每个顶点处有$\dfrac{1}{8}$个球,每个面中有$\dfrac{1}{2}$个球,共有4个球,球的堆积密度为

$$\frac{1}{2^3}\times\frac{4}{3}\pi\left(\frac{\sqrt{2}}{2}\right)^3\times 4=\frac{\pi}{\sqrt{18}}=0.740480\cdots$$

类似地,图28-4(b)所示的球堆积密度也是相同的. 开普勒猜想就是猜测球堆积密度的最大值是$\dfrac{\pi}{\sqrt{18}}$.

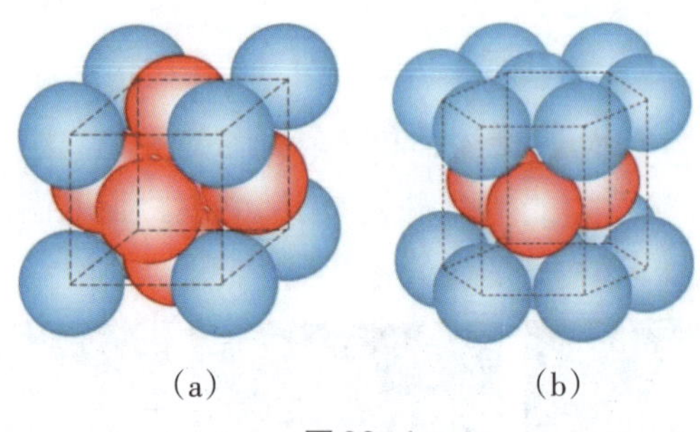

(a) (b)

图 28-4

二、格堆积问题

直接证明开普勒猜想是非常困难的,因为空间中球的分布可能是杂乱无章

的，可能通过挪动几个球的位置，使堆积的效率更高．在解决数学问题遇到困难的时候，我们采取的一种方法就是变换问题的条件．为了减少球可能摆放的位置，可以先考虑球心在特殊的整点位置，也就是“格点型”的堆积方式．

定义 设$a_1, a_2, \cdots, a_n$是n个线性无关的向量，我们称

$$\Lambda = \{ a_1 z_1 + a_2 z_2 + \cdots + a_n z_n | z_i \in \mathbf{Z} \}$$

为一个格．集合$\{ a_1, a_2, \cdots, a_n \}$称为$\Lambda$的一组基．

在欧氏平面E^2中，格可以用图28-5表示．

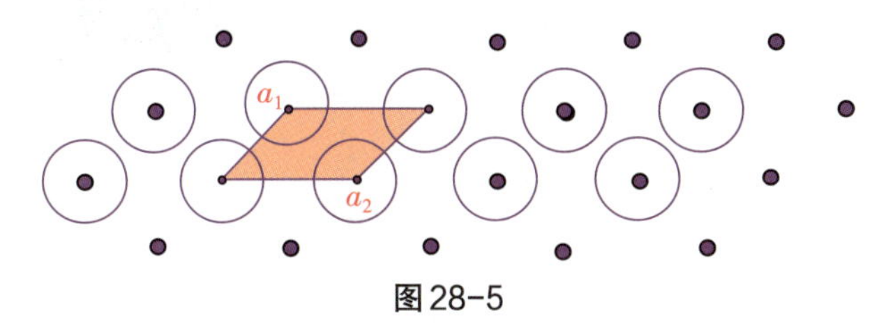

图28-5

开普勒猜想的突破正是从“格点型”开始的．1773年，拉格朗日创立了一种新方法，证明了以下定理．

定理28.1（拉格朗日定理） 在二维平面上，圆的格堆积密度的上确界是$\frac{\pi}{\sqrt{12}}$．

高斯借鉴了拉格朗日的方法，巧妙地利用正定二次型在整点存在极小值的方法，于1831年证明了以下定理．

定理28.2（高斯定理） 在三维空间中，球的格堆积密度的上确界是$\frac{\pi}{\sqrt{18}}$．

拉格朗日和高斯的工作开拓了开普勒猜想的新局面，更为重要的是他们引入的新思想和新方法开创了数学研究的一个新领域，将球体的堆积问题与数论联系了起来．这一理论的集大成者是闵可夫斯基［图28-6(a)］，他系统地研究了一般凸几何体的格堆积问题，并和赫拉瓦卡［图28-6(b)］给出了n维球的格堆积密度的下界．

(a)

(b)

图28-6

定理28.3（闵可夫斯基-赫拉瓦卡定理） 在n维空间中，球（或有对称中心的凸几何体）的格堆积密度的一般下界为$\frac{\zeta(n)}{2^{n-1}}$，其中$\zeta(n)$是黎曼Zeta函数．

美国数学家布利克费尔特(图 28-7)是继闵可夫斯基之后最早研究球堆积理论的数学家,对这个学科的建设做出了重要的贡献,给出了n维空间中球的堆积密度的上界.

图 28-7

定理 28.4(布利克费尔特定理) 在n维空间中,球的堆积密度的一般上界为$\frac{n+2}{2}\left(\frac{1}{\sqrt{2}}\right)^{n}$.

布利克费尔特求出三维空间中球的堆积密度不超过0.883883476⋯.

1883年,英国数学家巴洛证明了在三维空间中有无穷多的球堆积的情形,其密度是$\frac{\pi}{\sqrt{18}}$.

二维到八维空间中球的格堆积的最大密度在1934年之前就已经解决. 我们用$\delta(B^{n})$表示n维空间中球的堆积密度,用$\delta^{*}(B^{n})$表示n维空间中球的格堆积密度(表 28-1).

表 28-1 n维空间中球的格堆积密度

n	$\delta^{*}(B^{n})$	发现者	发现年份
2	$\pi/\sqrt{12}$	拉格朗日	1773
3	$\pi/\sqrt{18}$	高斯	1831
4	$\pi^{2}/16$	科尔金、佐洛塔列夫	1872
5	$\pi^{2}/15\sqrt{2}$	科尔金、佐洛塔列夫	1877
6	$\pi^{3}/48\sqrt{3}$	布利克费尔特	1925
7	$\pi^{3}/105$	布利克费尔特	1926
8	$\pi^{4}/384$	布利克费尔特	1934

三、牛顿问题和亲吻数

在研究球堆积问题时,开普勒进行过降维处理,在平面上一个圆最多和6个同样大小的圆相切,并且一个球可以与相同大小的12个球相切. 例如,考虑正二十面体,它是中心对称的,且有12个顶点,它们共球面. 由于六边形中心对称且不共面，所以每条边所对应的内角大于$\frac{\pi}{3}$，正十二面体的棱长大于中心到顶点的距离，这样存在12个球可以和原球相切，如图28-8所示.

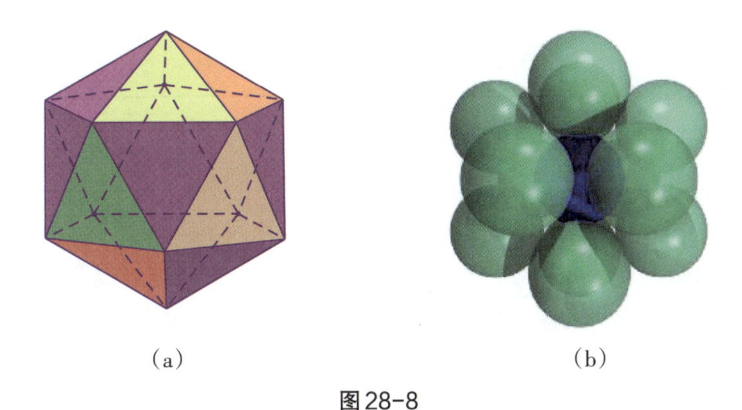

(a)　　　　(b)

图28-8

这些球之间是有空隙的，那么能否在其中放入第13个球呢？1694年，格里高利[图28-9(a)]和牛顿[图28-9(b)]曾讨论过这个问题，格里高利相信“可以”，牛顿认为“不行”，但他们都没有给出证明，这成为一个长期未解决的问题，称为牛顿问题.

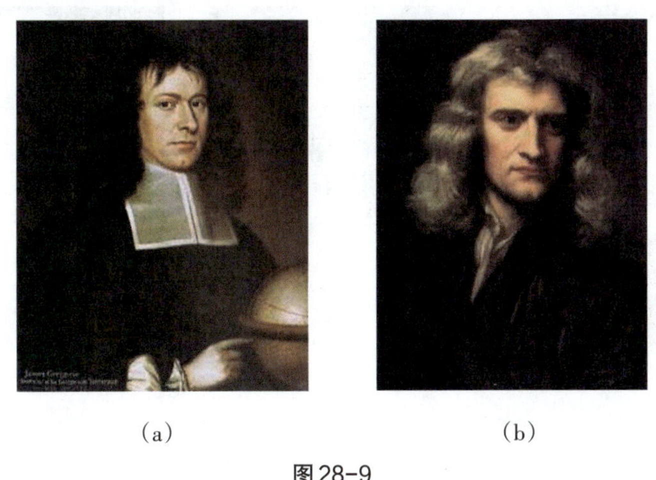

(a)　　　　(b)

图28-9

在数学文献中，霍普常被引述为第一个解决牛顿问题的人，但是他在1874年的证明是不完整的. 直到1953年，通过运用图论的想法，舒特和范德瓦尔登才解决这个问题，结果正如牛顿所言，是“不行”. 1956年，约翰·里奇发表了一个只有两页的证明，他的想法非常巧妙. 后来，美国加州大学的华裔数学家项武义提出一个漂亮的简化证明.

牛顿问题和开普勒猜想密切相关，也可以将牛顿问题推广到n维空间，设k_n表示能与B_n(n维单位球)同时相切且两两内部互不相交的n维单位球的最大个数，即B_n的亲吻数. 要确定k_n是比较困难的，所以也可以先考虑格堆积时最多有k_n^*个n维单位球与B_n相切，由定义可知$k_n^* \leqslant k_n$.

1970，沃森通过研究正定二次型得到了n维空间中格堆积的亲吻数(表28-2).

表28-2 n维空间中格堆积的亲吻数

n	4	5	6	7	8	9
k_n^*	24	40	72	126	240	272

由于格的周期性，格堆积问题实际上是一个自由度相对较低的局部问题，所以它比原始的堆球问题容易得多. 例如，在E^9中，一个球可以和306个同样的球同时相切，而在格堆积中最多只能和272个同样的球同时相切，所以$k_9^* < k_9$. 1996年，中国数学家宗传明证明了$n \geqslant 3$时，总能构造出n维凸体C，使$k(C) \neq k^*(C)$.

1979年，列文斯坦[图28-10(a)]、欧德里兹科[图28-10(b)]、斯隆[图28-10(c)]三位数学家利用1972年比利时数学家德尔萨特给出的引理，证明了$k_8 = k_8^* = 240$和$k_{24} = k_{24}^* = 196560$.

(a)

(b)

(c)

图28-10

1964年，在学习格雷码时，里奇(图28-11)发现了一个24维的格——里奇格，这是近代数学的重要发现之一，其重要性堪比四元数.

$\{e_1, e_2, \cdots, e_{24}\}$是$E^{24}$的一组标准正交基(这里正交就是垂直的意思)，例如：

图28-11

$a_1 = 2\sqrt{2}\, e_1, a_2 = \sqrt{2}\,(e_1 + e_2), a_3 = \sqrt{2}\,(e_1 + e_3),$

$a_4 = \sqrt{2}\,(e_1 + e_4), a_5 = \sqrt{2}\,(e_1 + e_5), a_6 = \sqrt{2}\,(e_1 + e_6),$

$a_7 = \sqrt{2}\,(e_1 + e_7), a_8 = (e_1 + \cdots + e_8)/\sqrt{2}, a_9 = \sqrt{2}\,(e_1 + e_9),$

$a_{10} = \sqrt{2}\,(e_1 + e_{10}), a_{11} = \sqrt{2}\,(e_1 + e_{11}), a_{12} = \sqrt{2}\,(e_1 + e_{13}),$

$a_{13} = (e_1 + \cdots + e_4 + e_9 + \cdots + e_{12})/\sqrt{2},$

$a_{14} = (e_1 + e_2 + e_5 + e_6 + e_9 + e_{10} + e_{13} + e_{14})/\sqrt{2},$

$a_{15} = (e_1 + e_3 + e_5 + e_7 + e_9 + e_{11} + e_{13} + e_{15})/\sqrt{2},$

$a_{16} = (e_1 + e_4 + e_5 + e_8 + e_9 + e_{12} + e_{13} + e_{16})/\sqrt{2},$

$a_{17} = \sqrt{2}\,(e_1 + e_{17}),$

$a_{18} = (e_1 + e_3 + e_5 + e_8 + e_9 + e_{10} + e_{17} + e_{18})/\sqrt{2},$

$a_{19} = (e_1 + e_4 + e_5 + e_6 + e_9 + e_{11} + e_{17} + e_{19})/\sqrt{2},$

$a_{20} = (e_1 + e_2 + e_5 + e_7 + e_9 + e_{12} + e_{17} + e_{20})/\sqrt{2},$

$a_{21} = (e_2 + e_3 + e_4 + e_5 + e_9 + e_{13} + e_{17} + e_{21})/\sqrt{2},$

$a_{22} = (e_9 + e_{10} + e_{13} + e_{14} + e_{17} + e_{18} + e_{21} + e_{22})/\sqrt{2},$

$a_{23} = (e_9 + e_{11} + e_{13} + e_{15} + e_{17} + e_{19} + e_{21} + e_{23})/\sqrt{2},$

$a_{24} = (-3e_1 + e_2 + \cdots + e_{24})/\sqrt{2},$

$$\Lambda_{24} = \left\{ \sum_{i=1}^{24} z_i a_i, z_i \in \mathbf{Z} \right\}$$

就是里奇格.

里奇格有196560个最短向量,并有极好的对称性. 用里奇格的格点作为平移向量,并以其最短向量长的一半为球的半径构造一个球堆积,可以发现每一个球与196560个球相切. 里奇深信他的格所产生的球堆积既达到了最大密度又达到了最大相切数,同时他还认为这个格的变换群非常特殊. 1967年,康威和汤普森研究了里奇格的自同构群问题,发现了Co0,它的三个子群Co1、Co2、Co3都是散在单群,这在有限群分类中是非常重要的.

2008年,穆辛证明了$k_4 = 28$. 目前亲吻数的结果如图28-12所示,灰色部分表示这个维数的亲吻数尚不能确定,但在图中相应的范围内.

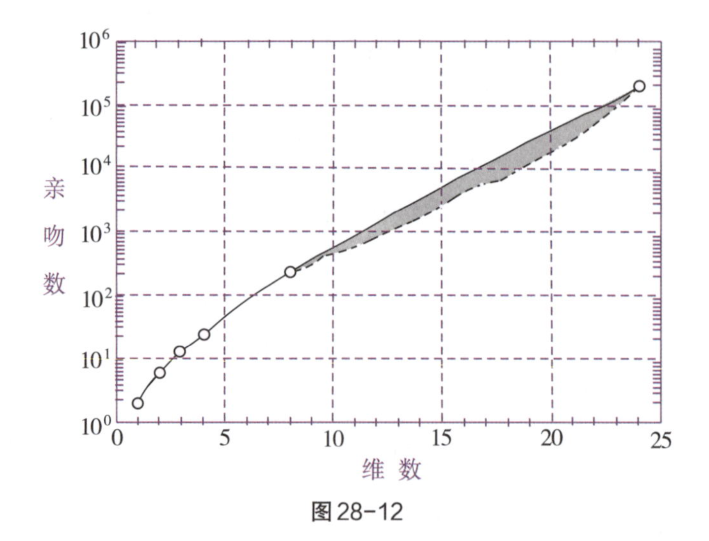

图28-12

1930年,荷兰植物学家塔莫斯提出了与亲吻数有关的如下问题.

塔莫斯问题 在单位球的表面取m个点,试确定它们之间最小距离的可能最大值r_m.

上述问题等价于在单位球的表面放置m个两两内部互不相交的等半径球冠,试确定球冠的最大半径. 可以用物理学解释:在球面上放置m个相同的带电体,在排斥力的作用下,这些带电体沿球面自由移动,最后达到一个平衡状态,试确定这些带电体在平衡状态时的相对位置.

塔莫斯为研究花粉粒的孔状分布提出了这个问题,许多生物身上也有类似的图案(图28-13).

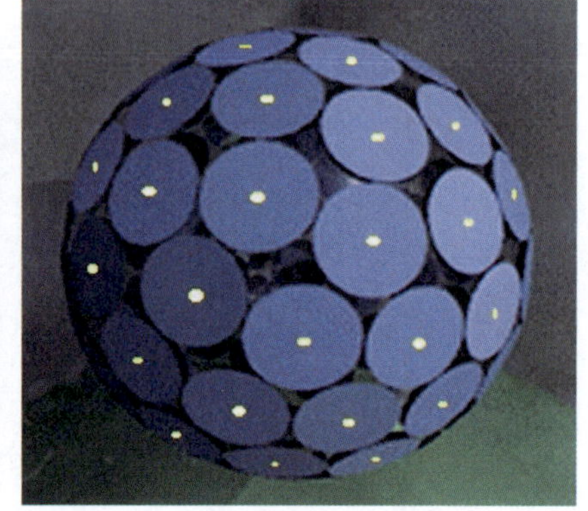

图28-13

现在已知r_m精确值的只有$m \leqslant 12$和$m = 24$的情形,如表28-3所示. 至于为何从12跳到24,这是因为三维空间中存在12个和24个顶点的正规多面体,但是不存在13到23个顶点的正规多面体.

表 28-3　塔莫斯问题中的 r_m

m	r_m	m	r_m
2	3.141592⋯	8	1.306527⋯
3	2.094395⋯	9	1.230959⋯
4	1.910633⋯	10	1.154479⋯
5	1.570796⋯	11	1.107148⋯
6	1.570796⋯	12	1.107148⋯
7	1.359079⋯	24	0.762547⋯

其中有趣的是 $r_5 = r_6, r_{11} = r_{12}$. 根据牛顿问题的结果，可知 $r_{13} < \frac{\pi}{3} = 1.047197\cdots$，现已知 $0.997223\cdots < r_{13} < 1.027461\cdots$.

四、伏龙诺伊图和狄隆涅三角化

在桌面上摆放一堆相同的圆形硬币，容易看到，一个硬币可以被六个硬币紧密环绕. 把外围六个圆之间的接触点用直线段连起来，就得到一个围住中心圆的正六边形. 如果我们只看这七个圆的圆心，它们的排列如七粒莲子(图 28-14). 这种圆在平面上的排列方式称为六角密堆积. 容易计算圆的面积占比，用圆的面积除以相邻四个圆中心所张成的菱形的面积，为 $\frac{\pi}{2\sqrt{3}} \approx 0.9069$.

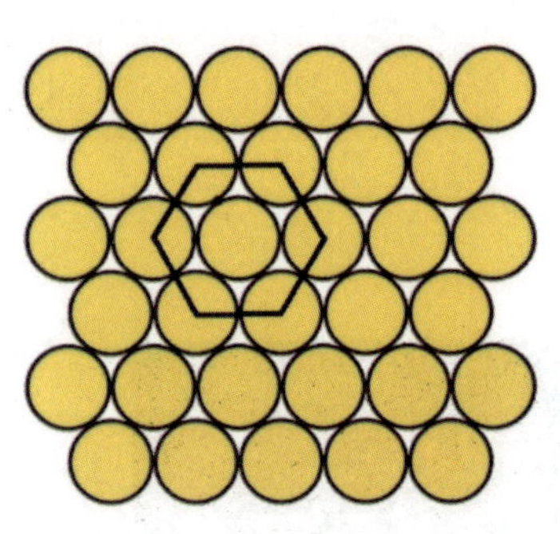

图 28-14

作任何一个小圆同近邻小圆之圆心连线的垂直平分线，会得到连线结构——每一个小圆都被一个凸多边形包围(一般为六边形). 从每个连线节点发出的线段都是三条. 考察每三个相邻小圆的连线问题，近邻三小圆的三根两两之间连线的垂直平分线交于三小圆所张成之三角形内部的某个位置. 从垂直平分线的节点向三小圆作切线,共六条,容易证明每个圆的两条切线在节点处所张的顶角相等,记为θ,$3\theta \leqslant 360°$,所以θ的最大值是120°(图28-15).

图28-15

上述圆密排定理的证明是挪威数学家阿克塞尔·图[图28-16(a)]在1910年给出的.

作相邻点连线的垂直平分线,可以视为发面的过程[图28-16(b)],得到的多边形称为伏龙诺伊多边形,它的每个点到生成点的距离都要比到其他点短.例如,水立方(图28-17)的外表面就是伏龙诺伊多边形.

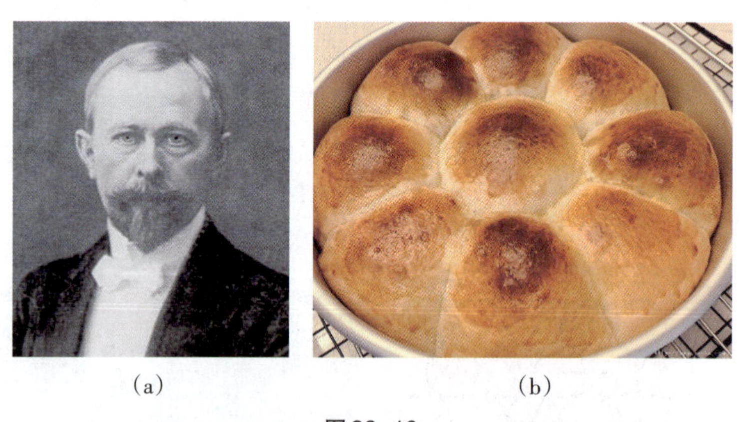

(a) (b)

图28-16

图28-17

根据各个省会城市的地理位置,利用伏龙诺伊多边形可以计算每个省会的控制范围. 我们还可以根据全球的机场作出伏龙诺伊多边形,每个多边形表示到某个机场最近的飞行位置. 在动植物身上也存在许多伏龙诺伊多边形(图28-18).

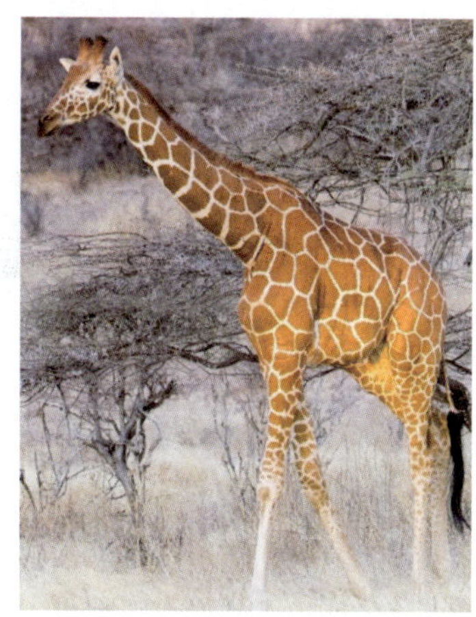

图28-18

对足球比赛中每个球员的位置,如图28-19所示,也可以画出伏龙诺伊多边形,这些多边形就是每个球员的控球范围. 我们可以利用它来研究球员的站位和阵型的布置,也可以利用它进行设施选址的问题研究.

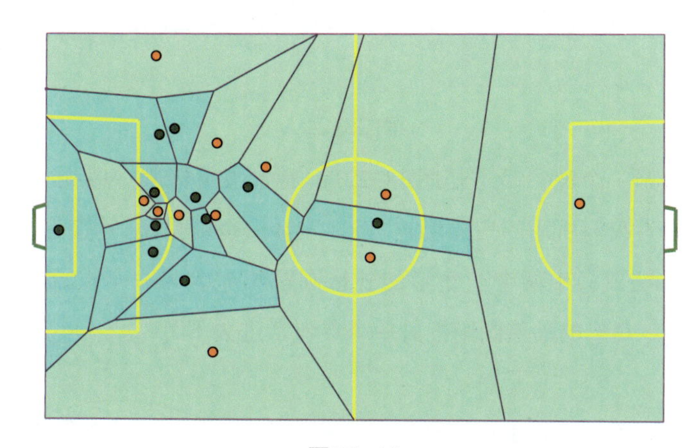

图28-19

伏龙诺伊[图28-20(a)]还在上高中的时候,就解决并发表了代数问题的结果. 高中毕业后,他去了俄罗斯的圣彼得堡大学,最终成为马尔科夫的学生. 1894年,他以《关于取决于三次方程根的代数整数》的硕士论文获得硕士学位,同年他成为华沙大学的教授. 此后他研究数论,他的工作成为苏联数学家维诺格拉多夫研究的出发点,他的方法还被哈代和利特尔伍德使用. 伏龙诺伊对俄罗斯数学家狄隆涅[图 28-20(b)]有重要影响.

(a)

(b)

图 28-20

下面我们来介绍与伏龙诺伊多边形密切相关的一类三角剖分. 给定平面上的一个点集 P,P 的三角化就是以这些点为顶点作三角剖分. P 可以有不同的三角剖分,如图 28-21 所示,四个点有两种三角剖分.

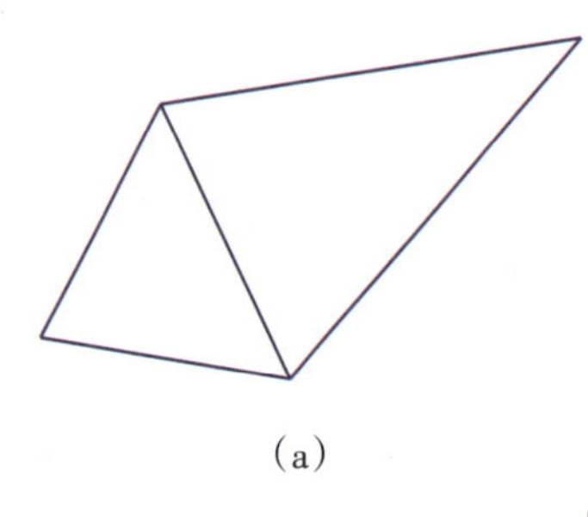
(a)

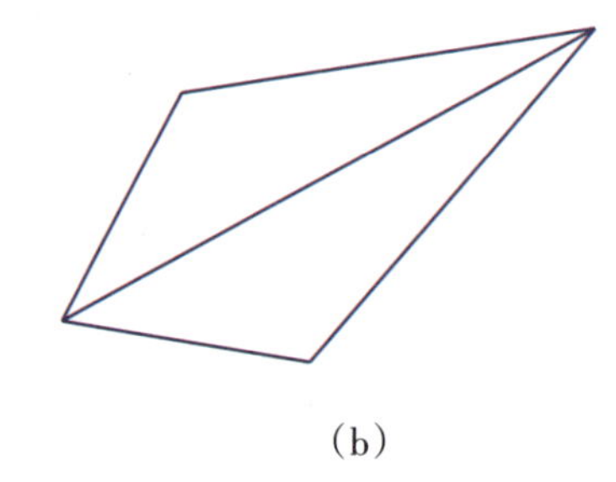
(b)

图 28-21

应该选哪一个呢? 是不是图 28-22(a)看上去更舒服一些呢? 想象一下,我们希望能为我们所用的三角形越"正规"越好,也就是说,越接近等边三角形越好. 图 28-22(a)中两个三角形的外接圆都不包含另一个点;而在图 28-22(b)中,两个三角形的外接圆则把另一个点包括进去了.

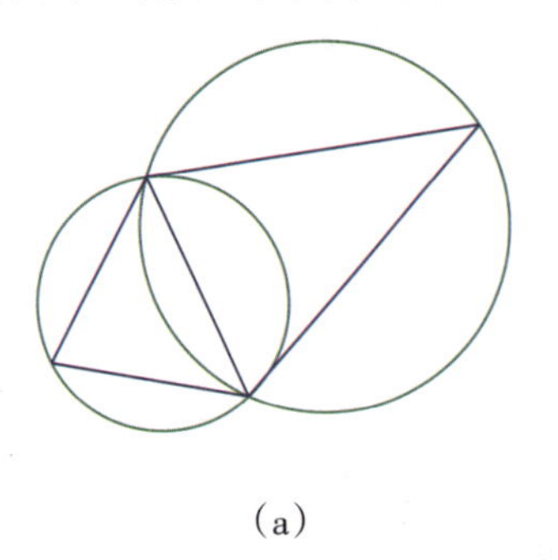
(a)

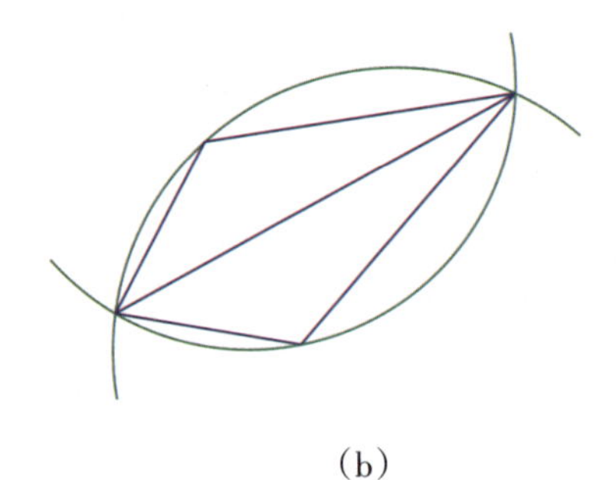
(b)

图 28-22

这就引出了狄隆涅三角剖分的定义:平面上的点集P的狄隆涅三角化是一种三角剖分$DT(P)$,使在P中没有点严格处于$DT(P)$中任意一个三角形外接圆的内部(图28-23). 狄隆涅三角化的意义就是它最大化了此三角剖分中三角形的最小角,也就是说,它尽量避免出现"极扁"的三角形.

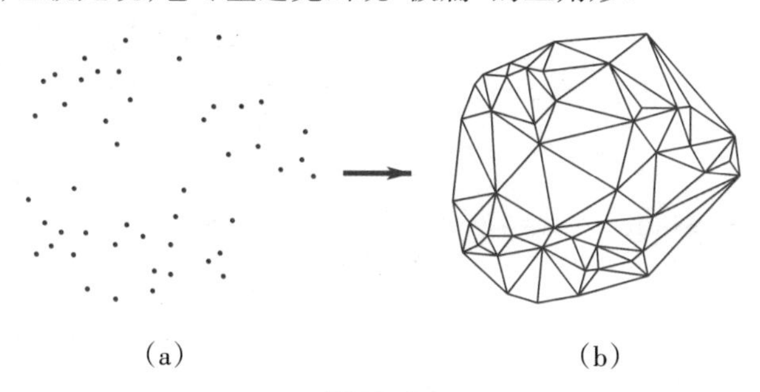

图28-23

狄隆涅三角化与伏龙诺伊图的关系如图28-24所示.

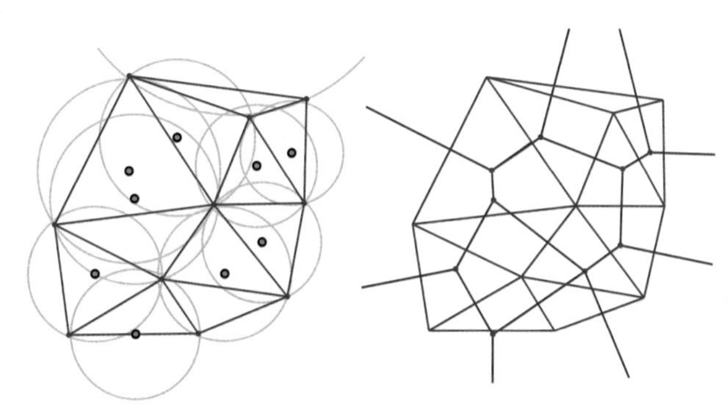

图28-24

这个伏龙诺伊图的对偶是这个狄隆涅三角剖分. 给定一个狄隆涅三角剖分,顶点的集合是P. 假定P中没有三点共线,也没有四点共圆. 连接那些外接圆的圆心就产生了以P为种子的伏龙诺伊图.

早在19世纪,迪利克雷和伏龙诺伊就引入了一个分拆空间的基本概念:伏龙诺伊多面体. 伏龙诺伊多面体是空间中一族内部互不相交的凸多面体,并且它们恰好充满整个空间[图28-25(a)]. 更重要的是,每个球都被包含在相应的伏龙诺伊多面体中. 这样单位球的体积与相应的伏龙诺伊多面体的体积之比就形成了一个局部密度.

遗憾的是,存在一些球堆积,其中某些球的局部密度大于$\frac{\pi}{\sqrt{18}}$. 如果出现这种情况,那么其相邻的其他球的局部密度会小于$\frac{\pi}{\sqrt{18}}$. 这样可以在适当范围内引入加权局部密度,如果可以证明在某个确定的范围内,任意球堆积中的相对于任意球的加权平均密度都不大于$\frac{\pi}{\sqrt{18}}$,那么开普勒猜想就被证明了,这是费耶什·托特[图 28-26(b)]于 1964 年提出的计划.

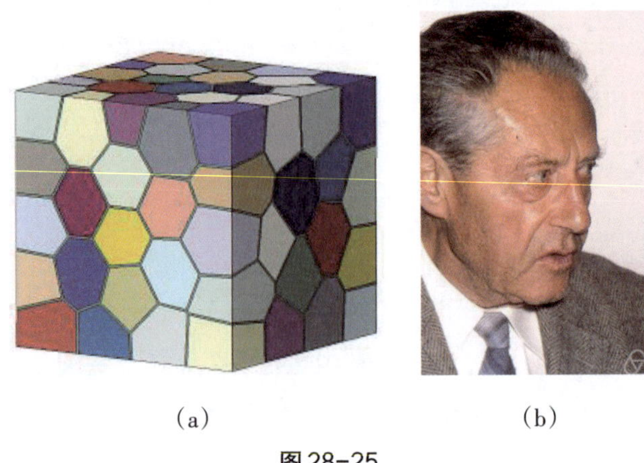

(a) (b)

图 28-25

从 1992 年开始,当时在密歇根大学任教的黑尔斯[图 28-26(a)]与自己的学生合作,开始探索计算机辅助证明开普勒猜想的工作. 他也是遵循费耶什·托特的思路,只是基于另一种剖分:狄隆涅剖分. 将空间剖分成一族四面体,其中四面体的所有顶点都是单位球的顶点. 以任意球心为顶点的四面体构成星形体,针对该球和相应星形体的结构定义一个赋值函数. 如果函数的下界都不小于$\frac{\pi}{\sqrt{18}}$,那么就证明了开普勒猜想.

证明赋值函数的取值范围成了最关键的步骤,黑尔斯在证明中使用了整体优化理论、线性规划、组合数学、编码理论、机械化证明的方法,仅抽象出的球堆积函数就有 150 多个变量,星形体的结构分为了 5000 多类,在将每一类转化为线性规划问题后,一般要有 200 多个变量和 2000 多个限制条件. 他需要处理大约 100000 个这样的线性规划问题,共花费了 6 年时间. 1998 年 8 月,黑尔斯宣布完成了开普勒猜想的证明. 他的全部证明包括一篇 250 页的论文和 3 个 G 运算程序与数据的计算机证明部分[图 28-26(b)]. 大家普遍认为,黑尔斯的证明思路和方法是正确的,但在证明过程中大量使用计算机进行计算,而计算机的运算结果是无法检验的. 几经周折,黑尔斯的主要论文发表在《数学年刊》(*Annals of Mathematics*)上,长达 120 页. 在此前后,他还陆续在《离散与计算几何学》(*Discrete & Computational Geometry*)上发表了 6 篇细节性文章,共 220 页.

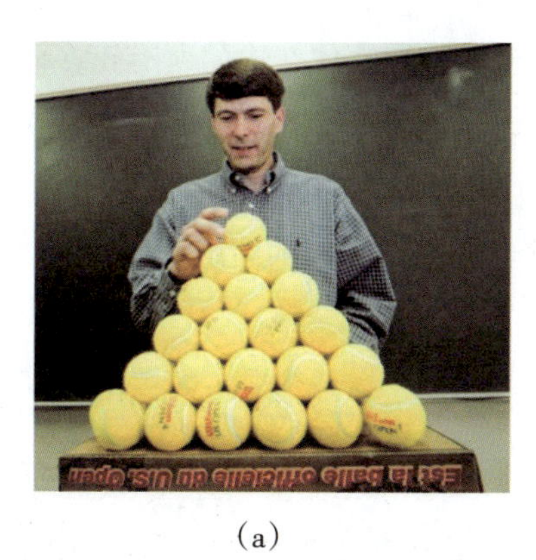

(a)

(b)

图 28-26

2016年3月，乌克兰数学家玛丽娜·维亚佐夫斯卡[图28-27(a)]利用埃尔基斯-科恩引理构造辅助函数，证明了E^8晶格[图28-27(b)]在八维空间中具有最大密度，$\delta(B_8)=\dfrac{\pi^4}{384}$. 不久之后，她和同行们又一起证明了$\delta(B_{24})=\dfrac{\pi^{12}}{12!}$. 能够确定这两个维度的原因在于它们具有很好的对称性，这是一项非常了不起的工作，因此玛丽娜·维亚佐夫斯卡荣获了2022年的菲尔兹奖.

(a)

(b)

图 28-27

按照直观的想法，应该是与每个球相切的球的个数达到最大值的时候，球的堆积密度最大. 但是，中国数学家宗传明[图28-28(a)]系统地研究了凸四面体的格堆积问题，得到的结论令人惊讶，他于1995年发表的论文《神秘的正四面体堆积》颠覆了人们的直观认知：在正四面体的格堆积中，当堆积密度取到最大值$\dfrac{18}{49}$时，每一个正四面体只与其他14个正四面体相接触；当每一个正四面体与其他18个(最大值)正四面体相接触时，格堆积密度只有$\dfrac{1}{3}$.

关于三维空间的正四面体堆积问题[图28-28(b)]，可以追溯到2300多年前. 古希腊哲人亚里士多德认为:包括正四面体在内的所有正多面体,通过无缝隙的拼接将充满整个空间. 后来,这个论断受到数学家们的质疑. 16世纪,有数学家证明了这个结论是错误的. 接着就产生了一个问题,关于正四面体的堆积密度是多少呢? 这又成为一个困扰数学家们的新问题,致使希尔伯特把它和开普勒猜想相提并论.

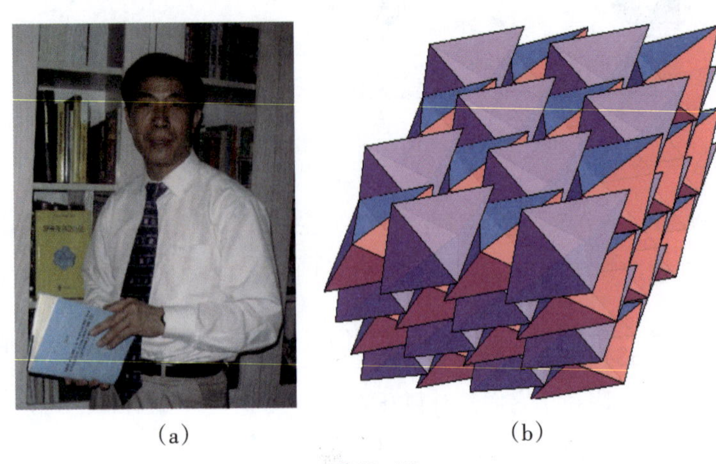

(a) (b)

图28-28

2012年8月,宗传明创造性地设计了一个巧妙的计算方法,使这个著名的问题取得了突破性进展. 他证明了正四面体的最大平移堆积密度介于0.367346…和0.384061…之间,这是数学家对这一问题所取得的第一个上界. 鉴于宗传明在开普勒猜想研究中所取得的成果,2015年,他获得了美国数学会颁发的Levi L. Conant Prize,此外还获得了奥地利的von Prechtl奖章.

综合与实践

(1)动植物身上存在许多伏龙诺伊图结构,如昆虫的翅膀、绿叶的纹路等(图28-29).

三位华裔设计师周岳峰、徐哲诚和王海伟设计了一款名为Voronoi的头盔(图28-30),它从大自然经常出现的伏龙诺伊图结构中得到灵感,请找出生活中出现的其他伏龙诺伊图.

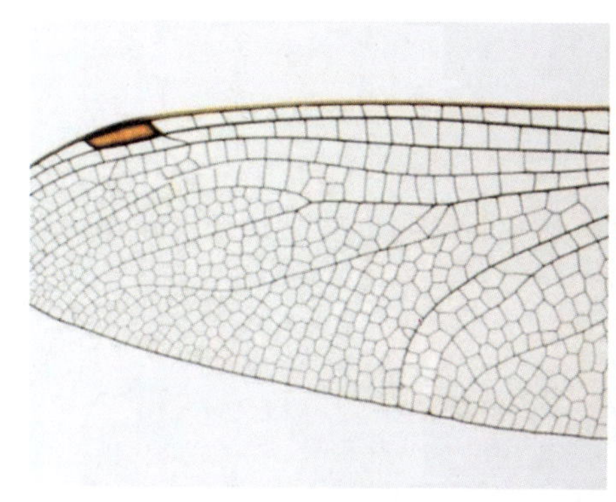

图 28-29

图 28-30

(2)伏龙诺伊多边形也称为泰森多边形. 1911 年,荷兰气象学家泰森将所有相邻气象站连成三角形,作这些三角形各边的垂直平分线,每个气象站周围的若干垂直平分线便围成一个多边形,可用这个多边形内所包含的唯一气象站的降雨强度来表示这个区域内的降雨强度,这个多边形被称为泰森多边形. 生态学中常用泰森多边形法来确定空间实体的影响范围,如城市的影响范围、树木竞争分析、生成形体的骨架. 请了解泰森多边形的其他应用.